普通高等教育应用技能型精品规划教材·会计系列

会计学原理

——理论·实务·案例·实训

徐　哲　李　贺
邢　冕　纪海荣　编著

上海财经大学出版社

图书在版编目(CIP)数据

会计学原理:理论·实务·案例·实训/徐哲等编著.一上海:上海财经大学出版社,2017.7

(普通高等教育应用技能型精品规划教材·会计系列)

ISBN 978-7-5642-2717-3/F·2717

Ⅰ.①会… Ⅱ.①徐…Ⅲ.①会计学-高等学校-教材 Ⅳ.①F230

中国版本图书馆CIP数据核字(2017)第103008号

□ 责任编辑 汝 涛

□ 书籍设计 张克瑶

KUAIJIXUE YUANLI

会 计 学 原 理

徐 哲 李 贺 邢 冕 纪海荣 编著

上海财经大学出版社出版发行

(上海市中山北一路369号 邮编200083)

网 址:http://www.sufep.com

电子邮箱:webmaster @ sufep.com

全国新华书店经销

上海华业装璜印刷厂印刷装订

2017年7月第1版 2017年7月第1次印刷

787mm×1092mm 1/16 22印张 563千字

印数:0 001—4 000 定价:48.00元

前　言

会计是人类经济社会发展到一定阶段的产物，是一项重要的经济管理活动；会计语言已经成为一种"国际通用的商业语言"；会计学科正以其较强的技术性、应用性向世人展现充满生机的管理特色。在教育部新一轮教改的背景下，立足我国现实，展望会计发展未来，并兼顾国际会计最新发展动态，我们组织了"双师型"教师结合普通高等教育的教学特色，以基于工作过程为导向的"项目引领、任务驱动、实操技能"而编写了本书。

本书紧紧围绕高等教育应用技能型人才培养的目标，坚持创新创业和改革的精神，体现新的课程体系、新的教学内容和教学方法，以提高学生整体素质为基础，以能力为本位，兼顾知识教育、技能教育和能力教育，力求做到：从项目引导出发，提出问题，引入概念，设计情境，详尽解读。

全书共分为 12 个项目、54 个任务，涵盖了会计认知、会计要素与会计等式、会计科目、账户和复式记账、企业主要经济业务核算、重新认识账户、成本计算、填制和审核会计凭证、设置和登记会计账簿、财产清查、编制财务会计报告、会计核算组织程序、会计工作组织等内容。在结构安排上，本书尽可能地考虑到财经类不同专业和不同层次的需求，每一个项目都设有"知识目标"、"技能目标"、"素质目标"、"项目引例"；课后编排了"关键术语"、"应知考核"(包括单项选择题、多项选择题、判断题、简答题)，"应会考核"(包括业务考核、技能考核、案例题)，"项目实训"(包括实训项目、实训情境、实训要求)。这样的安排使读者在学习每一项目内容时做到有的放矢，增强学习效果。

根据培养普通高等教育应用技能型人才的需要，本书力求体现如下特色：

1. 结构合理，体系规范。本书针对高等教育应用技能型院校会计课程的特点，将内容庞杂的会计基础知识系统性地呈现出来，力求做到理论知识必需、够用，体系科学规范，内容简明实用，帮助学生为今后从事会计类工作及取得会计类证书打下基础。

2. 与时俱进，紧跟准则。会计始终是处于发展与变化之中的，而教材也应该紧跟这种发展与变化。本书结合了财政部于 2014 年陆续修订的《企业会计准则第 30 号——财务报表列报》、《企业会计准则第 9 号——职工薪酬》等准则和最新制定的《企业会计准则第 39 号——公允价值计量》等准则的相关内容和实务变化要求，对教材内容进行了编写。比如，依据财会〔2016〕22 号文规定，全面试行"营业税改征增值税"后，"营业税金及附加"科目名称调整为"税金及附加"科目。

3. 突出应用，实操技能。本书从高等教育应用技能型院校的教学规律出发，与实际接轨，介绍了最新的会计准则、法规动态、理论知识和教学案例，在注重会计必要理论的同时，强调会计基本技能的应用;主要引导学生"学中做"和"做中学",一边学理论,一边将理论知识加以应用,实现会计理论和实训一体化。

4. 栏目丰富,形式生动。本书栏目形式丰富多样,每个项目设有"知识目标"、"技能目标"、"素质目标"、"项目引例"、"应知考核"、"应会考核"、"项目实训"等栏目,丰富了教材内容与知识体系,也为教师教学和学生更好地掌握知识内容提供了首尾呼应、层层递进的可操作性教学方法。

5. 职业培养,素质教育。为体现教育特色,我们力求在内容上有所突破,激发学生的学习兴趣和学习热情,设计适合学生掌握的考核要点,以培养和提升初学者的职业道德和法律意识。

6. 课程资源,配套上网。为了配合课堂教学,编著者精心设计和制作了教师课件、习题参考答案、课程教学大纲、配套实验课程大纲、配套习题、模拟试卷等实现网上运行,充分发挥网络课程资源的作用,探索课堂教学和网络教育有机结合的新途径。

本书由徐哲、李贺、邢冕、纪海荣编著。其中,李贺执笔项目一至项目四,以及项目九和项目十二;徐哲执笔项目五至项目六;纪海荣执笔项目七和项目八;邢冕执笔项目十和项目十一。本书由徐哲主审。李明明、赵昂、王玉春和李虹对本书的教学资源和资料的搜集做出了贡献。本教材适用于高等院校会计学、财务管理、财政学、税收学、金融学、国际经济与贸易、工商管理、市场营销、物流管理、人力资源管理等经管类专业的学生使用,同时也可作为专升本考试的教材。由于编写时间仓促,加之编者水平有限,本书难免存在一些不足之处,恳请专家、学者批评指正,以便改进与完善。本书在编写过程中参阅了大量教材、著作,同时得到了上海财经大学出版社何苏湘副编审的大力支持,谨此一并表示衷心的感谢!

编著者

2017 年 4 月

目　录

项目一　会计认知

【知识目标】

理解：会计的产生与发展、会计的概念与特点。

熟知：会计的目标、制造业企业和商品流通企业的会计对象。

掌握：会计的基本职能、会计基本假设和会计信息质量特征和惯例。

【技能目标】

能够充分地理解和应用会计基本假设，能够初步掌握会计核算基础与会计方法、会计核算的内容。

【素质目标】

能够运用所学会计的理论与实务知识解决相关案例，培养和提高学生在特定业务情境中分析问题与决策设计的能力；能够初步认识会计职业，分析会计行为的善恶，并对自己的会计职业生涯进行规划。

【项目引例】

会计为什么存在?

老李在社区内开了一家“李记”小吃部。刚开始的时候，老李自己进货，和老伴一起经营。为了将家里现金的收支和小吃部的现金收支分开，以计算小吃部的盈利情况，老伴的办法是将家里的钱和小吃部的钱分开放。很快，生意做起来了，老李发现资金不足，人手也不够，就邀请表弟陈青入伙，并请了一个叫李平的伙计来帮忙。现在又如何区分老李家里的收支和小吃部的收支呢？这时候，李平的办法是，拿一个账本将小吃部每天收入和支出的现金记录下来。

老李和陈青共同经营这个小吃部之后，他们都满意这种合作经营方式，都想将这个店稳定经营下去，而且最好能逐步发展壮大。也就是说，他们的合作是稳定的、长期的，并非针对某一笔业务。因此，在未来持续经营的期间内，如何计算小吃部的利润就成为一个问题。他们的办法是按照日历，每个月进行结账，计算小吃部的利润，年终汇总之后再对利润进行分配。

【讨论】　此案例体现了会计的什么假设？

【知识精讲】

任务一　会计概述

一、会计的产生与发展

会计是一项应用技术，同时又是一门古老的学问。人们对它的理性思考由来已久。在人类社会的经济活动中，资源的有限性与人类需求的无限性之间的矛盾始终存在。因此，人们总是尽可能地用最少的消耗获得最大的效益。为此，就必须对物质生产的消耗与产出进行计量、记录、比较。会计作为对物质生产的耗费与产出进行计量、记录的工具，就随着社会生产的发展和经济管理的要求而产生、发展起来。

为了适应生产发展、加强经济管理和提高经济效益，会计的发展经历了由简单到复杂、由低级到高级的三个发展阶段：

（一）古代会计

从时间上来看，古代会计经历了漫长的过程，大约从旧石器时代的中、晚期到封建社会末期。

在原始社会末期，当社会生产力发展到一定水平，出现了剩余产品，社会的再生产活动日益复杂，人们为了计算生产成果，在文字产生之前，这种计算只是用“结绳记事”、“刻木记数”等来进行的，它们大概可以说是会计的最初萌芽。人类这种最初的计量、记录行为，出于人类的本能。这种行为虽然很难称其为会计，但会计的萌芽却已在这里产生了，有人称其为原始会计。但是在当时，由于物质资料非常贫乏，生产的规模也很狭小，所以，会计只能是属于生产活动的一个附带工作。随着社会生产的不断发展，社会再生产过程日趋复杂，社会产品逐渐增多，生产规模不断扩大，会计才逐渐地从生产职能中分离出来，具有了独立的职能。

在西周奴隶制社会，经济进入鼎盛时期，与之相适应的会计比以前有了较大的进展，于是出现了“会计”一词。清代焦循在《孟子正义》中针对西周会计概念指出“零星称之为计，综合称之为会”，会计机构已经出现了，总管王朝财权的官员称“大宰”，掌握王朝计政的官员称“司会”。“司会”主掌天下之大计，为计官之长。《周礼·天官》中指出：“会计，以参互考日成，以月要考月成，以岁会考岁成。”“日成”、“月要”和“岁会”均属报告文书，已初步具备现代会计报表的作用。即“日成”为十日成事的文书，它相当于旬报；“月要”为一月成事的文书，相当于月报；“岁会”则是一年成事的文书，相当于年报。由此可见，在奴隶社会，会计方法已有相当的成就。西周为“月计岁会”设立专门管理钱粮赋税的官员，即“司会”和单独的会计部门，掌管王朝全部会计账簿，出现“官厅会计”和“民间会计”之分。

唐宋两代是我国封建社会经济较兴旺的时期，也是中国会计全面发展的时期。当时在记账规则方面开始有了比较一致的做法，会计账簿和会计报表的设置也日益完备，由流水账（日记账）和誊清账（总清账）组成的账簿体系已初步形成。尤其是“四柱清册”，即“旧管”、“新收”、“开除”、“实在”，其概念分别相当于现代会计中的“期初结存”、“本期收入”、“本期支出”、“期末结存”。四柱之间的平衡关系是：旧管＋新收－开除＝实在，其基本原理也为现代会计所承袭，成为“期初结存＋本期收入－本期支出＝期末结存”会计公式的理论渊源。“四柱清册”的发明和应用，是会计工作者对会计学术的一项重大贡献。

明末清初，出现了中国最早的复式记账法——“龙门账”。即：把全部账目划分为“进”、“缴”、“存”、“该”四大类，设“总清账”分别进行记录。所谓“进”、“缴”、“存”、“该”，其概念分别相当于现代会计的“全部收入”、“全部支出”、“全部资产”、“全部负债”。它们之间的平衡关系可用会计方程式表示为：“进－缴＝存－该”。每到年终结账时，以“进”、“缴”两类账目的记录编制“进缴表”（即利润表），计算差额，求得盈亏；以“存”、“该”两类账目的记录编制“存该表”（即资产负债表），计算差额，求得盈亏；两方面计算得出的盈亏数额应该相等，在一定程度上使之起到系统、全面和综合的反映作用。由于进、缴和存、该两结册的余额相互比照以验证账务处理是否正确的做法同古代修筑堤坝兴建桥梁所使用的由两端为起点向中间施工、最后在中间交接的“合龙”方法相仿，故该账法的设计者便借用了“合龙门”的概念来表示两种结册余额相互对比的过程，所谓“龙门账”就由此得名。

（二）近代会计

13～15世纪，在意大利的一些沿海城市，出现了以“借”、“贷”为记账符号的记账方法，称为“借贷记账法”。它经过大约300年的演变，发展成为最为先进的复式记账方法。1494年，意大利数学家卢卡·帕乔利在其出版的《算术、几何、比及比例概要》一书中对“借贷记账法”进行了详细介绍，该书的出版堪称近代会计发展史上的一个里程碑。从此，“借贷记账法”在世界各国传播，成为各国普遍使用、最为先进的复式记账方法。

我国使用复式记账法，是从1905年开始。当时，中国第一个注册会计师谢霖从日本引进并运用复式记账原理设计了大清银行的一整套会计制度。

1911年，被尊为“科学管理之父”的泰勒出版了著名的《科学管理原理》一书，并在企业中推行泰勒制管理。随之，与其相联系的一系列管理方法、技术被引入会计领域，标准成本和预算控制等方法也在此间产生，由此构成了成本会计的主要内容。

（三）现代会计

现代会计的时间跨度是自20世纪50年代开始到目前。此间，会计方法、技术和内容的发展有两个重要标志：一是会计核算手段方面质的飞跃，即现代电子技术与会计融合带来的“会计电算化”；二是会计伴随着生产和管理科学的发展而分化为财务会计和管理会计两个分支。1946年在美国诞生了第一台电子计算机，1953年便在会计中得到初步应用，其后迅速发展，至20世纪70年代，发达国家就已经出现了电子计算机软件数据库的应用，并建立了电子计算机的全面管理系统。从系统的财务会计中分离出来的“管理会计”这一术语在1952年的世界会计学会上获得正式通过。

新中国成立后，实行了高度集中的计划经济，借鉴了苏联会计模式，进行了1950～1952年按所有制、分行业和部门制定会计制度的第一次会计制度变革。1992～1993年借鉴国际会计惯例制定了分行业和经营方式的会计制度，特别是《企业会计准则》的制定、修订和实施，使我国的会计突破了原有模式，并基本实现了同国际会计惯例接轨。2000～2001年制定的《企业会计制度》以及先后发布和实施的金融保险企业和小企业会计制度使会计信息在全国范围实现了可比性。财政部于2006年2月15日全面推出了由1项基本准则和38项具体准则组成的《企业会计准则》体系。2014年，财政部颁布和修订了多条新企业会计准则：1个基本准则、41个具体准则、38个应用指南和6个会计准则解释。

会计理论同其他理论一样，不断地从实践中产生、完善和发展，又不断地接受实践的检验。会计理论来源于会计工作实践，又指导会计工作实践。随着我国经济体制改革的不断深入，会计改革也将顺利地向前发展，会计将在各项经济活动中起到更大的作用。

二、会计的概念与特点

(一)会计的概念

会计是以货币为主要计量单位，对企事业、机关单位或其他经济组织的经济活动进行连续、系统、全面的反映和监督的经济管理活动。它也是一项经济管理工作。

(二)会计的特点

会计的特点主要体现在会计核算阶段，会计核算有以下几个基本特点：

1. 以货币为主要计量单位

在会计核算中，经常运用实物计量和劳动计量，但因实物计量缺乏综合反映的功能，而劳动计量虽然具有综合性，但由于商品货币经济的存在，价值规律依然发生作用，劳动耗费还无法广泛利用劳动计量进行度量。因此，在会计核算中，实物计量和劳动计量仅作为货币计量的辅助记录。这也是会计核算区别于统计核算和业务核算的特点。

2. 以真实、合法的会计凭证为依据

会计所收集的经济信息必须真实可靠，这样通过信息处理后形成的财务信息才能客观地反映经济活动。因此，会计所采集的经济信息须是有根有据的，要取得或填制凭证，要依据会计准则对凭证的合法性和合理性进行严格审核无误后，才能据以编制记账凭证，登记账簿，进行加工处理。这一特征也是其他经济管理活动所不具备的。

3. 对经济活动要进行综合、连续、系统、完整的核算和监督

所谓综合性，表现在由于主要以货币计量，所以能够提供总括反映各项经济活动情况的价值指标；所谓连续性，表现在对各种经济活动能按其发生的时间先后顺序不间断地进行记录；所谓系统性，表现在对各项经济活动既要进行相互联系的记录，又要进行必要的、科学的分类，这样才能取得管理所需要的各种不同的信息资料；所谓完整性，表现在对各项经济活动的来龙与去脉都必须进行全面记录、计量，不能有所遗漏。会计利用货币计量，既横向反映各项经济活动的经济内容，对每一项经济活动又能纵向地、自始至终地反映各个阶段的变化过程和结果，构成了一个完整的会计核算网络。这是会计区别于统计核算和业务核算的又一特点。

4. 会计拥有一系列专门方法

会计方法由各种相互联系、相互区别而又相互制约的专门技术方法组成，有别于其他工作方法。例如，设置账户、复式记账、填制和审核会计凭证、登记账簿、成本计算、财产清查、编制财务会计报告等会计核算方法，这些方法从不同的侧面对企业等经济组织发生的经济活动进行核算和监督。会计最基础性的工作就是运用这些方法，并结合其他技术和方法的运用实现会计工作的目的。

5. 会计的基本职能是会计核算和会计监督

会计一方面要按照会计法规制度的要求，对经济活动进行确认、计量和报告；另一方面又要对业务活动的合法性、合理性进行审查。因此，会计核算是会计工作的基础，会计监督是会计工作质量的保证。会计核算和会计监督贯穿于会计工作的全过程，是会计工作最基本的职能，也是会计管理活动的重要表现形式。

6. 会计的本质是一种管理活动

会计可以为管理提供各种数据资料，企事业单位的每一个管理环节都离不开会计人员的参与。会计是企业管理的一个重要组成部分，管理现代企业离不开会计工作。会计随着经济

社会的发展而发展。传统意义上的会计，主要是账务处理，仅限于事后的记账、算账、报账等工作内容，但随着经济的发展，会计不再局限于记账、算账、报账，还参与经济管理，进行经营决策，形成现代意义上的会计。

三、会计的职能

会计职能是指会计固有的功能，是会计本质的体现。所谓会计的职能，是指会计在经济管理中客观上所具有的功能。随着经济的不断发展、经济关系的复杂化和管理水平的不断提高，会计职能的内涵也不断地得到充实，并开拓了新的领域。

（一）会计的基本职能

1. 会计的核算职能

会计核算是会计最基本的职能，又称反映职能，它贯穿于经济活动的全过程。会计核算是指会计以货币为主要计量单位，通过对特定主体的经济活动进行确认、计量、记录和报告，如实反映特定主体的财务状况、经营成果（或运营绩效）和现金流量等信息。会计确认是指将符合会计要素定义和确认标准的项目纳入财务报表项目的过程。会计确认包括将以文字和金额表述的项目纳入报表的总额中。会计确认解决的是定性问题，分为初始确认和后续确认。会计计量是指以货币为单位，将已发生的经济活动或会计事项列示在报表项目中，确定其金额的过程。会计计量解决的是定量问题。会计记录是指通过一定的会计专业方法按照计量的金额将发生的经济业务或会计事项在会计凭证、会计账簿等载体上进行登记的过程。会计报告是确认和计量的结果，即通过报告，将确认、计量和记录的结果进行归纳和整理，以财务报告的形式提供给信息使用者。

2. 会计的监督职能

会计监督是会计的另一项基本职能，它是指会计人员在进行会计核算的同时，对特定主体经济活动的合法性、合理性进行审查。会计监督包括参与经济决策、预测经济活动、监督经济过程、考核经营业绩等方面。

（1）参与经济决策。配合单位领导和有关部门，根据会计信息和其他信息，提出最优的经济方案，编制经济计划，提出如何完成计划的措施。

（2）预测经济活动。会计机构和会计人员利用拥有的会计信息优势，能够预测单位经济活动，并根据预测情况，协同有关部门制定经济定额和规章制度，建立内部牵制制度，组织资金运用，加强成本管理，做好预算管理工作。

（3）监督经济过程。对经济活动和账务进行审核、检查。对贪污、盗窃、走私、投机倒把、行贿等犯罪行为应予以揭发、制止，对不执行财务计划、弄虚作假、挥霍浪费、扩大开支范围、提高开支标准以及其他违反财经纪律的行为，应予以抵制或检举。

（4）考核经营业绩。对企业、部门和职工的经营业绩进行考核，联系经济责任制，提供信息，奖优罚劣。

3. 会计核算职能与监督职能的关系

会计核算职能和会计监督职能是相辅相成、辩证统一的关系。会计核算是会计监督的基础，没有核算所提供的各种信息，监督就失去了依据；而会计监督又是会计核算质量的保障，只有核算、没有监督，就难以保证核算所提供信息的真实性、可靠性。换言之，通过正确的会计核算提供会计监督需要的可靠资料。会计监督是进行会计核算的出发点，也是其目的，通过会计监督职能才能发挥会计核算的作用，并进一步核实数据，弄清实际情况，使会计核算职能更好地落实。两种职能是互相渗透的，如记账、算账属于会计核算，但是优秀的记账员无不进行经济管理，通过核算，揭露矛盾，发挥会计监督职能。从设计制度、制定定额、进行预测等，到进行现场控制、参与经济决策等，再到进行检查、分析和执行奖惩等，会计监督职能贯穿于会计核算的全过程。

（二）会计的拓展职能

随着经济的不断发展，经济关系的复杂化和管理水平的不断提高，会计职能的内涵也不断地得到充实，并开拓了新的领域。会计的职能除了会计核算、会计监督这两大基本职能外，还包括预测经济前景、参与经济决策、评价经营业绩等。这些职能从不同侧面进一步强化了会计在经济管理中的职能作用。

四、会计的对象

会计的对象是指会计核算和监督的内容。凡是特定主体能够以货币表现的经济活动，都是会计的对象。以货币表现的经济活动通常又称为资金运动。因此，会计核算和监督的内容即会计对象就是社会再生产过程中的资金运动。

由于运用会计的各个主体在国民经济中所处的地位和作用不同，它们的经济活动的内容和所应达到的目标也不一样，价值运动的具体内容、形式也不相同，所以会计核算和监督的具体内容并不完全相同。

（一）制造企业会计核算和监督的内容

制造企业的生产经营活动的内容分为采购（供应）、生产和销售三个阶段。采购过程是生产的准备过程，在此过程中，企业为购买材料物资要支付材料价款、材料运输和装卸费用，同时采购单位及其他有关单位发生货币结算关系。材料从仓库进入车间投入生产，生产经营活动进入第二个过程，即生产过程，它是企业最主要的生产活动，企业利用劳动手段将原材料投入生产，引起原材料的消耗、固定资产的折旧、工资的支付和生产费用的开支，是储备资产和一部分货币资金转化为生产资金、物化劳动和活劳动消耗，产品完工后，生产资金转化为成品资金。产品生产完工验收入库等待销售，生产经营活动进入第三阶段，即销售过程，发生包装、运输、广告宣传等销售费用，产品销售出去要收回货币资金，要缴纳税费，要与购买单位、税务部门及其他单位发生货币结算关系。

这三个阶段，货币资金经过资金的投入、资金的循环与周转（即运用）和资金退出这样一个运动过程（见图1－1）。但具体运动形式并不完全相同。通常情况下，资金的投入、退出基本一致。投入单位的资金包括：投资者投入的资金和向债权人借入的资金，前者形成所有者权益，后者属于债权人权益（即单位的负债）。资金的投入是单位取得资金的过程，是资金运动的起点。资金的退出指的是资金离开单位，是资金运动的终点，主要包括偿还各项债务、依法缴纳各种税费，以及向所有者分配利润等。

（二）商品流通企业会计核算和监督的内容

商品流通企业的经济活动主要是购、销。在采购过程中，企业为了购进商品支付商品价款，支付运输和装卸费用，与供应单位发生货币结算业务。在商品验收入库等待销售期间，要支付保管费用、储存费用。在销售过程中，企业为了销售商品要支付运输、包装、广告宣传等销售费用，商品销售要收回货款，又与购买单位发生货币结算业务等，具体如图1－2所示。

（三）行政、事业单位会计核算和监督的具体内容

行政、事业单位并不从事商品生产和流通，是非营利性单位。它们的职责是完成国家赋予

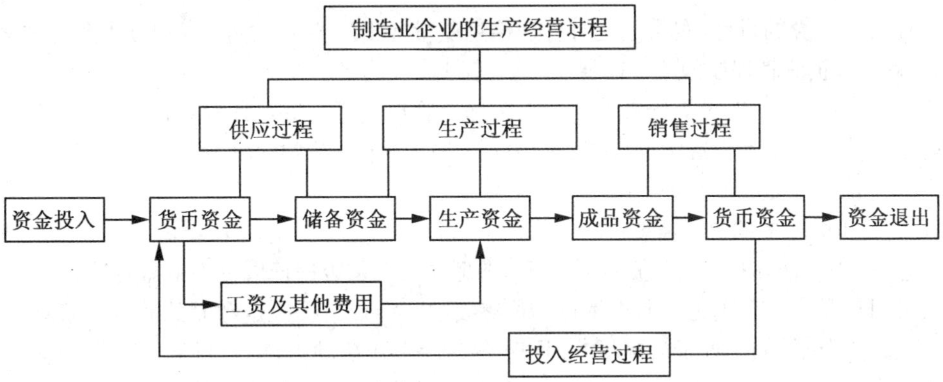

图 1—1　制造业企业资金循环过程

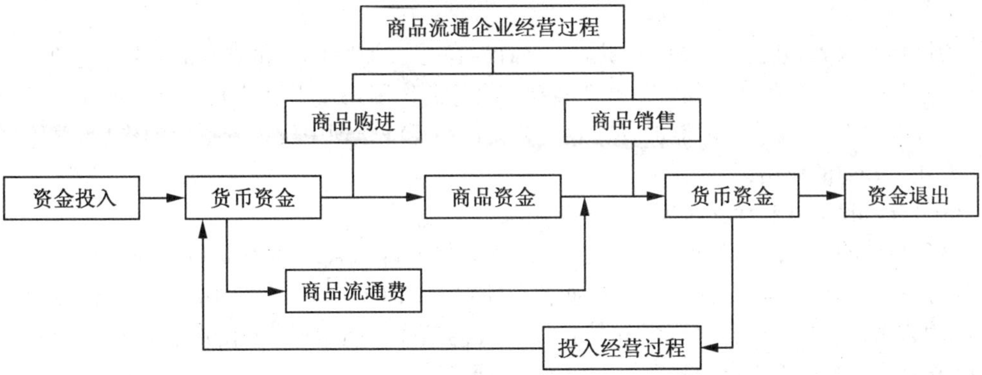

图 1—2　商品流通企业资金循环过程

的各项任务，国家每年都应根据各单位的预算，拨给一定数量的资金，称作预算拨款；各单位完成任务的过程按预算以货币形式支付的各项费用，称作预算支出，这种支出是非补偿性的，即不能从收入中得到补偿，因此，没有资金循环周转过程，预算拨款和预算支出构成行政、事业单位的预算资金运动。行政、事业单位的会计核算和监督的内容是预算资金的运动，包括行政、事业单位资金来源和运用，预算资金的收入和支出等，但是行政单位的经费来源是财政全额拨款，事业单位的经费来源于国家全额拨款、差额拨款和自收自支三种情况。

五、会计目标

(一)会计目标的概念

会计目标也称会计目的，是要求会计工作完成的任务或达到的标准。会计目标是沟通会计系统与会计环境的桥梁，是连接会计理论与会计实践的纽带。

《新会计准则——基本准则》第四条规定，财务会计报告的目标是向财务会计报告使用者提供与企业财务状况、经营成果和现金流量等有关的会计信息，反映企业管理层受托责任履行情况，有助于财务会计报告使用者做出经济决策。财务会计报告使用者包括投资者、债权人、政府及其有关部门和社会公众等。

（二）会计目标的要求

上述会计核算的目标，实质上是对会计信息质量提出的要求。它可以划分为两个方面：

1. 满足对企业管理层的监管需要

它包括：资金委托人对受托管理层是否很好地管理其资金进行评价和监督；工会组织对管理层是否保障工人基本权益的评价；政府及有关部门对企业绩效评价和税收的监管；社会公众对企业履行社会职能的监督等。

2. 满足相关团体的决策需要

它包括，满足潜在投资者投资决策需要；满足债权人是否进行借贷决策需要等。

会计目标是会计管理运行的出发点和最终要求。会计目标决定和制约着会计管理活动的方向，在会计理论结构中处于最高层次；同时在会计实践活动中，会计目标又决定着会计管理活动的方向。随着社会生产力水平的提高、科学技术的进步、管理水平的改进及人们对会计认识的深化，会计目标会随着社会经济环境的变化而变化。

六、会计的作用

会计具有核算和监督两大基本职能。会计对象是会计所核算和监督的内容。一般来说，会计对象就是社会再生产过程中的资金运动。会计的作用是运用会计的职能在会计实践中所产生的客观效果，它是会计职能的外在表现。会计在经济管理中发挥着重要的作用，总体来说有以下几个方面的作用：

（一）帮助投资者和债权人做出合理的决策

财务会计的最主要目标就是帮助投资者和债权人做出合理的投资和信贷决策。一般认为，最为关注企业会计信息的莫过于投资者和债权人。而这类使用者的决策对于资源的分配具有重大影响。此外，符合投资者和债权人需要的信息，一般对其他使用者也是有用的。因此，财务会计把服务于投资者和债权人作为其主要目标。

投资者和债权人所需要的经济信息包括：企业某一时日的财务状况、某一期间的经营绩效和财务状况的变动。但从决策有用性的观点看，不论是投资者还是债权人甚至企业职工，其经济利益都与企业未来的现金流量密切相关，例如，投资者应分得的股利、债权人应得到的贷款本金及利息、职工应得的工资和奖金等，都需要预期现金流量的信息。

（二）考评企业经营者管理资源的责任和绩效

企业的经济资源均为投资人及债权人提供，委托企业经营者保管和经营，投资者与经营者之间存在着一种委托代理关系。投资者和债权人要随时了解和掌握企业经营者管理和运用其资源的情况，以便考评经营者的经营绩效，适时改变投资方向或更换经营者。这就要求企业财务报告提供这方面的信息，说明企业的经营者怎样管理和使用资源，向所有者报告其经营情况，以便明确其经营责任。

（三）为国家提供宏观调控所需要的特殊信息

国家是国民经济的组织者与管理者，为了达到这一目标，国家还要求从所有企业编报的会计报表中，获取进行宏观调控所需要的特殊信息。国家不仅是通用报表的使用者，而且是特殊报表的使用者。

（四）为企业经营者提供经营管理所需要的各种信息

企业经营者也要利用企业的会计信息对企业的生产经营进行管理。通过对企业财务状况、收入与成本费用的分析，可以发现企业在生产经营上存在的问题，以便采取措施，改进经营。

任务二　会计基本假设

会计基本假设，也称会计核算的基本前提，它是人们对某些未被确切认识的事物，根据客观的正常的情况和趋势，所做的合乎情理的推论而形成的一系列不需要证明就可以接受的假定前提。它概括了现代会计的基本先决条件，是会计理论中最基础的组成部分，是会计核算工作赖以存在的前提条件。

一、会计主体

会计主体是指企业会计确认、计量和报告的空间范围。为了向财务报告使用者反映企业财务状况、经营成果和现金流量、提供于其决策有用的信息，会计核算和财务报告的编制应当反映特定对象的经济活动，这样才能实现财务报告的目标。

在会计主体假设下，企业应当对其本身发生的交易或者事项进行会计确认、计量和报告，反映企业本身所从事的各项生产经营活动。明确界定会计主体是开展会计确认、计量和报告工作的重要前提。

会计主体不同于法律主体。一般来说，法律主体必然是一个会计主体。例如，一个企业作为一个法律主体，应当建立财务会计系统，独立反映其财务状况、经营成果和现金流量。但是，会计主体不一定是法律主体。例如，企业集团中的母公司拥有若干子公司，母、子公司虽然是不同的法律主体，但是母公司对子公司拥有控制权，为了全面反映企业集团的财务状况、经营成果和现金流量，有必要将企业集团作为一个会计主体，编制合并财务报表，在这种情况下，尽管企业集团不属于法律主体，但它却是会计主体。再如，由企业管理的证券投资基金、企业年金基金等，尽管不属于法律主体，但属于会计主体，应当对每项基金进行会计确认、计量和报告。

二、持续经营

持续经营是指在可以预见的将来企业将会按当前的规模和状态继续经营下去，不会停业也不会大规模削减业务。在持续经营前提下，会计确认、计量和报告应当以企业持续、正常的生产经营活动为前提。

会计准则体系是以企业持续经营为前提加以制定和规范的，涵盖了从企业成立到清算（包括破产）的整个期间的交易或者事项的会计处理。一个企业在不能持续经营时就应当停止使用这个假设，否则如仍按持续经营基本假设选择会计确认、计量和报告原则与方法，就难以客观地反映企业的财务状况、经营成果和现金流量，会误导会计信息使用者的经济决策。持续经营则为会计核算做出了时间上的规定。

三、会计分期

会计分期是指将企业持续不断的生产经营活动人为地分割成会计期间，分期结算账目和编制财务会计报告。

会计期间分为年度、半年度、季度和月度。在我国，年度、半年度、季度和月度均按公历起讫日期确定。我国《会计法》规定，会计年度自公历1月1日起至12月31日止。也有的国家以营业年度作为会计年度。

会计年度必须是相等的。每一会计年度还具体划分为半年度、季度和月度。半年度、季度和月度均称为会计中期。

会计分期是持续经营前提的必要补充。当一个会计主体持续经营而无限期时，就需要为会计信息的提供规定期限。

四、货币计量

货币计量是指会计以货币为计量单位核算会计主体的经济活动，并假定在不同时期货币的币值是不变的。货币计量前提包括了两层概念：一是一切会计事项均能用货币计量，即货币可作为计量的共同尺度；二是假定货币币值是稳定不变的。

记账本位币，就是在企业多种货币收支的情况下，企业所选定的一种基本的货币单位，在记账和编制报表时，以其他币种计量的经济业务都要折算为基本货币。我国规定，会计核算以人民币为记账本位币；业务收支以外币为主的企业，也可以选定某种外币作为记账本位币，但编制的会计报表应当折算为人民币反映。

综上所述，会计基本假设虽然是人为确定的，但完全是出于客观需要，有充分的客观必然性；否则，会计核算工作就无法进行。这四项基本假设缺一不可，既有联系，也有区别，共同为会计核算工作的展开奠定了基础。

任务三　会计信息质量特征和惯例

会计主要是提供外部使用者所使用的会计信息，包括投资者、债权人、政府及其有关部门和社会公众等。会计信息质量关系到投资者决策、完善资本市场以及市场经济秩序等重大问题，何谓高质量会计信息以及如何提高会计信息质量，会计准则对此作了明确规定。

一、会计信息质量特征

会计信息质量要求是对企业财务报告中所提供的高质量会计信息的基本规范，是使财务报告中所提供会计信息对投资者等使用者决策有用应具备的基本特征。根据基本准则规定，它包括可靠性、相关性、可理解性、可比性、实质重于形式、重要性、谨慎性和及时性等。

（一）可靠性原则

可靠性原则又称客观性原则，是指企业应当以实际发生的经济业务及证明经济业务发生的合法凭证为依据，如实反映财务状况、经营成果，做到内容真实、数字准确、资料可靠。这一原则是对会计工作的基本要求。

这一原则包括两个内容：一是会计必须根据审核无误的原始凭证，采用特定的专门方法进行记账、算账、报账，保证所提供的会计信息内容完整、真实可靠。如果会计核算不是以实际发生的交易或事项为依据，为使用者提供虚假的会计信息，会误导信息使用者，使之做出错误的决策。二是会计人员在进行会计处理时应保持客观，运用正确的会计原则和方法，得出具有可检验性的会计信息。如果会计人员进行会计处理时不客观，同样不能为会计信息使用者提供真实的会计信息，也会导致信息使用者做出错误决策。

(二)相关性原则

相关性原则，是指企业所提供的会计信息应与财务会计报告使用者的经济决策相关，有助于财务会计报告使用者对企业过去、现在或者未来的情况做出评价或预测。这里所说的相关，是指与决策相关，有助于决策。如果会计信息提供后，不能帮助会计信息使用者进行经济决策，就不具有相关性，因此，会计工作就不能完成会计所需达到的会计目标。

根据相关性原则，要求在收集、记录、处理和提供会计信息过程中能充分考虑各方面会计信息使用者决策的需要，满足各方面具有共性的信息需求。对于特定用途的信息，不一定都通过财务报告来提供，也可以采取其他形式加以提供。

(三)可理解性原则

可理解性原则又称明晰性原则，是指企业提供的会计信息应当清晰明了，便于财务会计报告使用者理解和使用。明晰性原则要求会计信息简明、易懂，能够简单明了地反映企业的财务状况、经营成果和现金流量，从而有助于会计信息使用者正确理解、掌握企业的情况。

根据明晰性原则，会计记录应当准确、清晰，填制会计凭证、登记会计账簿必须做到依据合法、账户对应关系清楚、文字摘要完整；在编制会计报表时，项目勾稽关系清楚、项目完整、数字准确。

(四)可比性原则

可比性原则，是指企业提供的会计信息应当具有可比性。这包括两个方面的质量要求：

1. 同一企业不同时期可比，即纵向可比

为了便于投资者等财务报告使用者了解企业财务状况、经营成果和现金流量的变化趋势，比较企业在不同时期的财务报告信息，全面、客观地评价过去、预测未来，从而做出决策，会计信息质量的可比性要求同一企业不同时期发生的相同或者相似的交易或者事项，应当采用一致的会计政策，不得随意变更。但是，满足会计信息可比性要求，并非表明企业不得变更会计政策，如果按照规定或者在会计政策变更后可以提供更可靠、更相关的会计信息的，可以变更会计政策。有关会计政策变更的情况，应当在附注中予以说明。

2. 不同企业相同会计期间可比，即横向可比

为了便于投资者等财务报告使用者评价不同企业的财务状况、经营成果和现金流量及其变动情况，会计信息质量的可比性要求不同企业同一会计期间发生的相同或者相似的交易或者事项，应当采用规定的会计政策，确保会计信息口径一致、相互可比，以使不同企业按照一致的确认、计量和报告要求提供有关会计信息。

(五)实质重于形式原则

实质重于形式原则，是指企业应当按照以交易或事项的经济实质进行会计确认、计量和报告，而不应仅以交易或事项的法律形式作为依据。这里所讲的“形式”是指法律形式，“实质”是指经济实质。有时，经济业务的外在法律形式并不能真实反映其实质内容。为了真实反映企业的财务状况和经营成果，就不能仅仅根据经济业务的外在表现形式来进行核算，而要反映其经济实质。比如，相关法律可能写明商品的所有权已经转移给买方，但事实上卖方仍享有该资产的未来经济利益。如果不考虑经济实质，仅看其法律形式，就不能真实反映这笔业务对企业的影响。

(六)重要性原则

重要性原则，是指企业提供的会计信息应当反映与企业财务状况、经营成果和现金流量等

有关的所有重要交易或事项。在此原则下，企业在选择会计方法和程序时，要考虑经济业务本身的性质和规模，根据特定的经济业务决策影响的大小，来选择合适的会计方法和程序。如果一笔经济业务的性质比较特殊，不单独反映就有可能遗漏一个重要事实，不利于所有者以及其他方面全面掌握该企业的情况，就应当严格核算，单独反映，提请注意；反之，如果一笔经济业务与通常发生的经济业务没有特殊之处，不单独反映，也不至于隐瞒什么事实，就不需要单独反映和提示，并且如果一笔经济业务的金额在收入、费用或资产总额中所占的比重很小，就可以采用较为简单的方法和程序进行核算，甚至不一定严格采用规定的会计方法和程序；反之，如果金额在收入、费用或资产总额中所占的比重较大，就应当严格按照规定的会计方法和程序进行。

重要性原则与会计信息成本效益直接相关。坚持重要性原则，就能够使提供会计信息的收益大于成本。对于那些不重要的项目，如果也采用严格的会计程序，分别核算，分项反映，就会导致会计信息成本高于收益。

在评价某些项目重要性时，很大程度上取决于会计人员的职业判断。一般来说，应当从质和量两个方面来进行分析。从性质来说，当某一事项有可能对决策产生一定影响时，就属于重要项目；从数量方面来说，当某一项目的数量达到一定规模时，就可能对决策产生影响。

（七）谨慎性原则

谨慎性原则又称稳健性原则，是指企业对交易或事项进行确认、计量和报告应当保持应有的谨慎，即在存在不确定因素的情况下做出判断时，不应高估资产或者收益、低估负债或者费用。对于可能发生的损失和费用，应当加以合理估计。企业经营存在风险，实施谨慎性原则，对存在的风险加以合理估计，就能在风险实际发生之前化解风险，并防范风险，有利于企业做出正确的经营决策，有利于保护所有者和债权人的利益，有利于提高企业在市场上的竞争力。比如，在存货、有价证券等资产的市价低于成本时，相应地减记资产的账面价值，并将减记金额计入当期损益，体现了谨慎性原则，体现了谨慎性原则对历史成本原则的修正。当然，谨慎性原则并不意味着可以任意提取各种准备，否则，就属于谨慎性原则的滥用。

（八）及时性原则

及时性原则，是指企业对于已经发生的交易或事项，应当及时进行会计确认、计量和报告，不得提前或延后。会计信息具有时效性，才能满足经济决策的及时需要，信息才有价值，所以为了实现会计目标，就必须遵循会计信息有效性。

根据及时性原则，要求及时收集会计数据，在经济业务发生后，应及时取得有关凭证；对会计数据及时进行处理，及时编制财务报告；将会计信息及时传递，按规定的时限提供给有关方面。

综上所述，可靠性、相关性、可理解性和可比性是会计信息的首要质量要求，是企业财务报告中所提供会计信息应具备的基本质量特征；实质重于形式、重要性、谨慎性和及时性是会计信息的次级质量要求，是对可靠性、相关性、可理解性和可比性等首要质量要求的补充和完善，尤其是在对某些特殊交易或者事项进行处理时，需要根据这些质量要求来把握其会计处理原则。另外，及时性还是会计信息相关性和客观性的制约因素，企业需要在相关性和可靠性之间寻求一种平衡，以确定信息及时披露的时间。

二、会计惯例

会计惯例是会计人员在长期实践中所建立和广泛运用的处理会计业务的具体方法和程序。这些方法和程序具有习俗的权威性，虽未经有关的权威会计团体和会计管理机构载入正式文件予以公布，但在大量的实践中被证实是科学的、合理的、切实可行的，因而被广泛地采纳和应用。会计惯例是“会计理论”的对称，是会计人员在日常会计实务中所形成的习惯性做法和倾向，在一定范围和时期内得到普遍认可和应用的会计行为。会计惯例的形成起源于从业会计人员的习惯，而不是会计职业团体的规定。

会计惯例原指会计人员普遍采用的会计程序和方法，这种程序和方法最早来自习惯，后来成为流行的惯例。中国香港的会计实务公告说：“惯例”与“实务”、“规则”、“方法”、“程序”是交互使用不相区别的术语。

在我国会计实务中，会计惯例除前八项特征外，还包括收入与费用配比、划分收益性支出与资本性支出两项会计惯例。

（一）收入与费用配比

企业通过经营活动获取营业收入必然会发生相应的耗费。为了确定某一会计期间的经营收益，根据权责发生制会计核算基础，在确定本期营业收入与营业费用外，还需要将营业收入与营业费用进行配比，以计算经营收益。收入与费用配比会计惯例要求企业在进行会计核算时，收入与其耗费应当相互配比，同一会计期间内的各项收入与其相关的耗费，应当在该会计期间内确认。收入与费用配比会计惯例包括两层概念：①因果配比，是指将营业收入与营业费用相配比，计算出营业利润，即“营业收入－营业费用＝营业利润”；②时间配比，是指将一定时期的收入与同期的费用相配比，而不能将本期收入与上期费用配比，这也是权责发生制会计核算基础的基本要求。

（二）划分收益性支出与资本性支出

收益性支出是指企业所发生的支出仅与一个会计期间的收益相关，例如，购买办公用品的支出、支付的当月职工工资薪酬等。资本性支出是指企业发生的支出不仅仅与一个会计期间的收益相关，而是与一个以上的会计期间相关，例如，企业建造一栋厂房，该厂房在使用寿命期内，企业收益都与该项支出相关。企业在会计核算中应当正确划分收益性支出与资本性支出，两类不同性质的支出在对外会计报表中的列示不同：收益性支出应列入利润表中，计入当期损益，以便正确计算企业当期的经营成果；资本性支出应列入资产负债表中，作为企业资产反映，以便真实地反映企业的财务状况。这主要是因为：收益性支出的效益只在一个会计期间发挥作用，而资本性支出的效益却可以在连续的一个以上的会计期间发挥作用。

任务四　会计核算基础

一、会计核算基础的概念

会计核算基础，也称会计处理基础，是指确定收入和费用归属期间的标准。收入和费用的收付期间与归属期间是否一致，可归纳为以下三种情况：

(1)收入和费用的收付期间与归属期间是一致的。也就是说，企业本期内收到的收入就是本期已获得的收入，本期已付出的费用就是本期应该负担的费用。

(2)本期收入和支付的款项不应归属于本期。也就是说，本期收到的收入并不是本期获得的收入，本期支付的费用并不应当由本期负担。

(3)应归属于本期的收入和费用尚未收款或付款。也就是说，本期应该获得的收入本期尚未收到，本期应该负担的费用本期尚未支付。

会计核算的基础有权责发生制和收付实现制两类。简单地说，权责发生制是以归属期为标准来确认各个会计期间的收入和费用的，收付实现制是以款项的收付期为标准来确认各个会计期间的收入和费用的。不同类型的会计主体，其提供会计信息的目的和经济业务存在差异性，可采用不同的会计核算基础。

二、权责发生制

(一)权责发生制的概念

权责发生制(accrual basis)又称权责制、应计制、应收应付制。它是以权利与责任的形成和发生为标准来处理经济业务，确定本期收入和费用，计算本期盈亏的会计基础。

由于会计核算是分期进行的，因而需要对某些收入和费用在相邻的会计期间进行划分。按照权责发生制的要求，凡是归属于当期的、已经实现的收入和已经发生或者应当负担的费用，无论款项是否收付，都应当确认为本期的收入或者费用，记入利润表；凡是不属于本期的收入和费用，即使款项已在当期收付，也不应当确认为本期的收入和费用。

《企业会计准则——基本准则》第 9 条规定，企业应当以权责发生制为基础进行会计确认、计量和报告。

【例 1—1】 某企业 12 月份发生的经济业务以及采用权责发生制会计基础确定本月的收入和费用，如表 1—1 所示。

表 1—1 权责发生制下的本月收入和费用 单位：元

序号	经济业务摘要	收　入	费　用
1	本月耗用办公费 500 元，以现金支付	—	500
2	销售 A 产品 1 000 件，单价 50 元，货款 50 000 元已存入银行	50 000	—
3	销售 B 产品 100 件，每件 80 元，货款尚未收到	80 000	—
4	支付本年度贷款利息 240 000 元，其中 12 月份 20 000 元	—	20 000
5	收到某公司预付购货款 50 000 元	—	—
	合　计	130 000	20 500

业务(1)中费用的归属期和款项的收付期一致，都属于本期，确认为权责发生制下的费用；业务(2)中收入的归属期和款项的收付期一致，都属于本期，确认为权责发生制下的收入；业务(3)中收入的归属期和款项的收付期不一致，但收入已经实现，企业已经获得了收取款项的权利，因此确认为权责发生制下的收入；业务(4)中 12 月份的 20 000 元利息费用，归属期和款项的收付期一致，都属于本期，确认为权责发生制下的费用，其余的 220 000 元利息费用应分别归属于 1～11 月份承担，在权责发生制下不作为本期的费用确认；业务(5)中的 50 000 元为预收款项，相关的销售尚未发生，收入尚未实现，在权责发生制下不作为本期的收入确认。

(二)权责发生制的优点、缺点及适用范围

1. 权责发生制的优点

权责发生制以收取款项的权利已经获得和支付款项的责任已经形成为标准，确认各个会

计期间所实现的收入和为实现收入所应负担的费用，因而能够准确核算企业收入和所应负担的费用，从而可以把各期的收入与其相关的费用、成本相配比，能够恰当地反映某一会计期间的经营成果。

2. 权责发生制的缺点

采用权责发生制会计基础，要考虑预收款项和预付款项，以及应计收入和应计费用，会计期末需要进行有关的账项调整，核算手续比较复杂。

权责发生制在反映企业的经营业绩时有其合理性，但在反映企业的财务状况时却有其局限性：一个在利润表上看来经营业绩很好的企业，在资产负债表上却可能没有相应的变现资金而陷入财务困境。这是由于权责发生制把应计的收入和费用都反映在损益表上，而在资产负债表上则部分反映为现金收支，部分反映为债权债务。

3. 权责发生制的适用范围

因权责发生制在计算盈亏、确定经营成果方面的合理性，所以，以盈利为目的的会计主体（如企业）往往采用权责发生制。此外，事业单位的经营性收支业务因类似于企业的经营活动，其会计核算也可以采用权责发生制。

三、收付实现制

（一）收付实现制的概念

收付实现制（cash basis）又称现金制、现金收付制、实收实付制。它是以款项的实际收付为标准来处理经济业务，确定本期收入和费用，计算本期盈亏的会计基础。

按照收付实现制的要求，凡在本期实际收到的现款收入，不论其是否属于本期，均应作为本期收入处理；凡在本期实际以现款付出的费用，不论其是否在本期收入中获得补偿，均应作为本期的费用处理；反之，凡本期还没有以现款收到的收入和没有用现款支付的费用，即使它们归属于本期，也不作为本期的收入和费用处理。

【例 1—2】 某工厂 2017 年 1 月收到 2016 年已销产品货款 80 000 元，存入银行，尽管该项收入不是 2017 年 1 月实现的，但因为该项收入是在 1 月收到的，所以在收付实现制基础上应作为 2017 年 1 月的收入。同样，该工厂 2016 年第四季度耗用电费 12 000 元，于 2017 年 1 月以银行存款支付，该项费用的实际归属期为 2016 年第四季度，但在收付实现制基础上应作为 2017 年 1 月的费用。

在收付实现制基础上，会计在处理经济业务时不考虑预收收入、预付费用以及应计收入和应计费用的问题，会计期末也不需要进行账项调整，因为实际收到的款项和付出的款项均已登记入账，所以可以根据账簿记录来直接确定本期的收入和费用，并加以对比以确定本期盈亏。

【例 1—3】 某商品零售小企业因为规模小、经营业务简单，采用收付实现制会计记账基础。该企业 12 月份发生的经济业务以及采用收付实现制会计基础确定本月的收入和费用，如表 1—2 所示。

表 1—2 **收付实现制下的本月收入和费用** 单位：元

序号	经济业务摘要	收　入	费　用
1	以现金支付上月水电费 800 元	—	800
2	购进商品 6 000 元，以存款支付	—	6 000

续表

序号	经济业务摘要	收　入	费　用
3	以存款预付某紧俏商品定金 1 000 元	—	1 000
4	以现金支付营业员本月工资 2 000 元	—	2 000
5	本月营业场地租金 3 000 元，尚未支付	—	—
6	本月水电费 900 元，尚未支付	—	—
7	销售商品 12 000 元已存入银行	12 000	—
	合　计	12 000	9 800

业务(1)、(2)、(3)、(4)有实际的货币资金支付，虽然其中有上月耗用的水电费、本月支付的工资、本月购进的存货和预付的商品定金，但在收付实现制下，都确认为本月的费用；业务(7)有实际的货币资金收取，确认为本月的收入；业务(5)和业务(6)，从费用的归属期看，属于本月，但没有货币资金支付，不确认为本月的费用。

(二)收付实现制的优点、缺点及适用范围

1. 收付实现制的优点

收付实现制操作简单，需要的会计技术较少，易于被使用者理解，数据处理成本比较低廉。收付实现制能反映企业实实在在拥有的现金，而企业能否按期偿还债务、支付利息、分派股利等，很大程度上取决于企业所实际拥有的现金。此外，以收付实现制为基础的现金流量能为长期投资提供更有用的决策依据。

2. 收付实现制的缺点

收付实现制的不足之处主要体现在各个会计期间确认的收入和费用不配比，不能合理、准确地反映各期盈亏情况。此外，收付实现制不利于单位进行成本核算、提高效率和绩效考核，不能全面、准确地记录和反映单位的负债情况，不利于防范财务风险。

3. 收付实现制的适用范围

非营利性组织一般不以盈利为目的，往往采用收付实现制作为会计核算基础。目前，我国的行政单位会计采用收付实现制，事业单位会计除经营业务可采用权责发生制外，其他大部分业务也采用收付实现制。

下面以同一例子分别按权责发生制和收付实现制确认收入和费用并计算盈亏，便于对比两种会计处理基础下对业务处理的异同。

【例 1—4】 某公司 2017 年 6 月份的有关经济业务如下：

(1)销售产品一批，售价 80 000 元，货款尚未收到。

(2)预付下半年的财产保险费 12 000 元。

(3)支付水电费 20 000 元，其中 5 月份 9 000 元、6 月份 11 000 元。

(4)预收销货款 25 000 元。

(5)收到产品销售款 70 000 元，其中，30 000 元为上月销售产品而本月收取的货款，40 000 元为本月销售产品收取的货款。

(6)计提本月借款利息 30 000 元。

分别按权责发生制和收付实现制确定 6 月份的收入和费用并计算盈亏情况，如表 1—3 所示。

表 1—3　　本月收入、费用和盈亏情况　　单位:元

	收　入	费　用	盈　亏
权责发生制	(1)80 000	(3)11 000	79 000
	(5)40 000	(6)30 000	
小　计	120 000	41 000	
收付实现制	(4)25 000	(2)12 000	63 000
	(5)70 000	(3)20 000	
小　计	95 000	32 000	

任务五　会计核算方法和内容

一、会计的方法体系

会计的方法是从会计实践中总结出来的,并随着社会实践的发展、科学技术的进步以及管理要求的提高而不断地发展和完善。会计方法是用来反映和监督会计对象的,由于会计对象多种多样、错综复杂,从而决定了预测、反映、监督、检查和分析会计对象的手段也不是单一的,而是由一个方法体系构成的。随着会计职能的扩展和管理要求的提高,这个方法体系也将不断地发展和完善。

会计核算的方法是对各单位已经发生的经济活动进行连续、系统、完整的核算和监督所应用的方法。

会计分析的方法主要是利用会计核算的资料,考核并说明各单位经济活动的效果,在分析过去的基础上,提出指导未来经济活动的计划、预算和备选方案,并对它们的报告结果进行分析和评价。

会计检查的方法,也称审计,主要是根据会计核算,检查各单位的经济活动是否合理合法,会计核算资料是否真实准确,根据会计核算资料编制的未来时期的计划和预算是否可行、有效等。

上述各种会计方法紧密联系、相互依存、相辅相成,形成了一个完整的会计方法体系。其中,会计核算方法是基础,会计分析方法是会计核算方法的继续和发展,会计检查方法是会计核算方法和会计分析方法的保证。

作为广义的会计方法,它们既相互联系,又有相对的独立性。它们所应用的具体方法各不相同,并有各自的工作和研究对象,形成了较独立的学科。学习会计首先从基础开始,即要从掌握会计核算方法入手,而且通常所说的会计方法,一般是指狭义的会计方法,即会计核算的方法,它是最基本、最主要的方法。

二、会计核算方法

会计核算方法,也称会计处理方法,是指对会计主体的经济活动进行全面、系统、连续、综

合的反映和监督，为有关方面提供决策所需信息的方法，包括设置会计科目与账户、复式记账、填制和审核会计凭证、登记账簿、成本计算、财产清查和编制财务会计报告七种具体方法。具体如图 1－3 所示。

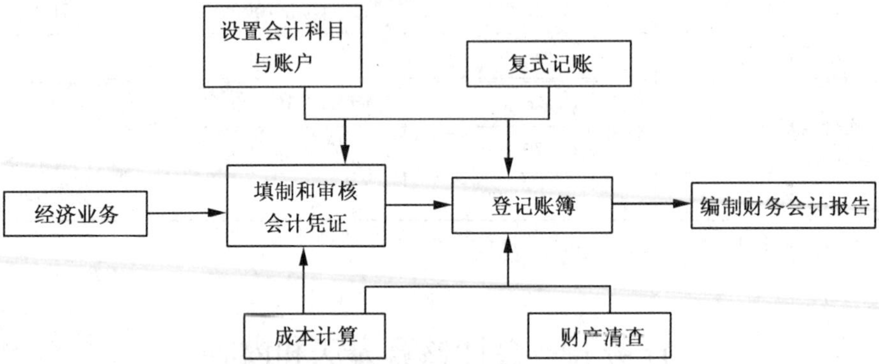

图 1－3　会计核算方法的构成及其关系

(一)设置会计科目与账户

设置会计科目与账户是指为实现会计目标，反映会计对象的具体内容而通过对会计要素进行科学分类，并设计一定的结构以分门别类、连续、系统地记录经济活动的一种专门方法。企业经济活动的复杂多样性决定了会计要素内容的丰富性，要将这些内容丰富且又因经济活动的发生而不断变化的会计要素进行连续、系统的核算和监督，就必须对其进行科学的分类，并设计相应的结构，分别予以核算和监督，以便获得所需的会计信息。

(二)复式记账

复式记账是指对每一项经济业务，都以相等的金额，在两个或两个以上相互联系的账户中进行登记的一种记账方法。每一项经济业务的发生，都至少会带来两方面的影响，有些则会带来多方面的影响。例如，企业购买原材料，已支付部分货款，其余部分暂欠。这项经济业务的发生，一方面使企业的银行存款减少，另一方面使企业的原材料增加，同时，还使企业的负债增加。复式记账就是要将全部有关方面的变化在所设置的相关账户中同时予以记录，以完整、全面地核算和监督所发生的经济活动。

(三)填制和审核会计凭证

会计凭证是记录经济业务，明确经济责任的书面证明，是登记账簿的依据。填制和审核会计凭证是指在经济业务发生或完成时，取得证明经济业务发生或完成的书面依据，对其进行审核并据以记录经济业务的一种专门方法。为保证会计信息的客观性，各单位必须根据实际发生的经济业务事项进行会计核算，因此，必须在经济业务实际发生或完成时填制或取得能够证明经济业务确已发生或完成的书面凭据，这些书面凭据就是会计凭证。对于取得的各种会计凭证，会计人员必须对其进行审核，以确定其是否真实、合法、完整、准确。对于需要会计人员填制的会计凭证，也应当做到依据合法、内容准确、项目齐全。

(四)登记账簿

账簿是具有一定的格式，用来记录经济业务的簿记，是记录经济活动的载体，用来连续、系统、全面地记录每个账户的增减变动情况。登记账簿是指根据会计凭证，运用复式记账方法在账簿中全面、连续、系统地记录经济业务的一种专门方法。会计凭证中所记录的是种类不同的、零散的经济业务，不能全面、系统、连续地反映某一账户在一定时期内的增减变动情况，通过登记账簿可以将会计凭证中所记录的种类不同的、零散的经济业务归类、汇总，便于向有关方面提供决策有用的信息。

（五）成本计算

成本计算是将企业生产经营过程中所发生的各项费用，按照一定的成本计算对象进行归集和分配，以确定该对象的总成本和单位成本的一种专门方法。成本是取得资源的代价或对象化的费用，是衡量企业工作质量和经营管理水平的重要经济指标，也是影响企业经济效益的重要因素。由于资源的有限性与需求的无限性之间的矛盾，使得人们一直关注生产经营过程中的所费与所得，只有通过所费与所得的比较，才能确定经营成果，并采取相应的措施降低所费，以提高经济效益，因此必须计算成本。通过成本计算，可以反映和监督企业各项费用的支出情况，评价企业成本管理水平，分析成本升降的原因，为产品价格的制定和企业成本管理提供依据。

（六）财产清查

财产清查是通过盘点财产物资实物、核对账目，来确定货币资金、财产物资和债权债务等的实有数额，并同账面结存数额进行对比以确定账实是否相符的一种专门方法。由于收发计量、管理不善等种种原因，会导致企业资产的实有数与账面数不相符；或因积压、残次而导致财产物资的实际价值与账面价值不符；往来款项可能因长期拖欠而形成呆账、坏账等。因此，有必要定期或不定期地进行财产清查，及时发现和处理，以保证会计资料的准确性，保护财产物资的安全和完整，提高资金的使用效果。

（七）编制财务会计报告

财务会计报告是指企业对外提供的反映企业某一特定日期财务状况和某一会计期间经营成果、现金流量的文件。编制财务会计报告是对日常会计核算资料的总结，就是将账簿记录的内容定期地加以分类、整理和汇总，形成会计信息使用者所需要的各种指标，再报送给会计信息使用者，以便据此进行决策。财务会计报告所提供的一系列核算指标，是考核和分析财务计划和预算执行情况以及编制下期财务计划和预算的重要依据，也是进行国民经济综合平衡所必不可少的资料。编制完成财务会计报告，就意味着这一期间会计核算工作的结束。

上述会计核算的各种方法是相互联系、密切配合的，在会计对经济业务进行记录和反映的过程中，不论是采用手工处理方式，还是使用计算机数据处理系统，对于日常所发生的经济业务，首先要取得合法的凭证，按照所设置的账户进行复式记账，根据账簿的记录进行成本计算，在财产清查、账实相符的基础上编制财务会计报告。会计核算的这七种方法相互联系，缺一不可，构成了一个完整的、科学的方法体系。

在七种会计核算方法的内在联系中，填制和审核凭证、登记账簿和编制报表是三个主要的、连续的环节，而其他四种专门方法则错综而又紧密地穿插在这三个主要环节中。

三、会计核算的具体内容

根据《中华人民共和国会计法》第十条的规定，会计核算的内容主要有以下七项：

（一）款项和有价证券的收付

款项包括现金、银行存款及其他视同现金、银行存款使用的外埠存款、银行汇票存款、银行本票存款、在途货币资金、信用证存款、保函押金和各种备用金。有价证券包括国库券、股票、企业债券和其他债券等。款项和有价证券的收付直接影响单位资金的变化，因此，必须及时办理会计手续，进行会计核算。

企业在生产经营活动过程中，很多经济业务是通过款项的收付来完成的，如企业以银行存款购买原材料，用现金支付职工薪酬，缴纳各种税费等。马克思在《资本论》中指出，企业资本循环运动的基本公式为 $G \rightarrow W \rightarrow G'$，它说明了企业货币资金是企业资金周转的起点和终点。货币资金是企业资金周转过程中以货币形式表现的那一部分流动资产。出纳人员(货币资金是由出纳人员负责管理的)在办理库存现金收付业务时，必须严格按照中国人民银行制定的《现金管理暂行条例》和财政部等部门制定的有关货币资金的内部控制规范，严格管理企业库存现金，提高库存现金的使用效率，保证库存现金的安全。

根据我国现行法律、法规的规定，库存现金可以支付的项目如下：职工工资、津贴；个人劳务报酬；根据国家规定颁发给个人的科学技术、文化艺术、体育等各种奖金；各种劳保、福利费用以及国家规定的对个人的其他支出；向个人收购农副产品和其他物资的价款；出差人员必须随身携带的差旅费；结算起点(1 000 元)以下的零星支出；中国人民银行确定需要支付库存现金的其他支出。

库存现金收付管理的主要内容有：①由开户银行根据企业实际需要，核定开户企业 3～5 天的日常零星开支所需的库存现金限额。边远地区和交通不方便地区的开户单位的库存现金限额，可以满足多于 5 天，但不得超过 15 天的日常零星开支。②企业必须严格遵守库存现金限额的相关规定，需要增加或者减少库存现金限额的，应当向开户银行提出申请，由开户银行核定。③企业当日收入的库存现金，应于当日送存银行，当日送存银行确有困难的，应由开户银行确定送存时间。④企业不得“坐支”现金。“坐支”现金是指企业从本单位的库存现金收入中直接支付。企业支付现金应从本单位库存现金限额中支付或者从开户银行提取，因特殊情况确需“坐支”现金的，应当事先报经开户银行审查批准，由开户银行核定“坐支”范围和额度，企业“坐支”情况应定期向开户银行报告。⑤不得以“白条”抵库；不准公款私存；不准保留账外公款；不准私设“小金库”。⑥出纳人员不得兼任稽核、会计档案保管以及收入、支出、费用、债权债务账目的登记工作。不得由一人办理货币资金业务的全过程。

(1)银行存款结算方式。银行存款是企业存放于银行或其他金融机构的、随时可以用于支付的货币资金。根据国家的有关规定，凡独立核算的单位都必须在企业所在地开立账户，进行存款、取款以及各种转账业务。企业办理银行存款收付业务时，主要使用银行汇票、商业汇票、银行本票、支票、汇兑、委托收款、托收承付、信用卡、信用证等银行转账结算方式。支票结算是企业同城结算中应用比较广泛的一种结算方式。支票是由存款人签发的、委托银行见票时无条件支付确定的金额给收款人或持票人的票据。支票分为现金支票、转账支票及普通支票。现金支票只能用于提取现金；转账支票只能用于转账；普通支票一般既可以提取现金，也可以转账，但普通支票左上角划有两条平行线的，我们把它称为划线支票。划线支票与转账支票是一样的，只能用于转账，不得提取现金。支票一律记名，持票人可以通过背书将支票权利转让给其他人。支票的付款期为 10 天，超过期限的支票，银行不予受理。

(2)有价证券。有价证券是指表示一定财产拥有权或支配权的证券，如国库券、股票、企业债券等。国库券是国家财政当局为弥补国库收支不平衡而发行的一种政府债券。因国库券属于国家信用，所以它几乎不存在信用违约风险，是金融市场风险最小的信用工具。由于期限短、流动性强、安全性高，国库券被视为零风险债券或“金边债券”。国库券采用不记名形式，无须经过背书就可以转让流通。股票是股份证书的简称，是股份公司为筹集资金而发行给股东作为持股凭证并借以取得股息和红利的一种有价证券。每股股票都代表股东对企业拥有一个基本单位的所有权。企业债券是企业(主要是公司)依照法定程序发行、约定在一定期限还本付息的有价证券。企业债券代表着发债企业与投资者之间的一种债权债务关系,债券持有人是企业的债权人,债券持有人有权按期收回本息。

企业债券与股票一样,同属有价证券,可以自由转让。企业债券是债权债务凭证,购买了企业债券就会成为发行企业的债权人,可以定期获取利息,但无权参与公司的经营决策。股票是代表所有权的凭证,购买了股票就会成为发行公司的股东,可以参与公司的经营决策,拥有选举权和表决权。款项和有价证券是企业流动性最强的资产。

(二)财物的收发、增减和使用

财物是指单位的财产物资,一般包括原材料、燃料、包装物、低值易耗品、在产品、商品等流动资产以及房屋、建筑物、机器、设施、运输工具等固定资产。财物的收发、增减和使用是单位资金运动的重要形态,因而是会计核算的经常性业务。加强对财物的管理,有利于控制和降低成本,保证财物的安全、完整,防止资产流失。

(三)债权债务的发生和结算

从会计意义上讲,债权债务是指由于过去的交易或事项所引起的单位的现有权利或义务。其中,债权主要包括应收账款、应收票据、其他应收款、短期投资、长期投资等;债务主要包括短期借款、应付票据、应付账款、预收账款、应付工资、应交税金、应付利润、其他应付款、长期借款、应付债券、长期应付款等。债权债务的发生和结算,反映了单位的资金周转情况,必须进行会计核算。

(四)资本、基金的增减

会计上的资本又称所有者权益,是指投资人对企业的净资产的所有权,是企业全部资产减去全部负债后的余额,包括实收资本、资本公积、盈余公积和未分配利润。基金主要是指机关、事业单位某些特定用途的资金,如事业发展基金、集体福利基金、后备基金等。资本、基金的增减都会引起单位资金的变化,会计机构、会计人员必须及时办理会计手续,进行核算。

(五)收入、支出、费用、成本的计算

收入,对企业及其他营利性组织来讲,是指它们在销售商品、提供劳务及他人使用本单位资产等日常经济活动中所形成的经济利益的总流入;对机关、事业单位来讲,是指经费的拨入。

支出,是指企业在生产经营过程中为获得另一项资产、为清偿债务所发生的资产的流出。例如,企业为购买材料、办公用品等支付或预付的款项;为偿还银行借款、应付账款及支付账款或支付股利所发生的资产的流出;为购置固定资产、支付长期工程费用所发生的支出和生活中的消费支出。

费用,对企业及营利性组织而言,是它们在生产和销售商品、提供劳务等日常经济活动中所产生的各种耗费;对机关、事业单位来讲,是经费的支出。

成本,是指企业及其他营利性组织的对象化了的费用,即以产品为对象计算分配的费用。

收入、支出、费用和成本是单位资金运动的直接表现,必须进行会计核算。

(六)财务成果的计算和处理

财务成果是单位在一定期间内经济活动的最终成果,也就是单位所得与所耗费或支出的配比,二者相抵后的差额有的表现为盈余,有的则表现为亏损。财务成果是反映经营成果的最终要素,对它的计算和处理会涉及有关方面的经济利益,因此,必须及时进行会计核算。

(七)其他需要办理会计手续、进行会计核算的事项

其他事项是指除了前面六项内容以外需要进行会计核算的内容。前面六项内容基本上涵

盖了会计核算的主要内容，但由于会计环境纷繁复杂，经济活动及会计业务的发展也是日新月异，仍有可能产生一些新的会计核算内容，如企业的终止清算、破产清算等这些业务的核算，也是会计核算不可缺少的内容。为了适应经济发展对会计核算工作的要求，会计法将可能产生的新的会计业务事项以“其他事项”来概括，以保证各种复杂的经济活动都能够得到及时的核算和反映。

关键术语

会计　会计的职能　会计的基本假设　会计主体　持续经营　会计分期　货币计量　客观性　相关性　明晰性　可比性　实质重于形式　重要性　谨慎性　及时性　会计核算基础　权责发生制　收付实现制

◎ 应知考核 ◎

一、单项选择题

1. 我国“会计”一词最早产生于(　　)时期。

A. 原始社会　B. 西周　C. 西汉　D. 南北朝

2. 下列项目中不属于会计信息质量要求的是(　　)。

A. 可靠性　B. 实质重于形式　C. 持续经营　D. 重要性

3. 会计的主要计量形式是(　　)。

A. 实物量度　B. 劳动量度

C. 货币量度　D. 实物、劳动和货币三种量度

4. 会计的基本职能是(　　)。

A. 预测和决策　B. 分析和考核　C. 核算和监督　D. 控制和检查

5. 近代会计发展成为现代会计的重要标志是(　　)的出现。

A. 管理会计　B. 财务会计　C. 成本会计　D. 审计学

6. 会计核算的具体对象是(　　)。

A. 实物运动　B. 资金运动　C. 会计运动　D. 经济运动

7. 确定会计核算空间范围的是下列哪一项假设？(　　)

A. 会计主体　B. 持续经营　C. 会计分期　D. 货币计量

8. 企业提取坏账准备金，是依据下列哪一项会计信息质量要求？(　　)

A. 相关性　B. 可理解性　C. 可比性　D. 谨慎性

9. 企业每半年改变一次折旧方法，这违背了下列哪一项会计信息质量要求？(　　)

A. 相关性　B. 可理解性　C. 可比性　D. 可靠性

10. 国际上一个会计期间是指(　　)。

A. 1 个月　B. 1 年　C. 1 个季度　D. 半年

二、多项选择题

1. 会计的基本假设是(　　)。

A. 会计主体　B. 持续经营　C. 核算与监督　D. 货币计量

2. 会计信息的使用者包括(　　)。

A. 投资者和债权人　B. 社会公众

C. 企业管理部门　D. 税务、工商和证券监管部门

3. 会计的方法是从会计实践中总结出来的，主要包括(　　)。

A. 会计核算方法　　B. 会计检查方法　　C. 会计分析方法　　D. 会计记账方法

4. 会计核算的专门方法主要有(　　)。

A. 设置会计科目与账户　　B. 编制会计报表

C. 填制和审核凭证　　D. 登记账簿

5. 会计核算方法是一个相互联系、相互渗透的完整的方法体系：一项经济业务发生后，各种核算方法在应用时的步骤是(　　)。

A. 复式记账　　B. 设置会计科目与账户

C. 填制和审核凭证　　D. 登记账簿和成本计算

6. 会计核算的具体内容包括(　　)。

A. 款项和有价证券的收付　　B. 财物的收发、增减和使用

C. 债权债务的结算　　D. 财务成果的计算和处理

7. 下列项目中属于会计信息质量要求的有(　　)。

A. 可理解性　　B. 及时性　　C. 可比性　　D. 谨慎性

8. 根据权责发生制，应计入本期损益的有(　　)。

A. 本期实现收入并已入账　　B. 本期实现收入尚未入账

C. 属于本期的费用但尚未支付　　D. 本期已支付属于以后各期的费用

9. 制造业企业的资金运动形式主要包括(　　)。

A. 资金进入企业　　B. 资金退出企业　　C. 资金运用　　D. 资金调拨

10. 下列说法中正确的是(　　)。

A. 会计核算过程中采用货币为主要计量单位

B. 我国企业的会计核算只能以人民币为记账本位币

C. 业务收支以外币为主的单位可以选择某种外币为记账本位币

D. 在境外设立的中国企业向国内报送的财务报告，应当折算为人民币

三、判断题

1. 在我国境内设立的企业，会计核算都必须以人民币作为记账本位币。(　　)

2. 会计核算是会计监督的基础，会计监督是会计核算的继续。(　　)

3. 会计的职能只有两个，即会计核算与会计监督。(　　)

4. 企业在一定会计期间内所发生的一切经济活动都构成会计核算的对象。(　　)

5. 会计主体不同于法律主体。法律主体一般是会计主体，但会计主体不一定是法律主体。(　　)

6. 会计主体假设为会计核算规定了时间范围。(　　)

7. 明确会计主体的作用在于界定不同会计主体会计核算的空间范围。(　　)

8. 会计核算上所使用的一系列会计原则和会计处理方法都是建立在会计主体持续经营前提的基础上的。(　　)

9. 谨慎性就是要求在会计核算中尽量低估企业的资产、负债、收益和费用。(　　)

10. 实质重于形式是指企业应当按照交易或事项的经济实质进行会计核算，而不能以其法律形式作为会计核算的依据。(　　)

四、简答题

1. 简述会计的概念与特点。

2. 简述会计的职能及其之间的关系。

3. 简述会计目标的概念及其要求。
4. 简述会计的基本假设和会计信息质量特征。
5. 简述会计核算的方法。

◎ 应会考核 ◎

★业务考核

【考核项目】

会计基本假设、会计核算基础。

【背景资料】

某会计师事务所是由张新、李安合伙创建的，该事务所的记账本位币为人民币。最近发生了以下经济业务，并由会计做了相应的处理：

(1)6 月 10 日，张新从事务所出纳处拿了 380 元现金给自己的孩子购买玩具，会计将 380 元记为事务所的办公费支出，理由是：张新是事务所的合伙人，事务所的钱也有张新的一部分。

(2)6 月 15 日，会计将 6 月 1 日至 15 日的收入、费用汇总后计算出半个月的利润，并编制了财务报表。

(3)6 月 20 日，事务所收到某外资企业支付的业务咨询费 2 000 美元，会计没有将其折算为人民币反映，而直接记入了美元账户中。

(4)6 月 30 日，在事务所编制的对外报表中登记有“应收账款”60 000 元，但没有“坏账准备”项目。

(5)6 月 30 日，事务所购买了一台电脑，价值 12 000 元，为了少计利润、少缴税，将 12 000 元一次性全部记入了当期管理费用。

(6)6 月 30 日，计提固定资产折旧，采用年数总和法，而本月前计提折旧均采用直线法。

(7)6 月 30 日，收到达成公司的预付审计费用 3 000 元，会计将其作为 6 月份的收入处理。

(8)6 月 30 日，预付下季度报刊费 300 元，会计将其作为 6 月份的管理费用处理。

【考核要求】

根据上述背景资料，分析该事务所的会计在处理这些经济业务时是否完全正确，若有错误，主要违背了哪项会计假设或会计核算基础。

★技能考核

【考核项目】

权责发生制和收付实现制下收入和费用的确定。

【背景资料】

中山公司 2017 年 6 月发生了下列 7 笔经济业务，如表 1－4 所示，分别按权责发生制和收付实现制计算该公司本期的收入和费用。(注：企业必须使用权责发生制)

表 1－4

经济业务内容	权责发生制		收付实现制	
	收　入	费　用	收　入	费　用
1. 购买办公用品 500 元，现金付讫				
2. 销售甲商品 30 000 元，尚未收款				
3. 采购员预借差旅费，支付现金 1 500 元				

续表

经济业务内容	权责发生制		收付实现制	
	收　入	费　用	收　入	费　用
4. 预付购料款，开出支票 10 000 元				
5. 收到外单位归还上个月的欠款 40 000 元存入银行				
6. 计提本月借款利息 2 000 元				
7. 销售乙商品 64 000 元，对方以转账支票支付60 000元，其余尚欠				
合　计				

（注：企业必须按照权责发生制确认收入和费用，此题只是为了让学生对比权责发生制和收付实现制两种会计核算基础的差别。）

【考核要求】

根据所给资料，认真判断，并将结果填入上表。

★案例题

在某大学任教的王毅教授暑假期间遇到四位活跃于股市的大学同学。这四位同学中，一位是代理股票买卖的证券公司的经纪人；第二位是受国家投资公司委托任某公司董事；第三位是个人投资者；第四位是某报经济栏目的记者。

他们在聚会时一起谈论关于股票投资的话题，当讨论到如何在股市中操作时，四位同学都发表了自己的意见。他们的回答分别是：

1. 经纪人：随大流。
2. 董事：跟着感觉走。
3. 个人投资者：关键是获取各种信息，至于财务信息是否重要很难说。
4. 记者：至关重要的是掌握公司财务信息。

回到学校，王毅教授将四个同学的回答说给了同学们听。

案例要求：

假如你是其中的听者，试问你支持哪种见解？为什么？

◎ 项目实训 ◎

【实训项目】

会计的基本职能。

【实训情境】

中山公司 2017 年 4 月 1 日发生表 1—5 中的 8 笔经济活动。

表 1—5

经济活动内容	属　于	不属于
1. 人力资源部长报销差旅费 1 500 元		
2. 总经理与供货商会面，就第四季度材料供应签订意向书		
3. 支付电视台广告费 50 000 元		

续表

经济活动内容	属　于	不属于
4. 仓库将采购的原材料验收入库，总价值 100 000 元		
5. 董事会研究决定初步达成向 A 企业投资意向		
6. 收到销售款 12 000 元存入银行		
7. 销售部门收到订单，合计金额 150 000 元		
8. 供应部门签订一项购货合同		

【实训要求】

请判断哪些属于会计核算和监督的内容，哪些不是。将判断结果填入上表。

（提示：在多种多样的经济活动中，会计只能核算和监督其中能用货币表现的。）

项目二　会计要素与会计等式

【知识目标】

理解:会计要素的概念、特点。

熟知:会计要素的确认条件及分类。

掌握:经济业务对会计等式的影响,会计要素的确认与计量。

【技能目标】

能够灵活运用会计恒等式,能够应用和分析经济业务的发生对会计等式的影响。

【素质目标】

能够通过对会计要素、会计等式的理解,了解其在现实经济生活中的意义和作用,为进一步掌握会计方法和会计技能打好基础。

【项目引例】

亏损是如何发生的呢?

星海公司于2016年初创立时收到万达公司投资的300 000元,同时向光明公司赊购一台价值12 000元的机器。经营一年后,该公司发生亏损8 000元。

【讨论】 请你设想五种可能的情况,说明资产、负债和所有者权益的增减变化。

【知识精讲】

任务一　会计要素

一、会计要素的概念

所谓会计要素,就是为了便于会计核算,按其经济特征对会计对象所做的进一步的分类。它不仅有利于对不同经济类别进行确认、计量、记录和报告,而且可以为建立会计科目和设计会计报表提供依据。

凡是与价值运动有关的经济活动,都构成会计要素的内容;凡是与价值运动无关的经济活动,则不属于会计要素的内容。

会计要素是对会计对象的基本分类,是会计对象的具体化。会计要素包括资产、负债、所有者权益、收入、费用、利润。这六大会计要素可以划分为两大类,即反映财务状况的会计要素和反映经营成果的会计要素。其中,资产、负债和所有者权益是反映企业在一定时点上(月末、季末、半年末、年末)财务状况的会计要素,又称为静态会计要素。收入、费用和利润是主要反映企业在一定期间(月度、季度、半年度、年度)资金运动的经营成果的会计要素,又称为动态会计要素。会计要素的界定和分类为财务报告使用者提供了更加详细、有用的信息。

机关事业单位的会计要素由资产、负债、净资产、收入和支出五项构成。其中,前三项反映单位资金收支活动的静态表现,后两项反映资金收支活动的动态表现。

会计要素的构成如图 2—1 所示:

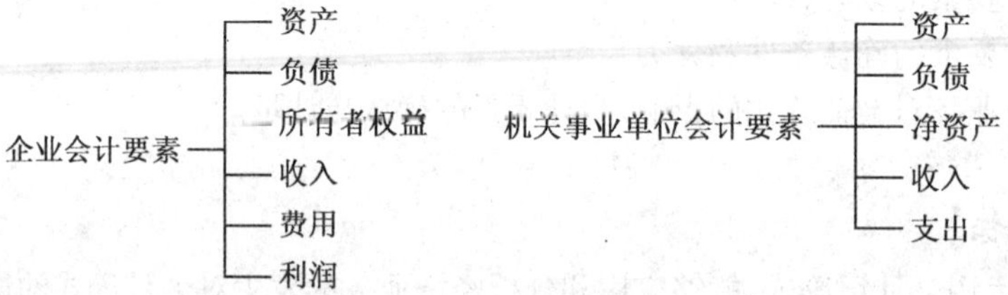

图 2—1　会计要素的构成

二、会计要素的内容

(一)静态会计要素

所谓静态会计要素,是指资金相对静止状态下的表现形式,具体表现为资产、负债和所有者权益三要素。

1. 资产

资产是指企业过去的交易或者事项形成的、由企业拥有或者控制的、预期会给企业带来经济利益的资源。根据其定义,资产具有以下特征:

第一,资产是由过去的交易或事项形成的。

企业过去的交易或事项包括购买、生产、建造行为或者其他交易或事项。预期在未来发生的交易或者事项不能形成资产。

第二,资产是为企业所拥有的,或者即使不为企业所拥有,也是企业所控制的。

拥有,是指拥有资产的所有权,可以按照自己的意愿使用或处置。控制,是指不拥有所有权,仅具有使用权,却能实际控制。例如,融资租赁固定资产,尽管企业并不拥有其所有权,但是如果租赁合同规定的租赁期相当长,接近于该资产的使用寿命,则表明企业控制了该资产的使用及其所能带来的经济利益,应当将其作为企业资产予以确认、计量和报告。

第三,资产预期会给企业带来经济利益。

资产预期会给企业带来经济利益,是指资产直接或者间接导致现金或现金等价物流入企业的潜力。主要体现为:有的资产具有直接购买力,可以用来换取其他资产,如现金、银行存款可以用来购买商品、材料、设备等;有些资产代表一种货币性债权,企业可以于约定日期收取现金、银行存款,如应收账款、交易性金融资产等;有的资产可以出售,从而转变为现金或者货币性债权,如商品、产成品、可供出售的金融资产等;有些资产能提供某些潜在的效益、权利或劳务,对企业具有使用价值,如房屋能为企业提供固定的营业场所,机器、设备可用来生产产品。从企业的角度来讲,这些资产的取得主要是因为它们具有潜在的效能,企业可以从它们的使用中得到预期的利益。企业以前已经确认为资产的项目，如果不能再为企业带来未来经济利益，就不能再确认为企业的资产，如资产发生毁损、变质等。

凡符合上述资产定义的资源，还需同时满足下列两个条件才能确认为资产：一是与该资源有关的经济利益很可能流入企业；二是该资源的成本或者价值能够可靠计量。

资产按流动性分类可分为流动资产和非流动资产。相关内容如图 2—2 所示：

- 资产
  - 流动资产——货币资金、交易性金融资产、应收及预付款项和存货等
  - 非流动资产
    - 长期资产——长期股权投资
    - 固定资产——固定资产净额、在建工程、固定资产清理
    - 无形资产——无实物形态的资产，如专利权、商标权等
    - 其他资产——长期待摊费用

图 2—2　资产按流动性分类

(1)流动资产是指可以在一年或超过一年的一个营业周期内变现、出售或耗用的资产，主要包括货币资金、交易性金融资产、应收及预付款项、存货等。

交易性金融资产是指为了在近期内出售而持有的金融资产，包括股票、债券、基金等。

应收及预付款项是指企业在日常生产经营过程中发生的各项债权，包括应收票据、应收账款、其他应收款和预付账款等。

存货是指企业在日常的生产经营过程中持有以备出售，或者仍然处在生产过程中将要消耗的各种材料或物料，包括商品、产成品、半成品、在产品以及各种材料等。

(2)非流动资产是指流动资产以外的资产，主要包括长期资产(长期股权投资)、固定资产、无形资产等。

长期股权投资是指企业持有的对其子公司、合营企业及联营企业的权益性投资以及企业持有的对被投资单位不具有控制、共同控制或重大影响，并且在活跃市场中没有报价、公允价值不能可靠计量的权益性资产。

固定资产是指使用年限超过一年的房屋、建筑物、机器设备、运输设备以及其他与生产经营有关的设备、器具等，不属于生产经营主要设备的物品，单位价值在 2 000 元以上，并且使用年限超过两年的，也应当作为固定资产。

无形资产是指企业拥有或者控制的没有实物形态的可辨认非货币性资产，包括专利权、商标权、著作权、土地使用权等。

2. 负债

负债是指过去的交易或者事项形成的、预期会导致经济利益流出企业的现时义务。根据其定义，负债具有以下特征：

第一，负债是由过去的交易或事项形成的。即导致负债的交易或事项必须已经发生。

企业预期将要发生的交易或事项可能产生的债务，不能作为会计上的负债处理。如谈判中的交易或事项、计划中的经济业务均不能确认为负债。

第二，负债的清偿预期会导致经济利益流出企业。

清偿负债时，导致经济利益流出企业的形式多种多样，如用现金偿还或以实物资产形式偿还，以提供劳务形式偿还，以部分转移资产、部分提供劳务形式偿还等。

第三，负债是企业承担的现时义务。

现时义务是指企业在现行条件下已承担的义务。未来发生的交易或者事项形成的义务不属于现时义务，不应当确认为负债。

凡是符合上述负债定义的义务，同时还需满足下列两个条件时确认为负债：

一是与该义务有关的经济利益很可能流出企业，如支付货币资金、提供劳务、转让其他资产等；

二是未来流出的经济利益的金额能够可靠计量。

负债按照其流动性，可以分为流动负债和非流动负债，如图 2－3 所示：

负债
- 流动负债——短期借款、应付票据、应付账款、预收账款等
- 非流动负债——长期借款、应付债券、长期应付款等

图 2－3　负债按流动性分类

(1)流动负债是指企业将在一年或超过一年的一个营业周期内清偿的债务，主要包括短期借款、应付票据、应付账款、预收账款、应付职工薪酬、应交税金、应付利息、应付股利、其他应付款和一年内到期的长期借款等。

(2)非流动负债是指偿还期限在一年或超过一年的一个营业周期以上的债务，主要包括长期借款、应付债券、长期应付款等。

3. 所有者权益

所有者权益是指企业资产扣除负债后由所有者享有的剩余权益。股份有限公司的所有者权益又称股东权益。所有者权益的特征有：

第一，除非发生减资、清算或分派现金股利，企业不需要偿还所有者权益。

第二，企业清算时，只有在清偿所有的负债后，所有者权益才可还给所有者。

第三，所有者凭借所有者权益能够参与利润分配。

所有者权益的确认和计量，主要取决于资产、负债、收入、费用等其他会计要素的确认和计量。所有者权益即为企业的净资产，是企业资产总额中扣除债权人权益后的净额，反映所有者财富的净增加额。企业日常经营的好坏和资产负债的质量直接决定着企业所有者权益的增减变化和资本的保值增值。

所有者权益包括实收资本(或股本)、资本公积、盈余公积和未分配利润，如图 2－4 所示：

所有者权益
- 实收资本(或股本)
- 资本公积
- 盈余公积
- 未分配利润

图 2－4　所有者权益的范围

(1)实收资本是指投资者按照企业章程或合同、协议的约定，实际投入企业的资本。所有者向企业投入的资本，在一般情况下无须偿还，可以长期周转使用。

(2)资本公积是指资本在运营过程中发生的增值，包括资本(或股本)溢价、直接计入所有者权益的利得和损失，以及长期股权投资、投资性房地产等项目涉及的其他资本公积。

(3)盈余公积是指企业在经营过程中从税后利润中提取的积累资金。企业的盈余公积可

以用于弥补亏损、扩大生产经营等。

(4)未分配利润是指企业留于以后年度分配的利润或待分配利润。

盈余公积和未分配利润统称为留存收益。

(二)动态会计要素

所谓动态会计要素，是资金运动的动态表现，即资金的循环和周转，具体表现为收入、费用、利润三要素。

1. 收入

收入是指企业在日常活动中形成的、会引起所有者权益增加的、与所有者投入资本无关的经济利益的总流入。根据收入的定义，收入具有以下特征：

(1)收入是从企业的日常活动中产生，而不是从偶发的交易或事项中产生。

日常活动是指企业为完成其经营目标所从事的经常性活动以及与之相关的活动。明确界定日常活动是为了将收入与利得相区分，日常活动是确认收入的重要判断标准，凡是日常活动所形成的经济利益的流入都应当确认为收入；反之，应当计入利得。例如，无形资产出租所取得的租金收入属于日常活动所形成的，应当确认为收入，但是处置无形资产属于非日常活动，所形成的净利益，不应当确认为收入，而应确认为利得，如工商企业销售商品、提供劳务的收入等。有些交易或事项也能为企业带来经济利益，但不属于企业的日常活动，其流入的经济利益是利得，而不是收入。

(2)收入可能表现为企业资产的增加。

这种情况如增加银行存款、应收账款等；也可能表现为企业负债的减少，如以商品或劳务抵偿债务；或者两者兼而有之，如商品销售的货款中部分抵偿债务，部分收取现金。当然，还可能导致企业所有者权益增加。这里仅指收入本身导致的所有者权益的增加，而不是指收入扣除相关成本费用后的毛利对所有者权益的影响。经济利益的流入额要能够可靠计量时才能予以确认。

(3)收入只包括本企业经济利益的流入，不包括为第三方或客户代收的款项。

这种情况如商品销售收入、劳务收入、使用费收入、租金收入等。代收的款项，一方面增加企业的资产，另一方面增加企业的负债，因此不增加企业的所有者权益，也不属于本企业的经济利益，不能作为本企业的收入。

收入的确认至少应当符合以下条件：

一是与收入相关的经济利益很可能流入企业；

二是经济利益流入企业的结果会引起资产的增加或负债的减少；

三是经济利益的流入额能够可靠计量。

收入一般包括主营业务收入和其他业务收入，如图 2—5 所示：

收入
- 主营业务收入——销售商品、对外提供劳务等收入
- 其他业务收入——除主营业务以外的其他销售收入或其他业务的收入

图 2—5　收入的范围

(1)主营业务收入一般是指营业执照注明的主营业务所取得的收入，如制造业企业主要包括销售商品、对外提供劳务等所取得的收入。

(2)其他业务收入一般是指营业执照注明的兼营业务所取得的收入，如制造业企业主要包括出售原材料、出租固定资产、出租包装物、出租无形资产等业务所取得的收入。

2. 费用

费用是指企业在日常活动中发生的、会导致所有者权益减少的、与向所有者分配利润无关的经济利益的总流出。根据费用的定义，费用具有以下特征：

第一，费用是企业在日常活动中发生的经济利益的流出。

费用是企业在日常活动中发生的经济利益的流出，而不是从偶发的交易或事项中发生的经济利益的流出。如企业发生的电话费、办公费等属于费用范畴；而企业因自然灾害发生的支出属于损失。

第二，费用可能表现为资产的减少，或负债的增加，或二者兼而有之。

费用的发生形式多种多样，既可能表现为资产的减少，也可能使企业负债增加，还可能是二者的组合。但费用的发生与向所有者分配利润无关，企业向投资者分配利润属于所有者权益的抵减。

第三，费用最终能引起所有者权益的减少。

费用是为赚取收入而发生的支出。在不考虑其他因素的情况下，费用始终是企业利润的扣除项目，从而也是净利润的扣除项目。因此，费用的发生必然导致所有者权益的减少。

费用的确认至少应当符合以下条件：

一是与费用相关的经济利益很可能流出企业；

二是经济利益流出企业的结果会导致资产的减少或负债的增加；

三是经济利益的流出额能够可靠计量。

费用按照与收入的配比关系可以分为营业成本和期间费用两大类，如图 2－6 所示：

费用
- 营业成本——主营业务成本和其他业务成本
- 期间费用——管理费用、销售费用和财务费用

图 2－6　费用按照与收入的配比关系的分类

(1)营业成本是指企业所销售商品或者所提供劳务的成本。营业成本应当与所销售商品或者所提供劳务而取得的收入进行配比。营业成本又分为主营业务成本和其他业务成本，它们是与主营业务收入和其他业务收入相对应的。

(2)期间费用是指与会计期间相关，与产品生产无直接关系，不能直接或间接归入营业成本，而是直接计入当期损益的各项费用。期间费用包括管理费用、销售费用和财务费用。

管理费用是指行政管理部门为组织和管理生产经营活动而发生的费用支出，如行政管理部门人员的工资费、福利费、固定资产折旧费、业务招待费、工会经费等。

销售费用是指企业在产品销售过程中所发生的各项费用，如运输费、包装费、广告费等。

财务费用是指企业为了筹集生产经营所需要的资金而发生的各项费用，如借款手续费、利息支出等。

3. 利润

利润是指企业在一定会计期间的经营成果。利润包括收入减去费用后的净额、直接计入当期利润的利得和损失等。通常情况下，如果企业实现了利润，表明企业的所有者权益将增

加;如果发生了亏损,所有者权益将减少。利润是评价企业管理层业绩的指标之一,也是投资者等财务报告使用者进行决策时的重要参考。

利润的确认,反映的是收入减去费用、利得减去损失后的净额。利润的确认主要依赖于收入和费用以及利得和损失的确认,其金额的确定也主要取决于收入、费用、利得、损失金额的计量。

按照利润的配比方法和形成原因不同,利润可分为营业利润、利润总额和净利润。

(1)营业利润是指营业收入减去营业成本、税金及附加、销售费用、管理费用、财务费用、资产减值损失,加上公允价值变动收益(或减公允价值变动损失)和投资收益(或减投资损失)后的金额。

(2)利润总额是指营业利润加上营业外收入减去营业外支出后的金额。具体如图 2—7 所示:

利润总额
- 营业利润——主营业务利润、其他业务利润、投资收益
- 营业外收支——营业外收入、营业外支出

图 2—7　利润总额的范围

利润总额－所得税费用＝净利润

(3)净利润是指利润总额减去所得税费用后的金额。

营业利润＝营业收入－营业成本－税金及附加－销售费用－管理费用－财务费用－资产减值损失＋公允价值变动净收益＋投资净收益

营业收入＝主营业务收入＋其他业务收入

营业成本＝主营业务成本＋其他业务成本

投资净收益＝投资收益－投资损失

公允价值变动净收益＝公允价值变动收益－公允价值变动损失

利润总额＝营业利润＋营业外收支净额

净利润＝利润总额－所得税费用

会计要素项目分类如图 2—8 所示。

三、会计要素的确定与计量

企业会计的最终“产品”是提供财务会计报告,财务会计报告的具体组成项目就是会计要素,而在编制财务会计报告之前必须先按照一定的要求对会计要素进行确认和计量。

(一)会计要素的确认

会计确认是指将某一项目作为资产、负债、收入、费用等会计要素而加以确认的过程。确认主要解决某一项目应否确认、如何确认以及何时确认三个问题。

我国会计基本准则中规定了会计要素的确认条件,具体包括以下内容:

1. 满足会计要素的定义要求

某一项目能否作为一项会计要素加以确认,必须要满足该项会计要素的定义。例如,将一项资源确认为企业资产必须符合资产的定义,而将一项债务确认为企业负债则必须满足负债的定义。

- 会计要素
  - 资产
    - 流动资产
    - 非流动资产
  - 负债
    - 流动负债
    - 非流动负债
  - 所有权益者
    - 实收资本(或股本)
    - 资本公积
    - 盈余公积
    - 未分配利润
  - 收入
    - 主营业务收入
    - 其他业务收入等
  - 费用
    - 生产费用
      - 直接材料
      - 直接人工
      - 制造费用
    - 期间费用
      - 管理费用
      - 财务费用
      - 销售费用
  - 利润
    - 营业利润
    - 利润总额
    - 净利润(利润总额－所得税)

图 2—8　会计要素项目分类表

2. 与该项目有关的经济利益很可能流入或流出企业

“很可能”要求经济利益流入或流出企业的可能性要达到 50%以上。例如，当与资产或者收入有关的经济利益很可能流入企业，同时也满足了资产或收入确认的其他条件时，就可以确认企业的资产或收入；当与负债或费用有关的经济利益很可能流出企业，同时也满足了会计确认的其他条件时，就可以分别确认为企业的负债或费用。

3. 与该项目有关的经济利益能够可靠计量

例如，企业购买的各项资产，其实际发生的购买成本能够可靠计量，就视为满足了资产确认的可计量的条件。

(二)会计要素的计量

会计计量是为了将符合确认条件的会计要素登记入账并列报于财务报表而确定其金额的过程。企业应当按照规定的会计计量属性进行计量，确定相关金额。计量属性是指所计量的某一要素的特性方面，如桌子的长度、铁矿的重量、楼房的面积等。从会计角度，计量属性反映的是会计要素金额的确定基础，主要包括历史成本、重置成本、可变现净值、现值和公允价值等。

1. 历史成本

历史成本又称实际成本，是指取得或制造某项财产物资时所实际支付的现金或者其他等价物。在历史成本计量下，资产按照其购置时支付的现金或现金等价物的金额，或者按照购置资产时所付出的对价的公允价值计量。负债按照其因承担现时义务而实际收到的款项或者资产的金额，或者承担现时义务的合同金额，或者按照日常活动中为偿还负债预期需要支付的现金或者现金等价物的金额计量。

2. 重置成本

重置成本又称现行成本，是指按照当前市场条件，重新取得同样一项资产所需支付的现金或现金等价物金额。在重置成本下，资产按照现在购买相同或者相似资产所需支付的现金或者现金等价物的金额计量。负债按照现在偿付该项债务所需支付的现金或者现金等价物的金额计量。

3. 可变现净值

可变现净值，是指在生产经营过程中，以预计售价减去进一步加工成本和销售所必需的预计税金、费用后的净值。在可变现净值计量下，资产按照其正常对外销售的所能收到现金或者现金等价物的金额扣减该资产至完工时估计将要发生的成本、估计的销售费用以及相关税金后的金额计量。

4. 现值

现值，是指对未来现金流量以恰当的折现率进行折现后的价值，是考虑货币时间价值因素等的一种计量属性。在现值计量下，资产按照预计从其持续使用和最终处置中所产生的未来现金流入量的折现金额计量。负债按预计期限内需要偿还的未来现金流出量的折现金额计量。

5. 公允价值

公允价值，是指在公平交易中，熟悉情况的交易双方自愿进行资产交换或者债务清偿的金额。在公允价值计量下，资产和负债按照在公平交易中，熟悉情况的交易双方自愿进行资产交换或者债务清偿的金额计量。公允价值是满足三个条件时的交易金额：一是公平交易；二是交易双方熟悉情况；三是自愿。但是，现实经济生活中完全公平、自愿的交易难以找到，且买卖双方掌握的信息不可能完全一致。因此，公允价值难以获得。

在各种会计要素计量属性中，历史成本通常反映的是资产或者负债过去的价值，而重置成本、可变现净值、现值以及公允价值通常反映的是资产或负债的现时成本或现时价值，是与历史成本相对应的计量属性。当然，这不是绝对的，我国会计基本准则规定，企业对会计要素进行计量时，一般应采用历史成本，采用重置成本、可变现净值、现值、公允价值计量的，应当保证所确定的会计要素金额能够并可靠计量。

任务二　会计等式

一、反映资产、负债、所有者权益三者关系的基本会计等式

$$资产＝负债＋所有者权益 \tag{1}$$

这是最基本的会计等式，通常称为第一会计等式或会计恒等式。它反映了企业在任一时点所拥有的资产以及债权人和所有者对企业资产要求权的基本状况，表明了资产与负债、所有者权益之间的基本关系。

企业为了从事生产经营活动，获取利润，必须拥有一定量的资产。企业所拥有的资产，均

有其来源。为企业提供资金来源者，对企业的资产就具有求索权，比如，企业投资者有参与企业管理和分享企业利润的权利。在会计上称这种求索权为权益。权益是资产的提供者对企业资产具有的要求权。企业对其资产的提供者承担着满足其要求权的经济责任。

资产与权益反映了同一经济资源的两个不同方面：一方面是归会计主体所拥有或支配的各项资产，另一方面是经济资源提供者对资产的一系列要求的权益。资产表示企业拥有哪些经济资源，以及拥有多少。权益则表示资产的来源，即资产由谁提供、归谁所有。资产与权益是同一事物的两个方面，两者之间存在着相互依存、相互制约的关系。没有资产就没有权益，同样，没有权益也就没有资产，两者不能彼此脱离而各自独立存在。从数量方面来观察，一个企业有多少资产，就必定有多少权益；反之，有多少权益，也就必然有多少资产。从任何一个时点来观察，一个企业的资产总额必然等于权益总额。两者之间的这种数量关系可表述如下：

$$资产=权益 \qquad (2)$$

在现代企业中，筹集资金的方式除了投资者对企业的投资外，还有一种重要的筹资渠道就是举债。企业可以向银行等金融机构借款，也可以通过发行公司债券向社会公众借款。这些款项都有约定的支付期限，但在尚未到期偿还以前，企业可以周转使用，形成了购置企业资产的一项来源。凡是向企业提供借款的称为企业的债权人，企业为债务人。

企业所有者和债权人把资产投入企业，供企业在生产经营过程中使用，因而对企业的资产就享有一定的权利，包括在一定时间收回本金及获取投资报酬的权利等。这种权利在会计上统称为权益，其中属于债权人的权利称为债权人权益，属于所有者的权利称为所有者权益。

债权人权益和所有者权益虽然都是权益，但两者具有明显的区别。债权人将资产提供给企业后，一般要求企业到期偿还本金，并按规定的形式支付利息。所以，会计上将债权人权益称为负债。所有者将资产提供给企业，供企业长期使用，并不规定偿付期限，也不规定应定期支付的投资报酬。投资的目的是希望分享企业的利润，获取较高的报酬。所有者权益在金额上等于所有者投入企业的资本和企业累积的利润，也就是企业的全部资产扣除全部负债后的余额，在会计上称为净资产，即所有者权益。

上述等式称为静态等式，也称资产负债表会计等式，它反映了会计主体在某一时日资产与权益（负债和所有者权益）之间的恒等关系，是设置账户、复式记账、试算平衡、设计与编制资产负债表的理论依据。

企业在生产经营过程中发生的各种经济业务会引起各会计要素的增减变动，但无论怎样变动，都不会影响会计恒等式的平衡关系。下面通过具体的经济业务来说明其对会计恒等式的影响。

【例2—1】 甲企业2017年3月31日资产总额为800万元，负债和所有者权益总额为800万元，资产与权益总额相等。该企业在4月份发生了以下经济业务：

1. 资产与负债要素同时等额增加

甲企业向银行借入两个月期的短期借款5万元，款已存入银行。

这项经济业务发生后，甲企业资产中的银行存款和负债中的短期借款同时增加了5万元。由于资产与负债都以相等的金额同时增加，因此等式的数量关系变成了：资产＝负债＋所有者权益＝805万元，等式仍然平衡。

2. 资产与负债要素同时等额减少

甲企业以存款偿还了前欠乙企业的购料款2万元。

这项经济业务发生后，甲企业资产中的银行存款和负债中的应付账款同时减少了2万元。

由于资产与负债都以相等的金额同时减少，因此等式的数量关系变成了：资产＝负债＋所有者权益＝803万元，等式仍然平衡。

3. 资产与所有者权益要素同时等额增加

甲企业收到所有者追加的投资款50万元，款已存入银行。

这项经济业务发生后，甲企业资产中的银行存款和所有者权益中的实收资本同时增加了50万元。由于资产与所有者权益都以相等的金额同时增加，因此等式的数量关系变成了：资产＝负债＋所有者权益＝853万元，等式仍然平衡。

4. 资产与所有者权益要素同时等额减少

甲企业经批准减少了注册资本100万元，并以银行存款发还给投资者。

这项经济业务发生后，甲企业资产中的银行存款和所有者权益中的实收资本同时减少了100万元。由于资产与所有者权益都以相等的金额同时减少，因此等式的数量关系变成了：资产＝负债＋所有者权益＝753万元，等式仍然平衡。

5. 资产要素内部项目等额有增有减，负债与所有者权益要素不变

甲企业收回上个月的销货款10万元，款已存入银行。

这项经济业务发生后，甲企业资产中的银行存款增加了10万元，同时资产中的应收账款减少了10万元。由于资产内部一增一减，负债与所有者权益没有发生变化，因此等式的数量关系仍然是：资产＝负债＋所有者权益＝753万元，等式仍然平衡。

6. 负债要素内部项目等额有增有减，资产与所有者权益要素不变

甲企业开出商业汇票以偿还前欠丙公司的购料款8万元。

这项经济业务发生后，甲企业负债中的应付票据增加了8万元，同时负债中的应付账款减少了8万元。由于负债内部一增一减，资产与所有者权益没有发生变化，因此等式的数量关系仍然是：资产＝负债＋所有者权益＝753万元，等式仍然平衡。

7. 所有者权益要素内部项目等额有增有减，资产与负债要素不变

甲企业经批准以资本公积50万元转增注册资本。

这项经济业务发生后，甲企业所有者权益中的实收资本增加了50万元，同时所有者权益中的资本公积减少了50万元。由于所有者权益内部一增一减，资产与负债没有发生变化，因此等式的数量关系仍然是：资产＝负债＋所有者权益＝753万元，等式仍然平衡。

8. 负债要素减少，所有者权益要素等额增加，资产要素不变

甲企业经与债权人协商，将所欠20万元债务转为资本。

这项经济业务发生后，甲企业负债中的应付账款减少了20万元，所有者权益中的实收资本增加了20万元。由于负债减少，所有者权益等额增加，资产要素不变，因此等式的数量关系仍然是：资产＝负债＋所有者权益＝753万元，等式仍然平衡。

9. 负债要素增加，所有者权益要素等额减少，资产要素不变

甲企业经研究决定，向投资者分配利润40万元，一个月后发放。

这项经济业务发生后，甲企业负债中的应付利润项目增加了40万元，所有者权益中的利润分配减少了40万元。由于负债增加，所有者权益等额减少，资产要素不变，因此等式的数量关系仍然是：资产＝负债＋所有者权益＝753万元，等式仍然平衡。

二、反映收入、费用和利润三者关系的基本会计等式

$$收入-费用=利润 \tag{3}$$

这个会计等式是对会计基本等式的补充和发展，称为第二会计等式。它表明了企业在一定会计期间经营成果与相应的收入和费用之间的关系，说明了企业利润的实现过程。企业的资产投入营运，取得营运收入，也发生耗费，合理地比较一定期间的营业收入与费用，便可确定企业在该期间所实现的经营成果。营业收入大于费用的差额称为利润；反之，营业收入小于费用时，其差额为亏损。

上述等式称为动态会计等式，也称利润表会计等式，它是企业计算确定经营成果、设计和编制利润表的理论依据。

三、会计要素的综合表现形式

企业在一定时期内取得的经营成果能够对资产和所有者权益产生影响：收入可引起企业资产增加或负债减少，最终会引起所有者权益增加；费用可导致企业资产减少或负债增加，最终会导致所有者权益减少。所以，一定时期的经营成果必然影响一定时点的财务状况。因此，企业资产、负债、所有者权益、收入、费用、利润之间的数量关系存在着一种内在的有机联系。上述两个会计基本等式可以综合在一起表示为：

资产＝负债＋所有者权益＋(收入－费用)

移项：

资产＋费用＝负债＋所有者权益＋收入　　(4)

以上这个关系式是动态会计等式，表示企业在营运过程中增值的情况。收入是所有者权益的增加因素，费用是所有者权益的抵减因素。在会计期末结算时，将收入与费用配比，计算出利润，并进行利润分配，转入所有者权益中，会计等式(4)又恢复为会计等式(1)或(2)。换句话说，会计等式(4)，只是在会计期间内的任一时刻(未结算之前)存在，体现企业在某一时期内的资产、负债、所有者权益、收入和费用这五者之间所存在的恒等关系。这一等式对于进一步探讨账户和复式记账原理至关重要。

四、经济业务的发生对会计等式各个会计要素的影响

(一)会计要素变动的四种类型

会计要素变动的四种类型包括：资产方与负债及所有者权益方同时等额增加，双方总额相等；资产方与负债及所有者权益方同时等额减少，双方总额相等；资产方内部项目有增有减，增减金额相等，双方总额不变；负债及所有者权益方内部项目有增有减，增减金额相等，双方总额不变。相关内容如图 2－9 所示：

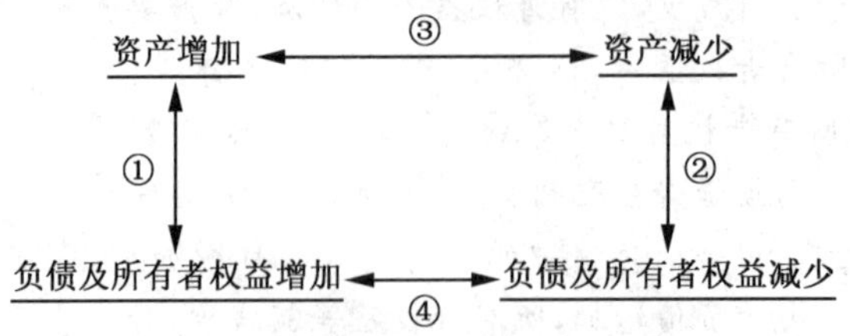

图 2－9　会计要素变动

现对上述增减变动的四种类型举例说明如下：

【例 2－2】 假设某企业某一天的资产、负债及所有者权益的简要情况如表 2－1 所示。

表 2—1　　　　单位:元

资　产	金　额	负债及所有者权益	金　额
库存现金	2 000	短期借款	872 000
银行存款	400 000	应付票据	30 000
应收账款	100 000	应付账款	50 000
原材料	200 000	实收资本	50 000
库存商品	250 000		
固定资产	500 000		
总　计	1 452 000	总　计	1 452 000

上表中资产和负债及所有者权益各为 1 452 000 元,双方金额相等。随着经济业务的发生,会计要素的有关项目会相应发生变化,但无论怎样变化,双方的总额总是相等的。

1. 资产和负债及所有者权益双方同时等额增加

【例 2—3】 向供货单位购入原材料 50 000 元,货款未付。

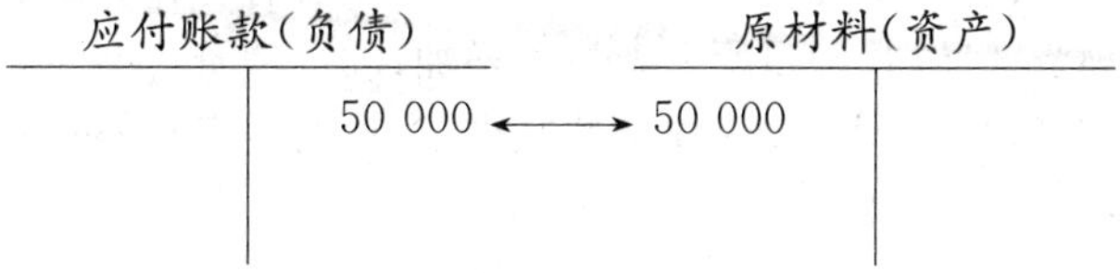

2. 资产和负债及所有者权益双方同时等额减少

【例 2—4】 以银行存款归还短期借款 200 000 元。

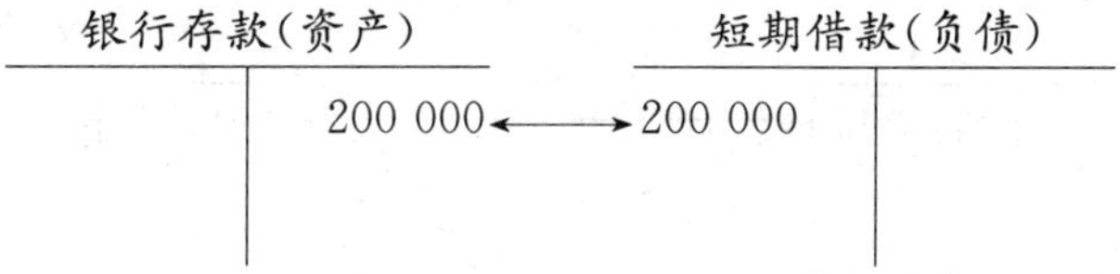

3. 资产方内部有增有减,增减的金额相等

【例 2—5】 按原价出售固定资产 20 000 元,账款暂欠。

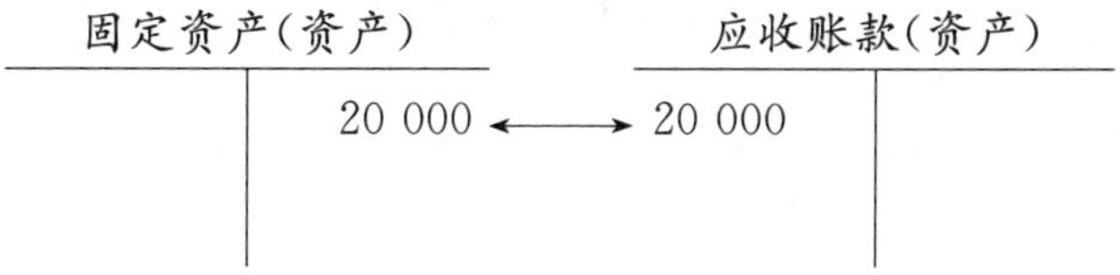

【例 2—6】 向金融单位借入短期借款 30 000 元,偿还应付给乙单位的应付票据 30 000 元。

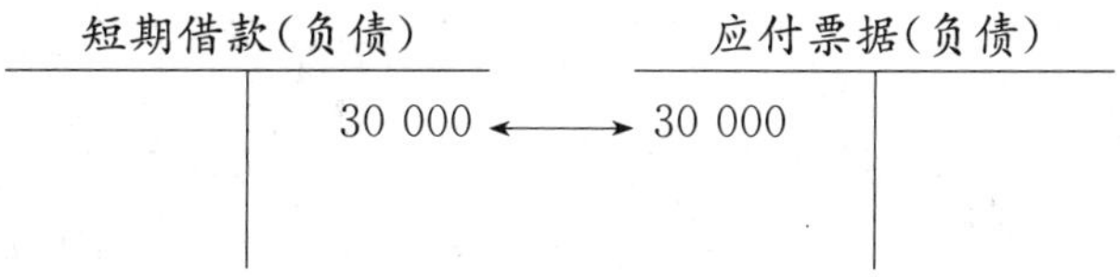

上述四笔经济业务所引起的资产和负债及所有者权益的变动情况如表 2—2 所示。

表 2—2　　资产和负债及所有者权益的变动　　单位:元

资　产	期初金额	增减金额	期末金额	负债及所有者权益	期初金额	增减金额	期末金额
库存现金	2 000		2 000	短期借款	872 000	②－200 000	702 000
						④＋30 000	
银行存款	400 000	②－200 000	200 000	应付票据	30 000	④－30 000	0
应收账款	100 000	③＋20 000	120 000	应付账款	50 000	①＋50 000	100 000
原材料	200 000	①＋50 000	250 000	实收资本	500 000		500 000
库存商品	250 000		250 000				
固定资产	500 000	③－20 000	480 000				
总　计	1 452 000	－150 000	1 302 000	总　计	1 452 000	－150 000	1 302 000

(二)会计要素增减变动的九种情况

如果对"资产＝负债＋所有者权益"会计等式进行分类组合,将上述四种类型的交易或事项具体化,可表现为以下九种类型(见图 2—10):①一项资产增加,另一项资产减少;②一项负债增加,另一项负债减少;③一项所有者权益增加,另一项所有者权益减少;④一项资产增加,一项负债增加;⑤一项资产增加,一项所有者权益增加;⑥一项资产减少,一项负债减少;⑦一项资产减少,一项所有者权益减少;⑧一项负债减少,一项所有者权益增加;⑨一项负债增加,一项所有者权益减少。

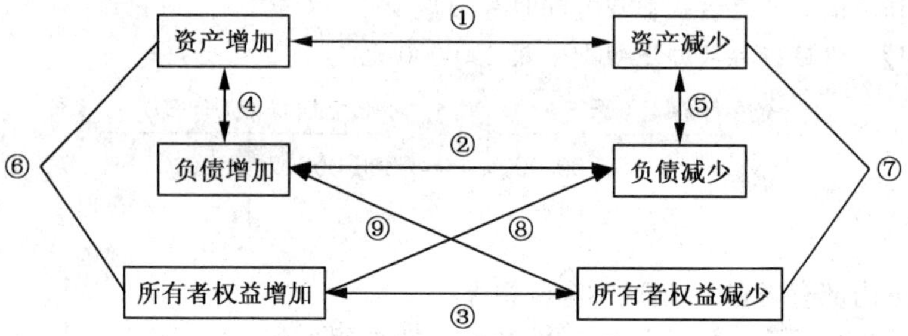

图 2—10　九种类型

现举例说明如表 2—3 所示。

表 2—3

会计要素变动情况	变动项目		
	资　产	负　债	所有者权益
①一项资产增加,另一项资产减少	库存现金＋ 银行存款－		
②一项负债增加,另一项负债减少		应付票据－ 应付账款＋	
③一项所有者权益增加,另一项所有者权益减少			实收资本＋ 盈余公积－

续表

会计要素变动情况	变动项目		
	资　产	负　债	所有者权益
④一项资产增加，一项负债增加	银行存款＋	长期借款＋	
⑤一项资产增加，一项所有者权益增加	固定资产＋		实收资本＋
⑥一项资产减少，一项负债减少	银行存款－	应付账款－	
⑦一项资产减少，一项所有者权益减少	银行存款－		实收资本－
⑧一项负债减少，一项所有者权益增加		长期借款－	实收资本＋
⑨一项负债增加，一项所有者权益减少		应付福利费＋	盈余公积－

①向银行提取现金，准备发放工资：一项资产增加，另一项资产减少。

②将应付票据转为应付账款：一项负债增加，另一项负债减少。

③用盈余公积金转作资本：一项所有者权益增加，另一项所有者权益减少。

④向银行借入长期借款，存入银行：一项资产增加，一项负债增加。

⑤收到所有者投入固定资产：一项资产增加，一项所有者权益增加。

⑥用银行存款支付前欠A单位货款：一项资产减少，一项负债减少。

⑦经批准，用银行存款归还所有者×××股金：一项资产减少，一项所有者权益减少。

⑧将长期借款转为投入资本：一项负债减少，一项所有者权益增加。

⑨用盈余公积金弥补职工福利费：一项负债增加，一项所有者权益减少。

由此可见，企业的经济业务无论怎么纷繁复杂，能引起资产和权益发生增减变动的，归纳起来不外乎四种类型九种情况，而这些经济业务无论怎样变化都不会破坏上述会计等式的平衡关系。企业在任何时点所有的资产总额总是等于负债和所有者权益总额。

关键术语

会计要素　资产　负债　所有者权益　收入　费用　利润　交易性金融资产　存货
固定资产　无形资产　实收资本　资本公积　盈余公积　未分配利润　期间费用
营业成本　历史成本　重置成本　可变现净值　现值　公允价值

◎ 应知考核 ◎

一、单项选择题

1. 下列各项中，引起资产和权益同时减少的经济业务是（　　）。

A. 购入材料，货款未付　　B. 以银行存款缴纳税金

C. 上级拨入一台机器　　D. 国家投资1 000万元

2. 下列各项中，引起资产和权益同时增加的经济业务是（　　）。

A. 购入材料，货款未付　　B. 以银行存款支付采购办公用品费用

C. 以银行存款偿还银行借款　　D. 购入一台机器

3. 下列各项中，引起权益方有增有减的经济业务是（　　）。

A. 售出一台机器，款项收存银行　　B. 向银行取得短期借款转存银行

C. 以银行短期借款直接偿还应付账款　　D. 以银行存款支付短期借款利息

4. 下列各项中，引起资产方有增有减的经济业务是（　　）。
A. 收回欠款，存入银行　　B. 出售机器一台设备
C. 向银行取得短期借款转存银行　　D. 销售商品款未收到
5. 企业按规定将资本公积金转增资本金，这笔经济业务反映的是（　　）。
A. 资产内部有关项目之间同时增加　　B. 资产和权益有关项目之间同时增加
C. 权益内部有关项目之间同时减少　　D. 权益内部有关项目之间有增有减
6. 下列属于产品成本费用（或不属于期间费用）的是（　　）。
A. 营业费用　　B. 管理费用　　C. 制造费用　　D. 预提费用
7. 每一项经济业务的发生，都会影响资产和权益发生的增减变化的项目有（　　）。
A. 一个　　B. 两个　　C. 两个或两个以上　　D. 一个或一个以上
8. 流动资产是指其变现或耗用期在（　　）。
A. 一年以内　　B. 一个营业周期内
C. 一年内或超过一年的一个营业周期内　　D. 超过一年的一个营业周期以上
9. 下列各项中，属于企业资产的是（　　）。
A. 实收资本　　B. 原材料　　C. 应付职工薪酬　　D. 销售收入
10. 会计要素中的资产、负债和所有者权益是企业财务状况的（　　）。
A. 动态反映　　B. 直接反映　　C. 静态反映　　D. 一般反映

二、多项选择题

1. 下列各项中，属于会计科目的有（　　）。
A. 流动资产　　B. 固定资产　　C. 应付利润　　D. 库存商品
2. 引起资产方一个项目增加，另一个项目减少的经济业务有（　　）。
A. 暂付差旅费　　B. 预付财产保险费
C. 预提短期借款利息　　D. 结转完工产品成本
3. 下列资产和权益项目之间的变动，符合资金运动规律的有（　　）。
A. 资产某项目增加与权益某项目减少　　B. 资产某项目减少与权益某项目增加
C. 资产某项目减少与另一项目增加　　D. 权益方某项目减少与另一项目增加
4. 下列经济业务中，不会引起会计等式两边同时发生增减变动的有（　　）。
A. 收到销货款存入银行　　B. 购进材料未付款
C. 从银行提取现金　　D. 从银行借款，存入银行
5. 下列各项中，属于账户应具备的基本内容有（　　）。
A. 账户名称　　B. 经济业务发生的日期
C. 经济业务的摘要　　D. 增减金额及余额
6. 下列经济业务中，不影响会计等式的总金额变化的有（　　）。
A. 以银行存款支付应交税金　　B. 向银行借款存入银行存款户
C. 将资本公积转增资本金　　D. 收回某单位前欠的货款，存入银行
7. 下列各项中，属于权益项目的是（　　）。
A. 投入资本　　B. 负债　　C. 未分配利润　　D. 盈余公积金
8. 下列各项中，属于所有者权益项目的是（　　）。
A. 投入资本　　B. 资本公积金　　C. 盈余公积金　　D. 负债
9. 反映企业财务状况的会计要素有（　　）。
A. 资产　　B. 利润　　C. 负债　　D. 所有者权益
10. 下列项目中属于资产要素特点的有（　　）。

A. 必须是企业拥有或控制的　　B. 必须是有实物形态的
C. 预期能给企业带来经济利益的　　D. 由过去或未来的交易形成的

三、判断题

1. 资产是企业所拥有或者控制的、能以货币计量并具有实物形态的经济资源。（　）
2. 所有者权益是企业投资人对企业资产的所有权。（　）
3. 收入往往表现为货币资金流入，但并非所有货币资金的流入都是收入。（　）
4. 收入减去费用等于利润。因此，费用应与收入相配比，应从销售收入中得到补偿。（　）
5. 不论发生什么样的经济业务，会计等式两边会计要素总额的平衡关系都不会被破坏。（　）
6. 会计等式提示了会计要素之间的联系，因而成为会计科目、复式记账、会计报表等会计核算方法建立的理论依据。（　）
7. 为了保证会计核算指标在一个部门，以至全国范围内综合汇总，所有会计科目及其核算内容都应统一规定。（　）
8. 企业过去交易或事项形成的预期会导致经济利益流出企业的义务就是负债。（　）
9. 企业在一定期间发生亏损，会使企业在这一会计期间的所有者权益总额减少。（　）
10. 没有使用价值的机器设备属于企业的资产。（　）

四、简答题

1. 简述资产的概念和特征。
2. 简述负债的概念及其应满足的条件。
3. 简述收入的确认应当符合的条件。
4. 简述会计要素的确认条件。
5. 简述会计计量属性。

◎ 应会考核 ◎

★业务考核

【考核项目】

经济业务的发生对会计等式的影响。

【背景资料】

甲公司2016年12月31日的资产负债表显示，资产总额为700 000元，所有者权益总额为500 000元，负债总额为200 000元。该公司2017年1月份经济业务如下：

(1)购入全新机器一台，价值50 000元，以银行存款支付。
(2)投资者投入原材料，价值10 000元。
(3)将一笔负债50 000元转化为债权人对企业的投资。
(4)从银行提取现金2 000元备用。
(5)以银行存款偿还欠供应商货款10 000元。
(6)以银行存款归还短期借款50 000元。
(7)收到客户所欠货款80 000元，收存银行。
(8)向银行借入短期借款100 000元，存入银行存款户。
(9)收到购买单位所欠货款60 000元，其中，50 000元转入银行存款户，10 000元以现金收讫。

【考核要求】

(1)根据背景资料发生的上述经济业务，分析说明引起会计要素变化的情况以及对会计等式的影响。

(2)计算 2017 年 1 月份甲公司资产、负债和所有者权益总计。

★技能考核

【考核项目】

各类型账户余额和发生额之间的关系。

【背景资料】

表 2—4

账户名称	期初余额		本期借方发生额	本期贷方发生额	期末余额	
	借　方	贷　方			借　方	贷　方
银行存款	580 000		168 000	250 000	(A)	
固定资产	3 600 000		(B)	0	3 800 000	
短期借款		(C)	200 000	50 000		80 000
应付账款		230 000	(D)	200 000		55 000
管理费用			45 000	(E)	0	

【考核要求】

根据背景资料账户中的有关数据并结合各账户的类型计算每个账户的未知数据。

★案例题

林祥是一所大学的会计学教授，尽管他教给学生大量的会计学知识，但他从来没有亲自实践过。于是，他花了一年时间对自己的收支、拥有财产的情况进行了详细的记录。

1 月 1 日，林祥首先坐在书桌边列出了现有的财产及货币价值(单位:人民币元，下同)：

有关财产及债务	
一幢房屋	800 000
家具、家庭用品	80 000
一辆已用了 3 年的小汽车	24 000
银行往来账户	5 000
欠银行的借款	30 000

12 月 31 日，林祥再次坐下来，总结他一年来所发生的财务交易：

有关事项	
收入	
每月工资(扣除个人所得税)	14 000
支出	
支付给银行欠款(其中 2 000 元为利息)	5 000
电费、电话费、暖气费等	2 800
家务费	2 400
汽车日常费用	1 000
衣服、度假等	1 600
收支相抵后盈余	1 200

同时，林祥又将年末的财产重新列了一下：

有关财产及债务

一幢房屋	92 000
家具、家庭用品	7 200
一辆已用了4年的小汽车	18 000
银行往来账户	1 700
欠银行的借款	27 000

可以看出，林祥一年来的财富有所增加，可是，财富是如何增加的呢？

案例要求：

假如你被林祥教授点中，要你为他分析，他的财富是否增加？若增加，是如何增加的呢？他希望你给他编制一张表来显示他一年来财富增加的情况。

◎ 项目实训 ◎

【实训项目1】

熟悉会计要素的具体内容。

【实训情境】

表2－5

项　目	资产	负债	所有者权益	收入	费用	利润
库存现金	√					
存放在银行的款项	√					
本月尚未支付给职工的工资						
向银行借入六个月期限的借款						
办公大楼						
完工入库的产品						
企业接受的投资						
原材料						
委托其他单位加工的物资						
企业自创的已申请专利的发明						
欠外单位的购料款						
欠银行的贷款利息						
上年度未分配完的利润						
办公室发生的办公费						
企业从利润中提取的盈余公积						
企业购买的准备持有到期的债券						
欠税务机关一个月的营业税						
本期发生的业务招待费						
应付电台的广告费						
销售商品的售价						
对外公益性捐款						

【实训要求】

根据资料，判断每一项目分别属于哪一会计要素，填入表2－5。

【实训项目 2】

进一步熟悉会计要素与会计科目。

【实训情境】

表 2—6

项　目	资产	负债	所有者权益	收入	费用	利润
库存现金	库存现金					
存放在银行的款项	银行存款					
本月尚未支付给职工的工资						
向银行借入六个月期限的借款						
办公大楼						
完工入库的产品						
企业接受的投资						
原材料						
委托其他单位加工的物资						
企业自创的已申请专利的发明						
欠外单位的购料款						
欠银行的贷款利息						
上年度未分配完的利润						
办公室发生的办公费						
企业从利润中提取的盈余公积						
企业购买的准备持有到期的债券						
欠税务机关一个月的营业税						
本期发生的业务招待费						
应付电台的广告费						
销售商品的售价						
对外公益性捐款						

【实训要求】

在完成实训项目 1 的基础上，根据每一项内容所属的会计要素类别，判断相应的会计科目，填入表 2—6。

【实训项目 3】

进一步掌握会计要素和会计科目。

【实训情境】

中山公司 2017 年 7 月 31 日所有资产、负债和所有者权益账户及其期末余额列示如表 2—7 所示（单位：元）。

表 2—7　　资产、负债和所有者权益账户及其期末余额

原材料	92 000	应付账款	77 400
长期借款	100 000	库存现金	7 000
应收账款	116 000	银行存款	140 000
实收资本	300 000	固定资产	400 000
应付票据	130 000	应交税费	55 000
短期借款	80 000	预收账款	12 600
交易性金融资产	50 000	利润分配	50 000

【实训要求】

将上述项目按资产、负债和所有者权益归类，填入表 2—8，并分别计算资产、负债和所有者权益的总额。

表 2—8　　资产、负债和所有者权益的总额

资　产	金　额	负债及所有者权益	金　额
原材料	92 000	应付账款	77 400
合　计		合　计	

【实训项目 4】

通过练习进一步掌握“任何经济业务的发生都不会破坏会计等式平衡关系”的知识。

【实训情境】

中山公司 2017 年 5 月份发生的经济业务如下：

1. 购买原材料价值 10 000 元，以存款支付。
2. 向银行借入半年期借款 50 000 元，存入企业存款账户。
3. 以银行存款偿还应付账款 20 000 元。
4. 银行通知，客户归还所欠货款 10 000 元已入账。
5. 开出现金支票提取现金 60 000 元，备发工资。
6. 按照规定，将盈余公积金 30 000 元转增资本金。
7. 开出应付票据 5 000 元，归还所欠供应单位的货款。
8. 收到国家投入的资本 100 000 元，已转入企业存款账户。
9. 经协议，返还投资单位前期投入的资金 200 000 元，以存款支付。

【实训要求】

根据上述资料，判断、计算各项经济业务发生后对会计等式的影响，将结果填入表 2－9 中。

表 2－9　各项经济业务发生后对会计等式的影响

序号	资产科目	权益科目	经济业务类型	对会计等式及总额的影响
1	＋原材料		资产内部同时等额此增彼减 10 000 元	总额不变，等式仍平衡
	－银行存款			
2				
3				
4				
5				
6				
7				
8				
9				

项目三　会计科目、账户和复式记账

【知识目标】

理解：会计科目的概念、设置原则和分类；复式记账法的原理、特点和种类。

熟知：总账与明细账平行登记的要点。

掌握：复式记账原理、借贷记账法下账户的结构、记账规则，以及试算平衡的方法。

【技能目标】

能够编制经济业务的会计分录；能够运用 T 形账户，结合账户结构和记账规则，说明账户和会计分录的关系；能够编制试算平衡表。

【素质目标】

能够在实务中了解复式记账在实际应用中的意义；在掌握正确会计处理方法的同时，更要培养职业判断能力和综合素质。

【项目引例】

会计不是凭想象

张山和李斯拥有一个面包房，他们做的姜汁面包非常有名。他们都没有接受过会计教育。他们认为只要记录时采用复式记账的方法就不会出现错误了，于是自己设计了一个用来记录交易的系统，自认为很有效。下面列示的是本月所发生的一些交易：

(1)收到商品的订单，当货物发出后将收到 1 000 元。

(2)发出一份商品订单，订购价值 600 元的商品。

(3)将货物运给顾客并收到 1 000 元。

(4)收到所订的货物并支付 600 元现金。

(5)用现金支付银行 400 元的利息。

(6)赊购 6 000 元的设备。

张山和李斯对以上业务进行了记录，如下表所示：

资产＝		负债＋所有者权益		＋(收入－费用)	
收到商品订单	1 000			销售	1 000
发出定购商品的订单	600			存货支出	－600
现金	1 000				
将货物发运给顾客	－1 000				
收到所订的商品	600	应付账款	－600		

续表

资产=		负债+所有者权益		+(收入-费用)	
支付现金	400			利息支出	-400
赊购设备		应付账款	6 000	设备支出	-6 000

【讨论】

1. 解释他们对记录交易的错误理解。

2. 改正他们在记录时的错误。

【知识精讲】

任务一　设置会计科目和账户

一、会计科目

(一)会计科目的概念和意义

1. 会计科目的概念

会计科目是指对会计要素的具体内容进行分类核算的项目。会计要素是对会计对象的基本分类,资产、负债、所有者权益、收入、费用和利润这六个会计要素又是会计核算和监督的内容。而这六个会计要素对于纷繁复杂的企业经济业务的反映又显得过于粗略。因此,为满足经济管理及有关各方对会计信息的质量要求,必须对会计要素进行细化。即采用一定的形式,对每一个会计要素所反映的具体内容进一步分门别类地划分,设置会计科目。

2. 会计科目的意义

会计科目是进行各项会计记录和提供各项会计信息的基础,在会计核算中具有重要意义。

(1)会计科目是复式记账的基础。复式记账要求每一笔经济业务在两个或两个以上相互联系的账户中进行登记,以反映资金运动的来龙去脉。

(2)会计科目是编制记账凭证的基础。会计凭证是确定所发生的经济业务应记入何种科目以及分门别类登记账簿的凭据。

(3)会计科目为成本计算与财产清查提供了前提条件。通过会计科目的设置,有助于成本核算,使各种成本计算成为可能;而通过账面记录与实际结存的核对,又为财产清查、保证账实相符提供了必备条件。

(4)会计科目为编制会计报表提供了方便。会计报表是提供会计信息的主要手段,为了保证会计信息的质量及其提供的及时性,会计报表中的许多项目与会计科目是一致的,并根据会计科目的本期发生额或余额填列。

(二)会计科目的设置原则

为了统一财务会计报告,增强会计信息的可比性,我国《企业会计准则——应用指南》中规定了企业的会计科目。对于部分明细分类科目各单位可以根据实际需要自行设置。会计科目的设置应遵循以下原则:

1. 合法性原则

要求所设置的会计科目应当符合国家统一的会计制度的规定，这样规定的目的主要是为了保证会计信息的可比性。对于国家统一会计制度规定的会计科目，企业可以根据自身的生产经营特点，在不影响会计核算要求和会计报表指标汇总，以及对外提供统一的财务会计报表的前提下，自行增设、减少或合并某些会计科目。

2. 相关性原则

要求设置会计科目时，充分考虑会计信息的使用者对本企业会计信息的需要，全面满足对外报告与对内管理的要求。

3. 实用性原则

要求在合法性的基础上，根据企业自身特点设置会计科目，满足企业实际需要。

（三）会计科目的分类

1. 按所提供信息的详细程度及其统御关系划分

会计科目按其所提供信息的详细程度及其统御关系不同，可分为总分类科目和明细分类科目。

（1）总分类科目又称为总账科目，是对会计要素具体内容进行总括分类、提供总括信息的会计科目，如“应收账款”、“应付账款”、“原材料”等。总分类科目一般按财政部门制定的统一会计制度规定设置。

（2）明细分类科目又称为明细科目，是对总分类科目做进一步分类、提供更详细、更具体会计信息的科目，如“应收账款”科目按债务人名称或姓名设置明细科目，反映应收账款的具体对象。除会计制度规定设置的明细分类科目以外，企业可以根据本单位经营管理的需要和经济业务的具体内容自行设置明细分类科目。

总分类科目和明细分类科目的关系：总分类科目概括地反映会计对象的具体内容，明细分类科目详细反映会计对象的具体内容；总分类科目对明细分类科目具有控制作用，而明细分类科目是对总分类科目的补充和说明。

2. 按其所归属的会计要素划分

会计科目按其所归属的会计要素不同，分为资产类、负债类、所有者权益类、成本类和损益类五大类。

（1）资产类科目是指用于核算资产增减变化、提供资产类项目会计信息的会计科目。我国现行的《企业会计制度》规定的资产类科目包括现金、银行存款、其他货币资金、短期投资、短期投资跌价准备、应收票据、应收股利、应收利息、应收账款、其他应收款、坏账准备、预付账款、应收补贴款、物资采购、原材料、包装物、低值易耗品、材料成本差异、库存商品、委托加工物资、委托代销商品、受托代销商品、存货跌价准备、分期收款发出商品、待摊费用、长期股权投资、长期债权投资、长期投资减值准备、固定资产、累计折旧、固定资产减值准备、工程物资、在建工程、在建工程减值准备、固定资产清理、无形资产、无形资产减值准备、长期待摊费用、待处理财产损溢等。

（2）负债类科目是指用于核算负债增减变化、提供负债类项目会计信息的会计科目。我国现行的《企业会计制度》规定的负债类科目包括短期借款、应付票据、应付账款、预收账款、代销商品款、应付工资、应付福利费、应付股利、应交税金、其他应交款、其他应付款、预提费用、长期借款、应付债券、长期应付款、专项应付款等。

（3）所有者权益类科目是指用于核算所有者权益增减变化、提供所有者权益有关项目会计信息的会计科目。我国现行的《企业会计制度》规定的所有者权益类科目包括实收资本（或股本)、资本公积、盈余公积、本年利润和利润分配等。

(4)成本类科目是用于核算成本的发生和归集情况、提供成本相关会计信息的会计科目。我国现行的《企业会计制度》规定的成本类科目包括生产成本、制造费用、劳务成本。

(5)损益类科目是指用于核算收入、费用的发生或归集,提供一定期间与损益相关的会计信息的会计科目。我国现行的《企业会计制度》规定的损益类科目包括主营业务收入、其他业务收入、投资收益、补贴收入、营业外收入、主营业务成本、主营业务税金及附加、其他业务支出、销售费用、管理费用、财务费用、营业外支出、所得税等。

3. 按与会计报表的关系划分

会计科目按照与会计报表的关系不同,可分为表内科目和表外科目。表内科目是指用来核算会计主体的资产、负债、所有者权益、收入、费用和利润等,直接构成资产负债表、损益表等会计报表项目的会计科目,如“库存现金”、“银行存款”、“固定资产”等。表外科目是指一般用来核算不属于会计主体要素的账户,如“代管商品物资”会计科目就是表外科目。

(四)会计科目的名称

2010年1月,财政部公布的《企业会计准则——应用指南》目前仅在上市公司施行,其他企业仍执行现有的《企业会计准则》、《企业会计制度》和《金融企业会计制度》,以及各项专业核算办法,形成新旧制度并存的局面,会计科目名称也不一致。

《企业会计准则——应用指南》设置会计科目156个,是根据《企业会计准则》中确认和计量的规定制定的,涵盖了我国所有企业的交易或事项,企业可在不违反《企业会计准则》中确认和计量、报告规定的前提下根据各单位的实际情况自行增设、减少和合并某些科目。

《企业会计制度》设置会计科目85个,是在原已经发布的具体会计准则和《股份有限公司会计制度》基础上制定的。

由于各个企业的性质、规模不同,执行的新旧会计制度不一,所设置的会计科目名称也不尽相同,本书举例所涉及的会计科目名称是按照《企业会计准则——应用指南》的部分会计科目叙述的,为了便于学习,现在将《企业会计制度》、《企业会计准则——应用指南》中设置的会计科目名称分别列表,如表3—1、表3—2所示:

表3—1 **《企业会计制度》会计科目名称表**

顺序	编号	会计科目名称	顺序	编号	会计科目名称
		一、资产类	13	1161	应收补贴款
1	1001	库存现金	14	1201	材料采购
2	1002	银行存款	15	1211	原材料
3	1009	其他货币资金	16	1221	包装物
4	1101	交易性金融资产	17	1231	低值易耗品
5	1102	交易性金融资产减值准备	18	1232	材料成本差异
6	1111	应收票据	19	1241	自制半成品
7	1121	应收股利	20	1243	库存商品
8	1122	应收利息	21	1244	商品进销差价
9	1131	应收账款	22	1251	委托加工物资
10	1133	其他应收款	23	1261	委托代销商品
11	1141	坏账准备	24	1271	受托代销商品
12	1151	预付账款	25	1281	存货跌价准备

续表

顺序	编号	会计科目名称	顺序	编号	会计科目名称
26	1291	分期收款发出商品	57	2211	预计负债
27	1301	待摊费用	58	2301	长期借款
28	1401	长期股权投资	59	2311	应付债券
29	1402	长期债权投资	60	2321	长期应付款
30	1421	长期投资减值准备	61	2331	专项应付款
31	1431	委托贷款	62	2341	递延税款
32	1501	固定资产			三、所有者权益
33	1502	累计折旧	63	3101	实收资本(或股本)
34	1505	固定资产减值准备	64	3103	已归还投资
35	1601	工程物资	65	3111	资本公积
36	1603	在建工程	66	3121	盈余公积
37	1605	在建工程减值准备	67	3131	本年利润
38	1701	固定资产清理	68	3141	利润分配
39	1801	无形资产			四、成本类
40	1805	无形资产减值准备	69	4101	生产成本
41	1815	未确认融资费用	70	4105	制造费用
42	1901	长期待摊费用	71	4107	劳务成本
43	1911	待处理财产损溢			五、损益类
		二、负债类	72	5101	主营业务收入
44	2101	短期借款	73	5102	其他业务收入
45	2111	应付票据	74	5201	投资收益
46	2121	应付账款	75	5203	补贴收入
47	2131	预收账款	76	5301	营业外收入
48	2141	代销商品款	77	5401	主营业务成本
49	2151	应付工资	78	5402	税金及附加
50	2153	应付福利费	79	5405	其他业务支出
51	2161	应付股利	80	5501	营业费用
52	2171	应交税费	81	5502	管理费用
53	2176	其他应交款	82	5503	财务费用
54	2181	其他应付款	83	5601	营业外支出
55	2191	预提费用	84	5701	所得税
56	2201	待转资产价值	85	5801	以前年度损益调整

表3-2　《企业会计准则——应用指南》会计科目名称表

顺序	编号	会计科目名称	顺序	编号	会计科目名称
		一、资产类	35	1421	消耗性生物资产
1	1001	△库存现金	36	1431	贵金属
2	1002	△银行存款	37	1441	抵债资产
3	1003	存放中央银行款项	38	1451	损余物资
4	1011	存放同业	39	1461	融资租赁资产
5	1012	△其他货币资金	40	1471	存货跌价准备
6	1021	结算备付金	41	1501	持有至到期投资
7	1031	存出保证金	42	1502	持有至到期投资减值准备
8	1101	△交易性金融资产	43	1503	可供出售金融资产
9	1111	买入返售金融资产	44	1511	△长期股权投资
10	1121	△应收票据	45	1512	长期股权投资减值准备
11	1122	△应收账款	46	1521	投资性房地产
12	1123	△预付账款	47	1531	长期应收款
13	1131	应收股利	48	1531	未实现融资收益
14	1132	应收利息	49	1541	存出资本保证金
15	1201	应收代位追偿款	50	1601	△固定资产
16	1211	应收分保账款	51	1602	△累计折旧
17	1212	应收分保合同准备金	52	1603	固定资产减值准备
18	1221	△其他应收款	53	1604	△在建工程
19	1231	△坏账准备	54	1605	△工程物资
20	1301	贴现资产	55	1606	△固定资产清理
21	1302	拆出资金	56	1611	未担保余值
22	1303	贷款	57	1621	生产性生物资产
23	1304	贷款损失准备	58	1622	生产性生物资产累计折旧
24	1311	代理兑付证券	59	1623	公益性生物资产
25	1321	代理业务资产	60	1631	油气资产
26	1401	△材料采购	61	1632	累计折耗
27	1402	△在途物资	62	1701	无形资产
28	1403	△原材料	63	1702	累计摊销
29	1404	△材料成本差异	64	1703	无形资产减值准备
30	1405	△库存商品	65	1711	商誉
31	1406	发出商品	66	1801	△长期待摊费用
32	1407	△商品进销差价	67	1811	递延所得税资产
33	1408	委托加工物资	68	1821	独立账户资产
34	1411	△周转材料	69	1901	待处理财产损溢

续表

顺序	编号	会计科目名称	顺序	编号	会计科目名称
		二、负债类	104	2901	递延所得税负债
70	2001	△短期借款			三、共同类
71	2002	存入保证金	105	3001	清算资金往来
72	2003	拆入资金	106	3002	货币兑换
73	2004	向中央银行借款	107	3101	衍生工具
74	2011	吸收存款	108	3201	套期工具
75	2012	同业存放	109	3202	被套期项目
76	2021	贴现负债			四、所有者权益类
77	2101	交易性金融负债	110	4001	△实收资本
78	2111	卖出回购金融资产款	111	4002	△资本公积
79	2201	△应付票据	112	4101	△盈余公积
80	2202	△应付账款	113	4102	一般风险准备
81	2203	△预收账款	114	4103	△本年利润
82	2211	△应付职工薪酬	115	4104	△利润分配
83	2221	△应交税费	116	4201	库存股
84	2231	应付利息			五、成本类
85	2232	△应付股利	117	5001	△生产成本
86	2241	△其他应付款	118	5101	△制造费用
87	2251	应付保单红利	119	5201	劳务成本
88	2261	应付分保账款	120	5301	研发支出
89	2311	代理买卖证券款	121	5401	工程施工
90	2312	代理承销证券款	122	5402	工程结算
91	2313	代理兑付证券款	123	5403	机械作业
92	2314	代理业务负债			六、损益类
93	2401	递延收益	124	6001	△主营业务收入
94	2501	△长期借款	125	6011	利息收入
95	2502	△应付债券	126	6021	手续费及佣金收入
96	2601	未到期责任准备金	127	6031	保费收入
97	2602	保险责任准备金	128	6041	租赁收入
98	2611	保户储金	129	6051	△其他业务收入
99	2621	独立账户负债	130	6061	汇兑损益
100	2701	长期应付款	131	6101	公允价值变动损益
101	2702	未确认融资费用	132	6111	投资收益
102	2711	专项应付款	133	6201	摊回保险责任准备金
103	2801	预计负债	134	6202	摊回赔付支出

续表

顺序	编号	会计科目名称	顺序	编号	会计科目名称
135	6203	摊回分保费用	146	6531	退保金
136	6301	△营业外收入	147	6541	分出保费
137	6401	△主营业务成本	148	6542	分保费用
138	6402	△其他业务成本	149	6601	△销售费用
139	6403	△税金及附加	150	6602	△管理费用
140	6411	利息支出	151	6603	△财务费用
141	6421	手续费及佣金支出	152	6604	勘探费用
142	6501	提取未到期责任准备金	153	6701	资产减值损失
143	6502	提取保险责任准备金	154	6711	△营业外支出
144	6511	赔付支出	155	6801	△所得税费用
145	6521	保单红利支出	156	6901	以前年度损益调整

注:△符号表示本书述及的会计科目。

会计科目包括:总账科目、子目和细目。总账科目又称一级科目,反映各项经济业务的总括情况;子目又称二级科目,是对总账科目进一步的分类;细目又称三级科目,是对子目的分类。上表所列会计科目皆为总账科目。

注意:(1)共同类项目的特点是既可能是资产也可能是负债。在某些条件下是一项权益,形成经济利益的流入,就是资产;在某些条件下是一项义务,将导致经济利益流出企业,这时就是负债。

(2)损益类项目的特点是其项目是形成利润的要素。如反映收益类科目,如"主营业务收入";反映费用类科目,如"主营业务成本"。

二、账户

会计科目是对会计对象的具体内容进行科学分类。但会计科目只有名称,没有一定的格式和结构,无法将企业发生的经济业务连续、系统、完整地记录下来。因此,企业设置会计科目后,还必须根据设置的会计科目开设相应的会计账户。

(一)账户的概念

账户是根据会计科目设置的,具有一定格式和结构,用于分类反映会计要素增减变动情况及其结果的载体。账户以会计科目作为它的名称,同时,账户又具备一定的格式(即结构)。设置账户是会计核算的重要方法之一。

(二)账户的分类

账户可根据其核算的经济内容、提供信息的详细程度及其统驭关系进行分类。

1. 根据核算的经济内容分类

根据核算的经济内容,账户可分为资产类账户、负债类账户、共同类账户、所有者权益类账户、成本类账户和损益类账户六类。其中,有些资产类账户、负债类账户和所有者权益类账户存在备抵账户。备抵账户又称抵减账户,是指用来抵减被调整账户余额,以确定被调整账户实有数额而设置的独立账户。

(1)资产类账户是用来反映企业资产的增减变动及其结存情况的账户。按照资产的流动性和经营管理核算的需要，资产类账户又可以分为反映流动资产的账户和反映非流动资产的账户。反映流动资产的账户，如“库存现金”、“银行存款”、“应收账款”、“原材料”、“库存商品”等；反映非流动资产的账户，如“长期股权投资”、“固定资产”、“无形资产”等。

(2)负债类账户是用来反映企业负债的增减变动及其结存情况的账户。按照负债的流动性或偿还期限的长短，负债类账户又可以分为反映流动负债的账户和反映长期负债的账户。反映流动负债的账户，如“短期借款”、“应付账款”、“应付职工薪酬”、“应交税费”、“应付股利”等；反映长期负债的账户，如“长期借款”、“长期应付款”等。

(3)共同类账户是反映企业对衍生金融工具、套期工具进行核算时使用的账户，包括“衍生工具”、“套期工具”、“被套期项目”等。

(4)所有者权益类账户是用来反映企业所有者权益的增减变动及其结存情况的账户。按照所有者权益的来源不同，所有者权益类账户又可以分为反映投入资本的账户和反映留存收益的账户。反映投入资本的账户，如“实收资本”、“资本公积”等；反映留存收益的账户，如“盈余公积”、“本年利润”、“利润分配”等。

(5)成本类账户是用来反映企业在生产经营过程中发生的各项耗费并计算产品或劳务成本的账户，如“生产成本”、“制造费用”、“劳务成本”等。

(6)损益类账户是用来反映企业收入和费用的账户。按照损益与企业的生产经营活动是否有关，损益类账户又可以分为反映营业损益的账户和反映非经常性损益的账户。反映营业损益的账户，如“主营业务收入”、“主营业务成本”、“税金及附加”、“其他业务收入”、“其他业务成本”等；反映非经常性损益的账户，如“营业外收入”、“营业外支出”等。

2. 根据提供信息的详细程度及其统驭关系分类

根据提供信息的详细程度及其统驭关系，账户可分为总分类账户和明细分类账户。

(1)总分类账户又称总账账户或一级账户，是根据总分类科目设置的账户。在总分类账户中，只使用货币计量单位，它可以提供总括的核算资料和指标，是对其所属的明细分类账户资料的综合，总分类账户以下统称为明细分类账户。

(2)明细分类账户又称明细账户，它是根据明细分类科目设置的账户。明细分类账户的核算，除了用货币计量以外，必要时还需要使用实物、劳动量单位等来计量。明细账是提供明细核算资料的指标，它是对总分类账户的具体化和补充说明。

总分类账户和所属明细分类账户核算的内容相同，只是反映内容的详细程度有所不同，两者相互补充、相互制约、相互核对。总分类账户统驭和控制所属明细分类账户，明细分类账户从属于总分类账户。

(三)账户的功能

账户的功能在于连续、系统、完整地提供企业经济活动中各会计要素增减变动及其结果的具体信息。其中，会计要素在特定会计期间增加和减少的金额，分别称为账户的“本期增加发生额”和“本期减少发生额”，二者统称为账户的“本期发生额”；会计要素在会计期末的增减变动结果，称为账户的“余额”，具体表现为期初余额和期末余额，账户上期的期末余额转入本期，即为本期的期初余额；账户本期的期末余额转入下期，即为下期的期初余额。账户的期初余额、期末余额、本期增加发生额和本期减少发生额统称为账户的四个金额要素。对于同一账户而言，它们之间的基本关系为：

期末余额＝期初余额＋本期增加发生额－本期减少发生额

(四)账户的基本结构

账户的基本结构具体包括账户名称(会计科目)、记录经济业务的日期、所依据记账凭证编号、经济业务摘要、增减金额和余额等。

账户所记载的各项经济业务所引起的会计要素数量上的变动,只有增加和减少两种情况,因此,用来记录经济业务的账户也相应地划分为两个部分,以便分别登记会计要素的增加额和减少额,即账户通常分为左右两方,一方登记增加,另一方登记减少。至于哪一方记增加,哪一方记减少,则取决于账户的性质和经济业务的类型。一般而言,在借贷记账法下,账户的基本结构通常是指账户分为左右两方,左方为借方,右方为贷方。同时,在实际业务中,账户一般应包括下列内容:

(1)账户名称:设置账户所依据的会计科目。

(2)日期栏:填写经济业务发生的时间。

(3)凭证号栏:填写记账凭证的编号。

(4)摘要栏:填写某项经济业务的简要说明。

(5)增加或减少的金额栏:填写某项经济业务增加或减少的具体金额。

(6)余额栏:填写经济业务增减变化后的结果。

在借贷记账法下,企业一般账户的格式如表3-3所示:

表3-3　　账户名称(会计科目)

年		凭证号数	摘　要	借　方	贷　方	借或贷	余　额
月	日						

为了方便教学,通常把上述账户的格式用简化的T形账户表示:

借方　　　　账户名称　　　　贷方

至于账户哪一方记录增加数,哪一方记录减少数,取决于采用的记账方法和账户的性质。具体内容在以后的项目任务中介绍。

(五)账户与会计科目的关系

账户和会计科目是两个不同的概念,人们常常把它们等同起来使用,这说明它们之间存在着密切的联系,有相同的一面;它们之间之所以形成为两个概念,说明两者存在着差别。账户与会计科目是既有联系又有区别的两个不同概念。

账户和会计科目所反映会计对象的具体内容是相同的,两者口径一致、性质相同,都是体现对会计具体内容的分类。会计科目是账户的名称,也是设置账户的依据;账户则是根据会计科目来设置的,账户是会计科目的具体运用。因此,会计科目的性质决定了账户的性质,账户的分类与会计科目的分类一样,可分为资产类账户、负责类账户、所有者权益类账户、收入类账户、费用类账户、利润类账户等。按会计科目提供核算资料的详细程度分类，相应地分为总分类账户和明细分类账户等。会计科目和账户对会计对象的经济内容分类的方法和分类的用途及分类的结果是完全相同的，如“固定资产”科目与“固定资产”账户的核算内容、范围是完全相同的。没有会计科目，账户便失去了设置的依据；没有账户，会计科目就无法发挥作用。

账户和会计科目的不同点：首先，会计科目仅说明反映的经济内容是什么，不存在结构；账户则具有一定的格式和结构。会计科目仅说明反映的经济内容是什么；账户不仅说明反映的经济内容是什么，而且是系统反映和控制其增减变化及结余情况的工具。其次，会计科目的作用主要是为开设账户，填制凭证所用；账户的作用主要是系统提供某一具体会计对象的会计资料，为编制会计报表所用。最后，设置账户的内容能包含会计科目设置的所有内容。因此，设置账户是会计核算方法的组成部分，而会计科目未作为会计核算方法的组成部分。

会计账户与会计科目的联系和区别归纳如表 3－4 所示：

表 3—4　　会计账户与会计科目的联系和区别

	会计账户	会计科目
相　同	会计账户所登记的经济内容与会计科目所反映的经济内容是一致的	
联　系	会计账户是根据会计科目开设的，是会计科目的具体运用	会计科目是设置会计账户的依据，是会计账户的名称
区　别	会计账户具有一定结构，能具体反映会计要素增减变动情况	会计科目只是会计要素具体内容的分类，本身无结构

在实际工作中，账户和会计科目这两个概念已不加严格区别，往往互相通用。

任务二　复式记账原理

一、记账方法

现代意义上的记账方法，是指使用特定的记账符号，按照一定的规则，在账户中登记各种经济业务的技术方法。记账方法按记录方式不同，可分为单式记账法和复式记账法。

二、单式记账法

单式记账法是对经济业务只作单方登记，而不反映其来龙去脉的一种记账方法。单式记账法的主要特征是：通常只将现金、银行存款的收付业务和应收、应付等往来账款业务以及业主权益业务在账户中登记，而对实物的收付业务一般不作登记。例如，用现金购买机器这笔经济业务，只在现金账户中登记减少，而不登记机器的增加；如果购买的这笔机器没有付款，也只在欠债的账户中登记增加，而不登记机器增加。

单式记账法的优点是记账过程和记账方式简单，但存在着严重的缺陷，即账户的记录是不完整的，账户记录也没有相互平衡的概念，既难以获得全面、完整的信息，也不便于检查账户记录的正确性。这是与经济活动相对简单相联系的。因此，只能在简单经济条件下应用，随着社会经济的不断发展逐渐被复式记账法取代。但在现代会计中，备查账簿的登记、银行会计表外登记仍采用单式记账法。

我国的单式记账方法约产生于西周时期，在不同的发展阶段，它的技术方法是不同的，同一时代并存的单式记账法方法也不止一种。

三、复式记账法

（一）复式记账法的概念

复式记账法是与发达的商品经济相联系的。记账方法由单式记账法演进到复式记账法经历了一个漫长的时期。复式记账法的产生，标志着会计取得了重大的进步。

复式记账法是指对于每一笔经济业务所引起的会计要素及其项目的增减变动，都以相等的金额，在两个或两个以上的账户中相互联系地进行登记的记账方法。比如，以现金购买机器，既要在现金账户中作减少登记，也要在机器账户中作增加登记，这两笔账户记录是相互联系的，说明购买机器使用了现金，现金的减少是由于购买了机器。又如购买机器没有付款，既要在机器账户中作增加登记，也要在应付账款账户中作增加登记，这两笔账户记录也是相互联系的，说明这批机器的价款还没有支付，在机器增加的同时，欠的债务也增加了。

所以，采用复式记账法，任何一笔经济业务至少都要在两个账户中，以相等的金额，相互联系地记账；如果一笔经济业务涉及两个以上的账户，就要在两个以上的账户中相互联系地记账，这样才能全面反映经济活动存在的这种相互依存的内在联系。

复式记账的核心是要全面反映经济业务的所有方面，既反映同一要素内部的增加和减少金额；又要反映不同类要素的同增同减金额。这样，要全面反映一项经济业务至少要运用相互联系的两个账户，而且这两个（或两个以上）账户之间在金额上又存在着对应相等的关系。因此，运用两个或两个以上的账户双重平衡地记录每一项经济业务，才能全面反映经济业务，也就是要复式记账。

任何一笔经济业务的发生，都会引起会计等式中会计要素及其项目发生增减变动，但任何经济业务所引起的增减变动，都不会破坏会计等式的平衡关系，会计等式是一个恒等式。根据会计等式的这个平衡原理，就要为会计要素的每一个项目设置账户，当经济业务发生时，就对其所引起的会计要素及其项目的增减变动数据，在与其相对应的两个或两个以上相互联系的账户中做成双重记录，这种双重记录就是复式记账。由此可见，复式记账体现了会计等式的平衡原理，或者说，复式记账是以会计等式为依据所设计的一种记账方法，它从会计等式的平衡关系开始，中间的增减变动尽管可能千变万化，但最终仍然是以会计等式平衡而结束。这就是人们所说的复式记账原理。

（二）复式记账法的理论依据

会计的对象是资金运动，企业经营过程中发生的每一项经济业务，都是资金运动的具体过程，只有把企业所有的经济业务无一遗漏地进行记录，才能完整地反映出企业资金运动的全貌，为经营管理提供其所需要的全部核算资料。

企业发生的所有经济业务无非就是涉及资金的增加和减少两个方面，并且一项资金在量上的增加或减少，总是与另一项资金在量上的减少或增加相伴而生。这样就要求会计在记账的时候，必须把各项经济业务所涉及资金增减变化的原因和结果都记录下来，从而完整、全面地反映经济业务所引起的资金运动的来龙去脉。复式记账方法恰恰就是适应了资金运动这一规律性的客观情况，把每一项经济业务所涉及的资金在量上的增减变化，通过“来龙”与“去脉”两个方面的两个或者两个以上账户的记录予以全面反映。因此，资金运动的内在规律性是复式记账的理论依据。

（三）复式记账法的种类

在西方国家，历史上只有一种复式记账法，所以一般不特别强调“借贷记账法”。在我国，除了明末清初先后产生的中国固有的复式记账法“龙门账”与“四脚账”，还在20世纪六七十年代曾先后出现过“增减记账法”和“收付记账法”。复式记账法按照采用的记账符号和记账规则的不同，可以划分为借贷记账法、增减记账法和收付记账法三种。记账方法的分类如图3－1所示。

复式记账
- 借贷记账法——以“借”和“贷”作为记账符号。以“有借必有贷，借贷必相等”，作为记账规则。
- 增减记账法——以“增”和“减”作为记账符号。以“同类账户，有增有减”，“异类账户同增同减”，作为记账规则。
- 收付记账法——以“收”和“付”作为记账符号。以“同收同付，有收有付”，作为记账规则。

图3－1　记账方法的分类

以借贷为记账符号的记账方法称作借贷记账法；以增减为记账符号的记账方法称作增减记账法（曾经用于商品流通企业）；以收付为记账符号的记账方法称作收付记账法。其中：收付记账法又分为钱物收付记账法（以钱物作为记账主体，曾经用于“文革”以前的农村人民公社和生产大队）、资金收付记账法（以资金作为记账主体，曾经用于机关事业单位）、现金收付记账法（以现金作为记账主体，曾经用于工商银行、建设银行等除中国银行之外的所有银行）。

（四）复式记账法的基本原则

1. 以会计等式作为记账基础

会计等式是将会计对象的内容即会计要素之间质与量的相互关系，运用数学方程式的原理进行描述而形成的。它是客观存在的经济现象，同时也是资金运动规律的具体化。为了揭示资金运动的内在规律性，复式记账必须以会计方程式作为其记账的基础。

2. 对每项经济业务，必须在“来龙”与“去脉”两个方面的两个或两个以上相互对应账户中进行等额记录

经济业务的发生必然要引起资金的增减变动，而这种变动势必引起会计方程式中有两个要素或同一要素中至少两个项目发生等量变动。为反映这种等量变动关系，会计上就必须在“来龙”与“去脉”两个方面的账户中进行等额记录。

3. 经济业务记录的结果应符合会计方程式的影响类型

尽管企业（单位）发生的经济业务复杂多样，但对会计方程式的影响无外乎两种情况：

一种是影响会计方程式等号两边会计要素同时发生变化的经济业务，这类经济业务能够改变企业资金总额，使会计方程式等号两边等额同增或等额同减。

另一种是影响会计方程式等号一边会计要素发生变化的经济业务，这类经济业务不会影响企业资金总额变动，只是会计方程式等号一边等额的增减。

这就决定了会计上对第一种经济业务，应在方程式等号两边的账户中等额记同增或同减；对第二类业务，应在方程式等号一边的账户中等额记录有增有减。

（五）复式记账法的作用

通过以上分析不难看出，复式记账就是利用会计方程式的平衡原理来记录经济业务，其主要作用有：

(1)复式记账能够把所有的经济业务相互联系地、全面地记入有关账户中,从而使账户能够全面地、系统地核算和监督经济活动的过程与结果,能够提供经营管理方面所需要的对决策有用的经济数据。

(2)复式记账对每笔会计分录,都是相互对应地反映每项经济业务所引起资金运动的"来龙"与"去脉",因此,应用复式记账原理记录各项经济业务,可以通过账户之间的对应关系了解经济业务的内容,检查经济业务是否合理、合法。

(3)根据复式记账结果必然相等的平衡关系,通过全部账户记录的试算平衡,可以检查账户记录有无差错。

综上所述,复式记账是一种科学的记账方法。目前,这种方法在世界范围内得到了广泛的应用。各国在具体运用的过程中做法不尽相同,从而形成了不同的复式记账方法。我国使用过的复式记账方法主要有借贷记账法、增减记账法和收付记账法三种。目前,国际上普遍采用的复式记账方法是借贷记账法,我国企业会计准则规定也是使用借贷记账法。

任务三　借贷记账法

一、借贷记账法的概念

借贷记账法是以会计等式为理论基础,以"借"、"贷"二字作为记账符号,记录经济业务的一种复式记账方法。借贷记账法大致起源于13～15世纪,起源地为今天意大利北部的三个港口城市,即威尼斯、热那亚和佛罗伦萨。随着地中海航路的开辟,上述三个城市逐渐成为东西方贸易的中转站,这里的商业、手工业、金融业都较为发达。当时作为支付手段的货币为金属货币,结算手段也较为落后,商人外出交易需携带大量的金属货币,既不方便又不安全。为了交易的便利,也为了保护货币资金的安全,在这三个城市中逐步出现了一些从事放贷和金钱保管业务的金融家。他们在借出金钱时,用"借"表示;在接受委托保管金钱时,用"贷"表示,这是借贷记账法的最初形态。在借贷记账法的传播中,逐渐演变为"借"表示人欠,即债权的增加;"贷"表示欠人,即债务的增加。

也就是说,此时的借贷是记录债权与债务增减变动的符号。再后来,随着社会经济的发展,经济活动内容的日益复杂,记录的经济业务不再局限于货币的借贷和保管业务,逐渐扩展到其他财产物资、经营损益等内容。为求得账簿记录的统一,对于非货币资金业务也采用这种记账方法。同时,为了使记账符号一致,对于非货币性的借贷业务,也用"借"、"贷"二字来记录与说明,从而逐渐使"借"、"贷"二字失去了原来的字面概念,进而转化为单纯的记账符号,成为会计上的专门术语。

这种记账方法到了15世纪在民间已逐渐形成比较完备的复式记账法。意大利数学家卢卡·帕乔利(Loca Paciaio)于1494年在著名的《算术、几何、比及比例概要》这本书中写了一章"簿记论",从理论上系统地总结了复式借贷记账法的原理,这就标志着复式借贷记账法的诞生。此后,意大利的复式借贷记账法就在欧洲的一些国家如德国、法国、英国先后传播开来。

借贷记账法正式传入我国始于1905年,我国会计学者以蔡锡勇、谢霖、孟森等为代表学习日本的借贷记账法。民国时期,以潘序伦、徐永祚和赵锡禹先生为代表的专业人士创办会计学校、引进美国式的借贷记账法，改良我国记账方法。新中国成立后，我国的整个经济建设学习苏联，会计也学苏联，采用借贷记账法。新中国成立以后，我国先后出现了一些新的记账方法，如增减记账法、收付记账法等。但是，借贷记账法仍是许多企业特别是大、中型企业所广泛采用的一种记账方法。1993 年 7 月，我国规定企业统一采用借贷记账法，并采用了国际通行的借贷记账法的理论依据，使我国的记账方法符合国际会计惯例。目前，借贷记账法已是我国各单位统一使用的一种复式记账法。

二、借贷记账法的理论基础和对象

借贷记账法的理论基础就是“资产＝负债＋所有者权益”的会计等式。在这一理论基础上，无论发生何种资金运动，在进行会计核算时，利用借贷复式记账法在会计账户中登记的结果必然满足这一平衡关系，由此提供的会计信息才具有系统性、连续性和完整性。

借贷记账法的对象是会计要素的增减变动过程及其结果。这个过程及结果可用公式表示：资产＝负债＋所有者权益。这一恒等式揭示了三个方面的内容：

第一，会计主体各要素之间的数字平衡关系。有一定数量的资产，就必然有相应数量的权益（负债和所有者权益）与之相对应，任何经济业务所引起的要素增减变动，都不会影响这个等式的平衡。如果把等式的“左”、“右”两方用“借”、“贷”两方来表示的话，就是说每一次记账的借方和贷方是平衡的；一定时期账户的借方、贷方的金额是平衡的；所有账户的借方、贷方余额的合计数是平衡的。

第二，各会计要素增减变化的相互联系。从上一任务可以看出，任何经济业务（四类经济业务）都会引起两个或两个以上相关会计项目发生金额变动，因此当经济业务发生后，在一个账户中记录的同时必然要有另一个或两个以上账户的记录与之对应。

第三，等式有关因素之间是对立统一的。资产在等式的左边，当想移到等式右边时，就要以“－”表示，负债和所有者权益也具有同样情况。也就是说，当我们用左边（借方）表示资产类项目增加时，就要用右边（贷方）来记录资产类项目减少。与之相反，当我们用右方（贷方）记录负债和所有者权益增加额时，我们就需要通过左方（借方）来记录负债和所有者权益的减少额。

这三个方面的内容贯穿了借贷记账法的始终。会计等式对记账方法的要求决定了借贷记账法的账户结构、记账规则、试算平衡的基本理论，因此会计恒等式是借贷记账法的理论基础。

三、借贷记账法的记账符号

记账符号是不同复式记账法的基本标志之一，借贷记账法之所以被称为借贷记账法的根本原因就在于它是以“借”和“贷”作为记账符号的。

（一）“借”和“贷”是抽象的记账符号

借贷记账法是以“借”和“贷”作为记账符号的，用以指明记账的增减方向、账户之间的对应关系和账户余额的性质等，而与这两个文字的字义及其在会计史上的最初概念无关，不可望文生义。“借”和“贷”是会计的专门术语，并已经成为通用的国际商业语言。

作为纯粹记账符号的“借”和“贷”，应当理解为账户上两个对立的方向或部分；并且，只有联系账户的具体性质，才能了解这两个符号所代表的经济内容。

（二）“借”和“贷”所表示的增减概念

“借”和“贷”作为记账符号，都具有增加和减少的双重概念。“借”和“贷”何时为增加、何时为减少，必须结合账户的具体性质才能准确说明。

从借贷记账法的由来中可以看出，在借贷记账法中，“借”、“贷”二字与日常用语中“借”、“贷”二字的概念不同，它们只是表示记账的方向。当经济业务中涉及资产、费用在金额上增加，涉及负债、所有者权益在金额上减少，涉及收入、利润在金额上的减少或转销时，记入账户的借方；当经济业务中涉及负债、所有者权益及收入、利润在金额上的增加，涉及资产在金额上的减少，费用在金额上的减少或转销时，记入账户的贷方。

借 ┬ 资产增加，费用成本增加
　 └ 负债减少，收入成果减少

贷 ┬ 负债增加，收入成果增加
　 └ 资产减少，费用成本减少

四、借贷记账法下账户的结构

在借贷记账法下，账户的基本结构是：左方为借方，右方为贷方。那么，究竟用哪一方来登记增加的金额，又用哪一方来登记减少的金额，账户的期初或期末余额又在哪一方，这要根据账户所反映的经济内容而定。

（一）资产类账户的结构

资产类账户的借方记录资产的增加额，贷方记录资产的减少额，如有余额，应该在借方。

资产类账户

借方	贷方
期初余额	
本期增加额	本期减少额
本期借方发生额合计	本期贷方发生额合计
期末余额	

资产类账户期末借方余额＝期初借方余额＋本期借方发生额－本期贷方发生额

（二）负债及所有者权益类账户的结构

负债及所有者权益类账户与资产类账户的结构正好相反。贷方记录负债及所有者权益的增加额，借方记录负债及所有者权益的减少额，如有余额，应该在贷方。

负债及所有者权益类账户

借方	贷方
	期初余额
本期减少额	本期增加额
本期借方发生额合计	本期贷方发生额合计
	期末余额

负债及所有者权益类账户期末贷方余额＝期初贷方余额＋本期贷方发生额－本期借方发生额

（三）成本、费用类账户的结构

成本、费用类账户的借方记录成本、费用的增加额，贷方记录成本、费用的减少额，成本类账户如有余额，一般为借方余额，费用类账户期末一般无余额。

借方	成本、费用类账户　贷方
期初余额 本期增加额	本期减少额
本期借方发生额合计 期末余额	本期贷方发生额合计

（四）收入类账户的结构

收入类账户的结构与负债及所有者权益类账户相似，贷方记录收入的增加额，借方记录收入的减少额，该类账户期末一般无余额。

借方	收入类账户　贷方
本期减少额	本期增加额
本期借方发生额合计	本期贷方发生额合计

（五）利润类账户的结构

利润类账户的结构也与负债及所有者权益类账户的大致相同，贷方登记利润的增加额，借方登记利润的减少额，期末如有余额则余额在贷方。

借方	利润类账户　贷方
本期减少额	期初余额 本期增加额
本期借方发生额合计	本期贷方发生额合计 期末余额

"借"、"贷"作为记账符号，标示着账户记录的方向。一般来说，各类账户的期末余额与记录增加额在同一方向，因此，可以根据账户余额的方向来判断账户的性质。归纳起来全部账户的结构如表3—5所示：

表3—5　　借贷记账法下各类账户结构

借　方	贷　方
资产的增加	资产的减少
负债及所有者权益的减少	负债及所有者权益的增加
成本、费用的增加	成本、费用的转出
收入的转出	收入的增加
利润的减少或转出	利润的增加

五、借贷记账法的记账规则

记账规则是记账的依据，也是核对账目的依据。运用借贷记账法记账时，应该从以下三个方面来考虑：

第一,某项经济业务发生后涉及哪几个账户;

第二,所涉及的账户属于哪类性质的账户;

第三,根据账户的结构,确定经济业务的增加额或减少额应该记入账户的借方还是账户的贷方。

借贷记账法要求对每一笔经济业务同时在两个或两个以上相互联系的账户中进行登记,以反映资金的"来龙"和"去脉"。事实上,任何经济业务的发生都会影响到至少两个账户金额的变动。根据"资产=权益"的会计恒等式,我们可以大体上把经济业务分成如下四种类型:

(1)资产和权益同时增加;

(2)资产和权益同时减少;

(3)资产内部不同项目一增一减;

(4)权益内部不同项目一增一减。

因为经济业务只有四种类型,而且这四种类型的经济业务均是有借有贷、借贷相等。所以,在借贷记账法下,对任何经济业务,都是有借有贷,且借贷相等,这样就形成了借贷记账法的记账规则"有借必有贷,借贷必相等"。"有借必有贷"是指任何一笔经济业务,都应在一个账户或几个账户的借方和另一个账户或几个账户的贷方同时进行登记。"借贷必相等"则是指任何一笔经济业务记入借方账户的金额一定等于记入贷方账户的金额。

下面举例说明借贷记账法的记账规则。

【例3—1】 企业用银行存款偿还应付账款120 000元。

这笔业务使得资产类账户"银行存款"和负债类账户"应付账款"发生变化,两个账户同时减少,根据各类账户的结构,一方面要在"银行存款"账户的贷方登记120 000元,另一方面要在"应付账款"账户的借方登记120 000元。

借方	银行存款 贷方
	120 000

借方	应付账款 贷方
120 000	

【例3—2】 收到投资者追加的投资300 000元,存入银行。

这笔业务使得资产类账户"银行存款"和所有者权益类账户"实收资本"发生变化,两个账户同时增加,根据各类账户的结构,一方面要在"银行存款"账户的借方登记300 000元,另一方面要在"实收资本"账户的贷方登记300 000元。

借方	实收资本 贷方
	300 000

借方	银行存款 贷方
300 000	

【例3—3】 从银行提取现金2 000元,以备零星开支。

这笔业务使得资产类账户"库存现金"和"银行存款"发生变化,两个账户分别增加和减少,根据资产类账户的结构,一方面要在"库存现金"账户的借方登记2 000元,另一方面要在"银行存款"账户的贷方登记2 000元。

借方	银行存款	贷方
		2 000

借方	库存现金	贷方
2 000		

【例3—4】 行政管理部门用现金300元购买办公用品。

这笔业务使得资产类账户“库存现金”和费用类账户“管理费用”发生变化，两个账户分别减少和增加，根据资产和费用类账户的结构，一方面要在“库存现金”账户的贷方登记300元，另一方面要在“管理费用”账户的借方登记300元。

借方	库存现金	贷方
		300

借方	管理费用	贷方
300		

通过以上举例可以看出，无论发生怎样的经济业务，运用借贷记账法时，都遵循“有借必有贷，借贷必相等”的记账规则。

六、账户的对应关系和会计分录

(一)账户的对应关系

账户对应关系是指采用借贷复式记账法对每笔经济业务事项进行记录时，相关账户之间形成的应借、应贷的相互对应关系。存在对应关系的账户称为对应账户。

经济业务事项发生以后，采用借贷复式记账法对其所引起的资金增减变动，在两个或两个以上相关联的账户中进行登记，这就使得相关的账户之间形成了应借、应贷的关系，即相关账户之间的增减变动关系，这种关系在会计上称为账户对应关系。账户对应关系只能相对应地形成于相关联的账户之间，因此，形成对应关系的账户称为对应账户。

掌握账户对应关系的目的，是为了通过账户对应关系了解经济业务事项的内容，及其所引起的资金增减变动情况，借以检查对经济业务事项的处理是否合理、合法。

(二)会计分录

会计分录简称分录，是指对发生的经济业务事项，指明其应记入的账户、方向和金额的记录。它是记账的直接依据。

一笔会计分录应包括三个要素，即账户名称(会计科目)、记账方向(借方或贷方)和金额。账户名称用来反映经济业务事项的内容，记账方向用以反映经济业务事项引起资金增减变动的方向，金额则反映资金变动的数额。

在借贷记账法下，会计分录的编制应遵循以下几个步骤：

(1)分析确定经济业务所涉及账户的名称及账户性质。分析经济业务所涉及账户的名称实际上是对经济业务按账户分类，将同类经济业务记录在同一账户中；分析确定经济业务所涉及账户的性质是指确定经济业务所涉及的账户是借方还是贷方表示增加。

(2)根据经济业务引起的会计要素的增减变化和借贷记账法下账户的性质确定对应账户的记账方向即确定应借账户和应贷账户。发生的经济业务是各种各样的，但将其抽象为数字时，只有增加和减少两种情况。确定会计要素增减变化方向的目的是为了确定应记入账户的借方还是贷方。

(3)根据会计要素增减变化的数量，确定对应账户应登记的金额。

(4)根据记账规则,检查会计分录借贷是否平衡,有无差错。

会计分录的书写一般是"先借后贷、上借下贷、左借右贷","借"、"贷"符号及借贷方金额错开一格写。如:

借:银行存款　　200 000
　　贷:实收资本　　200 000

会计分录按所涉及的账户的多少分为简单会计分录和复合会计分录。简单会计分录是指在一个会计分录中,只有一个借方账户和一个贷方账户,即一借一贷的会计分录;复合会计分录是指在一个会计分录中,有多个借方账户或贷方账户,包括一借多贷、一贷多借或多借多贷的会计分录。但实际业务中,由于多借多贷的会计分录,不能够清晰反映账户的对应关系,所以一般不编制多借多贷的会计分录。

简单会计分录 — 一个借方账户 / 一个贷方账户

复合会计分录 — 一个借方和几个贷方账户 / 一个贷方和几个借方账户

【例3—5】 现以天力公司为例,将10月份发生的经济业务运用借贷记账法编制会计分录,并登记账户,如表3—6所示。

表3—6　　**账户余额表**

资　产	金　额	负债及所有者权益	金　额
库存现金	500	短期借款	20 000
银行存款	250 000	应付账款	12 000
应收账款	36 000	长期借款	69 000
原材料	18 500	实收资本	1 350 000
库存商品	26 000	资本公积	80 000
固定资产	1 200 000		
合　计	1 531 000	合　计	1 531 000

①购进机器设备一台,价值50 000元,以银行存款支付。(暂不考虑增值税)

借:固定资产　　50 000
　　贷:银行存款　　50 000

②向银行申请取得三个月期限的贷款100 000元,款已存入公司账户。

借:银行存款　　100 000
　　贷:短期借款　　100 000

③以银行存款偿还前欠供货单位材料款12 000元。

借:应付账款　　12 000
　　贷:银行存款　　12 000

④从银行提取现金1 500元备用。

借:库存现金　　1 500
　　贷:银行存款　　1 500

⑤经批准,决定将资本公积50 000元转增资本。

借:资本公积　　50 000

　　贷:实收资本　　50 000

⑥收到购货单位所欠货款 28 200 元,存入银行。

借:银行存款　　28 200

　　贷:应收账款　　28 200

⑦为扩大经营规模,向银行申请五年期贷款 1 500 000 元。

借:银行存款　　1 500 000

　　贷:长期借款　　1 500 000

⑧职工李刚出差预借差旅费 1 000 元,以现金支付。

借:其他应收款——李刚　　1 000

　　贷:库存现金　　1 000

借方　　库存现金　　贷方

期初余额	500		
	④1 500		⑧1 000
本期发生额	1 500	本期发生额	1 000
期末余额	1 000		

借方　　银行存款　　贷方

期初余额	250 000		
	②1 00 000		①50 000
	⑥28 200		③12 000
	⑦1 500 000		④1 500
本期发生额	1 628 200	本期发生额	63 500
期末余额	1 814 700		

借方　　应收账款　　贷方

期初余额	36 000		
			⑥28 200
本期发生额	0	本期发生额	28 200
期末余额	7 800		

借方　　其他应收款　　贷方

期初余额	0		
	⑧ 1 000		
本期发生额	1 000		
期末余额	1 000		

借方　　原材料　　贷方

期初余额	18 500		
本期发生额	0	本期发生额	0
期末余额	18 500		

借方　　库存商品　　贷方

期初余额	26 000		
本期发生额	0	本期发生额	0
期末余额	26 000		

借方　　固定资产　　贷方

期初余额	1 200 000		
	①50 000		
本期发生额	50 000	本期发生额	0
期末余额	1 250 000		

借方　　短期借款　　贷方

		期初余额	20 000
			② 100 000
本期发生额	0	本期发生额	100 000
		期末余额	12 000

借方	应付账款		贷方
		期初余额	12 000
	③12 000		
本期发生额	12 000	本期发生额	0
		期末余额	0

借方	长期借款		贷方
		期初余额	69 000
			⑦1 500 000
本期发生额	0	本期发生额	1 500 000
		期末余额	1 569 000

借方	实收资本		贷方
		期初余额	1 350 000
			①50 000
本期发生额	0	本期发生额	50 000
		期末余额	1 400 000

借方	资本公积		贷方
		期初余额	80 000
	⑤50 000		
本期发生额	50 000	本期发生额	0
		期末余额	30 000

七、借贷记账法的试算平衡

试算平衡是指为了验证会计记录的正确性，根据会计等式和复式记账原理，对本期各账户的全部记录进行汇总、计算，以检验其正确与否的一种专门方法。在借贷记账法下试算平衡的方法有两种：发生额平衡法和余额平衡法。

(一)发生额平衡法

发生额平衡法是依据借贷记账法的记账规则“有借必有贷，借贷必相等”来试算平衡的。在借贷记账法下，对每一笔业务均以相等的金额记入两个或两个以上相关账户的借方和贷方，且记入借方的金额与记入贷方的金额相等。这样，当一定时期的全部经济业务都记入有关账户后，所有账户的借方发生额合计数必然等于所有账户的贷方发生额合计数。发生额平衡法正是基于这一原理来判断一定时期内会计记录是否正确的。运用发生额平衡法来试算平衡，可以按照下列公式进行：

全部账户本期借方发生额合计数＝全部账户本期贷方发生额合计数

(二)余额平衡法

在借贷记账法下，资产账户的期末余额在借方，负债和所有者权益账户的期末余额在贷方，由于存在“资产＝负债＋所有者权益”的平衡关系，所以全部账户的借方期末余额合计数应当等于全部账户的贷方期末余额合计数。余额平衡法主要是通过各种账户余额来检查、推断账务处理的正确性，其试算公式是：

资产类账户余额合计＝负债类账户余额合计＋所有者权益类账户余额合计

全部账户的期初借方余额合计＝全部账户的期初贷方余额合计

全部账户的期末借方余额合计＝全部账户的期末贷方余额合计

工作中，以上两种方法分别是通过编制“总分类账户本期发生额试算平衡表”和“总分类账户期末余额试算平衡表”来进行的。也可以将它们合并为一张表，即“总分类账户本期发生额及余额试算平衡表”。

【例 3－6】 现根据例 3－5 资料编制试算平衡表，如表 3－7 所示：

表 3—7　　总分类账户本期发生额及余额试算平衡表

账户名称	期初余额		本期发生额		期末余额	
	借　方	贷　方	借　方	贷　方	借　方	贷　方
库存现金	500		1 500	1 000	1 000	
银行存款	250 000		1 628 200	63 500	1 814 700	
应收账款	36 000		0	28 200	7 800	
其他应收款	0		1 000	0	1 000	
原材料	18 500		0	0	18 500	
库存商品	26 000		0	0	26 000	
固定资产	1 200 000		50 000	0	1 250 000	
短期借款		20 000	0	100 000		120 000
应付账款		12 000	12 000	0		0
长期借款		69 000	0	1 500 000		1 569 000
实收资本		1 350 000	0	50 000		1 400 000
资本公积		80 000	50 000	0		30 000
合　计	1 531 000	1 531 000	1 742 700	1 742 700	3 119 000	3 119 000

试算平衡只是检查账户记录是否正确的一种基本方法。如果借贷不平衡，可以肯定账户记录或计算有错误，应进一步查明原因，予以纠正。如果借贷平衡了，也并不意味着账户记录完全正确，因为有些账户记录错误不会影响借贷双方的平衡关系。如发生重记、漏记、错记账户或记反借贷方向时，试算结果仍然是平衡的。因此，为保证账户记录的正确性，除试算平衡外，还应采用其他的专门方法对会计记录进行日常或定期的复核。

关键术语

会计科目　账户　复式记账法　账户对应关系　会计分录　试算平衡　平行登记

◎ 应知考核 ◎

一、单项选择题

1. 在借贷记账法下，“固定资产”账户的余额在（　　）。

A. 借方　　B. 贷方　　C. 借方或贷方　　D. 无余额

2. 复式记账法是对发生的每一笔经济业务，都要以相等的金额，在（　　）中进行登记的一种记账方法。

A. 一个账户　　B. 两个账户

C. 两个或两个以上账户　　D. 相互联系的两个或两个以上账户

3. 在借贷记账法下，“借”与“贷”表示增加还是减少取决于（　　）。

A. 账户的层次　　B. 经济业务的数量

C. 账户的性质和结构　　D. 以上都不对

4. 存在对应关系的账户称为（　　）。

A. 联系账户　B. 对应账户　C. 总分类账户　D. 明细分类账户

5. 在借贷记账法下，为保持账户之间清晰的对应关系，不宜编制(　　)的会计分录。

A. 一借一贷　B. 多借多贷　C. 一借多贷　D. 一贷多借

6. 收入类账户的结构与所有者权益类账户的结构(　　)。

A. 一致　B. 无关　C. 相反　D. 基本相同

7. 借贷记账法下，余额试算平衡法的依据是(　　)。

A. 借贷记账法的记账规则　B. 借贷账户的结构

C. 平行关系　D. 会计等式

8. 借贷记账法下，发生额试算平衡法的依据是(　　)。

A. 借贷记账法的记账规则　B. 借贷账户的结构

C. 平行关系　D. 会计等式

9. "实收资本"账户的增加额登记在(　　)。

A. 借方　B. 贷方

C. 可能借方也可能贷方　D. 不确定

10. 下列(　　)一定能导致试算不平衡。

A. 对一笔业务重复登记　B. 漏记某一笔业务

C. 记错账户　D. 有借无贷或有贷无借

二、多项选择题

1. 会计分录的要素包括(　　)。

A. 借贷方向　B. 账户名称　C. 应记金额　D. 记账时间

2. 余额一般在借方的账户有(　　)。

A. "原材料"　B. "生产成本"　C. "资本公积"　D. "应收账款"

3. 下列贷方登记增加额的账户有(　　)。

A. "管理费用"　B. "短期借款"　C. "盈余公积"　D. "固定资产"

4. 总账与明细账平行登记的要点有(　　)。

A. 期间相同　B. 金额相等　C. 方向相同　D. 依据相同

5. 借贷记账法下，试算平衡的方法有(　　)。

A. 余额平衡法　B. 收付平衡法　C. 发生额平衡法　D. 借贷平衡法

6. 下列项目中属于试算平衡无法发现的错误有(　　)。

A. 用错账户名称　B. 重记某项经济业务

C. 漏记某项经济业务　D. 记账方向颠倒

7. 能够清晰反映账户对应关系的会计分录是(　　)。

A. 一借一贷　B. 多借多贷　C. 一借多贷　D. 一贷多借

8. 与"银行存款"账户结构相同的账户是(　　)。

A. "库存现金"　B. "固定资产"　C. "本年利润"　D. "原材料"

9. 会计科目设置应遵循的原则有(　　)。

A. 合法性原则　B. 相关性原则　C. 全面性原则　D. 实用性原则

10. 下列说法中错误的是(　　)。

A. 借贷记账法的记账规则是"有借必有贷，借贷必相等"

B. 借贷记账法是复式记账的一种

C. 借贷记账法下账户的借方登记增加额，贷方登记减少额

D. 借贷记账法下如果试算平衡了，则账簿记录就准确无误

三、判断题

1. 对于不同性质的账户，借贷的概念有所不同。（　）
2. 负债及所有者权益账户的结构应与资产类账户的结构一致。（　）
3. 总分类账户本期发生额等于所属各明细分类账本期发生额之和。（　）
4. 负债及所有者权益类账户期末贷方余额＝期初贷方余额＋本期贷方发生额－本期借方发生额。（　）
5. 发生额平衡法的依据是会计等式"资产＝负债＋所有者权益"。（　）
6. "财务费用"账户期末一般无余额。（　）
7. 复式记账是指对发生的每一项经济业务，都以相等的金额，在相互联系的两个账户中同时进行登记。（　）
8. 在实际工作中，会计分录是在记账凭证上登记的。（　）
9. 账户的借方登记资产和负债的增加，贷方登记所有者权益的增加。（　）
10. 登记总账与明细分类账的依据都是同一张记账凭证及其所附原始凭证。（　）

四、简答题

1. 简述设置会计科目的意义和原则。
2. 简述账户与会计科目的关系。
3. 简述复式记账法的基本原则和作用。
4. 简述运用借贷记账法记账时应考虑的因素。
5. 简述在借贷记账法下会计分录的编制步骤。

◎ 应会考核 ◎

★业务考核

【考核项目】

借贷记账法下账户的基本结构。

【背景资料】

某企业发生经济业务如表3－8所示：

表3－8　　**经济业务**　　金额单位：元

序号	交易、事项内容	资产	负债	共同	所有者权益	成本	损益	应记会计科目	应记方向	
									借方	贷方
1	银行存款减少	√						银行存款		√
2	本年利润增加									
3	管理费用增加									
4	取得预收货款									
5	制造费用增加									
6	应交税金增加									
7	长期股权投资增加									
8	产品销售收入增加									

续表

序号	交易、事项内容	资产	负债	共同	所有者权益	成本	损益	应记会计科目	应记方向	
									借方	贷方
9	产品销售费用增加									
10	应收账款减少									
11	生产成本增加									
12	原材料被领用									
13	财务费用增加									
14	应付工资减少									
15	投入资本增加									
16	归还短期借款									

【考核要求】

根据所给业务判断其引起变动会计要素的性质，确定应记会计科目和应记的方向。

★技能考核

【考核项目】

练习借贷记账法，熟悉会计分录的编写。

【背景资料】

假定某企业 2017 年 1 月初各资产、负债及所有者权益账户的余额如表 3—9 所示。

表 3—9　　某企业总分类账 1 月初试算平衡表　　单位：元

资　产	金　额	负债和所有者权益	金　额
库存现金	10 000	短期借款	600 000
银行存款	1 350 000	应付账款	80 000
应收账款	300 000	应交税费	20 000
原材料	1 400 000	实收资本	8 600 000
库存商品	240 000		
固定资产	6 000 000		
合　计	9 300 000	合　计	9 300 000

1 月份该企业发生下列各项经济业务：

(1)向银行借入短期借款 150 000 元，存入银行存款户。

(2)从银行存款户提取现金 1 000 元。

(3)经理张利出差预借差旅费 1 200 元，以现金支付。

(4)购进原材料一批已入库，价款 25 000 元，以银行存款支付 20 000 元，其余暂欠。

(5)以银行存款购入全新汽车一辆，价款共 180 000 元。

(6)用银行存款偿还应付供货单位材料款 32 000 元。

(7)收到客户前欠货款 120 000 元，存入银行。

(8)以银行存款 200 000 元归还到期的短期借款。

(9)投资者追加投入资本 80 000 元,款项收到存入银行。

(10)经理张利出差归来,报销差旅费 1 000 元,交回现金 200 元。

【考核要求】

(1)根据上述经济业务,用借贷记账法编制会计分录。

(2)开设各账户(T 形账)登记期初余额、本期发生额,计算期末余额,并编制总分类账户的本期发生额和期末余额试算平衡表。

★案例题

小魏从某财经大学会计专业毕业,刚刚被聘任为广发公司的会计员。今天是他来公司上班的第一天。会计科里的那些同事们忙得不可开交,一问才知道,大家正在忙于月末结账。"我能做些什么?"会计科长看他那急于投入工作的表情,也想检验一下他的工作能力,就问:"试算平衡表的编制方法在学校学过了吧?""学过。"小魏回答。

"那好,趁大家忙别的时候,你先编一下咱们公司这个月的试算平衡表"。科长帮他找到了本公司的总账账簿,让他在早已为他准备好的办公桌上开始工作。

不到一个小时,一张"总分类账户发生额及余额试算平衡表"就完整地编制出来了。看到表格上那三组相互平衡的数字,小魏激动的心情难以言表,兴冲冲地向科长交了差。

"呀,昨天销售的那批产品的单据还没记到账上去呢,这也是这个月的业务啊!"会计员李丽说道。还没等小魏缓过神来,会计员小王手里又拿着一些会计凭证凑了过来,对科长说:"这笔账我核对过了,应当记入"应交税金"和"银行存款"账户的金额是 10 000 元,而不是 9 000 元。已经入账的那部分数字还得更改一下。"

"试算平衡表不是已经平衡了吗? 怎么还有错账呢?"小魏不解地问道。

科长看他满脸疑惑的神情,就耐心地开导说:"试算平衡表也不是万能的,像在账户中把有些业务漏记或重记了,借贷金额记账方向彼此颠倒了,还有记账方向正确但记错了账户,这些都不会影响试算表的平衡。小李发现的漏记了经济业务、小王发现的把两个账户的金额同时记少了,也不会影响试算表的平衡。"

小魏边听边点头,心里想:"这些内容好像老师在上《基础会计》课的时候也讲过。以后在实践中还得好好琢磨呀。"

经过调整,一张真实反映公司本月全部经济业务的试算平衡表又在小魏的手里完成了。

案例要求:

结合以上案例,运用学习过的试算平衡表的有关知识谈谈你的感受。

◎ 项目实训 ◎

【实训项目 1】

练习会计分录。

【实训情境】

中山公司本月发生下列相关经济业务:

(1)向 C 企业购进甲材料 20 吨,单价 3 000 元,增值税税率 17% ,共计价税款 70 200 元,款项尚未支付,材料验收入库。(不通过在途物资账户,直接记入原材料账户,下同)

(2)以银行存款 57 000 元,归还 A 企业货款 35 000 元,B 企业 22 000 元。

(3)产品生产车间领用甲材料 25 吨,乙材料 20 吨。

(4)向 A 企业购进甲材料 15 吨,单价 3 000 元,乙材料 50 吨,单价 1 100 元,增值税税率 17%,共计价款 100 000 元，增值税 17 000 元，款项尚未支付，材料验收入库。

(5)以银行存款偿还 A 企业货款 80 000 元、B 企业货款 20 000 元、C 企业 35 000 元。

【实训要求】

根据上述经济业务编制会计分录。

【实训项目 2】

试算平衡表的编制。

【实训情境】

1. 中山公司 2017 年 6 月初各账户余额如表 3—10 所示：

表 3—10　　月初各账户余额

资　产	借方金额	负债及所有者权益	贷方金额
库存现金	5 000	短期借款	150 000
银行存款	460 000	应付账款	320 000
应收账款	160 000	应交税费	15 000
原材料	450 000	实收资本	1 420 000
库存商品	860 000	盈余公积	600 000
固定资产	950 000	利润分配——未分配利润	380 000
合　计	2 885 000	合　计	2 885 000

2. 中山公司 2017 年 6 月份发生下列经济业务(假定购买材料和销售产品不考虑增值税)：

(1)向银行借入为期 5 个月的借款 12 000 元，存入了银行。

(2)接受明光公司的投资，其中原材料 200 000 元、专利权 100 000 元。

(3)银行存款支付广告费 5 600 元。

(4)银行存款缴纳本月应交的税金 43 000 元。

(5)企业行政管理部门以银行存款购买办公用品 3 500 元。

(6)购进甲材料一批金额 50 000 元，货款以银行存款支付。

(7)经理出差借支差旅费 2 000 元，以库存现金支付。

(8)购进乙材料一批价款 60 000 元，货款暂未支付。

(9)以银行存款归还前欠购材料款 60 000 元。

(10)从银行提取 3 000 元现金备用。

【实训要求】

1. 根据上述经济业务编制会计分录。

2. 计算各账户的发生额及余额。

3. 根据各账户的发生额及余额来编制发生额及余额试算平衡表。

表 3—11　　发生额及余额试算平衡表

会计科目	期初余额		本期发生额		期末余额	
	借　方	贷　方	借　方	贷　方	借　方	贷　方

续表

会计科目	期初余额		本期发生额		期末余额	
	借　方	贷　方	借　方	贷　方	借　方	贷　方

项目四　企业主要经济业务核算

【知识目标】

理解：制造业企业主要经济业务核算所设置账户的结构和用途。

熟知：设置账户、复式记账方法在制造业企业主要经济业务中的应用。

掌握：制造业企业供、产、销经营过程中各项主要经济业务的会计处理。

【技能目标】

能够对企业资金筹集、供应、生产、销售、利润形成与分配等环节进行账务处理；能够对企业的采购成本、生产成本、销售成本进行计算并结转；能够设置和使用制造企业会计系统的主要会计账户。

【素质目标】

通过对制造企业经营过程和会计主要经济业务的学习，养成学生大胆质疑、敢于表现、善于尝试的个性品质及良好的合作交流态度，在具体的会计业务核算中培养独立会计核算的意识。

【项目引例】

利润如何核算？

某企业“本年利润”贷方金额 400 000 元，12 月份各损益类账户金额如下：主营业务收入 100 000 元、投资收益 20 000 元、主营业务成本 40 000 元、管理费用 3 000 元。

【讨论】 请你帮助该企业计算 12 月份当月的利润总额和全年的利润总额，并做出 12 月份利润形成的核算。

【知识精讲】

任务一　企业主要经济业务核算概述

制造业企业从采购材料开始，到材料投入生产经过加工制造出产品，将完工产品销售出去的整个过程，称为生产经营过程。在这个过程中，既有劳动资料的耗费，又有劳动对象的耗费；既有物化劳动的耗费，又有活劳动的耗费。生产经营的过程实际上就是劳动耗费的过程。制造企业生产经营过程是由供应过程、生产过程和销售过程构成的。制造业企业的主要经济业务基本发生在这三个过程中。

一、材料供应过程的主要经济业务

制造业企业的供应过程(即材料采购过程)是指从采购材料开始,直到材料验收入库的整个过程。在采购过程中,企业要与供应单位或其他有关单位办理款项的结算,以支付采购材料的货款和运输费、装卸费等各种采购费用。这些采购费用,形成了材料的采购成本。材料货款的结算、采购费用的支付、材料采购成本的计算、材料验收入库等均为供应过程的主要经济业务。

当企业拥有了购进材料的所有权时,该项材料即可作为企业的一项资产加以确认。当生产车间或管理部门领用材料时,该项材料又作为一项费用加以确认。期末全部库存材料被作为一项流动资产确认并在资产负债表中列示。企业购进材料若未付款,要在将来规定的时间内以企业拥有的经济资源予以偿付。这笔未支付的款项就被作为企业的一项负债加以确认。期末全部应付款作为一项流动负债加以确认并在资产负债表中列示。

二、产品制造过程的主要经济业务

制造业企业将材料投入生产到产品完工验收入库的过程称为生产过程。材料在生产过程中或是一次被消耗掉,或是改变了原有的实物形态,其价值也随之全部转移到新产品的价值中去,构成产品生产费用的一部分。固定资产的价值随固定资产的损耗,逐渐地、部分地转移,其中为制造产品而损耗的固定资产的价值形成产品生产费用的一部分;公司(企业)行政管理和组织生产而损耗的固定资产价值形成管理费用的一部分。通过劳动者的劳动,使劳动资料和劳动对象结合,使劳动对象改变其使用价值,并且创造出新价值,其中劳动者为自己劳动所创造的那部分价值,以职工薪酬的形式支付给劳动者,用于个人消费,形成产品生产费用的另一部分。此外,在生产过程中还会发生公司(企业)为组织和管理生产而支付的管理人员工资及其他费用,这些费用形成产品制造期间的管理费用的一部分。这就是说,生产过程中的各种耗费可归集为生产费用和管理费用。为制造产品的各种耗费,如为制造产品发生的材料、人工、劳动资料等耗费构成了产品生产费用;公司(企业)为组织和管理生产发生的材料、人工、劳动资料等耗费构成管理费用。生产过程结束,制造的产品完工并验收入库,为制造产品发生的生产费用也随之结转;管理和组织本会计期间的生产而发生的管理费用作为期间费用,直接冲减企业当期的损益。综上所述,企业生产过程的主要经济业务就是归集各种已发生的耗费,分配或结转各种耗费。

在生产过程中消耗的材料、固定资产折旧、负担的职工薪酬和其他一些支出,由企业的一项资产转为费用被确认。会计期末,尚未销售的完工产品的生产费用和仍处于加工过程中的未完工产品的耗费又被作为一项资产确认,并在资产负债表中列示。

三、产品销售过程的主要经济业务

制造业企业从产成品验收入库开始起到销售给购买方为止的过程称为销售过程。这一过程是产品价值和使用价值的实现过程,即制造企业通过交换,将制造的产品及时地销售出去,按产品的销售价格向购买方办理结算,收回销货款。通常把销货款称为销售收入。在产品销售过程中,企业为取得一定数量销售收入,必须付出相应数量的产品。为制造这些销售产品耗费的材料、人工等称为产品销售成本。此外,企业为了推销产品还要发生包装费、运输费、广告费等销售费用。这些耗费与组织当期销售有关，故作为期间费用，抵减当期销售收入。综上所述，制造企业销售过程的主要经济业务是将产品销售出去，并办理货款的结算，按照配比的原则，确定产品销售成本、销售费用和销售税金等。

在销售过程中，实现销售取得收入一方面作为一项收入确认，另一方面作为一项资产确认或表现为负债的减少；销售过程中发生的已销产品成本，是由资产转为一项费用予以确认。会计期末，尚未实现销售的产品的制造成本仍作为一项资产，列入资产负债表；销售收入以及与之相配比的销售成本和销售费用、销售税金，列入利润表。

任务二　资金筹集的业务核算

一、资金筹集业务主要经济业务的内容

一个企业的生存和发展，离不开资产要素，资产是企业进行生产经营活动的物质基础。对于任何一个企业而言，形成资产的资金主要有两个来源渠道：一是投资者的投资及其增值，形成投资者的权益，该部分业务可以称为所有者资金筹集业务；二是向债权人借入资金，形成债权人的权益，该部分业务可以称为负债资金筹集业务。投资者将资金投入企业进而对企业资产所形成的要求权为企业的所有者权益，债权人将资金借给企业进而对企业资产所形成的要求权为企业的负债。在会计上，虽然将债权人的要求权和投资者的要求权统称为权益，但是由于二者存在着本质上的区别，所以这两种权益的会计处理也存在显著的差异。

二、账户设置

（一）“实收资本”账户

实收资本是指投资者按照企业章程或合同、协议的约定，实际投入企业的资本。我国采用注册资本制，注册资本是企业在工商登记机关登记的投资者缴纳的出资额，投资者出资达到法定注册资本的要求是企业设立的先决条件，而且根据注册资本制的要求，企业会计核算中的实收资本即为法定资本，应当与注册资本相一致，企业不得擅自改变注册资本数额或抽逃资金。

该账户属于所有者权益类账户，用来核算投资者投入资本的增减变动及结存情况。该账户的贷方登记企业实际收到投资人作为资本投入的各项财产物资的价值；该账户的借方登记按规定减少的注册资本的金额。其余额在贷方，表示投资人投入企业的资本实有数额。“实收资本”账户应按投资人、投资单位设置明细分类账进行核算。如果是股份制公司，则应设置“股本”账户。

借方　　　　　实收资本	贷方
实收资本的减少额	实收资本的增加额
	期末余额：实收资本的实有数额

（二）“资本公积”账户

资本公积是投资者或他人投入企业、所有权归属于投资者并且投资金额超过法定资本部

分的资本或资产。资本公积包括企业收到投资者出资超出其在注册资本中所占份额以及直接计入所有者权益的利得和损失等，包括资本溢价及其他资本公积。资本公积的主要用途是在企业办理增资手续后用于转增资本。

该账户属于所有者权益类账户，用来核算企业的资本溢价以及直接计入所有者权益的利得和损失。该账户的贷方登记因资本溢价等原因增加的资本公积数额；借方登记用于按照法定程序转增注册资本减少资本公积的数额；期末余额在贷方，表示企业资本公积的实际结存数额。

借方　　　　资本公积	贷方
资本公积的减少数(使用数)	资本公积的增加数
	期末余额：资本公积的结余数

（三）"短期借款"账户

短期借款是企业向银行或其他金融机构等借入的期限在一年以下(含一年)的各种款项。短期借款一般是企业为维持正常的生产经营所需的资金或为抵偿某项债务而借入的。

该账户属于负债类账户，用来核算企业向银行或其他金融机构等借入的期限在一年以下(含一年)的各种借款。该账户贷方登记企业取得短期借款的数额；借方登记企业归还短期借款的数额；期末余额在贷方，表示尚未归还的短期借款数额。

借方　　　　短期借款	贷方
短期借款的偿还	短期借款的取得(增加)
	期末余额：短期借款结余数

（四）"长期借款"账户

长期借款是企业向银行或其他金融机构等借入的期限在一年以上(不含一年)的各种款项。与短期借款相比，长期借款的借款期限较长，此外，二者对借款利息费用的处理不同。企业会计准则规定，长期借款的利息费用等应按照权责发生制原则的要求，按期预提计入所购建资产的成本(即予以资本化)或直接计入当期财务费用。

该账户属于负债类账户，用来核算企业向银行或其他金融机构等借入的期限在一年以上(不含一年)的各种借款。该账户贷方登记企业取得长期借款的数额；借方登记企业归还长期借款的数额；期末余额在贷方，表示尚未归还的长期借款数额。

借方　　　　长期借款	贷方
长期借款本息的偿还(减少)	长期借款本金的取得和未付利息的计算(增加)
	期末余额：尚未偿还长期借款本息的结余

（五）"财务费用"账户

财务费用是企业在生产经营过程中为筹集资金而发生的各项费用。它包括企业生产经营期间发生的利息支出(减利息收入)、汇兑净损失(有的企业如商品流通企业、保险企业进行单独核算，不包括在财务费用内)、金融机构手续费，以及筹资发生的其他财务费用如债券印刷费、国外借款担保费等。但在企业筹建期间发生的利息支出，应计入开办费；与购建固定资产或者无形资产有关的,在资产尚未交付使用或者虽已交付使用但尚未办理竣工决算之前的利息支出,计入购建资产的价值;清算期间发生的利息支出,计入清算损益。

企业发生的各项财务费用借记“财务费用”科目,贷记“银行存款”、“预提费用”等科目;企业发生利息收入、汇兑收益冲减借方。月终,将借方归集的财务费用全部由“财务费用”科目的贷方转入“本年利润”科目的借方,计入当期损益。结转当期服务费用后,“财务费用”科目期末无余额。

该账户属于损益类账户,核算企业为筹集生产经营资金等而发生的各种筹资费用,包括利息支出(减利息收入)、佣金、汇兑损失(减汇兑收益)以及相关的手续费、企业发生或收到的现金折扣等。该账户应按费用项目进行明细核算。为购建或生产满足资本化条件的资产发生的应予资本化的借款费用,在“在建工程”等科目核算。该账户的借方登记企业发生的各项财务费用;贷方登记期末转入当期损益的数额;期末结转后本账户无余额。

借方　　　　财务费用	贷方
发生的费用: 利息支出、手续费、汇兑损失	利息收入、汇兑收益
	期末转入“本年利润”账户的财务费用额

(六)“应付利息”账户

应付利息是企业按照合同约定应支付的利息,包括吸收存款、分期付息到期还本的长期借款、企业债券等应支付的利息。本科目可按存款人或债权人进行明细核算。应付利息与应计利息的区别:应付利息属于借款,应计利息属于企业存款。

该账户属于负债类账户。借方登记实际支付的利息;贷方登记企业按照合同利率计算确定的应付未付利息;期末余额一般在贷方,反映企业应付未付的利息。该账户应按债权人设置明细账,进行明细核算。

借方　　　　应付利息	贷方
以后实际支付的利息费用	预先提取计入损益的利息费用
	期末余额:已预提未支付的利息费用

三、账务处理

(一)接受投资

企业的投入资本按照投资主体的不同,可以分为:国家投入资本——企业接受国家投资而形成的资本;法人投入资本——企业接受其他企业单位的投资而形成的资本;个人投入资本——企业接受个人包括企业内部职工的投资而形成的资本;外商投入资本——企业接受外国及港、澳、台地区的投资而形成的资本。

接受投资是企业资本增加的过程,增加资本主要有三个途径:接受投资者投资、资本公积转增资本和盈余公积转增资本。根据我国《公司法》的规定,投资者可以用货币出资,也可以用实物、无形资产等出资。如果以实物、无形资产等出资,需要对其进行评估作价,按评估价值或双方协商的价值入账。企业接受投资时,应借记“银行存款”、“固定资产”等账户,贷记“实收资本”账户。如果企业实际收到投资额超过投资方在注册资本中所占份额,则超出部分计入资本公积。

【例 4—1】 星海公司收到国家投入企业资本金 500 000 元，存入银行。

分析：这项经济业务，使企业的银行存款增加 500 000 元，收到的投入资本金增加 500 000 元。其会计分录：

借：银行存款　　500 000

　贷：实收资本——国家　　500 000

【例 4—2】 星海公司收到甲企业投资共 190 000 元，包括一台新设备价值 100 000 元和一批原材料价值 90 000 元。

分析：这项经济业务的发生，使企业的固定资产和原材料分别增加 100 000 元和 90 000 元，收到的投入资本增加 190 000 元。其会计分录：

借：固定资产——设备　　100 000

　原材料　　90 000

　贷：实收资本——甲企业　　190 000

【例 4—3】 星海公司注册资本金为 100 万元，现有投资人 B 企业愿意出资 30 万元，占有该企业注册资本的 25%。

分析：这项经济业务的发生，使企业的银行存款增加 300 000 元，实收资本和资本公积（溢价）分别增加 250 000 元和 50 000 元。其会计分录：

借：银行存款　　300 000

　贷：实收资本——B 企业　　250 000

　　资本公积——资本溢价　　50 000

【例 4—4】 星海公司收到 C 公司一项专有技术投资，经评估确认其价值为 250 000 元。

分析：这项经济业务的发生，使企业的无形资产增加 250 000 元，收到的投入资本金增加 250 000 元。其会计分录：

借：无形资产——专有技术　　250 000

　贷：实收资本——C 公司　　250 000

（二）借入资金

企业在生产经营过程中，为弥补资金周转不足，可以向银行或其他金融机构等债权人借入资金。借入资金按偿还期限的长短分为短期借款和长期借款。偿还期在一年以内（含一年）的借款称为短期借款，偿还期限在一年以上的借款称为长期借款。借入款项时，借记“银行存款”账户，贷记“短期借款”或“长期借款”账户。偿还借款本金时，借记“短期借款”或“长期借款”账户，贷记“银行存款”账户。其间发生的短期借款利息支出应归入财务费用，如按月度支付，则直接借记当月的“财务费用”账户，贷记“银行存款”账户；如按季度或半年支付，按照权责发生制原则要求，采用预提方式确认，借记当月的“财务费用”账户，贷记“预提费用”账户。长期借款利息应当按期计提并计入购建固定资产的成本或确认为发生当期的费用，如果是分期付息到期还本，则通过“应付利息”账户核算，如果是到期一次还本付息，则通过“长期借款——应计利息”账户核算。

【例 4—5】 星海公司因生产经营的需要，于 2017 年 5 月 1 日向银行申请取得期限为三个月的借款 30 000 元，款项已存入银行。

分析：这项经济业务的发生，使企业的银行存款增加 30 000 元，短期借款增加 30 000 元。其会计分录：

借:银行存款　　30 000

　　贷:短期借款　　30 000

【例4-6】 承例4—5,假如星海公司取得的借款年利率为6%。利息按季度结算,计算5月份应负担的利息。

分析:这项经济业务的发生,首先应按照权责发生制原则的要求,计算本月应负担的利息额,即本月应负担的借款利息为150元(30 000×6%÷12)。借款利息属于企业的一项财务费用,由于利息是按季度结算的,因此本月的利息虽然在本月发生,但不在本月实际支付,因而形成企业的一项负债,这项负债通过"应付利息"账户进行反映。其会计分录:

借:财务费用　　150

　　贷:应付利息　　150

6、7月份的利息计算和处理方法同5月份。

【例4-7】 承例4—6,星海公司在6月末用银行存款300元支付本季度的银行借款利息。

分析:这项经济业务,使企业的银行存款减少300元,应付利息减少300元。其会计分录:

借:应付利息　　300

　　贷:银行存款　　300

【例4-8】 承例4—7,星海公司在8月1日用银行存款30 150元偿还到期的短期借款本金及未支付利息。

分析:这项经济业务的发生,使企业的银行存款减少30 150元,短期借款本金和应付利息(7月份利息)分别减少30 000元和150元。其会计分录:

借:应付利息　　150

　　短期借款　　30 000

　　贷:银行存款　　30 150

【例4-9】 星海公司为建造一幢厂房(工期两年),于2015年1月1日向中国银行取得为期三年的借款800 000元,存入银行。星海公司当即将该项资金投入厂房的建造中。

分析:这项经济业务的发生,使企业的银行存款增加800 000元,长期借款增加800 000元。其会计分录:

借:银行存款　　800 000

　　贷:长期借款　　800 000

【例4-10】 承例4—9,假设上述借款年利率为6%,合同规定到期一次还本付息。计算2015年的借款利息。

分析:在固定资产建造工程交付使用之前,用于该工程的借款利息属于一项资本性支出,应计入该固定资产的建造成本中。其利息的计算方法与短期借款相同,即2015年的利息为48 000元(800 000×6%)。这项经济业务的发生,使企业的在建工程成本增加48 000元,应付利息增加48 000元。其会计分录:

借:在建工程　　48 000

　　贷:应付利息　　48 000

2016年的利息处理与2015年相同。

【例4-11】 承例4—10,计算2017年的借款利息。

分析:按照《企业会计制度》规定,为购建固定资产的专门借款所发生的费用,符合条件的情况下资本化,计入资产的成本,其他借款费用均应于发生当期确认为费用,直接计入当期财务费用。在此例中由于工程已经在2016年年末完工,所以2017年的利息不能计入工程成本,而应计入财务费用。这项经济业务的发生,使公司当期财务费用增加,应付利息增加。其会计分录:

借:财务费用　　48 000

　贷:应付利息　　48 000

【例4—12】 承例4—11,假如星海公司在2017年年末归还该笔长期借款的本金及利息。该笔长期借款在存续期间的利息共计144 000元,借款本金为800 000元,本息合计为944 000元,一次付清。

分析:这项经济业务的发生,使企业的银行存款减少944 000元,长期借款和应付利息分别减少800 000元和144 000元。其会计分录:

借:长期借款　　800 000

　应付利息　　144 000

　贷:银行存款　　944 000

任务三　供应过程的业务核算

一、供应过程主要经济业务的内容

企业筹集到资金后,就必须购入设备、厂房、材料、工(器)具等,以备生产。通过物资采购业务,企业的财产物资增加了;同时,因采购而支付了相应的存款或承担了相应的负债,即货币资金相应减少或负债相应增加。供应过程是工业企业生产经营的第一个阶段。在这一过程中的主要经济业务是采购产品制造所需要的原材料和其他辅助材料。从会计核算的角度来说,供应过程会计核算的任务主要是:核算材料采购费用并确定入库材料的成本。

企业外购材料的采购费用分为直接费用和间接费用。直接费用就是材料买价;间接费用也称为共同费用,共同费用一般包括运杂费、运输途中的合理损耗、入库前挑选和整理费用等。当外购材料在两种以上时,共同费用是由各种材料共同负担的采购费用,这时共同费用要在相关的材料之间进行分配。某种材料的采购成本包括该种材料的买价和应分摊的共同费用。

(1)买价。是指销货单位开出的发票价格,其金额为所购材料的数量与其单价的乘积。但一般纳税企业购入材料时支付的增值税进项税额按要求单独核算,不包括在材料采购成本之中。

(2)运杂费。是指产品制造企业在购入材料过程中,由本企业负担的途中的运输费、装卸费、保险费等相关费用。

(3)运输途中的合理损耗。是指外购材料在运输过程中所发生的在正常范围内的损耗。这种损耗会减少外购材料的数量,从而使外购材料的单位成本增加。

(4)入库前的挑选整理费用。

(5)购进材料应负担的税金,如进口关税。

间接费用(共同费用)的分配关键在于分配标准的选择。为保证分配结果的公正与正确,合理确定各种材料的采购成本,应选择与受益对象相关性强的分配标准。一般而言,可按材料重量、买价、体积等分配标准分配共同费用。

【例 4—13】 购入甲、乙、丙三种材料各项支出如表 4—1 所示：

表 4—1　　甲、乙、丙三种材料各项支出

材　料	重量(千克)	单价(元/千克)	买价(元)	运杂费(元)
甲	4 000	8	32 000	合计 2 200
乙	2 000	4	8 000	
丙	5 000	10	50 000	
合计	11 000		90 000	

1. 按重量分摊共同运杂费

$$分配率=\frac{待分配的运杂费总额}{全部材料重量之和}=\frac{2\ 200}{4\ 000+2\ 000+5\ 000}=0.20(元)$$

某一种材料应负担的运杂费＝该材料的重量×运杂费分配率

甲材料应负担的运杂费＝4 000×0.20＝800(元)

乙材料应负担的运杂费＝2 000×0.20＝400(元)

丙材料应负担的运杂费＝5 000×0.20＝1 000(元)

2. 登记甲、乙、丙材料明细分类账如表 4—2 所示：

表 4—2

"在途物资"明细分类账

物资名称或类别：甲种材料

年		凭证号码	摘　要	借方金额			借方金额	结余金额
月	日			买　价	采购费用	合　计		
		1	购入 4 000 千克，单价 8 元/千克	32 000		32 000		32 000
		3	分摊运杂费		800	800		32 8000
			结转实际采购成本				32 800	—
			发生额和余额	32 000	800	32 800	32 800	—

"在途物资"明细分类账

物资名称或类别：乙种材料

年		凭证号码	摘　要	借方金额			借方金额	结余金额
月	日			买　价	采购费用	合　计		
		1	购入 2 000 千克，单价 4 元/千克	8 000		8 000		8 000
		3	分摊运杂费		400	400		8 400
			结转实际采购成本				8 400	—
			发生额和余额	8 000	400	8 400	8 400	—

"在途物资"明细分类账

物资名称或类别：丙种材料

年		凭证号码	摘　要	借方金额			借方金额	结余金额
月	日			买　价	采购费用	合　计		
		2	购入 5 000 千克，单价 10 元/千克	50 000		50 000		50 000
		3	分摊运杂费		1 000	1 000		51 000
			结转实际采购成本				51 000	—
			发生额和余额	50 000	1 000	51 000	51 000	—

3. 编制材料采购成本计算表如表4—3所示：

表4—3　　材料采购成本计算表

编制单位：××工厂　　201×年×月　　单位：元

成本项目	甲种材料		乙种材料		丙种材料	
	总成本（4 000千克）	单位成本	总成本（2 000千克）	单位成本	总成本（5 000千克）	单位成本
1. 买价	32 000	8.00	8 000	4.00	50 000	10.00
2. 采购费用	800	0.20	400	0.20	1 000	0.20
材料采购成本	32 800	8.20	8 400	4.20	51 000	10.20

二、账户设置

（一）"固定资产"账户

固定资产是指企业使用期限超过一年的房屋、建筑物、机器、机械、运输工具，以及其他与生产、经营有关的设备、器具、工具等。固定资产原价应包括企业为购建某项固定资产达到预定可使用状态前发生的一切合理、必要的支出。固定资产的取得既可以外购也可以自行建造。一般而言，外部购入固定资产是企业固定资产增加的主要渠道，包括购入不需要安装的固定资产和购入需要安装的固定资产。

该账户属于资产类账户，核算企业固定资产的增加、减少和结余情况。该账户借方登记取得固定资产所发生的各项支出，贷方登记由于出售、报废等原因而减少的固定资产原值，余额在借方，表示企业结余的固定资产原始价值。对于固定资产在使用过程中发生的价值损耗，即固定资产的折旧额，不在本账户进行核算，而是专门设置"累计折旧"账户进行核算。

借方　　固定资产　　贷方

借方	贷方
固定资产取得成本的增加	固定资产取得成本的减少
期末余额：原价的结余	

（二）"在建工程"账户

在建工程是企业进行设备安装工程（包括需要安装设备的价值）、固定资产建造过程等发生的实际支出。

该账户属于资产类账户，企业购入需要安装的固定资产，应将购入时发生的成本和安装过程中发生的相关支出，先通过"在建工程"账户核算，待安装完毕达到预定可使用状态时，再由"在建工程"转入"固定资产"账户。该账户如有余额在借方，表示尚未完工的各项在建工程发生的实际支出。

借方　　在建工程　　贷方

借方	贷方
工程发生的全部支出	结转完工工程成本
期末余额：未完工工程成本	

（三）"在途物资"账户

在途物资是企业采用实际成本（或进价）进行材料、商品等物资的日常核算、货款已付尚未验收入库的在途物资的采购成本。

该账户属于资产类账户，核算企业购入的货款已付尚未验收入库的各种材料物资的实际成本。其借方登记购入材料物资的各项采购成本，贷方登记已经验收入库的材料物资的实际成本，期末如有余额在借方，表示企业尚未验收入库的在途材料的实际成本。该账户应按材料物资的种类设置明细分类账户，进行明细分类核算。

借方 在途物资	贷方
购入材料： 买价、采购费用	结转验收入库材料的实际采购成本
期末余额：在途材料成本	

(四)"原材料"账户

原材料是企业库存的各种材料，包括原料及主要材料、辅助材料、外购半成品、修理用备件、包装材料、燃料等的计划成本或实际成本。

该账户属于资产类账户，用来核算企业库存的各种材料增减变动和结存情况。其借方登记已经验收入库的各种材料的实际成本，贷方登记发出材料的实际成本，期末余额在借方，表示期末库存材料的实际成本。为了反映每种库存材料的增减变化情况，应根据材料的品种、规格等标准设置明细账户，进行明细分类核算。

借方 原材料	贷方
验收入库材料实际成本的增加	库存材料实际成本的减少
期末余额：库存材料实际成本	

(五)"应付账款"账户

应付账款是企业因赊购材料物资和接受劳务供应而应付给供应单位的款项。

该账户属于负债类账户，是用来核算企业因采购材料、商品和接受劳务等而发生的款项赊欠及偿还情况。其贷方登记应付给供应单位的款项，借方登记已实际归还的款项，期末余额在贷方，表示尚未偿还的款项。为了具体反映与各个供应单位的债务结算情况，该账户应按供应单位名称设置明细分类账户。

借方 应付账款	贷方
应付供应单位款项的减少	应付供应单位款项的增加
	期末余额：尚未偿还的应付款

(六)"应付票据"账户

应付票据是企业购买材料、商品和接受劳务供应等而开出、承兑的商业汇票，包括商业承兑汇票和银行承兑汇票。

该账户属于负债类账户。它是用来核算企业购买材料、商品和接受劳务供应等开出、承兑的商业汇票，包括商业承兑汇票和银行承兑汇票两种。借方登记到期商业汇票的减少；贷方登记企业开出、承兑商业汇票的增加；期末余额在贷方，反映企业尚未到期的商业汇票的票面金额。该账户不设置明细账户，但要设置"应付票据备查簿"登记其具体内容。

借方　　应付票据　　贷方	
到期商业汇票的减少	企业开出、承兑商业汇票的增加
	期末余额：企业尚未到期的商业汇票的票面金额

（七）“应交税费”账户

应交税费是企业按照税法等规定计算应缴纳的各种税费，包括增值税、消费税、营业税、所得税、资源税、教育费附加等（印花税等不需要预计税额的税种除外）。企业代扣代缴的个人所得税等，也通过本账户核算。

该账户属于负债类账户，用来核算企业按照税法规定应缴纳的各种税款的计算与实际缴纳情况。贷方登记计算出的各种应交而未交的税费，借方登记实际上缴的各种税费，期末余额如果在贷方，反映企业尚未缴纳的税费，期末余额若在借方，则表示多缴纳或尚未抵扣的税费。该账户应按税种设置明细分类账户，进行明细分类核算。

借方　　应交税费　　贷方	
实际缴纳的各种税费（包括增值税进项税额）	计算出的应交而未交的税费（包括增值税销项税额）
期末余额：多交的税费	期末余额：未交的税费

（八）“预付账款”账户

预付账款是企业因采购材料、物资和接受劳务，而按照购货合同规定预付给供应单位的货款。

该账户是资产类账户，设置和运用这个账户，是为了核算和监督企业按照合同规定预付给供应单位的货款结算情况。该账户的借方记录企业向供应单位预付的货款，贷方记录收到供应单位发来货物，企业以预付货款抵付货物的价款，或者收回预付货款。余额在借方，表示尚未抵付或收回的预付货款。“预付账款”账户的明细账按照接受预付货款的供应单位的名称设置。如果企业预付货款不多的企业，也可以不单独设置“预付货款”账户，将该账户记录的具体内容合并到“应付账款”账户中去。

借方　　预付账款　　贷方	
预付供应单位款项的增加	冲销预付供应单位的款项
期末余额：尚未结算的预付款	

三、账务处理

（一）购入固定资产

企业购入的固定资产，应按购入时实际支付的全部价款，包括支付的买价、进口关税等相关税费，以及为使固定资产达到预定可使用状态所发生的可直接归属于该资产的其他支出，作为固定资产的原始价值入账，借记“固定资产”或“在建工程”账户，贷记“银行存款”等账户。

根据《国家税务总局关于全国实施增值税转型改革若干问题的通知》中的规定：自2009年1月1日起，增值税一般纳税人购进或自制的用于生产经营的固定资产的进项税可以抵扣，不计入固定资产成本。

【例4—14】　星海公司购入一台不需安装的设备，发票价款80 000元，增值税额13 600

元，包装费 800 元，运输费 300 元，保险费 200 元，款项均以银行存款付讫。

分析：这项经济业务的发生，一方面应按确定的原价使企业的固定资产增加 94 900 元(80 000＋13 600＋800＋300＋200)；另一方面使企业银行存款减少 94 900 元。其会计分录：

借：固定资产——设备　　94 900

　　贷：银行存款　　94 900

【例 4－15】 星海公司购入需要安装的设备一台，发票价款为 100 000 元，增值税额17 000 元，支付的运杂费 2 000 元，保险费 500 元，款项以银行存款付讫，设备已交付安装。

分析：这项经济业务的发生，使银行存款减少 119 500 元(100 000＋17 000＋2 000＋500)；在建工程增加 119 500 元。其会计分录：

借：在建工程——设备　　119 500

　　贷：银行存款　　119 500

【例 4－16】 承例 4－15，上述设备安装时领用材料 3 000 元，应付安装工人工资 1 500 元。安装设备时发生的安装成本计入固定资产的原价。

分析：这项经济业务的发生，使企业的在建工程增加 4 500 元；原材料减少 3 000 元，应付职工薪酬增加 1 500 元。其会计分录：

借：在建工程——设备　　4 500

　　贷：原材料　　3 000

　　　　应付职工薪酬——工资　　1 500

【例 4－17】 承例 4－16，上述设备安装调试完毕，交付使用。

分析：设备安装调试完毕时，应将已确定的固定资产原价 124 000 元(119 500＋4 500)从"在建工程"账户转入"固定资产"账户。这项经济业务的发生，使企业的固定资产增加 124 000 元，在建工程减少 124 000 元。其会计分录：

借：固定资产——设备　　124 000

　　贷：在建工程——设备　　124 000

(二)购入材料

外购材料的采购成本一般包括采购价格、进口关税和其他税金、运输费、装卸费以及其他可归属于存货采购成本的费用。采购价格是指企业购入材料的发票账单上列明的价款，但不包括按规定可以抵扣的增值税进项税额。其他费用是指在采购过程中发生的运费、仓储费、包装费、运输途中的合理损耗、入库前的挑选整理费用等。

采用实际成本法核算的企业，购入材料时按实际采购成本借记"原材料"或"在途物资"账户，按实际发生的增值税进项税额借记"应交税费——应交增值税(进项税额)"账户，贷记"银行存款"或"应付账款"等账户。如材料尚未验收入库，待材料验收入库时，由"在途物资"账户转入"原材料"账户。

【例 4－18】 星海公司向外地某工厂购入甲材料 4 000 千克，每千克 8 元，共计 32 000 元；乙材料 2 000 千克，每千克 4 元，共计 8 000 元，增值税税率 17%，计 6 800 元。材料尚未验收入库，货款用商业承兑汇票付讫。

分析：这项经济业务的发生，使企业购入甲材料的买价增加 32 000 元(4 000×8)，乙材料的买价增加 8 000 元(2 000×4)，增值税进项税额增加 6 800 元；应付票据增加 46 800 元。其会计分录：

借：在途物资——甲材料　　32 000

——乙材料　　8 000

应交税费——应交增值税(进项税额)　　6 800

贷:应付票据　　46 800

【例 4—19】 星海公司向另一单位购入丙材料 5 000 千克,每千克 10 元,计 50 000 元,增值税税率 17%,计 8 500 元,材料尚未验收入库,货款以银行存款支付。

分析:这项经济业务的发生,使企业购入丙材料的买价增加 50 000 元(5 000×10),增值税进项税额增加 8 500 元;银行存款减少 58 500 元。其会计分录:

借:在途物资——丙材料　　50 000

应交税费——应交增值税(进项税额)　　8 500

贷:银行存款　　58 500

【例 4—20】 以银行存款支付甲、乙、丙三种材料铁路运输费 1 760 元,以现金支付装卸费 440 元,共计 2 200 元。

分析:

首先需对甲、乙、丙三种材料应共同负担的 2 200 元铁路运输费及装卸费进行分配:

分配率=2 200÷(4 000+2 000+5 000)=0.2(元/千克)

甲材料负担的采购费用=4 000×0.2=800(元)

乙材料负担的采购费用=2 000×0.2=400(元)

丙材料负担的采购费用=5 000×0.2=1 000(元)

这项经济业务的发生,使企业购入甲材料的采购成本增加 800 元,乙材料的采购成本增加 400 元,购入丙材料的采购成本增加 1 000 元;银行存款减少 1 760 元,库存现金减少 440 元。其会计分录:

借:在途物资——甲材料　　800

——乙材料　　400

——丙材料　　1 000

贷:银行存款　　1 760

库存现金　　440

【例 4—21】 星海公司按照合同规定用银行存款预付给胜利工厂订货款 36 000 元。

分析:这项经济业务的发生,使企业预付的订货款增加 36 000 元,银行存款减少 36 000 元。其会计分录:

借:预付账款——胜利工厂　　36 000

贷:银行存款　　36 000

【例 4—22】 星海公司收到胜利工厂发运来的、前已预付货款的丁材料。随货物附来的发票注明该批丁材料的价款 84 000 元,增值税进项税额 14 280 元,除冲销原预付款 36 000 元外,不足款项立即用银行存款支付。另发生运杂费 1 000 元,用现金支付。

分析:这项经济业务的发生,使企业材料采购费用支出(丁材料的买价和采购费用)增加 85 000元(84 000+1 000),增值税进项税额增加 14 280 元;预付账款减少 36 000 元,银行存款减少 62 280 元(84 000+14 280—36 000),库存现金减少 1 000 元。其会计分录:

借:在途物资——丁材料　　85 000

应交税费——应交增值税(进项税额)　　14 280

贷:预付账款——胜利工厂　　36 000

银行存款　　62 280
库存现金　　1 000

【例 4—23】 商业承兑汇票到期，以银行存款归还外地某工厂材料款 46 800 元。

分析：这项经济业务的发生，使企业的应付票据减少 46 800 元，银行存款减少 46 800 元。其会计分录：

借：应付票据　　46 800
　　贷：银行存款　　46 800

【例 4—24】 上述四种材料验收入库，结转材料实际采购总成本。

分析：这项经济业务的发生，使企业已验收入库材料的实际采购成本增加 177 200 元(32 800+8 400+51 000+85 000)；材料采购支出结转计 177 200 元。其会计分录：

借：原材料——甲材料　　32 800
　　　　——乙材料　　8 400
　　　　——丙材料　　51 000
　　　　——丁材料　　85 000
　　贷：在途物资——甲材料　　32 800
　　　　　　——乙材料　　8 400
　　　　　　——丙材料　　51 000
　　　　　　——丁材料　　85 000

在企业采购材料种类较多、收发次数比较频繁的情况下，为了简化核算工作量，考核采购工作成果，分析采购计划完成情况，应当按照计划成本进行材料的日常收、发核算。材料按照计划成本计价进行核算比较复杂，此处只做简单的介绍，具体内容可在后续课程中进一步学习。按计划成本进行存货日常收发核算时，也要设置“原材料”账户，而且“原材料”账户登记的内容不变，但却不再按实际成本进行登记核算，而是按计划成本登记借、贷方的发生额和期末余额。

当企业按计划成本计价进行材料收、发核算时，采购材料应当另外设置“材料采购”和“材料成本差异”账户。

“材料采购”账户，用来核算材料尚未验收入库，企业采用计划成本法去核算购入的各种材料的实际采购成本。借方登记采购材料的实际成本，贷方登记入库材料的计划成本。借方大于贷方表示超支，从本科目贷方转入“材料成本差异”科目的借方；贷方大于借方表示节约，从科目借方转入“材料成本差异”科目的贷方；期末为借方余额，反映企业在途材料的采购成本。

借方　　　　材料采购　　　　贷方

借方	贷方
购入材料的实际采购成本	结转入库材料的计划成本
结转入库材料的节约差异额	结转入库材料的超支差异额
期末余额：在途材料的实际采购成本	

“材料成本差异”账户，反映企业已入库各种材料的实际成本与计划成本的差异，借方登记超支差异及发出材料应负担的节约差异，贷方登记节约差异及发生材料应负担的超支差异。期末如为借方余额，反映企业库存材料的实际成本大于计划成本的差异(即超支差异)；如为贷方余额，反映企业库存材料实际成本小于计划成本的差异(即节约差异)。

借方 材料成本差异	贷方
结转入库材料的超支差异额 结转发出材料应负担的节约差异	结转入库材料的节约差异额 结转发出材料负担的超支差异额
期末余额:库存材料的超支差异额	期末余额:库存材料的节约差异额

计划成本法下的购入处理涉及“材料采购”、“材料成本差异”、“原材料”(按计划成本)账户;实际成本法下的购入处理涉及“在途物资”、“原材料”(按实际成本)账户,不存在材料成本差异问题。

任务四　生产过程的业务核算

一、生产过程主要经济业务的内容

生产过程是制造企业生产经营过程的第三个阶段,是工业企业经营活动的中心环节,它的主要内容是劳动者借助于劳动资料对劳动对象进行加工,把劳动对象加工成劳动产品。因此,生产过程既是产品的制造过程,也是物化劳动和活劳动的消耗过程。生产过程中发生的各种耗费,称为企业的生产费用,它主要包括为制造产品所消耗的各种原材料、燃料、动力、生产工人应付职工薪酬、提取的职工福利费、厂房和机器设备的折旧费、修理费,以及为制造产品而发生的制造费用等。将发生的各种生产费用按产品进行归集和分配,就构成了各种产品的生产成本,或称为制造成本。有的与产品生产没有直接关系,应作为期间费用,直接计入当期损益,不构成产品生产成本。因此,生产过程核算的任务,主要是核算和监督企业各项生产费用的支出,确定产品的制造成本,考核企业物化劳动和活劳动的消耗情况,促使企业加强经济核算,不断降低成本,提高企业经济效益。

二、账户设置

(一)“生产成本”账户

生产成本是产品生产过程中所发生的各项生产费用,并据以确定产品实际生产成本。

该账户属于成本类账户,用来核算企业产品生产过程中发生的应计入产品成本的各项费用。借方登记应计入产品生产成本的各项费用,包括直接计入产品生产成本的直接材料费、直接人工费和其他直接支出,以及期末按照一定的方法分配计入产品生产成本的制造费用;贷方登记结转完工入库产品的生产成本;期末余额在借方,表示尚未完工产品(在产品)的成本即生产资金的占用额。该账户应按产品种类或类别设置明细账户,进行明细分类核算。

借方 生产成本	贷方
发生的生产费用: 直接材料、直接人工、制造费用	结转完工验收入库产成品成本 本期减少额
期末余额:在产品成本	

（二）"制造费用"账户

制造费用是归集和分配企业生产车间范围内为生产产品和提供劳务而发生的各项间接费用，即生产费用中的制造费用，包括车间管理人员工资及福利费、固定资产折旧费、修理费、办公费、水电费、机物料消耗等。

该账户属于成本类账户，借方登记实际发生的各项制造费用；贷方登记期末经分配转入"生产成本"账户借方应计入制造成本的制造费用额；在费用经过结转后，该账户期末一般无余额。该账户应按不同车间设置明细账户，按照费用项目设置专栏进行明细分类核算。

借方　　　　　　　　制造费用	贷方
归集车间范围内发生的各项间接费用	期末分配转入"生产成本"账户的制造费用

（三）"应付职工薪酬"账户

应付职工薪酬是企业根据有关规定应付给职工的各种薪酬。

该账户属于负债类账户，用来核算企业应支付给职工的各种薪酬，包括企业按照有关规定向职工支付工资、福利费、奖金、津贴等。贷方登记应付职工的各种薪酬的总额，借方登记实际支付的薪酬以及代扣款项，期末贷方余额表示尚未支付的职工薪酬。

借方　　　　　　　　应付职工薪酬	贷方
实际支付的职工薪酬	月末计算分配的职工薪酬
	期末余额：应付未付的职工薪酬

（四）"累计折旧"账户

累计折旧是企业固定资产的累计折旧。计提折旧表明生产费用或期间费用的增加。"固定资产"账户要始终反映企业现有固定资产的原值，其减少金额应通过"累计折旧"账户来核算。

该账户属于资产类账户，它是固定资产的抵减账户，用来核算固定资产因使用而损耗的价值。贷方登记固定资产折旧的提取数（即固定资产的减少值）和盘盈固定资产的已提折旧额，借方登记出售、报废、毁损和盘亏固定资产的已提折旧额，期末余额在贷方，表示固定资产已计提的累计折旧数。用"固定资产"账户借方余额减去"累计折旧"账户贷方余额（即原始价值减去累计折旧额），就是固定资产的净值。

借方　　　　　　　　累计折旧	贷方
固定资产折旧的减少（注销）	提取的固定资产折旧的增加
	期末余额：现有固定资产累计折旧额

（五）"库存商品"账户

库存商品是企业生产完工验收入库可供销售的产品的实际成本。

该账户属于资产类账户，用来核算企业库存的各种商品的成本。借方登记已完工入库的产品成本，贷方登记销售发出的产品成本。期末余额在借方，表示企业库存商品的实际成本。该账户应按产品的种类、品种和规格设置明细账户，进行明细分类核算。

借方　　　　　　库存商品	贷方
验收入库商品成本的增加	库存商品成本的减少
期末余额:结存的商品成本	

(六)"管理费用"账户

管理费用是企业行政管理部门为组织和管理企业生产经营活动而发生的管理费用,包括折旧费、工会经费、行政管理人员工资和福利费、劳动保险费等。

该账户属于损益类账户,用来核算和监督公司(企业)行政管理部门为组织和管理生产经营活动发生的各种费用。该账户的借方登记发生的各项管理费用,贷方登记期末全部转入当期损益的数额;期末结转后本账户无余额。为了具体核算管理费用的发生情况,可以按管理费用的项目设置明细分类账户,进行明细分类核算。

借方　　　　　　管理费用	贷方
发生的管理费用	期末转入"本年利润"账户的管理费用

三、账务处理

企业在生产产品过程中所发生的各项费用,称为生产费用。生产费用按其计入产品成本的方式不同,可分为直接费用和间接费用。凡是发生时能直接确定其产品归属的费用,称为直接费用。直接费用包括直接材料、直接人工、其他直接支出。其中,直接材料是指企业在生产产品过程中,直接用于生产产品、构成产品实体的材料。直接人工是指从事产品生产的工人的工资、奖金、津贴等。凡是费用的发生与多种产品有关的,称为间接费用,核算时计入制造费用。间接费用包括生产部门管理人员工资及福利费、生产机器设备的折旧费、生产部门的水电费、办公费等。这些费用不能直接计入某一种产品的成本中,需要先通过专门账户归集,然后再按照一定的标准分配到各种产品成本中。

(一)生产领料

企业进行生产发生的各项生产费用,包括生产各种产品(包括产成品、自制半成品等)、自制材料、自制工具、自制设备等。企业应当按照基本生产成本和辅助生产成本进行明细核算。基本生产成本应当分别按照基本生产车间和成本核算对象(如产品的品种、类别、订单、批别、生产阶段等)设置明细账(或成本计算单,下同),并按照规定的成本项目设置专栏。当企业发生各项直接的生产费用时,即生产成本增加,应借记本科目;因产品完工入库,在产品减少时,应将完工产品的"生产成本"结转入"库存商品"科目;本科目期末借方余额,反映企业尚未加工完成的在产品的成本或生产性生物资产尚未收获的农产品成本。

【例 4—25】 车间生产 A 产品领用甲材料一批,材料成本 20 000 元。

分析:材料从仓库领出,则库存的"原材料"减少;同时,投入车间的在产品生产成本增加。其会计分录:

借:生产成本——基本生产成本(A 产品)　　　　20 000

　　贷:原材料——甲材料　　　　20 000

【例 4—26】 车间领用生产物料,物料成本 20 000 元。

分析:物料从仓库领出,则库存的"原材料"减少;同时,投入车间在产品生产的间接成本增加。其会计分录:

借:制造费用　　20 000

　贷:原材料——甲材料　　20 000

(二)支付职工薪酬

根据国家规定,产品制造企业应按照劳动的质量和数量,向职工支付工资。企业职工除取得工资外,还要享受各种福利待遇。企业每期应按工资总额的一定比例(工资总额的14%),计提职工福利费。工资和福利费是生产费用的组成部分。福利费的用途,包括支付职工医药费、置办集体福利设施、发放生活困难补助等。

在对企业职工的工资及福利费进行核算时,应根据工资结算汇总表或按月编制的"工资及福利费分配表"的内容贷记"应付职工薪酬"账户,借记相应的成本、费用账户。实际发放工资时,借记"应付职工薪酬"账户,贷记"银行存款"或"库存现金"账户。

【例4—27】 结算本月份应付职工工资共28 500元,其中:制造A产品生产工人工资14 000元,制造B产品生产工人工资6 000元,车间管理人员工资1 600元,厂部管理人员工资4 400元,服务于本厂基建工程人员工资2 500元。

分析:这项经济业务的发生,一方面使得企业的应付职工工资增加28 500元,另一方面使得企业的生产费用、期间费用和在建工程成本共增加了28 500元。其中:A产品生产工人工资14 000元,B产品生产工人工资6 000元,车间管理人员工资1 600元,厂部管理人员工资4 400元,服务于本厂基建工程人员工资2 500元。车间生产工人和车间管理人员的工资作为生产费用应分别计入产品的生产成本和制造费用,厂部管理人员工资应计入期间费用,服务于本厂基建工程人员工资应计入在建工程成本。因此,其会计分录:

借:生产成本——A产品　　14 000

　　　　——B产品　　6 000

　制造费用　　1 600

　管理费用　　4 400

　在建工程　　2 500

　贷:应付职工薪酬——工资　　28 500

【例4—28】 以银行存款发放职工工资28 500元。

分析:这项经济业务的发生,使企业应付职工薪酬这项负债减少了28 500元,银行存款减少28 500元。其会计分录:

借:应付职工薪酬——工资　　28 500

　贷:银行存款　　28 500

【例4—29】 按职工工资总额计提职工福利费,比例为14%。

分析:根据国家规定,企业可以按照职工工资的一定比例(14%)从成本费用中提取职工福利费。提取时,一方面使得企业当期的费用成本增加,另一方面使得企业的应付福利费增加。对于费用成本的增加应区分不同人员的工资提取的福利费,分别在不同的账户中列支。其中,A产品生产工人工资提取的福利费为1 960元(14 000×14%),B产品生产工人工资提取的福利费为840元(6 000×14%),属于生产成本的增加,应记入"生产成本"账户的借方;车间管理人员的工资提取的福利费为224元(1 600×14%),属于间接生产费用的增加,应记入"制造费用"账户的借方;厂部管理人员的工资提取的福利费为616元(4 400×14%),属于期间费用的增加，应记入“管理费用”账户的借方；本厂基建工程人员的工资提取的福利费为350元(2 500×14%)，属于在建工程成本的增加，应记入“在建工程”账户的借方；上述福利费尚未支付形成企业的一项负债，负债的增加，应记入“应付职工薪酬”账户的贷方。其会计分录：

借：生产成本——A产品　　1 960
　　　　　　——B产品　　840
　　制造费用　　224
　　管理费用　　616
　　在建工程　　350
　贷：应付职工薪酬——职工福利　　3 990

【例4－30】 企业期末计算确认当期应付给生产人员的薪酬为50 000元，其中：A产品直接生产人员薪酬20 000元，B产品直接生产人员薪酬16 000元，车间间接生产人员薪酬14 000元。

分析：企业计算确认应付职工薪酬时，一方面表明企业产品生产费用增加，另一方面表明企业应付给职工的薪酬增加。其会计分录：

借：生产成本——基本生产成本(A产品)　　20 000
　　　　　　——基本生产成本(B产品)　　16 000
　　制造费用　　14 000
　贷：应付职工薪酬——工资　　500 000

【例4－31】 企业以银行存款支付上述生产人员薪酬，同时代扣职工个人所得税1 000元。

分析：企业以银行存款支付职工薪酬，一方面引起企业银行存款减少，另一方面减少了企业的应付职工薪酬；同时，企业代扣了职工的个人所得税，故“应交税费”相应增加。其会计分录：

借：应付职工薪酬——工资　　50 000
　贷：银行存款　　49 000
　　　应交税费——应交个人所得税　　1 000

(三)计提固定资产折旧

在实际工作中，固定资产在使用过程中必定会发生价值的损耗，企业应按照固定资产的原值和核定的折旧率按月计提固定资产折旧，并计入相应产品成本或期间费用。其中，生产车间固定资产计提折旧记入“制造费用”账户；行政管理部门固定资产计提折旧记入“管理费用”账户；销售部门固定资产计提折旧记入“销售费用”账户。企业计提固定资产折旧时借记“制造费用”、“管理费用”等账户，贷记“累计折旧”账户。

【例4－32】 按照规定的固定资产折旧率，计提本月固定资产折旧12 600元，其中：车间固定资产折旧8 000元，厂部行政管理部门固定资产折旧4 600元。其会计分录：

借：制造费用　　8 000
　　管理费用　　4 600
　贷：累计折旧　　12 600

(四)其他费用的核算

在生产过程中，除了发生材料费、人工费、折旧费外，还会发生其他费用，如燃料动力费、车间办公费、水电费、保险费等。这些费用，有些可计入产品成本，归集在“制造费用”账户；有些则计入当期损益，记入“管理费用”或“销售费用”等账户。

【例 4—33】 以银行存款支付厂部行政管理部门办公费、水电费 1 600 元。

分析：这项经济业务的发生，使得企业管理部门的管理费用增加 1 600 元，银行存款减少 1 600元。其会计分录：

借：管理费用　　1 600

　　贷：银行存款　　1 600

(五)制造费用的分配结转

各项间接费用在发生时，首先在“制造费用”账户中归集，期末将归集的制造费用按照一定的分配标准在各受益对象之间进行分配，由各产品负担，构成产品成本的一部分。因此，应将由各产品负担的制造费用，从“制造费用”账户贷方转出，记入“生产成本”账户借方。

【例 4—34】 月末，将本月发生的制造费用 18 500 元按照生产工人工资比例分别计入 A、B 两种产品生产成本。其中，A 产品生产工人工资 14 000 元，B 产品生产工人工资 6 000 元。

分析：企业发生的制造费用属于间接费用，需要采用一定的标准在各种产品之间进行合理的分配。制造费用的分配标准可以采用：按生产工人工资比例分配、按生产工人工时比例分配等。对于本项业务，该企业采用的是按生产工人工资比例分配制造费用。首先，应归集本月发生的制造费用总额。根据材料费用归集、人工费用归集、制造费用归集等业务可以计算出本月实际发生的制造费用为 18 500 元。按 A、B 产品的生产工人工资的比例分摊共同负担的制造费用。

制造费用分配率＝18 500÷(14 000＋6 000)＝0.925

A 产品应分摊的制造费用：14 000×0.925＝12 950(元)

B 产品应分摊的制造费用：6 000×0.925＝5 550(元)

将分配的结果计入产品成本，使企业的产品生产费用增加 18 500 元，制造费用减少18 500元。其会计分录：

借：生产成本——A 产品　　12 950

　　　　　　——B 产品　　5 550

　　贷：制造费用　　18 500

在费用经过结转后，该账户期末一般无余额。

(六)结转完工产品成本

产品完工后，应进行完工产品成本计算。将各项费用归集到“生产成本”账户的借方，然后将各项费用在本月完工产品和月末在产品之间进行分配，确定完工产品成本。当产品完工并验收入库时，借记“库存商品”账户，贷记“生产成本”账户。

【例 4—35】 本月投产的 100 台 A 产品全部制造完工，并已验收入库，按其实际生产成本 59 310 元转账。

分析：产品生产完工验收入库结转成本时，一方面使得企业的库存商品 A 产品成本增加 59 310 元；另一方面由于结转完工入库商品的生产成本，使得企业在生产过程中占用的资金减少 59 310 元。其会计分录：

借：库存商品——A 产品　　59 310

　　贷：生产成本——A 产品　　59 310

任务五　销售过程的业务核算

一、销售过程主要经济业务的内容

企业在销售产品过程中，一方面出售产品，与购货单位进行款项结算；另一方面要依据国家税收法律等规定计算和缴纳税金，同时确定并结转已销售产品的生产成本，支付为销售产品而发生的销售费用，如运杂费、包装费、广告费等。企业在销售过程中，除了发生销售商品、自制半成品以及提供工业性劳务等业务即主营业务外，还可能发生一些其他业务如销售材料、出租包装物、出租固定资产等。

对于企业发生的主营业务和其他业务，销售过程核算的主要任务是：确认和反映销售收入，计算和缴纳增值税、消费税等税金，计算并结转销售成本，核算归集销售费用等。

销售收入的确认和计量是销售过程中首先应解决的问题，它既关系到纳税义务发生的时间，又关系到经营成果的计算。按照《企业会计准则》的要求，企业销售收入的确认同时满足下列条件：

(1)企业已将商品所有权上的主要风险和报酬转移给购货方；

(2)企业既没有保留通常与所有权相联系的继续管理权，也没有对已售出的商品实施控制；

(3)与交易相关的经济利益能够流入企业；

(4)相关的收入和成本能够可靠地计量。

销售环节应缴纳的税金主要有增值税、城市维护建设税等；如果所销售产品属于消费税应税产品如烟、酒、化妆品、汽油等，还要缴纳消费税。

销售成本是指企业已经售出的产品的实际生产成本以及其他业务发生的相关支出，主要是根据已售产品的数量和实际单位成本计算得出的。销售费用是一种期间费用，应按期归集，月末全部转入“本年利润”账户，以确定当期的经营成果。

二、账户设置

(一)“主营业务收入”账户

主营业务收入是企业确认的销售商品、提供劳务等主营业务所产生的收入。在制造企业，这项收入是企业在其主要业务活动中所取得的收入，也称基本业务收入，包括出售产成品、自制半成品、提供工业性劳务等带来的收入。

该账户属于损益类账户，用来核算企业销售产品或提供劳务取得的收入。其贷方登记本期销售产品、提供劳务取得的收入，借方登记销售退回、折让发生额和期末转入“本年利润”账户的金额，期末结转后该账户无余额。在生产企业，该账户可按照产品种类设置明细账，进行明细分类核算。

借方　　　　主营业务收入	贷方
销售退回等 期末转入“本年利润”账户的净收入	实现的主营业务收入(增加)

(二)“主营业务成本”账户

“主营业务成本”账户属于损益类账户,用来核算企业确认销售商品、提供劳务等主营业务收入时应结转的成本。

该账户属于损益类账户,用来核算企业销售产品或提供劳务等业务成本的确认和结转情况。其借方登记本期为取得主营业务收入而发生的成本,贷方登记转入“本年利润”账户的成本金额,期末结转后该账户无余额。在生产企业,该账户可按照产品种类设置明细账,进行明细分类核算。

借方　　主营业务成本　　贷方

借方	贷方
发生的主营业务成本	期末转入“本年利润”账户的主营业务成本

(三)“税金及附加”账户

“税金及附加”账户属于损益类账户,该账户核算企业经营活动发生的消费税、城市维护建设税、资源税、教育费附加及房产税、土地使用税、车船使用税、印花税等相关税费;利润表中的“营业税金及附加”项目调整为“税金及附加”项目。需要提醒的是,之前是在“管理费用”科目中列支的“四小税”(房产税、土地使用税、车船税、印花税),也同步调整到“税金及附加”账户。

借方登记企业应缴纳的产品销售税金及附加,贷方登记期末转入“本年利润”账户的金额,期末结转后该账户无余额。该账户应按照税费种类设置明细账,进行明细分类核算。

借方　　税金及附加　　贷方

借方	贷方
按计税依据计算的营业税、消费税、城建税等	期末转入“本年利润”账户的税金及附加额

(四)“销售费用”账户

销售费用是企业在销售商品和材料、提供劳务的过程中发生的各种费用,包括包装费、运输费、装卸费、保险费、展览费、广告费,以及为销售本企业商品而专设的销售机构(含销售网点、售后服务网点等)的职工薪酬、业务费、折旧费等经营费用。

该账户属于损益类账户,用来核算企业销售产品和材料、提供劳务的过程中所发生的各种费用,包括包装费、运输费、广告费、销售人员薪酬等。借方登记企业发生的各种销售费用,贷方登记期末转入“本年利润”账户的金额,期末结转后该账户无余额。该账户应按照税费种类设置明细账,进行明细分类核算。

借方　　销售费用　　贷方

借方	贷方
发生的销售费用	期末转入“本年利润”账户的销售费用额

(五)“应收账款”账户

应收账款是企业因销售商品、提供劳务等经营活动,应向购货单位或接受劳务单位收取的款项。不单独设置“预收账款”科目的企业,预收的账款也在本科目核算。

该账户属于资产类账户,用来核算企业因销售产品、提供劳务等经营活动应向购货单位或接受劳务单位收取的款项。借方登记应收取的款项，贷方登记已收回的应收款项或因故确认为坏账转销的应收款项，期末余额在借方，表示尚未收回的款项，期末余额在贷方，表示预售的款项。该账户应按照客户单位名称设置明细分类账户，进行明细分类核算。

借方　应收账款　贷方

借方	贷方
发生的应收账款(增加)	收回的应收账款(减少)
期末余额:应收未收款	期末余额:预收款

(六)"预收账款"账户

预收账款是企业按照合同的规定预收购货单位订货款的增减变动及其余额情况。

该账户属于负债类账户，是用来反映和监督企业预收货款的发生与偿付情况。企业由于业务的需要根据合同预收购买单位一定数量的货款就意味着企业负债的增加，应该记入"预收账款"账户的贷方，企业销售产品或者提供劳务以抵偿预收货款时，就意味着企业负债的减少，应该记入"预收账款"账户的借方，期末余额在贷方表示企业已经预收了货款，但是尚未用产品或者劳务偿付这笔款项。期末余额如在借方，表示购货单位预付给本企业的款项。"预收账款"账户应按照购买单位的名称设置明细账，进行明细分类核算。

借方　预收账款　贷方

借方	贷方
预收货款的减少	预收货款的增加
期末余额:购货单位应补付的款项	期末余额:预收款的结余

(七)"其他业务收入"账户

其他业务收入是企业确认的除主营业务活动以外的其他经营活动实现的收入，包括出租固定资产、出租无形资产、出租包装物和商品、销售材料、用材料进行非货币性交易或债务重组等实现的收入。

该账户属于损益类账户，用来核算企业除主营业务活动以外的其他经营活动实现的收入，如出租固定资产、销售材料等实现的收入等。贷方登记已实现的收入，借方登记期末转入"本年利润"账户的金额，期末结转后该账户无余额。该账户可按其他业务种类设置明细账，进行明细分类核算。

借方　其他业务收入　贷方

借方	贷方
期末转入"本年利润"账户的其他业务收入	其他业务收入的实现(增加)

(八)"其他业务成本"账户

其他业务成本是企业确认的除主营业务活动以外的其他经营活动所发生的支出，包括销售材料的成本、出租固定资产的折旧额、出租无形资产的摊销额、出租包装物的成本或摊销额等。

该账户属于损益类账户，用来核算企业为取得其他业务收入而发生的成本的确认和结转情况。借方登记发生的除主营业务以外的其他业务成本，贷方登记期末转入"本年利润"账户的成本金额，期末结转后该账户无余额。该账户可按其他业务种类设置明细账，进行明细分类核算。

借方	其他业务成本 贷方
其他业务成本的发生(增加)	期末转入“本年利润”账户的其他业务成本

三、账务处理

(一)主营业务收入与成本的确认

企业销售商品或提供劳务实现的收入,应按实际收到或应收的金额,借记“银行存款”、“应收账款”、“应收票据”等账户,按确认的收入贷记“主营业务收入”,根据售价收取的增值税销项税额,贷记“应交税费——应交增值税(销项税额)”账户。遵循配比原则,要确认为取得主营业务收入而发生的实际成本,此时要借记“主营业务成本”账户,贷记“库存商品”账户。

【例4—36】 星海公司向本市甲企业出售A产品100台,每台售价921元,计92 100元,产品已发出,货款尚未收到。增值税销项税额为15 657元。

分析:这项经济业务的发生,使企业的应收账款增加107 757元(92 100+15 657),主营业务收入增加92 100元,增值税销项税额增加15 657元。其会计分录:

借:应收账款——甲企业 107 757
　　贷:主营业务收入 92 100
　　　　应交税费——应交增值税(销项税额) 15 657

【例4—37】 假如上例产品销售应缴纳消费税,税率为10%,即按销售收入的10%计算的税金为9 210元(92 100×10%)。

分析:这项经济业务的发生,使企业的应缴纳消费税增加9 210元,税金及附加减少9 210元。其会计分录:

借:税金及附加 9 210
　　贷:应交税费——应交消费税 9 210

【例4—38】 收到甲企业偿还前欠货款107 757元,款项已存入银行。

分析:这项经济业务的发生,使企业的银行存款增加107 757元,应收账款减少107 757元。其会计分录:

借:银行存款 107 757
　　贷:应收账款——甲企业 107 757

【例4—39】 企业按照合同规定预收乙公司购B产品的货款100 000元,存入银行。

分析:这项经济业务的发生,使企业的银行存款增加100 000元,预收账款增加100 000元。其会计分录:

借:银行存款 100 000
　　贷:预收账款——乙公司 100 000

【例4—40】 企业以银行存款支付A产品包装费用148元。

分析:这项经济业务,使企业的销售费用增加148元,银行存款减少148元。其会计分录:

借:销售费用 148
　　贷:银行存款 148

【例4—41】 企业本月预收乙公司购70台B产品的货款,现已发货,发票注明的价款280 000元,增值税销项税额47 600元。原预收款不足,其差额部分当即收到存入银行。

分析：这项经济业务的发生，使得企业的预收账款减少 100 000 元，银行存款增加 227 600 元，企业商品销售收入增加 280 000 元，增值税销项税额 47 600 元。其会计分录：

借：预收账款——乙公司	100 000	
银行存款	227 600	
贷：主营业务收入		280 000
应交税费——应交增值税(销项税额)		47 600

【例 4—42】 结转已销 100 台 A 产品实际生产成本 53 552 元；70 台 B 产品实际生产成本 163 200 元(不一定就是本期生产)。

分析：这项经济业务的发生，使企业的主营业务成本增加 53 552 元和 163 200 元，库存商品减少 53 552 元和 163 200 元。其会计分录：

借：主营业务成本——A 产品	53 552	
——B 产品	163 200	
贷：库存商品		216 752

【例 4—43】 本月投产的 100 台 A 产品全部制造完工，并已验收入库，按其实际生产成本 59 310 元转账。

分析：产品生产完工验收入库结转成本时，一方面使得企业的库存商品 A 产品成本增加 59 310 元，另一方面，由于结转完工入库商品的生产成本，使得企业在生产过程中占用的资金减少 59 310 元。其会计分录：

借：库存商品——A 产品	59 310	
贷：生产成本——A 产品		59 310

【例 4—44】 以现金支付销售部门业务费 300 元。

分析：这项经济业务，使企业的销售费用增加 300 元，库存现金减少 300 元。其会计分录：

借：销售费用	300	
贷：库存现金		300

(二)其他业务收入与成本的确认

企业因出租固定资产、销售材料等非主营业务而取得收入时，应按实际收到或应收的金额，借记“银行存款”、“应收账款”、“应收票据”等账户，按确认的收入贷记“其他业务收入”账户，涉及的增值税销项税额，贷记“应交税费——应交增值税(销项税额)”账户。同样按照配比原则，要确认为取得其他业务收入而发生的实际成本，此时要借记“其他业务成本”账户，贷记“原材料”、“累计折旧”等账户。

【例 4—45】 星海公司销售一批原材料，价款 65 800 元，增值税销项税额 11 186 元，货款已经收到，存入银行。

分析：销售原材料属于其他业务收入。这项经济业务使企业的银行存款增加 76 986 元(65 800+11 186)，其他业务收入增加 65 800 元，增值税销项税额增加 11 186 元。其会计分录：

借：银行存款	76 986	
贷：其他业务收入		65 800
应交税费——应交增值税(销项税额)		11 186

【例 4—46】 月末结转本月销售原材料的成本 42 000 元。

分析：这项经济业务的发生，使企业的其他业务成本增加 42 000 元，库存原材料成本减少 42 000 元。其会计分录：

借：其他业务成本　　42 000
　　贷：原材料　　42 000

【例 4—47】 星海公司在销售产品的同时，出租一批包装物，收到租金 28 080 元，款项已存入银行。

分析：出租包装物属于让渡资产使用权，其收入属于其他业务收入范围。需要说明的是，企业出租包装物所获得的租金在税法上属于价外费用的一种，应依法缴纳增值税，因此租金中应包括增值税，首先对上述租金进行价税分离，即不含税租金为 24 000 元[28 080÷(1＋17%)]，增值税为 4 080 元。这项经济业务的发生，使企业的银行存款增加 28 080 元，其他业务收入增加 24 000 元，增值税销项税额增加 4 080 元。其会计分录：

借：银行存款　　28 080
　　贷：其他业务收入　　24 000
　　　　应交税费——应交增值税(销项税额)　　4 080

【例 4—48】 星海公司月末结转本月出租包装物的成本 14 500 元。

分析：企业出租包装物的成本属于其他业务支出的范围。这项经济业务的发生，使企业的其他业务成本增加 14 500 元，库存包装物成本减少 14 500 元。其会计分录：

借：其他业务成本　　14 500
　　贷：周转材料——包装物　　14 500

(三)税金及附加的确认

按照相关规定，企业销售商品实现收入，应向国家税务机关缴纳各种销售税金及附加，包括消费税、营业税、城市维护建设税、资源税以及教育费附加等。月末根据当月销售额或税额，按照规定的税率计算出应交的税金，并于下月初缴纳。确定应交的税额后，借记“税金及附加”账户，贷记“应交税费”各明细账户。实际上交时，借记“应交税费”各明细账户，贷记“银行存款”账户。

【例 4—49】 企业经计算本月销售 A、B 产品应缴纳的城建税 28 000 元，教育费附加 12 000元，并以银行存款上交。

分析：这项经济业务的发生，使企业的税金及附加增加 40 000 元，应交税费——应交城建税增加 28 000 元，应交税费——应交教育费附加增加 12 000 元，银行存款减少 40 000 元。其会计分录：

借：税金及附加　　40 000
　　贷：应交税费——应交城建税　　28 000
　　　　　　　　——应交教育费附加　　12 000

借：应交税费——应交城建税　　28 000
　　　　　　——应交教育费附加　　12 000
　　贷：银行存款　　40 000

(四)销售费用的确认

销售费用是企业在销售过程中以及在专设销售机构中发生的各种费用，如广告费、运输费、装卸搬运费、包装费以及销售人员的工资等。发生各项销售费用时，借记“销售费用”账户，贷记“银行存款”等账户。

【例 4—50】 A 企业为销售商品(或原材料)，以现金支付产品运费 1 000 元。

分析：企业以现金支付销售运费，一方面库存现金减少，另一方面销售费用增加。其会计分录：

借：销售费用 1 000

贷：库存现金 1 000

【例4—51】 A企业计提销售部门当期固定资产折旧1 000元。

分析：企业计提固定资产折旧，表明累计折旧增加；同时，因计提销售部门固定资产折旧所引起的固定资产价值减少作为一项销售费用增加处理。其会计分录：

借：销售费用 1 000

贷：累计折旧 1 000

任务六 财务成果形成与分配的业务核算

一、财务成果形成和分配主要经济业务的内容

利润或亏损都是企业经营成果在财务上的表现。利用利润这一指标，可以考核企业的工作成果。因此，利润是衡量企业工作质量的重要指标。财务成果是企业生产经营活动的最终成果，是企业各项收入抵补各项支出后的差额，表现为利润或亏损。

企业通过供、产、销过程取得的产品销售利润，还不是企业的最终财务成果。企业在生产经营过程中，由于种种原因，还会发生一些其他收支业务，这些也是财务成果的组成部分。

利润形成核算的主要内容有：与利润形成有关的各项收支业务；月末计算和结转当期利润总额；年末计提并结转当年应交所得税；进行当年利润分配。

根据对外报告的利润表的编制要求，利润分三个层次，即营业利润、利润总额和净利润。

(一)营业利润

营业利润是企业一定时期生产经营活动所形成的利润，是企业利润总额的主要来源。它是以营业收入为基础减去营业成本、税金及附加、期间费用、资产减值损失，加减公允价值变动收益和投资收益后的金额。计算公式如下：

营业利润＝营业收入－营业成本－税金及附加－销售费用－管理费用－财务费用
－资产减值损失±公允价值变动收益(损失)±投资收益(损失)

(二)利润总额

利润总额是以营业利润为基础加上营业外收入减去营业外支出计算出利润总额。计算公式如下：

利润总额＝营业利润＋营业外收入－营业外支出

(三)净利润

净利润是以利润总额为基础，减去所得税费用计算出净利润或净亏损。计算公式如下：

净利润＝利润总额－所得税费用

二、账户设置

(一)“投资收益”账户

投资收益是企业确认的投资收益或投资损失。

该账户属于损益类账户，核算企业对外投资取得的投资收入或发生的投资损失。贷方登记对外投资所取得的收入，借方登记对外投资发生的损失，期末将余额转入“本年利润”账户，本账户结转后无余额。

借方	投资收益 贷方
发生的投资损失 期末转入“本年利润”账户的投资净收益	实现的投资收益 期末转入“本年利润”账户的投资净损失

（二）“营业外收入”账户

营业外收入是企业发生的各项营业外收入。

该账户属于损益类账户，核算企业取得的与生产经营活动没有直接关系的各项收入，包括固定资产盘盈收入、处置固定资产净收益、处置无形资产净收益、罚款收入、教育费附加返还款等。该账户贷方登记发生的各项营业外收入，借方登记期末转入“本年利润”账户的金额，结转后该账户应无余额。

借方	营业外收入 贷方
期末转入“本年利润”账户的营业外收入	实现的营业外收入（增加）

（三）“营业外支出”账户

营业外支出是企业发生的各项营业外支出。

该账户属于损益类账户，核算企业发生的与生产经营活动没有直接关系的各项支出，包括固定资产盘亏支出、处置固定资产的净损失、处置无形资产的净损失、非常损失、罚款支出、债务重组损失、捐赠支出、计提的无形资产减值准备、计提的固定资产减值准备等。该账户借方登记发生的各项营业外支出，贷方登记期末转入“本年利润”账户的金额，结转后该账户应无余额。

借方	营业外支出 贷方
营业外支出的发生（增加）	期末转入“本年利润”账户的营业外支出

（四）“本年利润”账户

本年利润是企业当期实现的净利润（或发生的净亏损）。

该账户属于所有者权益类账户，核算企业在本年内实现的利润（或亏损）总额。该账户贷方登记期末从有关收入类账户转入的各项收入、收益金额，借方登记期末从成本费用类账户转入的各项费用与支出金额，借方余额反映本期发生的亏损额，贷方余额反映本期实现的净利润额。无论是亏损还是盈利，年末都必须将其余额转入“利润分配”账户，“本年利润”账户不保留年末余额。

借方	本年利润 贷方
期末转入的各项费用:	期末转入的各项收入:
主营业务成本	主营业务收入
税金及附加	其他业务收入
其他业务成本	投资净收益
管理费用	营业外收入
财务费用	
销售费用	
投资净损失	
营业外支出	
所得税费用	
期末余额:累计亏损	期末余额:累计净利润

(五)"利润分配"账户

利润分配是企业根据国家有关规定和企业章程、投资者协议等,对企业当年可供分配的利润所进行的分配。

该账户属于所有者权益类账户,核算企业一定时期内净利润的分配或亏损的弥补,以及历年结存的未分配利润(或未弥补亏损)情况。其借方登记实际分配的利润额,包括提取的盈余公积金和分配给投资人的利润以及年末从"本年利润"账户转入的全年累计亏损额,贷方登记用盈余公积金弥补的亏损额等其他转入数以及年末从"本年利润"账户转入的全年实现的净利润额。

该账户一般按所分配项目设置明细账户,进行明细核算,如"提取法定盈余公积"、"应付利润"、"未分配利润"等。

1."利润分配——提取法定盈余公积"

该明细分类账户用以核算企业法定盈余公积金的提取和年末结转情况。

借方登记年度中按规定提取的法定盈余公积数额;贷方登记年终时结转入"利润分配——未分配利润"明细分类账户的已提取的法定盈余公积数额。该明细分类账户平时应为借方余额,反映企业已经提取的法定盈余公积数额。年终结转时,该账户应无余额。

2."利润分配——应付利润"

该明细分类账户用以核算企业应付投资者利润的分配与年末结转情况。借方登记按规定在年度中已分配给投资者的利润数额;贷方登记年终时结转入"利润分配——未分配利润"明细分类账户的已经分配给投资者的利润数额。该明细分类账户平时应为借方余额,反映企业已经分配给投资者的利润数额。年终结转时,该账户应无余额。

3."利润分配——未分配利润"

该明细分类账户用以核算企业未分配利润情况。"利润分配——未分配利润"账户只在企业进行年终决算时登记。借方登记年终从"利润分配——提取法定盈余公积"和"利润分配——应付利润"等明细分类账户结转过来的数额。贷方登记年终从"本年利润"账户结转的本年实现的净利润数。年终结转后,该账户应为贷方余额,反映企业历年积存的未分配利润。

在企业进行年终决算时,"利润分配"账户的有关明细账户的发生额要相互结转,即一项经济业务要同时在“利润分配”这个总分类账户的借贷双方同时进行登记。

借方　　　利润分配	贷方
实际分配的利润额： 提取法定盈余公积 应付现金股利 转作资本的股利 年末转入的亏损	盈余公积补亏 年末“本年利润”账户转入的全年净利润
年内余额：已分配利润额 年末余额，未弥补亏损额	期末余额：未分配利润

(六)“盈余公积”账户

盈余公积是企业从净利润中提取的盈余公积。企业应当分别设置“法定盈余公积”、“任意盈余公积”进行明细核算；外商投资企业还应分别设置“储备基金”、“企业发展基金”进行明细核算；中外合作经营在合作期间归还投资者的投资，应在本科目设置“利润归还投资”明细科目进行核算。

该账户属于所有者权益类账户，核算企业从税后利润中提取的盈余公积金包括法定盈余公积、法定公益金和任意盈余公积的增减变动及其结余情况。其贷方登记盈余公积金的增加，借方登记盈余公积金的减少，期末余额在贷方，表示结余的盈余公积金。

借方　　　盈余公积	贷方
实际使用的盈余公积金(减少)	年末提取的盈余公积金(增加)
	期末余额：结余的盈余公积金

(七)“应付股利”账户

应付股利是企业分配的现金股利或利润。

该账户属于负债类账户，核算企业应该分配给投资人股利(现金胜利)或利润(非股份制企业)的增减变动及其结余情况。其贷方登记应付给投资人的股利或利润，借方登记实际支付给投资人的股利或利润，期末余额在贷方，表示尚未支付的股利或利润。

借方　　　应付股利	贷方
实际支付的利润或鼓励	应付未付的利润或股利
	期末余额：尚未支付的利润或股利

(八)“所得税费用”账户

所得税费用是企业确认的应从当期利润总额中扣除的所得税费用。

该账户属于损益类账户，核算企业确认的应从当期利润总额中扣除的所得税费用。其借方登记企业当期按税法规定应负担的所得税费用，贷方登记期末转入本年利润账户借方的所得税费用，期末结转后本账户没有余额。

借方　　　　　　　　所得税费用	贷方
计算出的所得税费用额	期末转入“本年利润”账户的所得税费用额

三、账务处理

（一）利润形成

会计期末（月末、季末、年末）结账时，应将各收入类账户的余额由借方结转到“本年利润”账户贷方，将各费用类账户的余额由贷方结转到“本年利润”账户借方，通过“本年利润”账户来汇总反映和确认利润的形成情况。企业在获得利润之后，还应按税法规定以企业的利润总额为征税对象计算并缴纳所得税。应纳所得税的计算公式如下：

应纳所得税额＝应税所得额×所得税税率

计算的应缴纳所得税额作为企业的一项费用支出，借记“所得税费用”账户，贷记“应交税——应交所得税”账户。期末从“所得税费用”账户的贷方转出，记入“本年利润”账户的借方。此时“本年利润”的贷方余额是企业实现的净利润，税后利润才可供企业分配。

【例 4－52】 采购的物资材料在运输途中，由于自然灾害损失 1 000 元。损失物资的增值税 170 元已记在“应交税费——应交增值税（进项税额）”的借方。

分析：自然灾害损失属于企业的营业外支出，另外，因自然灾害损失的原材料相应的进项税额如果已经记入“应交税费——应交增值税（进项税额）”的借方，应同时转出。这项经济业务的发生，使企业的在途物资减少 1 000 元，增值税进项税额减少 170 元；营业外支出增加 1 170元（1 000＋170）。其会计分录：

借：营业外支出　　　　1 170
　　贷：在途物资　　　　1 000
　　　　应交税费——应交增值税（进项税额转出）　　170

【例 4－53】 企业出售无形资产，出售收入 100 000 元，所得款项已存入银行。该无形资产账面余额 90 000 元。适用营业税率 5%。

分析：企业出售无形资产属于营业外收入。这项经济业务的发生，使企业的银行存款增加 100 000 元，无形资产减少 90 000 元，因出售无形资产发生应交营业税 5 000 元（100 000×5%），差额 5 000 元（100 000－90 000－5 000）为营业外收入。其会计分录：

借：银行存款　　　　100 000
　　贷：无形资产　　　　90 000
　　　　营业外收入　　　　5 000
　　　　应交税费——应交营业税　　5 000

【例 4－54】 企业收到某公司分配的投资收益计 5 000 元（该收益由投资后产生，成本法核算），存入银行。

分析：这项经济业务的发生，使企业的银行存款增加 5 000 元，投资收益增加 5 000 元。其会计分录：

借：银行存款　　　　5 000
　　贷：投资收益　　　　5 000

【例 4—55】 星海公司在会计期末将本期实现的各种收入包括主营业务收入 3 721 00 元、其他业务收入 89 800 元、投资收益 5 000 元、营业外收入 5 000 元转入“本年利润”账户。

分析：会计期末，企业在未结转各损益类账户之前，本期实现的各项收入以及与之相配比的各项成本费用分别反映在各损益类账户上，为确定本期经营成果，遵循配比原则，就需要编制结账分录，结清各损益类账户。其会计分录：

借：主营业务收入	372 100	
其他业务收入	89 800	
投资收益	5 000	
营业外收入	5 000	
贷：本年利润		471 900

【例 4—56】 星海公司在会计期末将本期实现的各项支出包括主营业务成本 216 752 元、其他业务成本 56 500 元、税金及附加 49 210 元、管理费用 11 780 元、财务费用 600 元、销售费用 448 元、营业外支出 1 170 元转入“本年利润”账户。

分析：这项经济业务的发生，一方面需要将记录在有关损益类账户中的各项支出予以转销，另一方面结转支出后使得企业的利润总额减少。各项支出的结转是费用支出的减少，应分别记入“主营业务成本”、“其他业务成本”、“税金及附加”、“管理费用”、“财务费用”、“销售费用”、“营业外支出”账户的贷方；利润的减少是所有者权益的减少，应记入“本年利润”账户的借方。其会计分录：

借：本年利润	336 460	
贷：主营业务成本		216 752
其他业务成本		56 500
税金及附加		49 210
管理费用		11 780
财务费用		600
销售费用		448
营业外支出		1 170

【例 4—57】 计算利润总额，并计算本年应交所得税(所得税率为 25%)。(假定本例利润总额等于应纳税所得额)

分析：

营业利润＝营业收入－营业成本－税金及附加－期间费用＋投资收益

＝461 900－273 252－49 210－12 828＋5 000＝131 610(元)

利润总额＝营业利润＋营业外收入－营业外支出

＝131 610＋5 000－1 170

＝135 440(元)

所得税＝应纳税所得额×所得税税率＝135 440×25%－33 860(元)

净利润＝利润总额－所得税＝135 440－33 860＝101 580(元)

由于所得税计算出来之后一般并不在当期实际缴纳，所以在形成所得税费用的同时也形成了企业的一项负债。这项经济业务的发生，使企业的所得税费用增加 33 860 元，应交税费增加 33 860 元。其会计分录：

借：所得税费用	33 860	

　　　　贷:应交税费——应交所得税　　　　　　　　　　　　33 860

【例 4－58】 结转本期所得税 33 860 元。

分析:这项经济业务的发生,一方面需要将记录在“所得税费用”账户中的所得税费用予以转销,另一方面结转后使得企业的利润总额减少。其会计分录:

　　借:本年利润　　　　　　　　　　　　　　　　　33 860

　　　　贷:所得税费用　　　　　　　　　　　　　　　　33 860

实际缴纳税金时,借记“应交税费”账户,贷记“银行存款”账户。

(二)利润分配

企业取得的净利润,应当按规定进行分配。

可供分配的利润＝本年度所实现的净利润＋年初未分配利润

根据《公司法》的规定,企业当年实现的净利润,首先应弥补以前年度尚未弥补的亏损,对于剩余部分,应按照下列顺序进行分配:

1. 提取法定盈余公积

法定盈余公积金应按本年实现净利润的 10％的比例提取。企业提取的法定盈余公积金累计额超过注册资本 50％以上的,可以不再提取。企业提取的法定盈余公积主要用于弥补亏损、转增资本。

2. 向投资者分配利润或股利

企业实现的净利润在扣除上述项目后,再加上年初未分配利润和其他转入数(公积金弥补的亏损等),形成可供投资者分配的利润。

按规定提取法定盈余公积时,应借记“利润分配”账户,贷记“盈余公积”账户。向投资者分配利润时,应借记“利润分配”账户,贷记“应付股利”账户。年度终了,企业应将“利润分配”账户所属的其他明细账的余额转入“利润分配——未分配利润”明细账,结转后,“利润分配”账户除“未分配利润”明细账外,其他明细账应无余额。

【例 4－59】 企业在期末结转本年实现的净利润 101 580 元。

分析:这项经济业务的发生,使企业记录在“本年利润”账户的累计净利润减少 101 580 元,可供分配的利润额增加 101 580 元。结转净利润时,应将净利润从“本年利润”账户的借方转入“利润分配”账户的贷方。其会计分录:

　　借:本年利润　　　　　　　　　　　　　　　　　101 580

　　　　贷:利润分配——未分配利润　　　　　　　　　　101 580

【例 4－60】 星海公司本年实现净利润 101 580 元。根据规定按净利润的 10％提取法定盈余公积金 10 158 元。

分析:这项经济业务的发生,使企业的已分配利润额增加 10 158 元,使企业的盈余公积金增加 10 158 元。将净利润从“本年利润”账户的借方转入“利润分配”账户的贷方。其会计分录:

　　借:利润分配——提取法定盈余公积　　　　　　　　10 158

　　　　贷:盈余公积——法定盈余公积　　　　　　　　　10 158

【例 4－61】 星海公司按照批准的利润分配方案,向投资者分配利润 30 000 元。

分析:这项经济业务的发生,一方面使得企业的已分配利润额增加 30 000 元,另一方面利润虽然已经分配给投资者但尚未实际支付,形成企业的一项负债,使得企业的应付利润增加 30 000元。已分配利润额的增加是所有者权益的减少,应记入“利润分配”账户的借方;应付利润的增加是负债的增加，应记入“应付股利”账户的贷方。其会计分录：

借：利润分配——应付利润	30 000	
贷：应付股利		30 000

【例 4－62】 企业在会计期末结清利润分配账户所属的各有关明细科目。

分析：根据上述经济业务可知，星海公司有关“利润分配”所属各明细账户的记录分别为：提取法定盈余公积明细账户的余额为 10 158 元；应付股利明细账户的余额为 30 000 元。结清时，应将各明细账户的余额从相反方向转入“未分配利润”明细账户中。其会计分录：

借：利润分配——未分配利润	40 158	
贷：利润分配——提取法定盈余公积		10 158
——应付利润		30 000

星海公司本年实现的净利润经过上述分配过程之后，可以确定本年年末的未分配利润为：61 422 元(101 580－40 158)。

关键术语

实收资本　资本公积　短期借款　长期借款　财务费用　固定资产　在建工程　在途物资　原材料　应付账款　应付票据　应交税费　预付账款　生产成本　制造费用　应付职工薪酬　累计折旧　库存商品　管理费用　主营业务收入　主营业务成本　税金及附加　销售费用　应收账款　预收账款　其他业务收入　其他业务成本　投资收益　营业外收入　营业外支出　本年利润　利润分配　应付股利　所得税费用

◎ 应知考核 ◎

一、单项选择题

1. 下列费用中不构成产品成本的有(　　)。

A. 车间管理人员的工资　　B. 生产工人的工资
C. 车间机器折旧费　　D. 行政管理人员的工资

2. 下列项目中属于所有者权益的有(　　)。

A. 短期借款　　B. 长期借款　　C. 实收资本　　D. 应付股利

3. 短期借款的利息应记入(　　)账户。

A.“管理费用”　　B.“生产成本”　　C.“财务费用”　　D.“销售费用”

4. 为了核算材料的收入、发出和结存情况应设置(　　)账户。

A.“在途物资”　　B.“原材料”　　C.“库存商品”　　D.“生产成本”

5.“在途物资”账户的期末余额表示(　　)。

A. 已经入库尚未付款材料成本
B. 已经办理结算尚未验收入库的在途物资实际成本
C. 全部材料采购成本
D. 全部材料的计划成本

6. 下列属于资产中有关项目有借有贷的经济业务是(　　)。

A. 收到某单位还来欠款 800 元　　B. 用存款 2 000 元购买机器设备一台
C. 从银行提取现金 500 元　　D. 向银行借入短期借款 10 000 元

7. 为生产一定产品而发生的生产费用形成该产品的(　　)。

A. 生产成本　　B. 制造费用　　C. 销售成本　　D. 销售费用

8. 下列账户中有借方余额的账户有(　　)。

A.“短期投资”　　B.“预付账款”　　C.“坏账准备”　　D.“累计折旧”

9. 提取固定资产折旧,应借记有关费用账户,贷记(　　)账户。

A.“固定资产”　　B.“折旧基金”　　C.“累计折旧”　　D.“制造费用”

10. 营业利润等于(　　)。

A. 营业收入－营业成本－税金及附加－管理费用－财务费用－营业费用

B. 主营业务利润－管理费用－财务费用－营业费用

C. 主营业务利润＋其他业务收入－其他务支出－营业外支出

D. 主营业务利润＋投资收益＋营业外收入－营业外支出

二、多项选择题

1. 下列项目中应计入材料采购成本的是(　　)。

A. 材料买价　　B. 材料的运费　　C. 材料的包装费　　D. 增值税进项税额

2.“材料采购”账户的结构是(　　)。

A. 借方登记材料或商品的买价及增值税

B. 借方登记材料或商品的买价及采购费用

C. 贷方登记验收入库材料或者说商品的实际成本

D. 贷方登记转入“原材料”或“库存商品”账户的增值税

3. 下列项目中应直接记入“生产成本”账户的有(　　)。

A. 产品生产领用材料　　B. 车间消耗的一般性材料

C. 生产工人的工资　　D. 车间管理人员的工资

4. 下列项目中应计入管理费用的是(　　)。

A. 行政管理人员的工资　　B. 车间管理的办公费

C. 厂部办公楼的折旧费　　D. 管理部门的修理费

5. 下列账户中与“本年利润”账户借方可能存在对应关系的有(　　)。

A.“主营业务收入”　　B.“营业费用”　　C.“所得税费用”　　D.“利润分配”

6. 下列账户中与“生产成本”账户存在对应关系的是(　　)。

A.“原材料”　　B.“应付职工薪酬”　　C.“本年利润”　　D.“制造费用”

7. 下列账户中与“制造费用”账户存在对应关系的有(　　)。

A.“原材料”　　B.“应付职工薪酬”　　C.“累计折旧”　　D.“生产成本”

8.“税金及附加”账户核算的内容有(　　)。

A. 增值税进项税额　　B. 教育费附加　　C. 消费税　　D. 所得税费用

9. 按投资主体不同,投入资本可以分为(　　)。

A. 国家投入资本　　B. 法人投入资本　　C. 个人投入资本　　D. 外商投入资本

10. 下列费用中属于期间费用的有(　　)。

A. 生产成本　　B. 销售费用　　C. 管理费用　　D. 财务费用

三、判断题

1.“制造费用”账户本期发生额期末转入“本年利润”账户后不留余额。　(　　)

2.“所得税费用”属于损益类账户。　(　　)

3.“材料采购”账户余额表示期末在途材料的实际成本和增值税。　(　　)

4.“生产成本”账户期末余额表示期末在产品成本,属于存货的范畴。　(　　)

5. 所得税费用在利润表中应在"税金及附加"项目中填列。（　　）

6."累计折旧"账户属于资产类账户，期末余额表示企业现有固定资产已磨损的价值。（　　）

7."本年利润"账户年内贷方余额表示年内实现利润累计数，该账户年末不留余额。（　　）

8."利润分配"账户年初借方余额表示以前年度已分配的利润。（　　）

9. 为生产一定产品而发生的生产费用，构成该产品的生产成本。（　　）

10. 产品的生产成本又称制造成本，包括为生产产品发生的直接费用、间接费用和销售费用。（　　）

四、简答题

1. 制造业企业的生产经营过程包括哪些内容？
2. 简述企业销售收入的确认条件。
3. 企业的利润总额由哪些项目组成？如何计算企业的净利润？
4. 材料采购成本由哪些项目构成？
5. 简述资本公积的主要用途。

◎ 应会考核 ◎

★业务考核

【考核项目】

借贷记账法下，筹集资金、采购过程、生产过程、销售过程、其他经济业务、财务成果的形成与分配业务的核算。

【背景资料 1】

目的：练习筹集资金及购置设备业务的核算。

资料：中山公司 2017 年 7 月份发生筹资及购置设备的相关经济业务如下：

(1)收到国家投入资金 300 000 元，存入银行。

(2)接受 A 公司投入机器一台，原价值 120 000 元，已提折旧 30 000 元。

(3)接受 B 公司投入一项专利技术，评估作价 150 000 元。

(4)接受某法人单位投入的资金，其中 200 000 元存入银行；机器设备评估作价 500 000 元；专利技术一项评估作价 300 000 元。

(5)经批准同意公司增资配股，增配股票 2 000 000 股，配售比例为 1 ∶ 2.5，此后，收到配股款 1 000 000元，存入银行。机器设备评估作价 3 000 000 元，专利技术评估作价 1 000 000 元。

(6)向银行借入临时借款 70 000 元，存入银行，借款期为 6 个月。

(7)因建造厂房向银行借入 300 000 元，借款期为 3 年，款项已存入银行。

(8)3 个月的短期借款 20 000 元已到归还期，以银行存款归还。

(9)当月银行存款支付借款利息 500 元。

(10)向工商银行支付 7 月的借款利息 8 800 元。

(11)购进一台不需要安装的复印机，价值 20 000 元，增值税款 3 400 元，运费 200 元，以上款项均以银行存款支付。

(12)公司购进需要安装的设备一台：

①买价 480 000 元，增值税 81 600 元，货税款均以银行存款支付。

②用银行存款 1 400 元支付该设备运费。

③安装该设备时，领用甲材料 60 千克，单价 18 元。

④以库存现金支付安装工人工资 1 600 元。

【背景资料 2】

目的:练习采购过程的业务核算。

资料:中山公司 2017 年 7 月份发生如下采购材料的经济业务:

(1)购进丙材料 200 吨,单价 350 元,增值税税率为 17%;货税款均以银行存款支付,运杂费 200 元以库存现金支付,材料已验收入库。

(2)购进下列原材料,货税款以 6 个月期的商业承兑汇票结算,增值税税率 17%。

甲材料	1 600 千克	单价 10 元	计 16 000 元
乙材料	800 千克	单价 16 元	计 12 800 元

(3)以银行存款支付上述材料的运杂费 480 元(按重量分配)。

(4)上述甲、乙两种材料已验收入库,结转甲、乙材料采购成本。

(5)在红星厂购入下列材料一批,货税款尚未支付(增值税税率 17%)

乙材料	1 000 千克	单价 16 元	计 16 000 元
丙材料	100 吨	单价 350 元	计 35 000 元

(6)以银行存款支付上述乙、丙两种材料运费 1 020 元(按材料买价分配)。

(7)以上乙、丙两种材料已验收入库,结转乙、丙材料采购成本。

(8)从外地购入甲材料 550 千克,单价 10 元;乙材料 350 千克,单价 16 元,货税款以银行存款支付(增值税税率 17%),材料尚未到达企业。

(9)用银行存款支付上月欠蓝飞公司购材料款 42 000 元。

(10)光明厂发来原材料 1 000 千克,单价 10 元,增值税税率 17%,材料已入库,抵上月预付给光明厂的货款 5 000 元,不足部分以银行存款补付。

(根据上述材料采购的经济业务,编制会计分录,并且材料的采购费用按要求分别分配计入材料采购成本。)

【背景资料 3】

目的:练习工业企业生产过程核算和生产成本的计算。

资料:中山公司 2017 年 7 月份发生以下各项经济业务:

(1)生产车间从仓库领用各种原材料进行产品生产。其中生产 A 产品领用甲材料 150 千克,单价 10 元。乙材料 100 千克,单价 16 元。用于生产 B 产品领用甲材料 120 千克,单价 10 元,乙材料 80 千克,单价 16 元。

(2)本月材料库"发出材料汇总表"如表 4—4 所示:

表 4—4　　发出材料汇总表

用途 \ 材料	甲材料	乙材料	丙材料	合　计
生产——A 产品	42 500	13 300	1 000	56 800
——B 产品	17 500	34 700	2 400	54 600
车间一般耗用	—	15 000	7 000	22 000
行政部门耗用	—	—	1 800	1 800
销售机构	—	2 000	—	2 000
合　计	60 000	65 000	12 200	137 200

(3)结算本月份应付职工工资,按用途归集如下:

A 产品生产工人工资	35 000 元
B 产品生产工人工资	24 000 元

车间工人工资	8 000 元
管理部门工人工资	23 000 元
合 计	90 000 元

(4)从银行提取库存现金 90 000 元,准备发放工资。

(5)用 90 000 元库存现金发放职工工资。

(6)按规定根据职工工资总额 14%计提职工福利费。

(7)本月份固定资产折旧共计 12 900 元,其中车间使用的固定资产折旧 8 700 元,管理部门使用的固定资产折旧 4 200 元。

(8)车间报销办公费及其他零星开支 400 元,以库存现金支付。

(9)张三出差暂借差旅费 1 500 元,以库存现金支付。

(10)以银行存款 3 400 元支付当月水电费,其中车间耗用 2 000 元,行政部门耗用 1 000 元,销售机构耗用 400 元。

(11)用库存现金支付办公用品费 900 元,其中车间用 300 元,行政部门用 500 元,销售机构用 100 元。

(12)以银行存款支付本月的企业财产保险费 3 000 元。

(13)以库存现金支付车间设备维修小额费用 800 元。

(14)支付当月报刊费 330 元及承租包装物的租金 200 元。

(15)本月发生车间劳动保护费 1 400 元。

(16)张三出差归来报销差旅费 1 630 元。

(17)职工王萍报销医疗费 320 元,以库存现金支付。

(18)支付本月生产设备修理费 2 000 元。

(19)结转本月制造费用。以生产工人工资作分配标准。

(20)结转本月完工产品成本,其中 A 产品 123 897 元,B 产品 100 963 元。

【背景资料 4】

目的:练习销售过程的业务核算。

资料:××工厂 2017 年 7 月份发生有关销售经济业务如下:

(1)向家乐商场出售 A 产品 500 件,单价 60 元,增值税税率 17%。货款已收到,存入银行。

(2)向福星商店出售 B 产品 300 件,单价 150 元,增值税税率 17%。货款已于上月收到。

(3)销售给唐城商厦 A 产品 200 件,单价 60 元,B 产品 100 件,单价 150 元,增值税税率 17%,结算方式为 2 个月期商业汇票。

(4)销售给三星公司 A 产品 100 件,单价 60 元,B 产品 100 件,单价 150 元,增值税税率 17%,代垫运费 150 元,以银行存款支付。全部款项暂未收到。

(5)公司收到民生商场转来上月购货款 20 000 元,存入银行。

(6)将本月出售的两种产品的销售成本转账(A 产品每件 20 元,B 产品每件 50 元)。

(7)计算本月应交城市维护建设税 2 400 元,教育费附加 800 元。

(根据上列各项经济业务编制会计分录,并练习结转销售成本。)

【背景资料 5】

目的:练习财务成果的形成与分配业务的核算。

资料:某企业本期利润表有关资料如表 4－5 所示:

表 4—5　　**利润表**　　单位:元

项　目	余　额
主营业务收入	1 050 000
主营业务成本	950 000
税金及附加	4 200
财务费用	5 000
销售费用	10 000
管理费用	15 000
其他业务利润	50 000
营业外支出	3 000
营业外收入	4 500
投资收益	10 000

要求计算：

(1)主营业务利润；(2)营业利润；(3)利润总额；(4)所得税费用(税率为 25%)；(5)利润净额。

【考核要求】

根据上述 5 个背景资料,分别编制会计分录。

★技能考核

【考核项目】

制造业企业经济业务核算。

【背景资料】

(1)向民丰厂购入甲材料 20 吨,每吨 1 000 元,购入乙材料 20 吨,每吨 500 元,货款未付。

(2)以银行存款支付甲、乙材料各自运杂费 500 元(运杂费按材料重量比例分配),甲、乙材料均已运到,验收入库,结转其实际采购成本。

(3)仓库发出甲材料 16 吨,每吨 1 000 元,用于 A 产品生产;发出乙材料 8 吨,每吨 500 元,其中 6 吨用于 B 产品生产,2 吨用于车间一般性耗用。

(4)销售给大达公司 A 产品 3 000 件,单价 100 元;B 产品 4 000 件,单价 50 元,货款收到,存入银行。

(5)向银行提现 55 000 元,以备发放工资。

(6)以现金 55 000 元发放工资。

(7)结算本月职工工资,其中:A 产品生产工人工资 36 000 元,B 产品生产工人工资 9 000 元,车间管理人员工资 5 000 元,行政管理人员工资 5 000 元。

(8)以银行存款支付本月产品广告费 10 000 元,预付下年度报刊订阅费 1 200 元。

(9)预提应由本月负担的银行借款利息 500 元。

(10)计提本月固定资产折旧 6 000 元,其中:车间固定资产应提折旧 4 000 元,行政管理部门应提折旧 2 000 元。

(11)摊销应由本月负担的报刊订阅费 100 元,摊销应由本月负担的生产车间财产保险费用 400 元。

(12)以银行存款 600 元支付车间仪表修理费。

(13)将本月发生的制造费用按 A、B 产品生产工人工资比例分配计入生产成本。

(14)本月生产的 A 产品全部完工验收入库,结转其实际生产成本,B 产品尚未完工。

(15)结转本月已销产品成本 298 700 元,其中 A 主营业务成本为 179 220 元,B 主营业务成本为 119 480元。

(16)将本月收入转入“本年利润”账户。

(17)将本月费用支出转入“本年利润”账户。

(18)年终决算后,按税法规定,全年应缴纳所得税为 752 400 元,予以结转。

(19)将本年所得税转入“本年利润”账户。

(20)按规定从净利润中提取法定盈余公积金 150 000 元,经研究决定给投资者分红100 000元,予以结转。

【考核要求】

根据运用借贷记账法编制会计分录,并标明必要的明细科目。

★案例题

张士达原在某事业单位任职,月薪 1 500 元。2017 年初,张士达辞去公职,投资 100 000 元(该100 000元为个人从银行借入的款项,年利率为 4%)开办了一家公司,从事餐饮服务业务。该公司开业一年来,有关收支项目的发生情况如下:(1)餐饮收入 420 000 元;(2)出租场地的租金收入 50 000 元;(3)兼营小食品零售业务收入 320 000 元;(4)各种餐饮食品的成本260 000元;(5)支付各种税金 21 000 元;(6)支付雇员工资 145 000 元;(7)购置设备支出160 000元,其中本年度应负担该批设备的耗损成本 40 000元;(8)张士达的个人支出 20 000 元。

案例要求:

确定该公司的经营成果并运用你掌握的会计知识评价张士达的辞职是否合适。

◎ 项目实训 ◎

【实训项目】

熟悉借贷记账法在制造企业会计工作中的应用。

【实训情境】

【会计工作 1】 12 月 4 日,本企业收到抚顺星光电机厂投资款 600 000 元。

【会计工作 2】 12 月 4 日,收到抚顺星光电机厂按投资协议向企业投入的新设备一台,价值 50 000 元,投入专利权一项,双方协商价格为 150 000 元。

【会计工作 3】 从建行取得短期贷款 500 000 元。

【会计工作 4】 从建行取得长期贷款 5 000 000 元。

【会计工作 5】 12 月 7 日,从本溪钢铁公司购买原材料铁板 100 吨,单价 2 000 元,增值税税率17%,货款通过银行电汇,原材料验收入库。

【会计工作 6】 12 月 7 日,因订购专用成套配件而开出转账支票预付给抚顺钢厂 32 000 元。

【会计工作 7】 12 月 8 日,从鞍山钢铁公司采购钢管 10 吨,单价 13 000 元,购买钢板 20 吨,单价 6 000元,增值税税率 17%,企业开出银行承兑汇票一张,票面金额 292 500 元。

【会计工作 8】 12 月 9 日,用电汇方式支付从鞍山钢铁公司采购材料运杂费 3 000 元,原材料验收入库。

【会计工作 9】 12 月 9 日,从抚顺星光电机厂购入电脑板仪表 500 只,单价 800 元,价款 400 000 元,对方是小规模纳税人,增值税税率为 6%,增值税 24 000 元,价税合计 424 000 元,约定 3 日内付款,用现金支付市内运杂费 10 元,材料运达企业并验收入库。

【会计工作 10】 12 月 10 日,收到从抚顺钢厂预定的专用套件增值税专用发票,单价 800 元,数量 900 套,金额 720 000 元,增值税 122 400 元,已预付定金,尚欠部分款项,约定次日付款,材料运达企业并验收入库。

【会计工作 11】　12 月 11 日，接到开户行付款通知，同意支付前欠抚顺星光电子公司货款 424 000 元（见第 9 笔业务）。

【会计工作 12】　12 月 11 日，开出转账支票，补付抚顺钢厂预付不足款 522 400 元，收到对方开具的专用收款收据。

【会计工作 13】　12 月 11 日，应付抚顺新钢银行承兑汇票 581 000 元，到期支付。

【会计工作 14】　12 月 15 日，分配本月发出材料实际成本。

【会计工作 15】　12 月 15 日，分配职工工资，根据“职工薪酬计算表”（略）。

【会计工作 16】　12 月 15 日，公司决定发放职工福利，按照每人 200 元标准分配。

【会计工作 17】　12 月 15 日，开出转账支票 25 000 元交给大商集团，为每位员工办理 200 元大商集团购物券作为年底的福利，当日发放。

【会计工作 18】　12 月 16 日，计提本月固定资产折旧。

【会计工作 19】　12 月 17 日，企业开出转账支票一张，支付生产车间汽车修理费 3 810 元。

【会计工作 20】　12 月 18 日，企业以银行存款支付下一年度报刊费 10 800 元。

【会计工作 21】　12 月 18 日，将年初预付的财产保险费、报刊费分配计入本期成本、费用。

【会计工作 22】　12 月 18 日，开出转账支票支付本月电费 5 940 元，增值税 1 009.80 元。

【会计工作 23】　12 月 18 日，通过银行支付办理汇款的手续费 30 元。

【会计工作 24】　12 月 31 日，月末分配结转本月制造费用，财会人员根据“制造费用”明细账借方发生额 71 000 元以及有关生产工人工时统计资料计算后，填制“制造费用分配表”。

【会计工作 25】　12 月 31 日，结转本月生产完工验收入库产品的生产成本。

【会计工作 26】　12 月 21 日，企业向抚顺大商集团销售豪华型健身车 50 台，单价 4 000 元，大众型健身车 10 台，单价 2 000 元，增值税税率 17%。

【会计工作 27】　12 月 21 日，企业向抚顺罕王商场销售 20 台大众型健身车，单价 2 000 元，增值税税率 17%，款未收。销售科业务员与购货方签订购货协议，约定本月 24 日收款。

【会计工作 28】　12 月 21 日，企业预收沈阳商业城购买健身车定金 10 000 元。

【会计工作 29】　12 月 22 日，企业向铁岭兴隆百货销售豪华型健身车 30 台，单价 4 000 元，销售大众型健身车 50 台，单价 2 000 元，增值税税率 17%，收到对方签发并承兑的银行承兑汇票一张，约定次年 3 月 22 日收款，票面金额为 257 400 元，财务科开具增值税专用发票。

【会计工作 30】　12 月 22 日，财务科开出转账支票 500 元，支付由本企业承担的销售给铁岭兴隆百货的运杂费。

【会计工作 31】　12 月 23 日，企业向沈阳商业城销售豪华型健身车 180 台，单价 4 000 元，大众型健身车 120 台，单价 2 000 元，增值税税率 17%，已预收定金 10 000 元，双方协议约定其余货款于次日结清。

【会计工作 32】　12 月 24 日，企业收到银行转来的“托收凭证”（收账通知），抚顺罕王商场支付前欠货款 46 800 元。

【会计工作 33】　12 月 25 日，企业应收大连大商集团银行承兑汇票到期，办理收款手续，收到款项 234 000 元。

【会计工作 34】　12 月 25 日，企业收到沈阳商业城预付不足款 1 581 200 元。

【会计工作 35】　12 月 25 日，开出转账支票一张，支付电视台广告费 30 000 元，取得“广告费发票”。

【会计工作 36】　12 月 25 日，出售钢管 1 吨，售价 15 000 元，增值税 2 550 元，开出增值税专用发票一张，收到转账支票一张。

【会计工作 37】　12 月 31 日，计算应交城市维护建设税和教育费附加。

【会计工作 38】　12 月 31 日，结转本月销售产品的销售成本。

【会计工作 39】　12 月 31 日，结转出售材料——1 吨钢管的成本 13 050 元。

【会计工作 40】 12 月 7 日，采购员张伟出差，预借差旅费 4 000 元，开出现金支票一张。

【会计工作 41】 12 月 7 日，收到临时工王小红交来的工作服、钥匙等物品的押金 200 元。

【会计工作 42】 12 月 8 日，缴纳上月增值税 85 000 元、企业所得税 14 950 元。

【会计工作 43】 12 月 8 日，缴纳上月城建税 5 950 元、教育费附加 2 550 元、代替职工缴纳上月个人所得税 1 450 元。

【会计工作 44】 12 月 14 日，采购员张伟报销差旅费，原借款 4 000 元，报销 3 850 元，余额退回现金 150 元。

【会计工作 45】 12 月 25 日，根据职工薪酬分配表实付职工薪酬金额 250 000 元，签发现金支票一张，从银行提取现金，以备发工资。

【会计工作 46】 12 月 25 日，根据“工资发放表”，以现金发放工资 250 000 元，并代扣“五险一金”及个人所得税。

【会计工作 47】 12 月 28 日，计提应由本月负担的短期借款利息 3 750 元。

【会计工作 48】 12 月 28 日，厂办决定对电工张良因违规操作造成断电引起停产罚款 300 元，收到现金。

【会计工作 49】 12 月 29 日，开出转账支票一张，捐赠给市福利院 3 000 元。

【会计工作 50】 12 月 29 日，摊销无形资产 7 500 元。

【会计工作 51】 12 月 29 日，归还建行短期借款及利息 307 500 元，其中，短期借款本金 300 000 元，利息 7 500 元，利息已经全部计提。

【会计工作 52】 12 月 29 日，冬季取暖期因排放超标被环保局罚款 50 000 元，开出转账支票，收到环保局开具的收款收据。

【会计工作 53】 12 月 30 日，根据投资协议，从联营单位分来投资利润 50 000 元，收到转账支票一张，开具“收款收据”交给联营单位。

【会计工作 54】 12 月 31 日，将本月实现的主营业务收入、其他业务收入、营业外收入和投资收益转入“本年利润”账户。

【会计工作 55】 12 月 31 日，月末将主营业务成本、税金及附加、其他业务成本和营业外支出、管理费用、财务费用、销售费用转入“本年利润”账户。

【会计工作 56】 12 月 31 日，按本月实现利润的 25% 计算本月应交所得税。

【会计工作 57】 12 月 31 日，月末将“所得税费用”转入“本年利润”账户。

【会计工作 58】 12 月 31 日，将全年实现的净利润结转到利润分配——未分配利润账户。经查账，本年利润明细账账户 11 月末贷方余额 1 498 472.02 元。

【会计工作 59】 12 月 31 日，财会人员根据本年实现的净利润，按国家会计制度有关规定及董事会决议，计算分配利润，按税后利润的 10% 计算提取法定盈余公积金 200 000 元，按照净利润的 5% 计算提取任意盈余公积 100 000 元。

【会计工作 60】 12 月 31 日，根据董事会决议，按全年净利润扣除提取的法定盈余公积和任意盈余公积以后的 40%，向投资者分配利润。

【会计工作 61】 12 月 31 日，按“利润分配”明细账中其他账户余额结转到“未分配利润”明细账。

【实训要求】

根据实训情境，编写会计工作涉及的会计分录。

项目五　重新认识账户

【知识目标】

理解：对账户进行分类的目的，账户分类的原则及分类的标志。

熟知：账户按经济内容的分类。

掌握：账户按用途和结构的分类，包括基本账户、调整账户、成本账户和损益结转账户。

【技能目标】

能够熟练区分账户的类别，能够熟练掌握和运用账户进行会计核算。

【素质目标】

学生通过本项目的学习，能够熟悉每一类账户的功能和基本的结构特点，加强对账户的认识和理解。

【项目引例】

认识账户

老师在讲了调整账户以后，让大家谈谈对调整账户的认识。

甲同学说，调整账户与被调整账户在反映经济内容上的关系是：附加调整账户与被调整账户反映的经济内容相同，调减账户与被调整账户反映的经济内容不相同。

乙同学说，调减账户与被调整账户登账方向相反，因此它们不属于同一性质的账户。如“应收账款”是资产类账户，其调减账户“坏账准备”是负债类账户。

【讨论】 请判断上述两位同学的说法是否正确，并说明理由。

【知识精讲】

任务一　账户分类概述

一、账户分类的概念和作用

账户分类，就是按照账户的本质特性，依据一定的原则，将全部账户进行科学的概括和归类。对账户进行科学的分类，具有以下作用：

（一）便于设置完整的账户体系，全面反映企业经营活动和资金运动

由于各单位的经营活动的特点不同，资金运动的内容不同，所涉及的账户体系也就不同。

要想有效地反映和监督单位的经营活动，就要从本单位经营活动的特点出发，选择能够反映本单位经营活动的账户体系。它要求会计工作者必须了解不同类型的账户包括哪些具体的账户，它们反映的具体经济内容是什么，这些账户的发生额和余额能提供什么样的核算资料。只有这样，才能选择合适的账户建立本单位的账户体系，使它们能全面系统地记录本单位的经济活动过程和结果，为会计信息使用者提供所需的信息。

（二）便于设计会计账簿的格式

在单位内部会计管理中，由于不同经营活动各具特点，对不同性质的会计要素的信息披露方式是不一样的。如对于一般的有形资产的增减变动以及余额，不仅要向有关管理当局披露有关金额方面的信息，而且应适当披露有关实物量方面的信息；对于像负债和所有者权益类的会计要素，就只能披露有关时间和金额方面的信息了；另外，对于一些费用类要素，不仅要反映费用的总额，而且要按项目反映费用构成的详细情况。上述不同的会计信息，要通过账户在会计账簿中体现出来。对于既要提供金额又要提供实物方面信息的账户，在相应的会计账簿格式设计时，应设置和运用数量金额式账页格式；对于只要披露有关时间和金额方面信息的账户，在相应的会计账簿格式设计时，应设置和运用三栏式账页格式；对于不仅要反映费用总额，而且要反映费用构成的详细情况方面信息的账户，在相应的会计账簿格式设计时，应设置和运用多栏式账页格式。会计账户的设置，应考虑便于设计会计账簿格式的问题。

（三）便于编制会计报表

会计六要素的增减变动过程和结果，最重要的是以会计报表的形式反映出来。编制会计报表所需的相关数据是由各个相应的账户提供的。不同的会计报表，反映的经济内容不同，其相关数据资料的来源也不相同。为了及时、正确地编制会计报表，要根据特定会计报表所反映的经济内容，正确确定编制每张会计报表所需的数据资料是来自哪些账户，这些账户能提供什么样的会计信息。例如，资产负债表是用来反映某一时点上的财务状况，是对某一时点上企业现存经济资源及其来源的说明。它的数据资料由资产、负债和所有者权益三类账户提供。若不能正确确定为编制会计报表提供数据资料的账户，就不能正确编制会计报表。因此，掌握账户分类及账户的经济内容、用途和结构，有利于正确编制会计报表。

二、账户分类的原则

账户的分类，是一个对账户体系的认识过程，同时也是一个从账户的相互区别之中，探求设置和运用账户规律性的过程。因此，账户的分类应遵循如下几项原则：

（一）符合性原则

在账户分类时，既要根据会计内容的特点，把共同反映同一性质、具有相同作用的账户归为同一类别；同时，又要根据经济管理的要求，把共同反映某一阶段、处理某一方面数据的账户归为同一类别，从而建立起一个符合经济核算需要的、科学完善的账户分类体系。

（二）明晰性原则

账户分类必须清楚地揭示各有关账户的共性及其相互关系，做到主次分明、关系清楚，使所有账户在账户体系中所处的地位一目了然，各有关账户的经济内容、用途和结构也能清楚地展现出来，从而进一步深化对账户体系的认识，更好地运用账户进行会计核算和会计监督，实现会计的最终目的。

（三）有用性原则

账户的分类必须能够对某种决策和管理产生比较重要的影响，有利于会计信息的处理加工和会计报表的编制，使账户分类形成的信息，如银行存款，经过一定的处理加工变换，直接成为某种决策和管理的相关信息要素，或直接成为表达财务状况、成本水平和经营成果的准确、可靠的数据资料。

（四）完整性和互斥性相结合的原则

账户的分类，要能够在同一分类标志下，无一遗漏地概括出会计内容所涉及的一切账户，做到有一个账户，就必有其归属的类别，不致发生无适当类别进行划分和归纳的账户。同时，账户的分类，要求在同一分类标志下，各个类别的账户一般要具有明确的界限，不致产生混淆不清的现象。

三、账户分类的标志

账户可以采用不同的标志进行分类。运用不同的标志对账户进行分类，可以从不同的角度全方位观察账户体系的全貌。

（一）以会计要素为分类标志

一个单位所设置的全部账户能够综合反映和控制这个单位的会计内容，同样，会计核算和监督的具体内容又必须通过一个完整的账户体系来实现。账户体系与会计具体内容（即会计要素）的一致性，就决定了账户体系的分类与会计具体内容的一致性。因此，我们可以将账户体系按照会计要素进行分类。如把共同反映各类资产的增减变化情况的账户分为一类，把共同反映企业利润形成过程的账户分为一类等。

账户以会计要素作为分类标志，是账户最基本的分类标志，账户按会计要素分为资产类账户、负债类账户、所有者权益类账户、成本类账户和损益类账户五大类。

（二）以用途和结构为分类标志

由于各个账户的使用方法不同，在账户体系中起着不同的作用，从不同的角度反映经济活动的某一侧面，提供着不同的信息，因此，在对账户按会计要素分类的基础上，还可以用途和结构为分类标志对账户进行分类。

账户的用途和结构是账户分类的一个主要标志。账户按用途分类，可以了解其所提供的信息及所起的作用，解决在什么条件下使用各该类账户的问题；账户按结构分类，可以明确账户的借方、贷方所登记的具体内容和余额表示的含义，有利于掌握各类账户的使用方法，解决各类账户具体提供何种信息的问题。

账户按用途和结构分类，一般可以划分为盘存账户、资本账户、债权账户、负债账户、跨期摊配账户、待处理账户、调整账户、集合分配账户、成本计算账户、集合汇转账户和财务成果账户共十一类。

（三）以统驭与被统驭关系为分类标志

账户按其提供会计资料的详细程度不同，可分为总分类账户和明细分类账户。这种分类标志表明会计资料具有不同的层次和等级，各层次会计资料具有控制与被控制、统驭与被统驭的关系。

（四）以账户与会计报表的关系为分类标志

账户以其与会计报表的关系为标志进行分类，可以分为资产负债表账户和利润表账户两类。这种分类方法以会计要素分类为基础，把反映资产、负债和所有者权益的三类账户构成一组，称为资产负债表账户或实账户，主要反映企业在某一时点的财务状况；把反映收入、费用和利润的三类账户构成为一组，称为利润表账户或虚账户，主要反映企业在一定期间的经营成果。

资产负债表账户的特点是:期末一般有余额,期末余额是编制资产负债表的资料来源。同时,期末余额还需要结转到下一个会计期间。

利润表账户的特点是:发生额反映企业已经实现的收入或已经发生的成本、费用和支出,在每一会计期间末了,都要转至“本年利润”账户。因此,利润表账户一般无期末余额。

(五)以会计主体为分类标志

前所述及的对账户的分类,都是对一个会计主体而言的,不涉及其他会计主体,而租入固定资产、代为加工的原材料、代管物资等账户,它们所反映的固定资产和物资只是暂时留存本企业,本企业只有保管权而无支配使用权,因而不应列入本主体的资产负债表中。鉴于此,账户可以分为表内账户和表外账户。这种分类的目的,是为了严格划清会计对象的空间界限,也是为了向本企业提供更多的信息。

任务二　账户分类的具体用法

一、账户按经济内容分类

账户的经济内容是指账户所反映的会计对象的具体内容。按账户的经济内容对账户进行分类,就是按账户所反映的会计对象的具体内容对账户进行分类。在借贷记账法下,不同的会计对象增减变动的记账方向是不同的,不同的会计对象有不同的账户结构和用途。明确了账户的经济内容,就为明确账户的用途和结构打下了一个良好的基础。另外,不同的会计报表,包含不同的会计要素,明确了账户的经济内容,就能正确掌握会计账户和相应会计报表之间的关系。因此,通过对账户按经济内容的分类,可以更好地运用借贷记账法,确切地了解每类和每个账户具体应核算和监督的内容,设置能适应本单位的经营管理需要、科学完整的账户体系。

按账户的经济内容分类,实质上就是按照会计对象的具体内容分类。企业的会计对象就是资金运动,资金运动可以分为静态运动和动态运动两种形式。资产、负债和所有者权益构成资金静态运动,而收入、费用和利润则构成资金动态运动,于是按经济内容分类建立的账户体系,应包括反映资金运动的静态账户和反映资金运动的动态账户两类。反映资金运动的静态账户应由反映资产的账户、反映负债的账户和反映所有者权益的账户组成;反映资金运动的动态账户应由反映收入的账户、反映费用的账户和反映利润的账户所组成。

(一)资产类账户

资产类账户是用来核算和监督各项资产增减变动和实存情况的账户。资产类账户所反映的资产既有流动性资产,也有非流动性资产;既有有形资产,也有无形资产;既有货币性资产,也有非货币性资产。

1. 反映流动资产的账户

流动资产是指可以在一年或超过一年的一个营业周期内变现或耗用的资产。在流动资产中,我们还可以根据它们的形态和发挥的作用不同将其进一步划分为:反映货币性资产的账户,如“库存现金”、“银行存款”、“其他货币资金”账户;反映以交易为目的的债券投资、股票投资、基金投资的账户，如“交易性金融资产”账户；反映债权结算的账户，如“应收票据”、“应收账款”等账户；反映存货类的账户，如“原材料”、“材料采购”、“库存商品”等账户。

2. 反映非流动资产的账户

非流动资产是指存续周期较长、除流动资产以外的其他各种资产，如“固定资产”、“固定资产减值准备”、“累计折旧”、“固定资产清理”、“无形资产”、“无形资产减值准备”、“长期股权投资”、“长期股权投资减值准备”、“待处理财产损溢”等账户。

（二）负债类账户

负债类账户是用来核算和监督各项负债的增减变化和结算情况的账户。负债类账户按结算周期的长短，可分为反映流动负债的账户和反映长期负债的账户。

1. 反映流动负债的账户

流动负债是指偿还期限在一年以内或超过一年的一个营业周期内偿还的债务，反映这类负债的账户主要有“短期借款”、“应付票据”、“应付职工薪酬”、“应交税费”、“应付股利”、“预提费用”、“应付账款”等账户。

2. 反映长期负债的账户

长期负债是指偿还期限在一年以上的债务，如“长期借款”、“长期应付款”、“应付债券”等账户。

（三）所有者权益类账户

所有者权益类账户是用来核算和监督所有者在企业中享有的经济利益增减变动和实存情况的账户。所有者权益按来源和形成的过程不同，可分为投资者投入的资本、企业在经营过程中的积累及资本增值三部分。反映投资者投入资本的账户，如“实收资本（或股本）”；反映企业在经营过程中积累资本的账户，如“盈余公积”；反映资本增值的账户，如“资本公积”。

（四）收入类账户

收入是指企业在销售商品、提供劳务及让渡资产使用权等日常活动中所形成的经济利益的流入。收入类账户是用来反映和监督企业在一定会计期间内所取得的各种收入的账户。反映经营性收入的账户，如“主营业务收入”、“其他业务收入”、“投资收益”等账户；反映非经营性收入的账户，如“营业外收入”等账户。

（五）费用类账户

费用是反映企业为销售商品、提供劳务等日常活动中所发生的经济利益的流出及与企业经营活动无直接关系的各项支出和损失。费用类账户核算实际发生的耗费，以及应补偿的数额。这类账户的借方发生额反映费用的实际发生情况，贷方发生额反映应由收入补偿的费用尺度。

反映经营性费用的账户，如“生产成本”、“制造费用”、“主营业务成本”、“其他业务成本”、“管理费用”、“财务费用”、“销售费用”、“税金及附加”、“资产减值损失”等账户。反映非经营性费用的账户，如“营业外支出”、“所得税费用”等账户。

（六）利润类账户

利润是企业在一定会计期间所形成的经营成果和累计未分配转入所有者权益的利润留存。利润类账户是指用以核算和监督利润的实现与分配情况的账户。这类账户，如“本年利润”和“利润分配”账户。由于这类账户的最终结果都会形成所有者权益，因而《企业会计准则》中将其划入所有者权益类之中。

二、账户按用途和结构分类

账户按经济内容分类,可以使我们了解完整的账户体系包括哪些账户、各类账户所核算的会计对象的具体内容是什么。这对于我们正确区分账户的经济性质、合理设置和运用账户以满足经营管理的需要具有重要意义。但是,仅按经济内容对账户进行分类,还不能使我们了解各类账户的作用,以及它们是如何向会计信息使用者提供所需的信息的。为了运用账户来记录经济业务,掌握账户在提供核算指标方面的规律性,就需要在按经济内容分类的基础上,进一步研究账户按用途和结构分类。

账户的用途是指通过账户记录能够提供什么核算指标,即设置和运用账户的目的。

账户的结构是指在账户中如何记录经济业务,以取得各种必要的核算指标。具体是指账户的借方核算什么内容、贷方核算什么内容,期末余额在哪一方,表示什么内容。

按用途和结构分类的账户体系,包括基本账户、调整账户、成本账户和损益结转账户四大类。基本账户具体可以分为盘存账户、投资权益账户、结算账户和跨期摊配账户;调整账户根据调整方式不同,可以分为抵减账户和抵减附加账户;成本账户具体可以分为集合分配账户、成本计算账户和对比账户;损益结转账户具体可以分为收入结转账户、费用结转账户和财务成果账户。

(一)基本账户

基本账户的特点是所反映的企业资产、负债和所有者权益增减变动的内容均为经济活动的基础。

1. 盘存账户

盘存账户是核算和监督财产物资、货币资金的增减变动及其结存情况的账户。属于盘存类账户的主要有"原材料"、"库存商品"、"固定资产"、"库存现金"、"银行存款"等账户。

借方　　　　　　　　　　盘存账户　　　　　　　　　　贷方

期初余额:期初各项财产物资和货币资金结存数 本期发生额:本期各项财产物资和货币资金增加额	本期发生额:本期各项财产物资和货币资金减少额
期末余额:期末各项财产物资和货币资金结存额	

盘存账户的特点:

(1)所有账户都可以通过定期或不定期的实物盘点和核对账目来检查账户记录是否正确,账实是否相符。

(2)在各项财产物资和货币资产有结存的情况下,反映各财产物资和货币资产账户的期末借方余额。

(3)该类账户中反映财产物资的账户在进行明细分类核算时,除了采用货币计量外,还需兼用实物计量。

2. 投资权益账户

投资权益账户是用来核算投资者投资的增减变动及实有额的账户。它是任何企业单位都必须设置的基本账户。属于这类账户的主要有"实收资本"、"资本公积"、"盈余公积"等。

资本公积产生的主要原因在于资本溢价,属于资本的非经营性积累;盈余公积是留存收益而形成的公积金，是企业经营活动中产生的资本增值。这两部分由于所有权属于企业的投资者，本质上是投资者对企业的一种权益性投入。因此，将“资本公积”、“盈余公积”账户归入投资权益类账户。

借方	投资权益账户　　　　贷方
本期发生额：本期所有者权益的抵减数	期初余额：期初所有者权益余额 本期发生额：本期所有者权益的增加数
	期末余额：期末所有者权益的增加数

投资权益账户的特点：

有的账户（如“实收资本”）应按照企业的投资者分别设置明细分类账户，以便反映各投资者对企业实际拥有的所有者权益数额；投资权益账户只提供价值指标。

3. 结算账户

结算账户是用来核算和监督企业与其他单位和个人之间往来账款的结算业务的账户。由于结算业务性质的不同，决定了结算账户具有不同的用途和结构。结算账户按用途和结构分类，具体可分为债权结算类账户、债务结算类账户和债权债务结算类账户。

(1)债权结算类账户

债权结算类账户又称资产结算账户，是用来核算和监督企业与债务人单位及个人之间所发生的各项应收款项增减变动和实有数额的账户。属于这类账户的主要有“应收账款”、“应收票据”、“其他应收款”、“预付账款”等账户。

借方	债权结算类账户　　　　贷方
期初余额：债权的期初实有数额 本期发生额：债权的本期增加额	本期发生额：债权的本期减少额
期末余额：债权的期末实有数额	

债权结算类账户的特点：

①为了保证核算资料的正确性，债权人需要定期通过与有关债务单位或个人核对账目来保证账账相符。因此，债权账户要求按建立债权债务关系的单位和个人设置明细分类账户，进行明细分类核算。

②由于债权账户综合反映了会计主体对债务的权利，因而，对债权账户，无论是总分类核算还是明细分类核算，都只需提供货币信息。

③债权账户的期末余额一般在借方，表示债权的实有额，但该账户也有可能出现贷方余额，这时，账户就具有了负债账户的性质。

(2)债务结算类账户

债务结算类账户又称负债结算账户，是用来核算和监督企业与债权人单位和个人之间所发生的各项应付款项增减变动和实有数额的账户。属于这类账户的主要有“应付账款”、“应付票据”、“其他应付款”、“预收账款”、“应付职工薪酬”、“应交税费”、“应付股利”、“短期借款”、“长期借款”、“应付债券”、“长期应付款”等账户。

借方	债务结算类账户 贷方
	期初余额:债务期初的实有数额
本期发生额:债务的本期减少数额	本期发生额:债务的本期增加额
	期末余额:期末债务实有数

债务结算类账户的特点:

①该账户一般需要通过定期与有关债权单位或个人核对账目,以确保负债的真实性。据此,债务账户要求按具有债务结算关系的单位或个人设置明细分类账户,进行明细分类核算。

②债务类账户综合反映会计主体对各个债权单位或个人承担的责任,因而无论是总分类核算还是明细分类核算,均只需提供货币信息。

③债务类账户期末余额一般在贷方,表示负债的实有额。但有时也可能出现借方余额,这时,账户就具有了债权账户的性质。

(3)债权债务结算账户

债权债务结算类账户又称资产负债结算账户、往来结算账户,是用来核算和监督本企业与其他单位或个人以及企业内部各单位相互往来结算业务的账户。由于这种相互之间往来结算业务经常发生变动,企业有时处于债权人地位,有时则处于债务人地位。为了能在同一账户中反映与其他单位的债权、债务的增减变化,借以减少会计科目的使用,简化核算手续,在借贷记账法下,可设置同时具有债权和债务双重性质的结算账户。

借方	债权债务结算类账户 贷方
期初余额:债权大于债务的期初差额 本期发生额: 本期债权的增加数或债务的减少数	期初余额:债务大于债权的期初差额 本期发生额: 本期债务的增加数或债权的减少数
期末余额——债权大于债务的差额(净债权)	期末余额——债务大于债权的差额(净债务)

债权债务结算类账户的特点:

①该类账户既反映债权结算业务,又反映债务结算业务,是双重性质的结算账户。该类账户主要包括"应收账款"、"应付账款"等账户。

②如果企业预收款项不多时,可不单设"预收账款"账户,而在"应收账款"账户中同时反映企业应收款项和预收款项的增减变动及结存。此时,"应收账款"就是一个债权债务账户。同样,如企业不设"预付账款"账户,而在"应付账款"账户同时核算企业应付款项和预付款项的增减变动及结果,则"应付账款"账户就成为一个债权债务账户。

③债权和债务结算账户的借方余额或贷方余额只是表示债权和债务增减变动后的差额,并不一定表示企业债权和债务的实际余额。编制资产负债表时,这类账户应按其所属明细账户的借方或贷方余额分别列作资产项目或负债项目。

4. 跨期摊配账户

跨期摊配账户是用来核算和监督应由几个会计期间共同负担的费用,并把这些费用在相关的各个会计期间进行摊配的账户。企业在生产经营过程中所发生的费用,有些是应由几个会计期间共同负担的,按权责发生制要求,必须严格划分费用的归属期,把应由若干个会计期间共同负担的费用,合理地分摊到各个会计期间。为此,需要设置跨期摊配账户来实现权责发生制的要求，跨期摊配账户有“待摊费用”和“预提费用”账户。这两个账户的性质虽然不同（“待摊费用”账户属于资产类账户，“预提费用”账户属于负债类账户），但它们都涉及跨期费用问题。

借方	跨期摊配账户 贷方
期初余额： 已经支付但尚未分摊的待摊费用数额 本期发生额： 本期增加的待摊费用数额或预提费用的支付数额	期初余额： 已预提尚未支付的费用数额 本期发生额： 本期增加的待摊费用数额或预提费用的摊销数额
期末余额：已支付但尚未摊配的待摊费用数额	期末余额：已预提但尚未支付的预提费用数额

跨期摊配账户的特点：

(1)待摊费用(长期待摊费用)和预提费用账户虽然性质和内容相反，但在账户结构上却有相同之处：借方都用来登记费用的实际支付或发生额，贷方都用来登记已经提取由各期成本或损益负担的费用额。

(2)预提费用账户有可能出现借方余额，当出现借方余额时，表明该账户属于资产类跨期摊配账户。

(3)当实际支付的费用摊配完毕或预先提取的费用全部支付后，进行明细分类核算。

(4)跨期摊配账户应按费用的种类或用途开设明细分类账户，进行明细分类核算。

(二)调整账户

调整账户是为表示被调整账户的实际金额而开设的账户。其特点是要与被调整账户结合起来使用，两者形成一对账户。调整账户按调整的方式不同，可分为备抵账户、附加账户和备抵附加账户。

1. 备抵账户

备抵账户又称抵减账户，是用以抵减被调整账户的余额，以求得被调整账户的实际金额。

被调整账户的实际余额＝被调整账户余额－备抵调整账户余额

由于备抵账户对被调整账户的调整，实际上是对被调整账户余额的抵减，因此，被调整账户余额的方向与备抵账户的余额方向相反。如果被调整账户的余额方向在借方(或贷方)，则备抵账户的余额方面一定在贷方(或借方)。

典型的抵减账户有“累计折旧”、“固定资产减值准备”、“坏账准备”和“存货跌价准备”等账户。

“累计折旧”、“固定资产减值准备”账户是用来调整“固定资产”账户的。用“固定资产”账户的账面余额(原始价值)与“累计折旧”、“固定资产减值准备”账户的账面余额相抵减，可以取得有关固定资产耗损和减值方面的数据，其差额就是固定资产现有的实际价值(实际净值)。通过这三个账户余额的对比分析，可以了解固定资产的新旧程度、资金占用状况、减值情况和生产能力。

【例 5—1】 "累计折旧"与"固定资产"账户。

借方　　固定资产	贷方
固定资产取得成本的增加额	固定资产取得成本的减少额
期末余额：原价的余额	

借方　　累计折旧	贷方
固定资产折旧的减少	固定资产折旧的增加
	期末余额：现有固定资产的累积折旧

借方　　被调整账户——固定资产	贷方
期末余额　500 000	

借方　　调整账户——累计折旧	贷方
	期末余额　12 500

固定资产的实际余额=500 000−12 500=487 500(元)

"坏账准备"是用来抵减"应收账款"等账户的，用"应收账款"等账户的账面余额与"坏账准备"账户的账面余额相抵减，可以取得有关可收回相关债权方面的数据，其差额就是可收回的相关债权额。

"存货跌价准备"是用来抵减存货项目的，用存货项目的账面余额与"存货跌价准备"账户的账面余额相抵减，可以取得有关存货的实际价值方面的数据，其差额就是存货的实际价值。

此外，"长期股权投资减值准备"、"累计摊销"、"无形资产减值准备"等账户也属于抵减账户。

本账户的特点是调整账户和被调整账户的期末余额的方向是相反的，一个在借方，另一个在贷方。

2. 附加账户

附加账户是用以增加被调整账户的余额，以求得被调整账户的实际余额，如"应付债券——债券溢价"账户。其特点是调整账户和被调整账户的期末余额方向是一致的。

【例 5—2】 "应付债券——债券溢价"与"应付债券——债券面值"账户。

借方　调整账户——应付债券——利息调整	贷方
	期末余额　10 000

借方　被调整账户——应付债券——面值	贷方
	期末余额　100 000

债券实际发行金额=100 000+10 000=110 000(元)

3. 备抵附加账户

备抵附加账户是既用以抵减又用以增加被调整账户余额的账户。其特点是兼有备抵账户和附加账户的作用，如"材料成本差异"、"商品进销差价"等账户。

【例 5—3】 "原材料"与"材料成本差异"账户。

(1)

借方　　被调整账户——原材料	贷方
期末余额　246 000	

借方　　调整账户——材料成本差异	贷方
期末余额　3 200	

"原材料"账户的借方余额(计划成本)	246 000 元
加："材料成本差异"账户借方余额(超支数)	+3 200 元
材料的实际成本	249 200 元

(2)

借方	被调整账户——原材料	贷方
期末余额　246 000		

借方	调整账户——材料成本差异	贷方
		期末余额　3 200

"原材料"账户的借方余额(计划成本)	246 000 元
减:"材料成本差异"账户借方余额(节约数)	—3 200 元
材料的实际成本	242 800 元

(三)成本账户

成本账户是反映企业在供、产、销过程中业务活动内容的账户,其特点是需要通过计算、分配,对企业经济效益做出评价的账户,可分为集合分配账户、成本计算账户、对比账户。

1. 集合分配账户

集合分配账户是用来归集企业经营过程中某一会计期间所发生的间接费用,借以核算、监督有关间接费用计划执行情况,以及间接费用分配情况的账户。设置这类账户,一方面可以将某一经营过程中实际发生的间接费用与计划指标进行比较,考核间接费用的超支和节约情况,另一方面也便于将这些费用摊配出去。属于这类账户的如"制造费用"账户。

借方	集合分配账户	贷方
本期发生额: 汇集经营过程中间接费用的本期发生额		本期发生额: 本期分配到有关成本计算对象上的间接费用额

集合分配账户的特点:

(1)具有明显的过渡性质,平时用它来归集那些不能直接计入某个成本计算对象的间接费用,期末将费用全部分配出去,由有关成本计算对象负担。

(2)这类账户期末费用分配后一般应无余额。

2. 成本计算账户

成本计算账户是主要用于核算和监督经营过程中某一阶段所发生的应计入成本的全部费用,并据以计算确定各个成本计算对象实际成本的账户。设置和运用成本计算账户,对于正确计算材料采购、产品生产和产品销售的实际成本,考核有关成本计划的执行和完成情况,具有重要的作用。属于本类账户的如"生产成本"、"材料采购"、"在建工程"、"在途物资"等账户。

借方	成本计算账户	贷方
期初余额:未转出成本计算对象的实际成本 本期发生额:经营过程中发生的应由成本计算对象承担的费用		本期发生额: 转出成本计算对象的实际成本
期末余额:期末未转出成本计算对象的成本		

成本计算账户的特点:

(1)成本计算账户的期初余额,表示尚未结束经营过程某一阶段上成本计算对象的实际成本，如在产品、在途原材料等。所以，成本计算账户还具有盘存账户的特点，又能起到盘存账户的作用。

(2)为了加强成本管理，成本计算账户应根据成本计算对象或费用控制的责任部门(或环节)设置明细账，并按成本项目归集各项费用。

(3)成本计算账户所属明细分类账既要借助于货币计量，总括反映全部消耗，提供综合的成本信息，又要借助于实物或劳动计量，反映物资或劳动消耗。

3. 对比账户

对比账户是用来核算经营过程中某一阶段某项经济业务按照两种不同的计价标准进行对比，借以确定其业务成果的账户。按计划成本进行材料日常核算的企业所设置的“材料采购”账户，就属于对比账户。

对比账户

借方	贷方
期初余额：未入库材料的实际成本 本期发生额： 本期未入库材料的实际成本及转入“材料成本差异” 账户贷方的实际成本小于计划成本的节约差	本期发生额： 未入库材料的计划成本及转入“材料成本差异”账户 借方的实际成本大于计划成本的超支差
期末余额：在途材料的实际成本	

对比账户的特点：

借贷双方的计价标准不一致；期末确定业务成果转出后，该账户的借方余额是剔除了计价差异后的按借方计价方式计算的资产价格。例如，“材料采购”账户的借方余额为实际成本计价的在途材料的实际成本。

(四)损益结转账户

损益结转账户用以具体核算和监督企业生产经营过程中的收益和费用、损失，以便计算确定损益的账户。

1. 收入结转账户

收入结转账户是用于核算和监督企业一定时期内(月、季或年)取得的各种收入变动的账户。属于本类账户的如“主营业务收入”、“其他业务收入”、“投资收益”和“营业外收入”等。

收入结转账户

借方	贷方
本期发生额： 收入和收益的减少数额及期末转入“本年利润”账户的收入和收益额	本期发生额： 本期收入和收益的增加额

收入结转账户的特点：

(1)所有收入结转账户的贷方都登记收入的增加数，借方登记收入的减少或结转数。

(2)由于企业通过该类账户汇集某会计期间的收入，一般在当期要全额结转完毕，因此，收入结转后，本账户期末无余额。

(3)为了考核收入的形成情况，收入结转账户一般要按商品或业务类别等分项目进行明细分类核算。

(4)该类账户在进行明细分类核算时，除了采用货币计量外，有时还兼用实物计量。

2. 费用结转账户

费用结转账户是用于核算和监督企业一定时期内(月、季或年)所发生的应计入当期损益的各项费用、成本和支出的账户。属于这一类账户的有“主营业务成本”、“税金及附加”、“其他业务成本”、“销售费用”、“管理费用”、“财务费用”、“营业外支出”、“所得税费用”等账户。

借方　　　　费用结转账户　　　　贷方

借方	贷方
本期发生额： 本期费用支出的增加额	本期发生额： 本期费用支出的减少或转销数和期末转入“本年利润”账户的费用支出数

费用结转类账户的特点：

(1)借方登记费用的增加，贷方登记费用的结转数。

(2)该账户期末一般无余额。

(3)为了考核费用的发生情况，该类账户一般分项目进行明细分类核算。

(4)该类账户所列的费用或支出，是反映耗费情况的综合性信息，因而这种账户只需提供货币信息。

3. 财务成果账户

财务成果账户是主要用于核算和监督企业在一定时期内(月、季或年)全部经营活动的最终财务成果的账户。属于这类账户的典型账户是“本年利润”账户。

借方　　　　财务成果账户　　　　贷方

借方	贷方
本期发生额： 本期从“费用”账户转入的各项成本、费用支出数额	本期发生额： 本期从收入账户转入的各项收入、收益数额
期末余额：本期发生的亏损 (年终结转到“利润分配”账户的借方)	期末余额：本期实现的净利润 (年终结转到“利润分配”账户的贷方)

【例 5—4】“本年利润”账户。

借方　　　　本年利润　　　　贷方

借方	贷方
主营业务成本 税金及附加 销售费用 管理费用 财务费用 其他业务成本 营业外支出 所得税费用	主营业务收入 其他业务收入 营业外收入 投资收益
期末余额　亏损 ↳ 转入　利润	期末余额　盈利 分配　转入 ↵

财务成果类账户的特点：

(1)年度内各项期末都有余额，贷方余额为净利润，借方余额为亏损。年度终了，由于企业应将本年收入和支出相抵后结出的本年实现的净利润或亏损总额，全部转入“利润分配”账户，因此，年初、年末本账户均无余额。

(2)无论总分类账或明细分类账，均只提供货币信息。

关键术语

账户分类　账户的用途　账户的结构　备抵账户　对比账户

◎ 应知考核 ◎

一、单项选择题

1. 在下列所有者权益账户中，反映所有者原始投资的账户是(　　)。

A.“实收资本”　B.“盈余公积”　C.“本年利润”　D.“利润分配”

2.“生产成本”账户如有借方余额时，按其经济内容分类属于(　　)。

A. 计价对比类账户　B. 盘存类账户　C. 资产类账户　D. 集合分配类账户

3. 下列不属于负债账户的是(　　)。

A.“应付账款”　B.“应收账款”　C.“预提费用”　D.“应付股利”

4.“税金及附加”账户按其经济内容分类属于(　　)。

A. 负债类账户　B. 利润类账户　C. 成本类账户　D. 费用类账户

5. 下列说法中正确的是(　　)。

A. 资产类账户的余额必定在借方　B. 期末余额在贷方的账户不是资产类账户

C. 资产类账户的余额不一定在借方　D. 所有者权益账户的余额一定在借方

6.“累计折旧”账户按其经济内容分类，属于(　　)。

A. 费用类账户　B. 备抵类账户　C. 资产类账户　D. 利润类账户

7. 以下属于集合分配账户的是(　　)。

A.“制造费用”　B.“管理费用”　C.“待摊费用”　D.“财务费用”

8.“本年利润”账户属于(　　)。

A. 结算账户　B. 盘存账户　C. 收入账户　D. 经营成果账户

9. 核算资产的账户是(　　)。

A.“短期借款”　B.“实收资本”　C.“库存现金”　D.“生产成本”

10.“待处理财产损溢”账户属于(　　)。

A. 跨期摊配账户　B. 待处理账户　C. 调整账户　D. 负债账户

二、多项选择题

1. 按经济内容分类，“生产成本”账户可能属于(　　)。

A. 资产账户　B. 盘存账户　C. 配比账户　D. 收入类账户

2. 账户的经济内容是指(　　)。

A. 能提供什么核算指标　B. 账户所反映的会计对象的内容

C. 怎样记录经济业务　D. 账户所反映的会计要素的具体内容

3. 下列账户中，期末一般没有余额的是(　　)。

A. 收入类账户　B. 费用类账户　C. 资产类账户　D. 负债类账户

4. 下列属于所有者权益账户的是(　　)。
A.“本年利润”　B.“实收资本”　C.“利润分配”　D.“资本公积”
5. 下列账户中,哪些账户一般没有期末余额?(　　)
A. 收入账户　B. 费用账户　C. 盘存账户　D. 结算账户
6. 下列账户中,属于盘存账户的有(　　)。
A.“长期投资”账户　B.“库存商品”账户　C.“固定资产”账户　D.“原材料”账户
7. 下列属于跨期摊配账户的是(　　)。
A.“累计折旧”　B.“待摊费用”　C.“预提费用”　D.“坏账准备”
8. 下列既属于资产账户又属于结算账户的是(　　)。
A.“应收账款”　B.“其他应收款”　C.“固定资产”　D.“应付账款”
9. 下列既属于核算损益的账户又属于费用账户的是(　　)。
A.“销售费用”　B.“主营业务成本”　C.“营业外支出”　D.“所得税费用”
10. 调整账户,按其调整方式的不同可分为(　　)。
A. 摊配账户　B. 备抵账户　C. 附加账户　D. 备抵附加账户

三、判断题

1. 按账户的结构和用途分类是账户分类的基础。(　　)
2.“累计折旧”账户是费用类账户。(　　)
3.“材料成本差异”账户是备抵附加调整账户。(　　)
4.“制造费用”账户既属于成本类账户,又属于成本计算账户。(　　)
5.“待处理财产损溢”账户属于资产—负债结算账户。(　　)
6. 反映营业损益的账户有“主营业务收入”、“营业外收入”等。(　　)
7. 属于集合分配账户的有“制造费用”账户、“待摊费用”账户等。(　　)
8.“预提费用”账户既属于流动负债账户,又属于跨期摊配账户。(　　)
9. 对比账户是用来对某项经济业务按照不同的计价进行对比,借以确定业务成果的账户。(　　)
10.“坏账准备”账户是“应收账款”账户的附加调整账户。(　　)

四、简答题

1. 简述账户分类的概念和作用。
2. 简述账户分类的原则。
3. 简述盘存账户的特点。
4. 简述债权结算类账户的特点、债务结算账户的特点、债权债务结算账户的特点。
5. 简述集合分配账户的特点。

◎ 应会考核 ◎

★业务考核

【考核项目】

账户与账户之间的关系。

【背景资料一】

某企业“固定资产”账户期末余额 800 000 元,“累计折旧”账户期末余额 60 000 元。

【考核要求】

(1)计算固定资产净值。

(2)两个账户之间有何关系?

【背景资料二】

某企业的原材料按计划成本核算,“原材料”账户期末账户余额 45 000 元,“材料成本差异”账户期末贷方余额 2 000 元。

【考核要求】

(1)计算原材料的实际成本。

(2)两账户之间有何关系?

(3)如果“材料成本差异”账户期末借方余额 2 000 元,材料的实际成本是多少?两个账户之间又是什么关系?

★技能考核

【考核项目一】

结算账户的应用,包括债权账户、债务账户、债权债务账户。

【背景资料】

某企业在材料采购业务核算中设置“应付账款”、“预付账款”等账户,2017 年 2 月“应付账款”、“预付账款”的期初余额如下:“应付账款”账户贷方余额 54 000 元;“预付账款”账户借方余额 25 000 元。

本月发生下列经济业务:

(1)8 日,以银行存款 30 000 元偿还所欠 A 工厂的货款;

(2)10 日,收到 C 工厂发来的材料并验收入库,材料的买价 20 000 元,增值税进项税额为 3 400 元,对方代垫运费 800 元,该企业上月已预付 15 000 元;

(3)15 日,从 B 工厂购进材料一批,买价 10 000 元,增值税的进项税额 1 700 元,全部款项尚未支付,材料尚未验收入库;

(4)22 日,通过银行补付 C 工厂购料款 9 200 元。

【考核要求】

(1)根据所给的背景资料,建立“应付账款”、“预付账款”账户并登记期初余额;

(2)根据上述经济业务编制企业会计分录并登记入账;

(3)结出以上账户的本期发生额及余额;

(4)假设该企业在材料采购核算业务中只设置“应付账款”账户,不设“预付账款”账户,企业发生的预付账款业务在“应付账款”中核算,其他资料不变。(只开设“应付账款”总账账户)

【考核项目二】

账户按经济内容和用途结构的分类。

【背景资料】

库存现金、银行存款、应收票据、应收账款、其他应收款、预付账款、材料采购、原材料、库存商品、固定资产、累计折旧、短期借款、应付账款、预收账款、应付职工薪酬、应交税费、实收资本、盈余公积、制造费用、生产成本、主营业务收入、其他业务收入、营业外收入、主营业务成本、销售费用、管理费用、财务费用、所得税费用、本年利润。

【考核目的】

将上述背景资料的账户名称填入表 5—1 相应栏目内。

表 5—1

	资产类账户	负债类账户	所有者权益类账户	成本类账户	损益类账户
盘存账户					

续表

	资产类账户	负债类账户	所有者权益类账户	成本类账户	损益类账户
结算账户					
资本账户					
调整账户					
集合分配账户					
成本计算账户					
集合配比账户					
财务成果计算账户					

★案例题

2017 年 2 月，羽飞公司的小王在做了一段时间的稽核工作之后，回想起自己以前工作中存在的种种错误，决定对自己担任材料会计时期的会计记录进行稽核，看看是否存在错误。在对 2016 年 11 月份的会计记录稽核中，小王发现下面一些会计记录：

A. 2016 年 11 月购进并入库了一批价值 250 000 元的甲材料，按国家消费税税法的规定，缴纳了 12 500元的消费税，按税法规定，这种原材料加工成产品后国家不再征收消费税，该批原材料在 2016 年已全部加工成产品，并已全部对外销售。当时小王认为，增值税作为购进环节的流转税可以抵扣，消费税按可比性原则也应当可以抵扣。故他做了如下的会计记录：

借：原材料　250 000
　　应交税费——应交消费税　12 500
　贷：银行存款　262 500

B. 2016 年 11 月，在购进乙、丙材料时，共支付了 6 800 元的外地运杂费，为简化核算起见，小王把它作为管理费用处理，会计处理如下：

借：管理费用　6 800
　贷：银行存款　6 800

C. 按公司规定，丁材料按计划成本计价，到 2016 年 11 月末，其账面余额为 320 000 元，材料成本差异账面余额为贷方 8 500 元，小王当时认为，按历史成本原则，原材料应按实际成本反映，在 2016 年 11 月末，小王做如下账务处理：

借：材料成本差异　8 500
　贷：原材料　8 500

D. 2016 年 11 月，在购进另外一批甲材料时，由于途中的自然损耗，验收时发现应入库1 000千克的甲原材料只入库了 960 千克，该批材料单位购进成本为 120 元。小王认为没有验收入库的原材料应作为当期损失，做账务处理如下：

借：原材料　115 200
　贷：材料采购　115 200
借：管理费用　4 800
　贷：材料采购　4 800

小王发现上面的会计记录后，认为这些会计记录是错误的，并做了必要的调整。

案例要求：

你认为小王的会计记录错在哪里？应做怎样的调整？

◎ 项目实训 ◎

【实训项目】

调整账户的运用。

【实训情境】

1. 某企业 2017 年 4 月初“固定资产”账户的借方余额为 316 000 元，“累计折旧”账户的贷方余额为 94 800 元。

2. 该企业 4 月份发生下列经济业务：

(1)5 日，收到投资者投入的生产线并安装交付使用。该生产线的原值为 110 000 元，评估价值 100 000元。

(2)8 日，开出转账支票购入不需要安装的新设备一台，价税合计 115 000 元，运费 5 000 元。

(3)30 日，计提本月固定资产折旧 85 000 元，其中，生产车间用固定资产的折旧额为60 000元，企业管理部门用固定资产的折旧额为 25 000 元。

(4)30 日，经批准，企业出售一台不需用的设备，收到出售收入 9 400 元存入银行。该设备原值 36 000元，已计提折旧 21 000 元。

【实训要求】

(1)开设“固定资产”和“累计折旧”账户并登记期初余额。

(2)根据上述业务编制会计分录并登记“固定资产”和“累计折旧”账户。

(3)结出上述两个账户的本期发生额和余额并计算出 4 月末固定资产的净值。

项目六　成本计算

【知识目标】

理解：成本计算的意义、基本内容和一般程序。

熟知：成本核算的基本原理、一般程序和企业经营过程中成本计算的基本方法。

掌握：存货采购成本、产品生产成本和销售成本计算的基本原理。

【技能目标】

能够熟悉并掌握企业生产经营过程中成本计算的程序。

【素质目标】

能够认识成本计算是会计核算的一种专门方法；能够正确、合理地确认并计量资产的价值和会计期间收益。

【项目引例】

如何进行成本计算

某大学会计学院的小李大学刚毕业，就在K公司找到了一份会计工作，被安排在财务处负责进行成本核算工作。本月终了时，他通过查阅账簿资料掌握了以下有关成本核算的情况：K公司的主营业务是生产和销售A产品。本月A产品月初在产品的余额为16 000元，本月生产A产品发生的费用总额为200 000元，月末在产品的余额为20 000元。本月完工的A产品为160件。于是就对以下指标进行了计算：

本月完工A产品总成本：

200 000－20 000＝180 000(元)

本月完工A产品单位成本：

180 000÷160＝1 125(元)

成本管理科的王科长看了这个计算结果后，笑着对小李说："你的基本计算步骤是对的，但计算的结果有误。你再好好考虑考虑，看错在了什么地方。"

【讨论】　小李的计算结果为什么是错的？如果是你的话，你将怎样计算A产品完工成本？

【知识精讲】

任务一 成本计算概述

一、成本的概念与作用

（一）成本的概念

成本属于价值的范畴，是新增（或已耗）资产价值的组成部分。一般而言，资产的价值由以下三部分组成：(1)已耗生产资料（劳动手段和劳动资料）的转移价值；(2)支付给劳动者的劳动报酬；(3)劳动者为社会做出的贡献额。其中，前两者是构成成本价值的基础。

已耗生产资料的转移价值和支付给劳动者的劳动报酬，按受益对象不同，可以分为三个部分：一是用于工程建造，形成长期资产；二是用于存货的建造，形成各种存货；三是用于包括上述两者在内的日常经营活动，形成期间费用。第三种支出与前两种支出的区别是：前两种支出有明确的受益对象，可以直接或间接计入受益对象，第三种支出则没有明确的受益对象，不能或不易计入相关受益对象。第一种支出，形成相关长期资产的成本；第二种支出，形成相关存货的成本；第三种支出，由于没有明确的受益对象，按权责发生制要求，全部计入相应的会计期间，直接作为当期收益的抵减。相关存货的成本，在存货消耗或销售后，或作为相关费用，或作为主营业务成本，由当期收益抵减。当上述前两种支出按一定的计算对象归集，计入相应资产的价值，就成为新增资产的成本。

制造行业的经营过程，主要包括供应、生产和销售三个阶段。供应过程的经营活动，主要为各种存货的采购。在存货的采购过程中所支付的存货买价和采购费用，按各种存货的种类分别归集、分配，就构成各种存货的采购成本。在生产过程中发生的生产费用（如已耗存货的成本、支付给生产者的薪酬等），按各种产品进行归集、分配，就构成各种产品的生产成本（也称制造成本）。制造行业的销售过程，主要是销售各种产品，已售产品的生产成本，按各种已售产品进行归集，就构成各种已售产品的主营业务成本。主营业务成本作为当期费用全部计入该会计期间，抵减当期主营业务收入。

费用和成本是既有联系又有区别的两个概念。资产的成本随着企业经营活动的展开，逐步转化为某一会计期间的费用。费用是与特定的会计期间相联系的，是根据权责发生制、配比及资本性支出与收益性支出相划分等要求来确定的，从资金循环的意义上讲，这些费用主要通过经营收入收回的资产来补偿。成本是与特定的计算对象相联系的，是根据受益性原理和重要性要求计算出来的，是计算对象的受益费用。

（二）成本的作用

成本是以价值形式反映企业工作质量，说明企业管理当局经营责任完成情况的综合性指标之一。对会计信息的使用者而言，它具有多方面的作用。

1. 成本是计量经营耗费和确定补偿尺度的重要工具。

企业经营的主要目标，就是以自己的收入补偿耗费后获得尽可能多的利润，并尽量不发生亏损。所谓利润，是指企业一定会计期间的经营成果，即所得的收入金额大于与其相配比的耗费金额的差额；所谓亏损，是指所得的收入金额小于与其相配比的耗费金额的差额。企业盈利的大小，是企业经营状况好坏的主要标志，也是企业能否正常持续经营的必要条件。企业的营业收入，只有能够弥补相关耗费，才能保持持续经营。成本是对象化的耗费，是企业全部耗费的主要组成部分。所以，成本是反映企业经营耗费的主要指标之一，是计量经营耗费和确定补偿尺度的重要工具。

2. 成本是决定商品价格的基础和产品竞争能力的条件

商品价格是影响商品销售和企业盈利的重要因素之一。在商品质量一定的条件下，商品价格的高低，关系到商品是否能顺利销售出去，而商品是否能顺利销售出去，关系到企业是否能收回所垫付的资金以持续经营的问题。一般而言，在商品质量和性能稳定的情况下，商品的价格高于同类商品的社会平均价格，就难以顺利销售出去；商品的价格高低适中，或低于同类商品的社会平均价格，商品就能顺利销售出去。商品定价的高低，涉及企业盈利的大小与经济效益的高低。商品价格的高低决定于商品成本的高低，商品成本高于同类商品的社会平均成本，为了获取适当的利润，制定的商品价格相应也会高于同类商品的社会平均价格，这可能使商品销售失去竞争力；商品成本低于同类商品的社会平均成本，制定的商品价格就可以低于同类商品的社会平均价格，从而使商品销售具有竞争力，也可以获取适当的利润。因此，商品成本是决定商品价格的基础和产品竞争能力的条件。

3. 成本是企业进行决策和核算经济效益的重要因素

企业管理者在履行受托责任，完成管理任务时，必须对经营活动中涉及的重大问题进行决策。要做出正确的决策，必须从各方面进行考虑，分析相关经营活动涉及的各种因素对经营活动的影响。在对各种方案进行决策时，经济效益是选择某种方案必须予以考虑的主要因素之一。而企业的经济效益的核心是产品的成本问题。如上所述，在市场销售有保证的前提下，产品成本的高低决定着企业经济效益的好坏。因此，在对各种备选方案进行选择、决策时，必须把成本作为一个重要的因素进行考虑，从成本的角度对备选方案进行评价选择。只有这样，才能使所选择的方案在经济上可行，才能使经济活动取得资源消耗少、经济效益好的结果。

4. 成本是衡量企业管理水平和各方面工作成果的重要指标

成本是反映企业管理水平的综合性指标。企业各方面工作的成果，如产品设计的好坏，生产工艺的合理程度，原材料、燃料、动力等资产的消耗水平，机器设备、厂房建筑物的利用情况，劳动生产率的高低，人、财、物组织得是否合理，供、产、销是否衔接平衡等，最终都会反映到产品成本上。因此，通过对成本形成情况、构成和水平的分析，就可能发现企业管理上存在的问题和薄弱环节，为提高生产技术水平和管理水平指明方向，也为改进各方面工作找到途径。同时，降低成本，必然对企业各项工作提出更高的要求，推动企业整体管理水平的不断提高。

二、成本计算的意义

成本是会计信息的重要组成部分，与其他会计信息一样，它也是通过对相关原始数据的收集、整理和加工形成的。成本计算就是采用一系列专门的方法，把企业供应、生产和销售过程中所发生的各种费用，根据受益关系，在不同的对象之间进行归集、计算和分配，借以确定各成本计算对象的总成本和单位成本的一项会计工作。成本计算对于加强企业经营管理、提高经济效益具有重要意义。

第一，通过成本计算，可以取得企业的实际成本资料，并据以确定实际成本与计划成本的差异，考核成本计划的完成情况，分析成本升降的原因，进一步挖掘降低成本的潜力。

第二，通过成本计算，可以反映和监督企业各项费用的支出，揭露企业经营管理中存在的问题，奖优罚劣，及时采取有效措施，改善经营管理。

第三，通过成本计算，可以为企业进行下一期各项成本指标的预测和规划提供必要的参考数据。

总之，正确地进行成本计算，对不断地改进成本管理工作，争取以更少的资源耗费取得更大的经济效益，为社会增加更多的财富，具有重要的意义。

三、成本计算的原理

在不同的企业，或同一企业的不同经营阶段，会产生不同的经济活动，发生不同的支出，形成不同的成本，这就造成具体成本计算在方法上的差异。如采购成本的计算与生产成本的计算方法是不相同的。不同时期企业由于经营活动的更改，成本计算的内容也不尽相同。不同时期、不同计算对象的成本在内容、构成和计算方法等方面虽说不尽相同，但它们都是经营中产生的资源消耗，都应按权责发生制、配比原则、收益性支出与资本性支出原则等归集、分配到受益对象上去，它们的计算原理是相同的。成本计算原理，就是不同时期、不同性质的成本的共同计算原理。

各种经营活动的目的不同，经营过程中发生的各种费用，都是为相应的经营目的产生的。在某种经营活动中支付费用，目的是为了在这种经营活动中获取合理的经营成果。也就是说，某种经营活动的经营成果是该种经营活动中所支付费用的受益对象。如为某种产品生产而耗用的原材料费用的受益对象就是该种产品。当可以直接确定某种费用是为某项经营活动产生时，我们称这种费用为该成本计算对象的直接费用。应将直接费用直接计入受益的计算对象中，作为相应的受益计算对象的成本，由相应的受益计算对象承担，这就是所谓的直接受益直接分配原理，是成本计算的主要原理之一。

在企业的日常经营中，各种经营活动往往是交叉进行的，因此有的费用是为了若干受益计算对象而共同发生的，应由相应的若干个受益计算对象来共同承担，会计上把这种由若干受益计算对象共同承担的费用称为共同性费用。共同性费用与受益计算对象的受益关系虽不如直接费用那样明显，但也可采用一定的方法来确定共同性费用与受益计算对象之间的关系，可以采用客观性较强的标准将共同性费用在各受益计算对象之间合理分配。它首先应确定可供分配的共同性费用总额和分配标准，然后按一定的方法将可供分配的共同性费用在受益对象之间合理分配。这就是所谓的共同受益间接分配原理，是成本计算的主要原理之二。

在企业经营活动中发生的共同性费用中，有时有些共同性费用一方面由于与受益对象的受益关系并不十分明显，另一方面费用的金额也不大，将这种共同性费用按受益原理计入受益对象的成本，一是不易确定客观的分配方法，二是这种费用计入还是不计入受益对象的成本，对受益对象的成本升降水平影响不大。在会计中，只把那些与受益对象的受益关系较为明显并易确定，费用金额较大，计入还是不计入受益对象的成本，对受益对象的成本升降水平影响较大的重要的共同性费用，才按受益关系计入受益对象的成本；把那些与受益对象的受益关系不十分明显，费用金额不大，不易确定客观的分配方法，费用计入还是不计入受益对象的成本，对受益对象的成本升降水平影响不大的共同性费用，不计入相应受益对象的成本。这就是所谓的重要性原理，是成本计算的主要原理之三。

四、成本计算的基本要求

为了正确、及时地计算成本，有关会计人员应遵循如下要求：

(一)要严格执行国家相关法律规章中规定的成本开支范围和费用开支标准

成本开支范围是根据企业经营活动中所发生的费用的不同性质,依据成本的内容和加强成本核算的要求,由国家在相关法律规章(如企业所得税暂行条例、企业成本管理条例等)中统一制定。所谓成本开支范围,是指哪些费用允许列入成本、哪些费用不允许列入成本的规定。成本开支范围的基本内容是:一切与营业活动有关的支出,都应计入企业的成本、费用。就制造业而言,所发生的直接材料、直接人工、制造费用、管理费用、财务费用和销售费用构成企业的成本费用范围。其中,直接材料、直接人工和制造费用构成产品的制造成本(也称生产成本);管理费用、财务费用和销售费用则由于与产品的受益关系不太明显,分配的客观标准不易确定,不计入产品的制造成本,全部作为该会计期间的费用,冲减当期收益。费用开支标准是指对某些费用支出的金额和比例做出一些限制性的规定,如允许在税前列支的职工薪酬金额、坏账提取比例和交际应酬费的提取比例等。企业应严格遵守成本开支范围和费用开支标准,在合法的前提下展开经营活动,既能保证成本、费用的真实性,内容的一致性,具有分析对比的可能性;又能正确地计算企业的损益,真实地反映企业的财务成果,提供真实、正确、有用的会计信息。

(二)划清支出、费用和成本的界限

1. 分清收益性支出和资本性支出的界限

所谓收益性支出,是指凡支出所带来的效益仅与一个会计年度相关的支出,收益性支出都应计入该会计年度的费用;所谓资本性支出,是指凡支出能在几个会计年度带来收益的支出,资本性支出应计入相关资产的成本中,并随着相关资产的消耗,合理分摊到相关的会计年度中。如购建固定资产的支出,应计入固定资产的成本,在固定资产的使用期间分摊到相关会计年度的成本、费用中。

2. 分清成本与费用的界限

费用是经营活动中发生的各种各样经济利益流出的总称,而成本是指归集到受益计算对象上去的费用。如前所述,企业经营活动中发生的费用,并非全部计入成本,有一部分是作为期间费用,列作当期损益的。因此,为保证成本资料的真实性,以及相应会计信息的相关有用性,在成本计算时,要划清成本与费用的界限。

3. 分清本期成本费用与下期成本费用的界限

凡应由本期相关资产负担的费用,应计入本期相关资产的成本;不应由本期相关资产负担的费用,则不能计入本期相关资产的成本。

4. 分清不同资产的成本界限

属于哪种资产受益的费用,应由该种资产负担,计入该种资产的成本,不能将由其他资产受益的费用计入不相关资产的成本。

5. 分清在产品成本与产成品成本的界限

制造企业对于应计入本期产品成本的费用,如应由在产品和产成品共同承担,就要采用适当的方法,将生产费用在产成品和在产品之间进行分配,分清哪些是在产品应承担的费用,哪些是产成品应承担的费用。

(三)遵循权责发生制的要求

在成本计算时按照权责发生制要求,主要是指在各会计期间合理划分跨期费用的问题。即正确处理预提费用和待摊费用。在成本计算时,对于已经发生支出,如果收益期包括几个会计期间,就应将待摊费用在各个受益期采用适当的分配方法合理分配,而不能将收益期包括几个会计期间的待摊费用计入一个会计期间。对于虽未支付但应由本会计期间承担的费用,应先行预提计入本会计期间的成本和费用中,等到支付时就不再列为成本费用。不得假借待摊和预提的方法,人为地调节某个会计期间的成本费用,即该摊的不摊、该提的不提,或者不该摊的乱摊、不该提的乱提。

(四)做好成本核算的各项基础工作

要正确、及时地计算成本,做好各项基础工作是很重要的,如果基础工作做得不好,就会影响成本计算的正确性和及时性。成本核算的基础工作主要有:定额管理工作;建立健全财产物资的计量、收发、领退制度;建立和健全各种原始记录,以及收集整理制度;制定厂内内部结算价格等。

(五)选择适当的成本计算方法

企业应结合自己的具体情况,选择适合本企业经营特点的成本计算方法进行成木计算。方法一经确定,在会计环境没有新的变化之前,一般不应经常变动。计算方法的选择,应同时考虑企业经营类型的特点和管理的要求两个方面。具体成本计算方法的选择,留待成本会计等相关的课程中介绍。

任务二 成本计算的一般程序

不同的成本计算对象,需要用不同的计算方法,因此,会计上形成了不同的成本计算方法。但不论哪种成本计算方法,它们在成本计算基本程序方面,一般是相同的。概括来说应包括以下几个方面:

一、收集、整理成本计算资料

成本计算资料的收集、整理是成本计算的前提。完整、正确地提供计算数据,是成本计算的基础。因此,企业对购进、领用的各种原材料,各项费用支出,工时动力的消耗,产品的质量情况,在产品、半成品的内部转移和产成品的入库、出库等,都要根据各项活动的特点,分别取得或填制不同格式的原始凭证。它提供的是企业经营活动的第一手资料,是成本计算所需的原始记录。这些原始记录是否正确、提供是否及时,直接影响到成本计算的正确性和及时性。所以,成本计算的资料收集、整理工作很重要,必须以完整、正确的原始记录作为成本计算的依据。成本计算资料一般包括资产的形成、耗费或转出价值资料、待摊费用的形成和摊销方面的资料、预提费用的提取方面的资料等。

二、确定成本核算中心和成本计算对象

成本计算对象,就是承担和归集费用的对象,即费用的受益对象,它是费用归集和分摊的依据。为了便于成本控制,落实成本责任制,进行成本考核以降低成本费用,应按成本责任环节(或单位)来计算成本,即计算各成本责任环节的成本。因此,在具体的成本计算前,应先根据不同的成本责任环节设立不同的成本核算中心,再按每一个成本核算中心来确定成本计算对象,计算成本。只有在职责能够明确划分和鉴别的部门、车间、班组和个人那里设置成本核算中心,对成本发生情况的控制和管理才能发挥作用。

在确定了成本核算中心后，就应按成本核算中心来确定成本计算对象。各个企业单位的成本计算对象的规模和复杂程度是不相同的。对于制造业来讲，一个成本计算对象，可以包括若干种不同产品或不同的经济活动，也可以只包括一种产品或一种经济活动；可以是一个单独的产品或项目，也可以是一批相同的项目或一组相似的产品；可以是最终产品，也可以是加工到一定程度的半成品。确定成本计算对象的基本要求是所计算的成本必须是有用的会计信息。对主要的产品，应从细确定成本计算对象，对一般的产品，可以概略地确定成本计算对象。

总之，企业应根据自身的经营性质和规模的不同，结合自身的具体情况，确定自己的成本核算中心和成本计算对象，以便正确及时地归集和分配费用，计算成本，加强成本管理和控制，落实成本责任制，提高企业的经济和社会效益。

三、确定成本计算期

要及时取得成本方面的会计信息，就必须及时进行成本计算，这就要解决在什么时候计算，多长时间计算一次成本的问题。以制造企业为例，产品生产完工之时，才是产品成本完全形成之日。因此，在产品生产完工之时计算产品生产成本，以产品生产周期作为成本计算期，是较为合理的。但是，由于有的产品生产周期过长，完全按产品生产周期来计算成本，将影响会计信息的使用者及时取得相关的会计信息；有的产品生产周期很短，完全按产品生产周期来计算成本，将使成本计算很频繁，不适当地加大会计核算成本。所以，成本计算期并不一定能与产品生产周期一致。如何确定成本计算期，取决于企业生产组织的特点和管理要求。如企业采用单件、小批量的生产组织方式时，可以把产品生产期作为成本计算期；如果企业的生产特点是经常反复不断地大量生产同一种或几种产品，为了及时取得成本指标，加强成本计划管理，一般以会计分期作为产品成本计算期。

四、确定成本项目

产品成本的计算，是生产费用形成和分配的计算。企业发生的各项费用，可以按不同的标志进行分类。按各项费用支出的经济内容来分，可分为反映活劳动耗费的费用，如人工费用；反映劳动对象耗费的费用，如外购原材料、燃料等；反映劳动资料耗费的费用，如固定资产折旧费用等；反映用货币资金支付的费用，如差旅费、办公费、水电费等。生产费用按支出的经济内容来分类，在会计上称为费用要素，它表明了企业为进行生产支付了什么费用，数额是多少，可以用来分析企业各个生产时期生产费用的支出水平。但是，这种分类不能与成本计算对象联系起来说明生产费用的用途。为了取得更多的会计信息，还要将生产费用按其用途进行分类。生产费用按其用途分类，在会计上称为成本项目，一般包括直接材料、直接人工和制造费用等。借助于成本项目，可以清楚地了解费用的经济用途和成本的经济构成，提供更多有用的会计信息，通过对一定对象的成本项目的分析，可以初步查明成本升降的原因，挖掘降低成本的潜力。

五、正确地归集和分配各种费用

正确地归集和分配各种费用，是正确地进行成本计算的前提。它一方面要求根据真实的原始数据来正确地归集和分配各种费用，另一方面要求在费用的归集和分配中遵循相关性要求，并且，在费用的归集和分配中要遵守国家的相关法律及规章制度。

为正确地归集和分配各种费用，就要遵循权责发生制要求，正确地确定费用的受益期限。如对产品生产来说，对应计入产品成本的费用，还应划分为应由本期产品成本负担的费用和应由其他各期产品成本负担的费用。这对于如实反映各期生产费用,正确计算各期产品成本是十分重要的。

在费用的归集、分配和成本计算中,还应严格遵守相关法律规章规定的成本开支范围和费用开支标准。不能随意扩大成本开支范围,提高费用开支标准。凡超过开支范围和开支标准的费用,经企业权力机关认可,可以计入企业相关经营活动的成本或作为某个会计期间的期间费用,但不得从企业的应纳税所得额中扣除,要视同利润进行纳税。

六、设置和登记明细分类账,编制成本计算表

在成本计算过程中,为系统地归集、分配各种应计入各种成本计算对象的费用,应按成本计算对象和成本核算项目分别设置和登记费用、成本明细分类账户,然后根据这些账户资料,编制各种成本计算表,借以计算确定各种成本计算对象的总成本和单位成本,全面、系统地反映各种成本指标的经济构成和形成情况。

任务三　企业经营过程中的成本计算

制造企业的经营过程一般要经过供应、生产和销售三个阶段。各个阶段要分别计算存货采购成本、产品生产成本和产品销售成本。在存货采购成本的计算中,以原材料采购成本的计算最具代表性。关于企业经营过程中成本计算的详细方法,读者可在成本会计课程中学习,这里我们简要说明原材料采购成本、产品生产成本和产品销售成本(主营业务成本)的基本计算方法。

一、原材料采购成本的计算

计算原材料采购成本,首先应按材料的品种或类别作为成本计算对象,并在"材料采购"或"在途物资"账户下按材料的品种或类别分别设置明细分类账户,用以归集和分配应计入原材料采购成本的各种费用;然后根据这些账户资料,编制各种原材料采购成本计算表,借以计算确定各种原材料采购的总成本和单位成本。

(一)材料采购成本的构成

原材料的采购成本一般由买价和采购费用两个成本项目构成。即:

原材料采购成本＝买价＋采购费用

其中:买价是指供应单位开具的购货发票上标明的货物价格。

采购费用包括:

(1)运杂费:包括原材料采购过程中的运输费用、装卸费用、保险费用、包装费用、仓储费用等。

(2)运输途中的合理损耗。

(3)入库前的挑选整理费用,如在挑选整理中扣除回收下脚残料价值后的工、费支出和必要的损耗等。

(4)购入原材料应负担的税金和其他费用。

(二)材料采购成本的计算

原材料的买价,一般属于直接费用,应直接计入相应原材料的采购成本。

采购费用,凡是能直接分清受益对象的,应直接计入相应原材料的采购成本;凡是不能直

接分清受益对象，且费用金额较大，不计入原材料的采购成本会导致原材料采购成本不实的采购费用，应在原材料的重量、买价、体积等分配标准中选择合适的分配标准，采用一定的方法，间接计入相应原材料的采购成本。但对于企业供应部门或原材料仓库所发生的经常性费用、采购人员的差旅费、采购机构经费，以及市内小额的运杂费等，这些费用一般不易分清具体的受益对象，费用金额较小，对原材料采购成本升降水平的影响不大，按重要性要求，这些费用不计入原材料的采购成本，而是作为期间费用处理，列入管理费用。

各种原材料的采购成本，应当在设置的“材料采购”或“在途物资”明细账中进行分类归集计算。现举例说明原材料采购成本的计算方法如下：

宏源公司分两批购进甲、乙两种材料，第一批购进甲材料 2 000 千克，单价 1.90 元，乙材料 6 000 千克，单价 1.00 元，将甲、乙两种材料运回企业共支付运杂费 480 元(不考虑运费中涉及的增值税问题，下同)。第二批购进乙材料 3 000 千克，单价 1.00 元，将乙材料运回企业共支付运杂费 180 元。按审核后的会计凭证，经整理如表 6—1 所示。

表 6—1　　材料采购成本

材料名称	重量(千克)	单　价	买　价	运　费	
				直　接	间　接
甲	2 000	1.90	3 800		480
乙	6 000	1.00	6 000		
	3 000	1.00	3 000	180	

根据上述资料，材料的采购成本计算如下：

首先，将采购甲、乙两种材料所发生的直接费用，分别记入甲、乙两种材料的采购明细账中，如表 6—2、表 6—3 所示。

表 6—2　　在途物资明细分类账

材料名称：甲材料

2017 年		凭证号数	摘　要	借　方			贷　方
月	日			买　价	采购费用	合　计	
略	略	1	材料买价	3 800		3 800	
			本期发生额				

表 6—3　　在途物资明细分类账

材料名称：乙材料

2017 年		凭证号数	摘　要	借　方			贷　方
月	日			买　价	采购费用	合　计	
略	略	2	材料买价	6 000		6 000	
		3	运杂费		180	180	
			本期发生额				

其次，把甲、乙两种材料共同发生的运杂费480元按适当的方法，分配计入甲、乙两种材料的采购成本(假定按材料的采购重量比率分配)：

$$分配率=\frac{480}{2\ 000+6\ 000}=0.06(元/千克)$$

甲材料应承担的运费＝2 000×0.06＝120(元)

乙材料应承担的运费＝6 000×0.06＝360(元)

根据上述分配结果，分别将120元、360元记入甲、乙材料采购成本明细账中，如表6—4、表6—5所示：

表6—4 **在途物资明细分类账**

材料名称：甲材料

2017年		凭证号数	摘　要	借　方			贷　方
月	日			买　价	采购费用	合　计	
略	略	1	材料买价	3 800		3 800	
		4	运杂费		120	120	
		5	材料验收入库				3 920
			本期发生额	3 800	120	3 920	3 920

表6—5 **在途物资明细分类账**

材料名称：乙材料

2017年		凭证号数	摘　要	借　方			贷　方
月	日			买　价	采购费用	合　计	
略	略	2	材料买价	6 000		6 000	
		3	运杂费		180	180	
		6	材料买价	3 000		3 000	
		4	运杂费		360	360	
		7	材料验收入库				9 540
			本期发生额	9 000	540	9 540	9 540

最后，根据明细分类账户所归集的费用资料，编制材料采购成本计算表，计算甲、乙材料的采购成本，如表6—6所示：

表6—6 **材料采购成本计算表**

成本项目	甲材料(2 000千克)		乙材料(9 000千克)		成本合计
	总成本	单位成本	总成本	单位成本	
买　价	3 800	1.90	9 000	1.00	12 800
采购费用	120	0.06	540	0.06	660
成本合计	3 920	1.96	9 540	1.06	13 460

二、产品制造成本的计算

计算产品制造成本，首先，应确定成本计算期，产品成本计算通常是定期按月进行的，对于单件小批生产，生产周期较长的产品，也可把产品生产周期作为成本计算期；其次，应按产品品种或批次确定成本计算对象；最后，将生产过程中发生的应计入产品生产成本的生产费用分配计入各相应产品，计算其制造总成本和单位成本。

（一）产品成本项目的确定

生产过程中发生的应计入产品生产成本的生产费用，在计入相应产品成本时，是按生产费用的经济用途进行归集，计入相应的成本项目。产品成本计算的成本项目，一般由以下三项组成：

1. 直接材料

它是指为产品生产而耗费的原材料、辅助材料、备品备件、外购半成品、燃料、动力、包装物、低值易耗品以及其他直接材料等。

2. 直接人工

它是指直接从事产品生产的工人工资、奖金、津贴和福利费等薪酬。

3. 制造费用

它是指企业各生产单位为组织和管理生产所发生的各项费用，包括车间管理人员薪酬、固定资产折旧费和修理费、机物料耗费、办公费、差旅费、水电费、劳动保护费等。

其中，第 1、2 项与相应产品生产的关系较为密切，一般可以直接确定应计入产品制造成本的金额有多少，应将其直接计入产品制造成本。第 3 项一般为应由多种产品共同负担的共同性费用，一般不能直接计入产品的制造成本，应确定适当的分配标准和合理的分配方法，分配计入各种产品生产成本。

（二）产品成本计算

企业应设置生产成本明细账，用以归集、分配生产过程中发生的应计入产品生产成本的生产费用。生产成本明细账应按产品品种、批别或类别分别设置，应采用一定的成本计算方法，计算、确定产品制造成本。

计算产品的制造成本，必须根据企业的生产类型（生产组织和工艺技术）和管理要求，采用如品种法、分批法、分步法等不同的成本计算方法。这些具体的成本计算方法，将在成本会计课程中讲述，本课程不再涉及。

现举例说明产品制造成本的计算。下面是某企业产品生产过程中发生的相关生产费用，它们构成产品制造成本的内容，经整理有关会计凭证归纳如下：

1. 期初在产品资料

期初在产品资料如表 6—7 所示：

表 6—7　　期初在产品资料

产品名称	直接材料	直接人工	制造费用	合　计
A	320	114	118	552
B	1 600	684	676	2 960
合　计	1 920	798	794	3 512

2. 本月发生的各项生产费用

本月发生的各项生产费用如表 6—8 所示：

表 6—8 **各项生产费用资料**

产品名称	直接材料	直接人工	其他直接支出	制造费用
A	2 000	798	98	2 550
B	4 400	1 140	140	
合　计	6 400	1 938	238	2 550

3. 期末产量资料

A 产品 50 件已全部完工；B 产品 120 件，其中，完工产品 100 件，在产品 20 件。在产品成本按定额成本标准计算。单位 B 在产品各成本项目的定额成本为：直接材料 50 元、直接人工 8 元、制造费用 8.5 元。

4. 产品制造成本的计算

(1)根据期初在产品成本资料，分别登记在 A、B 产品生产成本明细账中的相应成本项目内，如表 6—9 、表 6—10 所示。

(2)根据本月发生的成本资料，将其中的直接材料、直接人工，分别登记在 A、B 产品生产成本明细账的相应成本项目内。

(3)根据本月发生的制造费用，采用一定的分配方法，分配计入 A、B 两种产品成本(假定按生产工人工资的比例分配)。

$$分配率=\frac{2\ 550}{700+1\ 000}=1.5$$

A 产品应负担的制造费用＝700×1.5＝1 050(元)

B 产品应负担的制造费用＝1 000×1.5＝1 500(元)

根据上述计算结果，分别登记在 A 、B 产品生产成本明细账中相应项目内。

表 6—9 **生产成本明细分类账**

产品名称：A 产品

2017 年		凭证号数	摘　要	借　方			
月	日			直接材料	直接人工	制造费用	合　计
略	略	略	期初在产品成本	320	114	118	552
			材料费用	2 000			2 000
			生产工人薪酬		798		798
			分配制造费用			1 050	1 050
			本期发生额	2 000	798	1 050	3 848
			结转完工产品成本(50 件)	2 320	912	1 168	4 400

表 6—10　　**生产成本明细分类账**

产品名称:B产品

2017 年		凭证号数	摘　要	借　方			
月	日			直接材料	直接薪酬	制造费用	合　计
略	略	略	期初在产品成本	1 600	684	676	2 960
			材料费用	4 400			4 400
			生产工人薪酬		1 140		1 140
			分配制造费用			1 500	1 500
			本期发生额	4 400	1 140	1 500	7 040
			结转完工产品成本(100 件)	5 000	1 664	2 006	8 670
			期末在产品成本	1 000	160	170	1 330

(4)根据 A、B 产品生产成本明细账中的各成本项目记录和在产品资料,即可计算 A、B 两种产品总成本和单位成本,编制完工产品成本计算表,如表 6—11 所示。

表 6—11　　**完工产品制造成本计算表**

成本项目	A 产品(50 件)		B 产品(100 件)	
	总成本	单位成本	总成本	单位成本
直接材料	2 320	46.40	5 000	50
直接人工	912	18.24	1 664	16.64
制造费用	1 168	23.36	2 006	20.06
合　计	4 400	88	8 670	86.70

上述 A、B 完工产品的制造成本计算根据如下计算公式求得:

完工产品制造成本＝月初在产品成本＋本月发生的生产费用－月末在产品成本

A、B 两种产品制造成本计算如下:

A 产品:由于 A 产品全部完工,没有在产品,于是其总成本就是月初在产品成本与本月发生的生产费用之和,按成本项目计算如下:

直接材料＝320＋2 000＝2 320

直接人工＝114＋798＝912

制造费用＝118＋1 050＝1 168

合计　　　4 400(元)

B 产品:由于 120 件 B 产品尚有 20 件未完工,这样应将月初在产品成本与本期发生的生产费用的合计数,按一定的方法在完工产品和在产品之间进行分配。按本例所给的条件,B 在产品按定额成本计算,其计算方法和结果如下:

直接材料＝20×50＝1 000

直接人工＝20×8＝160

制造费用＝20×8.5＝170

合计　　　1 330(元)

B产成品成本：

直接材料＝1 600＋4 400－1 000＝5 000

直接人工＝684＋1 140－160＝1 664

制造费用＝676＋1 500－170＝2 006

合计　　8 670(元)

三、产品销售成本的计算

产品销售成本即主营业务成本，是指已售产品的制造成本。根据已售产品的数量乘以产成品平均单位成本计算求得。平均单位成本的确定，可采用加权平均法、先进先出法和个别计价法等计价方法。

现仍以上例说明产品销售成本的计算方法。根据对上述某企业销售过程业务的整理，相关资料如下：

本月已售出A产品50件、B产品50件。A、B两种产成品的成本资料如表6－12、表6－13所示。

表6－12　　**库存商品明细账**

产品名称：A产品

2017年		摘　要	收　入			发　出			结　存		
月	日		数量	单价	金额	数量	单价	金额	数量	单价	金额
略	1	期初余额							30	120	3 600
		本月完工入库	50	88	4 400						
		本月销售				50	100	5 000			
	30	期末余额							30	100	3 000

表6－13　　**库存商品明细账**

产品名称：B产品

2017年		摘　要	收　入			发　出			结　存		
月	日		数量	单价	金额	数量	单价	金额	数量	单价	金额
略	1	期初余额							30	101	3 030
		本月完工入库	100	86.70	8 670						
		本月销售				50	90	4 500			
	30	期末余额							80	90	7 200

根据库存商品明细账资料，采用加权平均法，A、B产品的平均单位成本计算如下：

$$A产成品平均单位成本=\frac{3\ 600+4\ 400}{30+50}=100(元)$$

$$B产成品平均单位成本=\frac{3\ 030+8\ 760}{30+100}=90.6(元)$$

根据上述A、B产成品的平均单位成本，和已售A、B两种产成品的数量，即可求得A、B产品的销售成本：

A 产品销售成本＝100×50＝5 000(元)

B 产品销售成本＝90.6×50＝4 530(元)

关键术语

成本费用　成本计算　成本计算对象　成本计算期　费用要素　成本项目

◎ 应知考核 ◎

一、单项选择题

1. 以下所列示的各种成本中，被称为主营业务成本的是(　　)。

A. 材料采购成本　　B. 产品生产费用

C. 产品生产成本　　D. 产品销售成本

2. 下列内容中不属于材料采购成本的构成项目的是(　　)。

A. 材料的买价　　B. 外地运杂费

C. 运输途中的合理损耗　　D. 采购机构经费

3. 在企业经营过程中，当可以直接确定某种费用是为某项经营活动产生时，我们称这种费用为该成本计算对象的(　　)。

A. 生产费用　　B. 直接费用　　C. 间接费用　　D. 期间费用

4. 企业购入材料发生的运杂费等采购费用，应计入(　　)。

A. 管理费用　　B. 材料采购成本　　C. 生产成本　　D. 销售费用

5. 下列项目中，不属于材料采购费用的是(　　)。

A. 材料的运输费　　B. 材料的装卸费

C. 材料入库前的挑选整理费用　　D. 材料的买价

6. 下列费用中不可以计入产品成本的是(　　)。

A. 直接材料费　　B. 管理费用　　C. 直接人工费　　D. 制造费用

7. 某企业本期已销产品的生产成本为 50 000 元，销售费用为 4 000 元，税金及附加为 6 000 元，其产品销售成本为(　　)。

A. 56 000 元　　B. 50 000 元　　C. 60 000 元　　D. 54 000 元

8. 企业基本生产车间主任和技术人员的工资费用，应计入(　　)。

A. 生产成本　　B. 制造费用　　C. 管理费用　　D. 销售费用

9. 应计入产品成本，但不能分清应由何种产品负担的费用，应该(　　)。

A. 直接计入当期损益　　B. 作为管理费用处理

C. 计入制造费用，期末再分配计入产品成本　　D. 直接计入生产成本账户

10. 生产车间发生的制造费用经过分配之后，一般应记入(　　)。

A. “库存商品”账户　　B. “本年利润”账户

C. “生产成本”账户　　D. “主营业务成本”账户

二、多项选择题

1. 下列内容构成材料采购成本的有(　　)。

A. 材料的买价　　B. 采购费用

C. 增值税进项税额　　D. 采购机构经费

2. 可以用来作为分配材料采购费用标准的有（　　）。

A. 材料的买价　　B. 材料的重量　　C. 材料的种类　　D. 材料的体积

3. 影响本月完工产品成本计算的因素有（　　）。

A. 月初在产品成本　　B. 本月发生的生产费用

C. 本月已销产品成本　　D. 月末在产品成本

4. 产品生产成本的成本项目包括（　　）。

A. 直接费用　　B. 直接材料费　　C. 直接人工费　　D. 管理费用

5. 下列各项内容中，应计入制造费用的有（　　）

A. 车间管理人员工资　　B. 厂部管理人员工资

C. 生产车间办公费　　D. 厂部办公费

6. 为了正确地划分费用与成本的界限，制造业企业不得（　　）。

A. 将应计入产品生产成本的生产费用计入期间费用

B. 将制造费用计入产品生产成本

C. 将期间费用计入产品生产成本

D. 将销售费用计入产品生产成本

7. 对于制造业企业而言，下列内容中应通过“制造费用”账户进行核算的有（　　）。

A. 生产车间管理人员的薪酬　　B. 生产车间生产工人的薪酬

C. 生产车间固定资产折旧费　　D. 行政管理部门固定资产折旧费

8. 下列费用中，属于生产车间间接费用的是（　　）。

A. 为制造产品领用的材料　　B. 车间修理设备领用的材料

C. 车间管理人员工资　　D. 生产产品工人的工资

9. 生产成本明细账中的成本项目一般设置为（　　）。

A. 直接材料　　B. 直接人工　　C. 制造费用　　D. 管理费用

10. 工资分配核算可能涉及（　　）账户。

A.“生产成本”　　B.“管理费用”　　C.“应付职工薪酬”　　D.“制造费用”

三、判断题

1. 产品成本也就是产品的制造成本。（　　）

2. 工业企业发生的工资费用不一定都是生产费用。（　　）

3. 企业购入的原材料的采购成本中包括增值税进项税额。（　　）

4. 费用和成本是既有联系又有区别的两个概念，费用与特定的计算对象相联系，而成本与特定的会计期间相联系。（　　）

5. 成本是计量经营耗费和确定补偿尺度的重要工具。（　　）

6. 材料费用、外购动力费用、折旧费、制造费用属于要素费用。（　　）

7. 燃料费用和工资费用是产品成本项目。（　　）

8. 产品成本项目就是计入产品成本的生产费用按经济内容进行分类核算的项目。（　　）

9. 工业企业的期间费用按照经济内容可分为销售费用、管理费用和财务费用。（　　）

10. 计入产品成本的各项生产费用，按计入产品成本的方法，可以分为直接计入费用和间接计入费用。（　　）

四、简答题

1. 成本有哪些作用？成本计算的意义如何？

2. 成本计算的基本原理的具体内容有哪些？
3. 成本计算的基本要求是什么？成本计算的一般程序有哪些？
4. 材料采购成本由哪些具体内容构成？如何计算？
5. 产品制造成本由哪些具体内容构成？如何计算？

◎ 应会考核 ◎

★业务考核

【考核项目】

企业经营过程中各项成本的计算及其对企业经营成果的影响。

【背景资料】

利和股份公司所属某工厂只生产一种产品，2017 年 6 月的有关资料如下：

(1)原材料月初余额 368 000 元，月末余额 672 000 元；在产品月初余额 125 000 元，月末余额 158 000 元；库存商品月初余额 567 800 元，月末余额 852 000 元。

(2)本月有关项目的发生额分别为：生产工人工资 320 000 元，车间管理人员工资 100 000 元，厂部行政管理人员工资 60 000 元；本月购入材料 460 000 元，车间一般性消耗材料 72 000 元(本月发出的材料均用于车间产品的生产和一般性消耗)；本月销售产品的收入 1 280 000 元；本月发生的折旧费计 32 800 元，其中机器设备折旧费 16 000 元，车间用房的折旧费 12 000 元，厂部办公用房折旧费 4 800 元；本月发生的利息费用 3 000 元；本月发生的销售产品的广告费 20 000 元；本月销售产品应缴纳的税金 64 000 元；本月发生的保险费等合计为 10 000 元。公司适用的所得税税率为 25%。

【考核要求】

计算本月完工入库产品的生产成本、本月销售产品的成本和本月的利润总额以及净利润额各是多少。

★技能考核

【考核项目】

产品制造成本和销售成本的计算。

【背景资料】

大通工厂生产 A、B 两种产品，2017 年 4 月份有关资料如下：

资料一

表 6—14　　期初在产品成本资料

产品名称	直接材料	直接工资	其他直接支出	制造费用	合　计
A	4 500	3 000	800	1 200	9 500
B	10 000	7 000	2 600	6 000	25 600
合　计	14 500	10 000	3 400	7 200	35 100

资料二

本月发生的生产费用如下：

(1)仓库发出材料，用途如下：

	甲材料	乙材料
A 产品耗用	6 000 元	4 000 元
B 产品耗用	12 500 元	7 500 元

车间一般耗用	2 000 元	400 元

(2)本月应付职工工资如下:

A产品生产工人工资	18 000
B产品生产工人工资	32 000
车间管理人员工资	8 000

(3)按各自工资总额的14%计提职工福利费;

(4)用银行存款支付车间办公费1 000元,水电费880元;

(5)摊销应由本月负担的车间设备租金1 000元;

(6)预提车间设备修理费600元;

(7)计提车间用设备折旧1 000元;

(8)将本月发生的制造费用按生产工人的工资比例分配计入A、B产品制造成本;

(9)本月生产的A产品20台、B产品50台完工,验收入库,结转成本,假设没有期末在产品。

【考核要求】

(1)编制有关业务的会计分录;

(2)开设并登记A、B产品生产成本明细账;

(3)编制A、B产品生产成本计算单。

★案例题

利和股份公司所属的宏远工厂生产M产品,构成M产品实体的主要材料为乙材料,其次为甲材料和丙材料。该工厂对原材料采取定向采购策略,其中,甲材料自友谊工厂购入,乙材料自胜利工厂购入,丙材料自捷达工厂购入。本月各种材料只购入一次。该工厂的会计在按照平行登记的原则记账时,误记了有关的明细账户,导致总分类账户与相关明细分类账户记录结果不符的错误,其不符的记录如下:

原材料总账余额:72 800元

其中:甲材料　25 300元

　　　乙材料　11 000元

　　　丙材料　 6 500元

应付账款总账余额:50 200元

其中:友谊工厂　15 000元

　　　胜利工厂　28 700元

　　　捷达工厂　 6 500元

公司的会计人员在对有关明细账进行检查时,发现下列有助于查找错误的内容:自友谊工厂购入甲材料时即付15 000元,乙材料中现购7 600元,原材料明细账户中只有一个明细账户记错。

案例要求:

假如你是宏远公司的会计,请指出记账过程中的错误所在,并予以更正。

◎ 项目实训 ◎

【实训项目】

生产费用的归集和生产成本的计算及其相关会计处理。

【实训情境】

光明灯泡厂是一家生产普通灯泡的企业,其灯泡是由铁头、泡壳、三管和三丝(灯丝、导丝、铂丝)装配而成的。2017年6月份发生下列经济业务:

(1)销售人员出差预借差旅费5 000元,付给现金。

(2)向黎民工厂购入 A60 泡壳 50 万只，每万只 500 元，三管 5 000 千克，每千克 8 元，材料均已验收入库(A60 泡壳每百只 5.5 千克)。款项通过银行支付。

(3)向黎民工厂购入的材料共同应该负担的外地运杂费共 300 元，支票支付。

(4)银行通知，向浦东金属材料厂购入的三丝材料款已全部支付，购入的材料包括：钨丝 400 万米，每万米 200 元；紫铜丝 350 千克，每千克 12 元；铂丝 50 万米，每万米 250 元(钨丝每千米 160 克，铂丝每千米 100 克)。

(5)用银行存款 50 000 元预付给锦江工厂订购铁头。

(6)销售人员出差归来报销差旅费 4 500 元，余额退回现金。

(7)用银行存款支付从黎民工厂购入材料的买价及运杂费，其中 A60 泡壳 80 万只，每万只 500 元，三管 2 000 千克，每千克 8 元，外地运杂费 200 元。材料验收入库。

(8)本月从浦东工厂购入的三丝材料验收入库。

(9)锦江工厂退回多余的预付款 1 000 元，并附有发票及运费单据，发票注明购入铁头 160 万个，每万个 305 元，运杂费 200 元。

(10)上述铁头验收入库时发现损坏一包(2 000 个)，经查应由铁路部门负责，已向铁路部门要求赔偿。

(11)用银行存款 120 元支付本月购入的三丝外地运杂费。

(12)用现金 100 元支付本月购入的三丝、铁头的市内运杂费。

(13)月末结转本月购入材料的采购成本。

【实训要求】

(1)编制本月业务的会计分录；

(2)编制本月购入材料的采购成本计算表；

(3)各种材料的外地运杂费按照材料的重量进行分配。

项目七　填制和审核会计凭证

【知识目标】

理解：会计凭证的概念、作用、种类、填制要求和传递程序。

熟知：原始凭证填制、审核及会计凭证保管的一般要求。

掌握：各种专用记账凭证的填制方法。

【技能目标】

能够熟悉会计凭证的填制要求和方法，掌握编制记账凭证的基本技能。

【素质目标】

了解正确填制和审核会计凭证的重要现实意义；企业、单位的会计凭证是多种多样的，正确地辨析其所反映的经济内涵，是会计人员的基本素质之一。

【项目引例】

财务人员审核凭证出大错

甬江公司总经理王刚出差回来后，到财务部门报销差旅费。出差前，他曾预支差旅费20 000元，报销时他持有的差旅费单据金额为19 800元，同时交回现金200元给出纳员李丽。

出纳员李丽收回现金200元后，将原预支差旅费的借款单交回王刚，表示解除了王刚与公司之间的债权债务关系。

会计员赵红立即根据王刚报销时所交来的有关单据填制记账凭证，记账凭证上标明的会计分录为"借：管理费用19 800元，贷：库存现金19 800元"，随后立即根据该记账凭证登记账簿。

后来，注册会计师审计时，发现该记账凭证及其所附的原始凭证均无审核人员签章，同时有一张金额为10 500元的飞机票与王刚出差地点不符，且飞机票上的名字为樊小莉。

【讨论】

(1)上述做法违反了哪些会计核算规定？

(2)甬江公司及其有关人员应承担哪些法律责任？

(3)甬江公司财务人员的上述行为违反了哪些会计职业道德规范？

【知识精讲】

任务一　会计凭证概述

一、会计凭证的概念

会计凭证是记录经济业务、明确经济责任的书面证明，也是登记账簿的依据。

会计管理工作要求会计核算提供真实的会计资料，强调记录的经济业务必须有根有据。因此，任何企业、事业和行政单位，每发生一笔经济业务，都必须由执行或完成该项经济业务的有关人员取得或填制会计凭证，并在凭证上签名或盖章，以对凭证上所记载的内容负责。

会计凭证都必须认真填制，同时还得经过财会部门严格审核，只有审核无误的会计凭证才能作为经济业务发生或完成的证明，才能作为登记账簿的依据。

二、会计凭证的作用

填制和审核会计凭证是会计核算方法之一，也是会计核算工作的基础。填制和审核会计凭证在经济管理中具有重要作用。

(一)为会计核算提供原始依据

任何经济业务发生都必须取得或填制会计凭证，如实地反映经济业务发生或完成情况。会计凭证上记载了经济业务发生的时间和内容，从而为会计核算提供了原始凭据，保证了会计核算的客观性与真实性，克服了主观随意性，使会计信息的质量得到了可靠保障。

(二)发挥会计监督作用

经济业务是否合法、合理，是否客观真实，在记账前都必须经过财会部门审核。通过审核会计凭证，可以充分发挥会计监督作用。通过检查每笔经济业务是否符合有关政策、法令、制度、计划和预算的规定，有无铺张浪费和违纪行为，从而促进各单位和经办人树立遵纪守法的观念，促使各单位建立健全各项规章制度，确保财产安全完整。

(三)加强岗位责任制

每一笔经济业务发生或完成都要填制和取得会计凭证，并由相关单位和人员在凭证上签名盖章，这样能促使经办人员严格按照规章制度办事。一旦出现问题，便于分清责任，及时采取措施，有利于岗位责任制的落实。

三、会计凭证的分类

经济业务的纷繁复杂决定了会计凭证是多种多样的。为了正确地使用和填制会计凭证，必须对会计凭证进行分类。会计凭证按照编制的程序和用途不同，可分为原始凭证和记账凭证。

(一)原始凭证

任何经济业务发生都必须填制和取得原始凭证，原始凭证是会计核算的原始依据。

(二)记账凭证

记账凭证是财会部门根据审核无误的原始凭证进行归类、整理，记载经济业务简要内容，确定会计分录的会计凭证。记账凭证是登记会计账簿的直接依据。

总之，原始凭证主要用于记录经济业务，明确经济责任；记账凭证主要用于确定会计分录，并以此作为登账的依据。

原始凭证与记账凭证的区别:

(1)填制人员不同:原始凭证大多是由经办人员填制,记账凭证一律由本单位的会计人员填制。

(2)填制依据不同:原始凭证是根据已经发生或完成的经济业务填制,记账凭证是根据审核后的原始凭证填制。

(3)填制方式不同:原始凭证只是经济业务发生时的原始证明,记账凭证是依据会计科目对已经发生的经济业务进行归类。

(4)发挥作用不同:原始凭证是填制记账凭证的依据,记账凭证是登记会计账簿的依据。

任务二 填制和审核原始凭证

一、原始凭证的概念

原始凭证是在经济业务发生或完成时由相关人员取得或填制的,用以记录或证明经济业务发生或完成情况并明确有关经济责任的一种原始凭据。任何经济业务发生都必须填制和取得原始凭证。原始凭证是会计核算的原始依据,具有较强的法律效力,是一种很重要的会计凭证。

任何原始凭证都具有下列基本经济内容:凭证的名称;填制凭证的日期;接受凭证单位的名称;经济业务的内容摘要;数量、单价和金额;填制单位、经办人员的签名或盖章。

二、原始凭证的种类

(一)原始凭证按其来源不同,可分为外来原始凭证和自制原始凭证

1. 外来原始凭证

外来原始凭证是在经济业务活动发生或完成时,从其他单位或个人直接取得的原始凭证。如增值税专用发票、非增值税及小规模纳税人的发票、铁路运输部门的火车票、由银行转来的结算凭证和对外支付款项时取得的收据等都是外来原始凭证。其格式如表 7－1 所示。

表 7—1 ×××××增值税专用发票 № 11 000 345 070

47 000 345 890 记账联 开票日期:2017 年 7 月 7 日

<table>
<tr><td>购货单位</td><td colspan="3">名 称:×××××××
纳税人识别号:×××××
地址、电话:×××××
开户行及账号:×××××</td><td>密码区</td><td colspan="3">1＜003＋1＜＋84 362－2＊212＞
＜808＜0 884＋/0＊294＋＜－＜
78＞45＞－＊3/32＊26－844/0
01－3 018 012＊435＊＞1＞＞8</td><td>加密版本:01
1 100 051 170
00 496 153</td></tr>
<tr><td colspan="2">货物或应税劳务名称

合 计</td><td>规格型号</td><td>单位</td><td>数量</td><td>单价</td><td>金 额</td><td>税率</td><td>税 额</td></tr>
<tr><td colspan="2">价税合计(大写)</td><td colspan="7">(小写)¥</td></tr>
<tr><td>销货单位</td><td colspan="3">名 称:×××××××
纳税人识别号:×××××
地址、电话:×××××
开户行及账号:×××××</td><td>备注</td><td colspan="4"></td></tr>
</table>

收款人:×× 复核:×× 开票人:×× 销货单位(章)

2. 自制原始凭证

自制原始凭证是指由本单位内部经办业务的部门和人员，在执行或完成某项经济业务时所填制的、仅供本单位内部使用的原始凭证，如验收材料时填制的收料单、产品出库单、工资发放明细表、领料单、销货发票、产品入库单等。其格式如表 7—2 所示。

表 7—2 **收 料 单**

2017 年 8 月 8 日 单位：千克

材料类别编号	材料名称	供货单位	购买数量	实收数量
主要材料	A 材料	北方公司	300	300

仓库名称：2 号 收料人：×× 制表人：××

（二）原始凭证按填制方法和内容不同，可以分为一次凭证、累计凭证和汇总原始凭证

1. 一次凭证

一次凭证是指一次填制完成的原始凭证。它反映一笔经济业务或同时反映若干同类经济业务的内容。外来原始凭证一般均属一次凭证，自制原始凭证中大多数也是一次凭证。日常的原始凭证多属此类，如“现金收据”、“发货票”、“收料单”、“职工借款单”等。一次凭证能够清晰地反映经济业务活动情况，使用方便灵活，但数量较多(见表 7—3)。

表 7—3 **借款申请单**

编号： 2017 年 8 月 12 日

借款人	王磊		
用　途	出差预借差旅费		
金额(大写)	人民币贰仟元整		¥2 000.00
还款计划	2017 年 8 月 20 日		
领导批示		借款人盖章	王　磊

2. 累计凭证

累计凭证是指在一张凭证上连续登记一定时期内不断重复发生的若干同类经济业务，直到期末才能填制完毕的原始凭证。累计凭证可以连续登记相同性质的经济业务，随时计算出累计数及结余数，期末按实际发生额记账，如“费用限额卡”、“限额领料单”等(见表 7—4)。

表 7—4 **限 额 领 料 单**

领料部门：一车间 凭证编号：×××

用　　途：电动机 2017 年 10 月份 发料仓库：×××

材料类别	材料编号	材料名称及规格	计量单位	领用限额	实际领用	单 价	金 额	备 注
××	××	A 种钢材	吨	10	8	500	4 000	
供应部门负责人：					生产计划部门负责人：			

续表

日期	数 量		领料人签章	发料人签 章	扣除代用数量	退 料			限额结余
	请领	实发				数 量	收料人	发料人	
2	1	1	×××	×××					9
5	2	2	×××	×××		1	×	×	8
20	6	6	×××	×××					2
合计	9	9				1			2

3. 汇总凭证

汇总凭证也称原始凭证汇总表，是根据许多同类经济业务的原始凭证或会计核算资料定期加以汇总而重新编制的原始凭证，如“发出材料汇总表”、“差旅费报销单”等。汇总凭证既可以提供经营管理所需要的总量指标，又可以大大简化核算手续(见表7—5)。

表7—5 **发料凭证汇总表**

2017年10月5日

会计科目	领料部门	领料单张数	原材料	燃 料	××	合 计
生产成本	一车间	20	35 000			35 000
	二车间	10	15 000			15 000
	小 计	30	50 000			50 000
制造费用	一车间	10	20 000			20 000
	二车间	10	15 000			15 000
	小 计	20	35 000			35 000
合 计		50	85 000			85 000

会计主管　　记账　　复核　　制表

(三)原始凭证按其用途不同，可以分为通知凭证、执行凭证和计算凭证三种

1. 通知凭证

通知凭证是指要求、指示或命令企业进行某项经济业务的原始凭证，如“罚款通知书”、“付款通知单”等。

2. 执行凭证

执行凭证是指用来证明某项经济业务发生或已经完成的原始凭证，如“销货发票”、“材料验收单”、“领料单”等。

3. 计算凭证

计算凭证是指根据原始凭证和有关会计核算资料而编制的原始凭证。计算凭证一般是为了便于以后记账和了解各项数据来源及产生的情况而编制的，如“制造费用分配表”、“产品成本计算单”、“工资结算表”等。

(四)原始凭证按其格式不同，可以分为通用凭证和专用凭证两种

1. 通用凭证

通用凭证是指全国或某一地区、某一部门统一格式的原始凭证，如由银行统一印制的结算

凭证、税务部门统一印制的发票等。

2. 专用凭证

专用凭证是指一些单位具有特定内容、格式和专门用途的原始凭证，如高速公路通过费收据、养路费缴款单等。

以上是按不同的标志对原始凭证进行的分类。它们之间是相互依存、密切联系的，有些原始凭证按照不同的分类标准分别属于不同的种类。如现金收据对出具收据的单位来说是自制原始凭证；而对接收收据的单位来说则是外来原始凭证；同时，它既是一次凭证，又是执行凭证，也是专用凭证。外来的凭证大多为一次凭证，计算凭证、累计凭证大多为自制原始凭证。

三、原始凭证的填制要求

填制原始凭证，要由填制人员将各项原始凭证要素按规定方法填写齐全，办妥签章手续，明确经济责任。

由于各种凭证的内容和格式千差万别，因此，原始凭证的具体填制方法也不同。一般来说，自制原始凭证通常有三种形式：一是根据经济业务的执行和完成的实际情况直接填列，如根据实际领用的材料品名和数量填制领料单等；二是根据账簿记录对某项经济业务进行加工整理填列，如月末计算产品成本时，先要根据“制造费用”账户本月借方发生额填制“制造费用分配表”，将本月发生的制造费用按照一定的分配标准分配到有关产品成本中去，然后再计算出某种产品的生产成本；三是根据若干张反映同类业务的原始凭证定期汇总填列，如发出材料汇总表。外来原始凭证是由其他单位或个人填制的。它与自制原始凭证一样，也要具备能证明经济业务完成情况和明确经济责任所必需的内容。

原始凭证是具有法律效力的证明文件，是进行会计核算的依据，必须认真填制。为了保证原始凭证能清晰地反映各项经济业务的真实情况，原始凭证的填制必须符合以下要求：

（一）记录真实

原始凭证中应填写的项目和内容必须真实、正确地反映经济业务的原貌。无论是日期、内容、数量还是金额，都必须与实际情况完全相符，以确保凭证内容真实可靠。

（二）内容完整

原始凭证中的所有项目必须填写齐全，不能缺漏。原始凭证的基本内容和补充内容都应该逐项填列，名称要齐全，不能简化，品名或用途要填写明确，有关人员的签章必须齐全。项目填列不全的原始凭证不能作为经济业务的合法证明，也不能作为编制记账凭证的附件和依据。

（三）书写规范

在填写原始凭证时要用蓝色或黑色笔书写，字迹清楚、规范，大小写金额要相同。数字和货币符号的书写要符合下列要求：

（1）数字要一个一个地写，不得连笔写。特别是在要连写几个“0”时，也一定要单个地写，不能将几个“0”连在一起一笔写完。数字排列要整齐，数字之间的空隔要均匀，不宜过大。此外，阿拉伯数字的书写还应有高度的标准，一般要求数字的高度占凭证横格的 1/2 为宜。书写时还要注意紧靠横格底线，使上方能有一定的空位，以便需要进行更正时可以再次书写。

（2）阿拉伯数字前面应该书写货币币种或者货币名称简写和币种符号。币种符号与阿拉伯数字之间不得留有空白。凡阿拉伯金额数字前写有货币币种符号的，数字后面不再写货币单位。所有以元为单位（其他货币种类为货币基本单位，下同）的阿拉伯数字，除表示单价等情况外，一律填写到角分；无角分的，角位和分位写“00”或者符号“—”；有角无分的，分位应当写

“0”，不得用符号“—”代替。在发货票等须填写大写金额数字的原始凭证上，如果大写金额数字前未印有货币名称，应当加填货币名称，然后在其后紧接着填写大写金额数字，货币名称和金额数字之间不得留有空白。

（3）汉字填写金额如零、壹、贰、叁、肆、伍、陆、柒、捌、玖、拾、佰、仟、万、亿等，应一律用正楷或行书体填写，不得用〇、一、二、三、四、五、六、七、八、九、十等简化字代替。不得任意自造简化字。大写金额数字到元或角为止的，在“元”或“角”之后应当写“整”或“正”字。阿拉伯金额数字之间有“0”时，汉字大写金额应写“零”字；阿拉伯金额数字中间连续有几个“0”时，大写金额中可以只有一个“零”；阿拉伯金额数字元位为“0”或者数字中间连续有几个“0”，元位也是“0”，但角位不是“0”时，汉字大写金额可以只写一个“零”字，也可以不写“零”字。

（四）手续完备

原始凭证在填制完成后，经办人员和有关责任人员都要认真审核并签章，对凭证的真实性、合法性负责。对于一些重大的经济业务，还应经过本企业负责人签章，以示批准的职权。

（五）填制及时

原始凭证应在经济业务发生或完成时及时填制，不得拖延或事后补制。并按规定的程序和手续传递至会计部门，以进行审核和记账。

四、原始凭证的审核及更正

为了正确地反映和监督各项经济业务，保证核算资料的真实、正确和合法，会计部门和经办业务的有关部门，必须对原始凭证进行严格认真的审核。审核内容有：

（一）合法性

审查原始凭证上所记载的经济业务内容是否符合国家的政策、法令、制度等有关规定。对于不合法的原始凭证不予受理；对严重违法的原始凭证在不予受理的同时，还应当予以扣留，并及时向单位领导人报告，请求查明原因，追究当事人责任。

（二）真实性

审查原始凭证上所记载的经济业务发生的时间、地点、当事人、内容的真实可靠性。不能有弄虚作假，以及伪造、篡改经济业务的情况发生。

（三）完整性

审查原始凭证的内容、项目是否全面，填制手续是否齐全，并符合规定要求。对记载不准确、不完整，审批手续不全的原始凭证予以退回，并要求经办人员更正、补充。

（四）正确性

审查原始凭证中的数字计算是否正确，书写是否清楚。如果原始凭证的金额有错误，不得更正，应退回原出具单位重新填制。

各种原始凭证不能随意涂改、刮擦、挖补，如果填写过程中出现文字或数字错误，应采用规定方法予以更正。对于数字发生错误的原始凭证，必须退回原开出单位重开，并在更正处加盖更正单位公章及相关人员名章，不可在原错误处更正。对于文字发生错误的原始凭证，应退回原开出单位重开，或在错误处进行更正，并在更正处加盖更正单位公章及相关人员名章。对于一些重要的原始凭证，如支票以及各种结算凭证，一律不得涂改，更不得撕毁，应办理作废手续后重新填制，作废的原始凭证要加盖“作废”戳记，按原编号顺序与其他存根联一起保存。

任务三　填制和审核记账凭证

一、记账凭证的概念

记账凭证是会计人员根据审核后的原始凭证进行归类、整理，并确定会计分录而编制的会计凭证，是登记账簿的依据。由于原始凭证只表明经济业务的内容，而且种类繁多、数量庞大、格式不一，因而不能直接记账。为了做到分类反映经济业务的内容，必须按会计核算方法的要求，将其归类、整理、编制记账凭证，标明经济业务应计入的账户名称及应借应贷的金额，作为记账的直接依据。

记账凭证虽然种类、格式多样，但一般都具备以下内容：填制记账凭证的日期；记账凭证名称和编号；经济业务摘要；会计科目、记账方向及金额；所附原始凭证的张数；填制凭证人员、稽核人员、记账人员、会计机构负责人、会计主管人员签名或者盖章；记账符号。

二、记账凭证的种类

（一）记账凭证按其所反映的经济业务内容不同，可分为收款凭证、付款凭证和转账凭证

1. 收款凭证

收款凭证是指专门用于记录现金和银行存款收款业务的会计凭证。收款凭证是出纳人员收讫款项的依据，也是登记总账、现金日记账和银行存款日记账以及有关明细账的依据，一般按现金和银行存款分别编制，如表7—6所示。

表7—6　　**收 款 凭 证**

借方科目：　　年　月　日　　收字第　号

摘　要	贷方科目		记账（√）	金　额
	一级科目	二级或明细科目		
合　计				

附件　张

财务主管：　记账：　出纳：　审核：　制单：

2. 付款凭证

付款凭证是指专门用于记录现金和银行存款付款业务的会计凭证。付款凭证是出纳人员支付款项的依据，也是登记总账、现金日记账和银行存款日记账以及有关明细账的依据，一般按现金和银行存款分别编制，如表7—7所示。

表 7—7

付款凭证

贷方科目：	年 月 日	付字第 号

摘 要	借方科目		记账（√）	金 额	
	一级科目	二级或明细科目			附件
					张
合 计					

财务主管： 记账： 出纳： 审核： 制单：

如果是银行存款和现金之间相互划拨的业务，如将现金存入银行，或者从银行提取现金的业务，按我国会计实务的惯例应编制付款凭证，一般不编制收款凭证，更不能将一笔业务编制两张凭证。

3. 转账凭证

转账凭证是指专门用于记录不涉及现金和银行存款收付款业务的会计凭证。它是登记总账和有关明细账的依据，如表 7—8 所示。

表 7—8

转账凭证

年 月 日	转字第 号

摘 要	会计科目		记账（√）	借方金额	贷方金额	
	一级科目	二级或明细科目				附件
						张
合 计						

财务主管： 记账： 审核： 制单：

将记账凭证划分为收款凭证、付款凭证和转账凭证，便于提供分类核算数据，为记账工作提供方便，但工作量较大，适用于规模较大、收付业务较多的单位。在实际工作中，规模小、业务简单的单位，也可以统一使用一种格式的记账凭证，即通用记账凭证。它的格式与转账凭证基本相同，如表 7—9 所示。

表 7—9

通用记账凭证

年 月 日	记字第 号

摘 要	会计科目		记账（√）	借方金额	贷方金额	
	一级科目	二级或明细科目				附件
						张
合 计						

财务主管： 记账： 出纳： 审核： 制单：

收款凭证、付款凭证和转账凭证分别用于记录现金、银行存款收款业务、付款业务和转账业务(与现金、银行存款收支无关的业务),为了便于识别,各种凭证印制成不同的颜色。在会计实务中,对于现金和银行存款之间的收付款业务,为了避免记账重复,一般只编制付款凭证,不编制收款凭证。

(二)记账凭证按其填列方式不同,可分为复式记账凭证和单式记账凭证

1. 复式记账凭证

复式记账凭证是指将每一笔经济业务事项所涉及的全部会计科目及其发生额均在同一张凭证中反映的一种记账凭证。即一张记账凭证上登记一项经济业务所涉及的两个或者两个以上的会计科目,既有“借方”,又有“贷方”。复式记账凭证优点是可以集中反映账户的对应关系,有利于了解经济业务的全貌;同时还可以减少凭证的数量,减轻编制记账凭证的工作量,便于检验会计分录的正确性。其缺点是不便于汇总计算每一会计科目的发生额和进行分工记账。在实际工作中,普遍使用的是复式记账凭证。上述介绍的收款凭证、付款凭证、转账凭证都是复式记账凭证。

2. 单式记账凭证

单式记账凭证是在每张凭证上只填列经济业务事项所涉及的一个会计科目及其金额的记账凭证。填列借方科目的称为借项记账凭证,填列贷方科目的称为贷项记账凭证(见表7—10、表7—11)。一项经济业务涉及几个科目,就分别填制几张凭证,并采用一定的编号方法将它们联系起来。单式凭证的优点是内容单一,便于记账工作的分工,也便于按科目汇总,并可加速凭证的传递。其缺点是凭证张数多,内容分散,在一张凭证上不能完整地反映一笔经济业务的全貌,不便于检验会计分录的正确性,故需加强凭证的复核、装订和保管工作。

表7—10　　**借项记账凭证**

对方科目　　年　月　日　　编号

摘　要	一级科目	二级或明细科目	金　额	记　账

附件　张

会计主管:　　记账:　　审核:　　出纳:　　制单:

表7—11　　**贷项记账凭证**

对方科目　　年　月　日　　编号

摘　要	一级科目	二级或明细科目	金　额	记　账

附件　张

会计主管:　　记账:　　审核:　　出纳:　　制单:

三、记账凭证的填制

(一)记账凭证的填制要求

填制记账凭证是一项重要的会计工作,为了便于登记账簿,保证账簿记录的正确性,填制记账凭证应符合以下要求:

1. 依据真实

除结账和更正错误外,记账凭证应根据审核无误的原始凭证及有关资料填制,记账凭证必须附有原始凭证并如实填写所附原始凭证的张数。记账凭证所附原始凭证张数的计算一般应以原始凭证的自然张数为准。如果记账凭证中附有原始凭证汇总表,则应该把所附的原始凭证和原始凭证汇总表的张数一起计入附件的张数之内。但报销差旅费等零散票券,可以粘贴在一张纸上,作为一张原始凭证。一张原始凭证如果涉及几张记账凭证的,可以将原始凭证附在一张主要的记账凭证后面,在该主要记账凭证摘要栏注明"本凭证附件包括××号记账凭证业务"字样,并在其他记账凭证上注明该主要记账凭证的编号或者附上该原始凭证的复印件,以便复核查阅。如果一张原始凭证所列的支出需要由两个以上的单位共同负担时,应当由保存该原始凭证的单位开给其他应负担单位原始凭证分割单,原始凭证分割必须具备原始凭证的基本内容,并可作为填制记账凭证的依据,计算在所附原始凭证张数之内。

2. 内容完整

记账凭证应具备的内容都要具备,要按照记账凭证上所列项目逐一填写清楚,有关人员的签名或者盖章要齐全不可缺漏。如有以自制的原始凭证或者原始凭证汇总表代替记账凭证使用的,也必须具备记账凭证应有的内容。金额栏数字的填写必须规范、准确,与所附原始凭证的金额相符。金额登记方向、数字必须正确,角分位不留空格。

3. 分类正确

填制记账凭证,要根据经济业务的内容,区别不同类型的原始凭证,正确应用会计科目和记账凭证。记账凭证可以根据每一张原始凭证填制,或者根据若干张同类原始凭证汇总填制,也可以根据原始凭证汇总表填制,但不得将不同内容或类别的原始凭证汇总填制在一张记账凭证上,会计科目要保持正确的对应关系。一般情况下,现金或银行存款的收、付款业务,应使用收款凭证或付款凭证;不涉及现金和银行存款收付的业务,如将现金送存银行,或者从银行提取现金,应以付款业务为主,只填制付款凭证不填制收款凭证,以避免重复记账。在一笔经济业务中,如果既涉及现金或银行存款收、付,又涉及转账业务,则应分别填制收款或付款凭证和转账凭证。例如,单位职工出差归来报销差旅费并交回剩余现金时,就应根据有关原始凭证按实际报销的金额填制一张转账凭证,同时按收回的现金数额填制一张收款凭证。各种记账凭证的使用格式应相对稳定,特别是在同一会计年度内,不宜随意更换,以免引起编号、装订、保管方面的不便与混乱。

4. 日期正确

记账凭证的填制日期一般应填制记账凭证当天的日期,不能提前或拖后;按权责发生制原则计算收益、分配费用、结转成本利润等调整分录和结账分录的记账凭证,虽然需要到下月才能填制,但为了便于在当月的账内进行登记,仍应填写当月月末的日期。

5. 连续编号

为了分清会计事项处理的先后顺序,以便记账凭证与会计账簿之间的核对,确保记账凭证完整无缺,填制记账凭证时,应当对记账凭证连续编号。记账凭证编号的方法有多种:一种是将全部记账凭证作为一类统一编号；另一种是分别按现金和银行存款收入业务、现金和银行付出业务、转账业务三类进行编号，这样记账凭证的编号应分为收字第×号、付字第×号、转字第×号；还有一种是分别按现金收入、现金支出、银行存款收入、银行存款支出和转账业务五类进行编号，这种情况下，记账凭证的编号应分为现收字第×号、现付字第×号、银收字第×号、银付字第×号和转字第×号，或者将转账业务按照具体内容再分成几类编号。各单位应当根据本单位业务繁简程度、会计人员多寡和分工情况来选择便于记账、查账、内部稽核、简单严密的编号方法。无论采用哪一种编号方法，都应该按月顺序编号，即每月都从一号编起，按自然数1、2、3、4、5……顺序编至月末，不得跳号、重号。一笔经济业务需要填制两张或两张以上记账凭证的，可以采用分数编号法进行编号，例如，一笔经济业务需要编制两张转账凭证，凭证顺序号7，其编号可表示为$7\frac{1}{2}$号、$7\frac{2}{2}$号，前面的数表示凭证顺序，后面分数的分母表示该号凭证共有两张，分子表示两张凭证中的第一张、第二张。

6. 简明扼要

记账凭证的摘要栏是填写经济业务简要说明的，摘要应与原始凭证内容一致，能正确反映经济业务的主要内容，既要防止简而不明，又要防止过于烦琐。应能使阅读者通过摘要就能了解该项经济业务的性质、特征，判断出会计分录的正确与否，一般不需要再去翻阅原始凭证或询问有关人员。

7. 分录正确

会计分录是记账凭证中重要的组成部分，在记账凭证中，要正确编制会计分录并保持借贷平衡，就必须根据国家统一会计制度的规定和经济业务的内容，正确使用会计科目，不得任意简化或改动。应填写会计科目的名称，或者同时填写会计科目的名称和会计科目编号，不应只填编号，不填会计名称。应填明总账科目和明细科目，以便于登记总账和明细分类账。会计科目的对应关系要填写清楚，应先借后贷，一般填制一借一贷、一借多贷或者多借一贷的会计分录。但如果某项经济业务本身就需要编制一个多借多贷的会计分录时，也可以填制多借多贷的会计分录，以集中反映该项经济业务的全过程。填入金额数字后，要在记账凭证的合计行计算填写合计金额。记账凭证中借、贷方的金额必须相等，合计数必须计算正确。

8. 空行注销

填制记账凭证时，应按行次逐行填写，不得跳行或留有空行。记账凭证填完经济业务后，如有空行，应当在金额栏自最后一笔金额数字下的空行至合计数上的空行处划斜线或"～"线注销。

9. 填错更改

填制记账凭证时如果发生错误，应当重新填制。已经登记入账的记账凭证在当年内发生错误的，如果是使用的会计科目或记账凭证方向有错误，可以用红字金额填制一张与原始凭证内容相同的记账凭证，在摘要栏注明"注销某月某日某号凭证"字样，同时再用蓝字重新填制一张正确的记账凭证，在摘要栏注明"更正某月某日某号凭证"字样；如果会计科目和记账方向都没有错误，只是金额错误，可以按正确数字与错误数字之间的差额，另编一张调整的记账凭证，调增金额用蓝字，调减金额用红字。发现以前年度的金额有错误时，应当用蓝字填制一张更正的记账凭证。

记账凭证中，文字、数字和货币符号的书写要求，与原始凭证相同。实行会计电算化的单位，其机制记账凭证应当符合对记账凭证的基本要求，打印出来的机制凭证上，要加盖制单人员、审核人员、记账人员和会计主管人员印章或者签字，以明确责任。

（二）记账凭证的填制方法

1. 单式记账凭证的填制

单式记账凭证，就是在一张凭证上只填列一个会计科目。一项经济业务的会计分录涉及几个会计科目，就填几张记账凭证。为了保持会计科目间的对应关系，便于核对，在填制一个会计分录时编一个总号，再按凭证张数编几个分号，如第4笔经济业务涉及三个会计科目，编号则为 $4\frac{1}{3}$、$4\frac{2}{3}$、$4\frac{3}{3}$。

单式记账凭证中，填列借方账户名称的称为借项记账凭证，填列贷方账户名称的称为贷项记账凭证。为了便于区别，两者常用不同的颜色印制。

2. 复式记账凭证的填制

复式记账凭证就是在一张记账凭证上记载一笔完整的经济业务所涉及的全部会计科目。为了清晰地反映经济业务的来龙去脉，不应将不同的经济业务合并填制。

(1)收款凭证的填制

收款凭证是根据审核无误的现金和银行存款收款业务的原始凭证编制的。收款凭证左上角的“借方科目”，按收款的性质填写“现金”或“银行存款”；日期填写的是编制本凭证的日期；右上角填写编制收款凭证顺序号：“摘要栏”简明扼要地填写经济业务的内容梗概；“贷方科目”栏内填写与收入“现金”或“银行存款”科目相对应的总账科目及所属明细科目；“金额”栏内填写实际收到的现金或银行存款的数额，各总账科目与所属明细科目的应贷金额，应分别填写与总账科目或明细科目同一行的“总账科目”或“明细科目”金额栏内；“金额栏”的合计数，只合计“总账科目”金额，表示借方科目“现金”或“银行存款”的金额；“记账栏”供记账人员在根据收款凭证登记有关账簿后作记号用，表示已经记账，防止经济业务的事项的重记或漏记；该凭证右边“附件　张”根据所附原始凭证的张数填写；凭证最下方有关人员签章处供有关人员在履行了责任后签名或签章，以明确经济责任。

(2)付款凭证的填制

付款凭证是根据审核无误的现金和银行付款业务的原始凭证编制的。付款凭证的左上角“贷方科目”，应填列“现金”或“银行存款”，“借方科目”栏应填写与“现金”或“银行存款”科目相对应的总账科目及所属的明细科目。其余各部分的填制方法与收款凭证基本相同，此处不再述及。

(3)转账凭证的填制

转账凭证是根据审核无误的不涉及现金和银行存款收付的转账业务的原始凭证编制的。转账凭证的“会计科目”栏应按照先借后贷的顺序分别填写应借应贷的总账科目及所属的明细科目；借方总账科目及所属明细科目的应记金额，应在与科目同一行的“借方金额”栏内相应栏次填写，贷方总账科目及所属明细科目的应记金额，应在与科目同一行的“贷方金额”栏内相应栏次填写；“合计”行只合计借方总账科目金额和贷方总账科目金额，借方总账科目金额合计数与贷方总账金额合计数应相等。

下面分别举例说明收款凭证、付款凭证和转账凭证的填制。

【例7—1】 某企业2017年8月2日收到恒顺公司支付的上月购货款60 000元，存入银行。

根据该笔业务应编制收款记账凭证，如表7—12所示。

表 7—12　　　　收款凭证

借方科目：银行存款　　　　2017 年 8 月 2 日　　　　收字第 1 号

摘　要	贷方科目		记账（√）	金　额
	一级科目	二级或明细科目		
收回欠款存入银行	应收账款	恒顺公司	√	60 000
合　计				￥60 000

附件 1 张

财务主管：×××　　记账：×××　　出纳：×××　　审核：×××　　制单：×××

【例 7—2】 某企业 2017 年 8 月 8 日购买办公用品，以现金支付 600 元。

根据该笔业务应编制付款记账凭证，如表 7—13 所示。

表 7—13　　　　付款凭证

贷方科目：库存现金　　　　2017 年 8 月 8 日　　　　付字第 1 号

摘　要	贷方科目		记账（√）	金　额
	一级科目	二级或明细科目		
以现金购买办公用品	管理费用	办公用品	√	600
合　计				￥600

附件 1 张

财务主管：×××　　记账：×××　　出纳：×××　　审核：×××　　制单：×××

【例 7—3】 某企业 2017 年 8 月 25 日生产 A 产品，领用甲材料 500 千克，单位成本 100 元/千克。

根据该笔业务应编制转账记账凭证，如表 7—14 所示。

表 7—14　　　　转账凭证

2017 年 8 月 25 日　　　　转字第 1 号

摘　要	会计科目		记账（√）	借方金额	贷方金额
	一级科目	二级或明细科目			
生产领料	生产成本	A 产品	√	50 000	
生产领料	原材料	甲材料	√		50 000
合　计				￥50 000	￥50 000

附件 1 张

财务主管：×××　　记账：×××　　审核：×××　　制单：×××

四、记账凭证的审核及更正

为了保证会计记录的正确性，记账凭证在填制完成后，还必须对其进行审核，审核无误后再据以登记账簿。审核要点如下：

(1)记账凭证后面是否附有原始凭证，所附原始凭证是否齐全；记账凭证所反映的经济业务是否与所附原始凭证的业务内容相符。

(2)记账凭证中会计科目运用得是否正确，借贷方向有无错误，金额计算有无差错。

(3)记账凭证项目填写是否齐全，有无遗漏；填写是否规范；书写是否清楚；责任人是否签字盖章等。

如果记账凭证在填制过程发现有错误，应重新编制正确的记账凭证，并将错误凭证作废或撕毁。如果已经登记入账的记账凭证，在当年内发现填写错误，应用红字填写一张与原内容相同的记账凭证，在摘要栏注明“注销某月某日某号凭证”，同时再用蓝字重新填写一张正确的记账凭证，注明“订正某月某日某号凭证”。如果会计科目没有错误，只是金额错误，也可以将正确数字与错误数字之间的差额，另编一张调整的记账凭证，调增金额用蓝字，调减金额用红字。如果发现以前年度的错误记账凭证，应用蓝字填制一张更正的记账凭证。

在审核过程中，如果发现不符合要求的地方，应要求有关人员采取正确的方法进行更正。只有经过审核无误的记账凭证，才能作为登记账簿的依据。

任务四　会计凭证的传递与保管

一、会计凭证的传递概念

会计凭证的传递，是指从会计凭证取得或填制起至归档保管时止，在单位内部有关部门和人员之间按照规定的时间、程序进行处理的过程。各种会计凭证，它们所记载的经济业务不同，涉及的部门和人员不同，办理的业务手续也不同，因此，应当为各种会计凭证规定一个合理的传递程序，即一张会计凭证填制后应交到哪个部门、哪个岗位、由谁办理业务手续等，直到归档保管为止。

会计凭证在传递过程中应考虑以下几方面问题：

(1)要根据经济业务的特点，结合企业机构的设置和人员分工的情况及经营管理上的需要，恰当地规定各种会计凭证的格式、份数、传递的程序，使会计凭证的传递做到科学、及时、有效。

(2)要根据经济业务繁简程度，确定凭证在各个环节停留的时间，保证业务手续的完成。但又要防止不必要耽搁，从而使会计凭证以最快速度传递。

(3)建立凭证交接的签收制度。为了确保会计凭证的安全和完整，在各个环节中都应指定专人办理交接手续，做到责任明确、手续完备、简便易行。

二、会计凭证传递的意义

正确组织会计凭证的传递，对于提高会计核算资料的及时性、正确组织经济活动、加强经济责任、实行会计监督，具有重要意义。

(一)正确组织会计凭证的传递，有利于提高工作效率

正确组织会计凭证的传递，能够及时、真实地反映和监督各项经济业务的发生和完成情

况，为经济管理提供可靠的经济信息。例如，材料运到企业后，仓库保管员应在规定的时间内将材料验收入库，填制“收料单”，注明实收数量等情况，并将“收料单”及时送到财会部门及其他有关部门。财会部门接到“收料单”，经审核无误，就应及时编制记账凭证和登记账簿，生产部门得到该批材料已验收入库凭证后，便可办理有关领料手续，用于产品生产等。如果仓库保管员未按时填写“收料单”，或虽填写“收料单”但没有及时送到有关部门，就会给人以材料尚未入库的假象，影响企业生产正常进行。

（二）正确组织会计凭证的传递，能更好地发挥会计监督作用

正确组织会计凭证的传递，便于有关部门和个人分工协作，相互牵制，加强岗位责任制，更好地发挥会计监督作用。例如，从材料运到企业验收入库，需要多少时间，由谁填制“收料单”，何时将“收料单”送到供应部门和财会部门，会计部门收到“收料单”后由谁进行审核，并同供应部门的发货票进行核对，由谁何时编制记账凭证和登记账簿，由谁负责整理保管凭证等。这样，就把材料收入业务验收入库到登记入账的全部工作，在本单位内部进行分工合作，共同完成。同时，可以考核经办业务的有关部门和人员是否按规定的会计手续办理，从而加强经营管理，提高工作质量。

三、会计凭证传递的基本要求

各单位的经营业务性质是多种多样的，各种经营业务又有各自的特点，所以，办理各项经济业务的部门和人员以及办理凭证所需要的时间、传递程序也必然各不相同。这就要求每个单位都必须根据自己的业务特点和管理特点，由单位领导会同会计部门及有关部门共同设计制定出一套会计凭证的传递程序，使各个部门保证有序、及时地按规定的程序处理凭证传递。

各单位在设计制定会计凭证传递程序时，应注意以下几个问题：

（一）根据经济业务的特点、机构设置和人员分工情况，明确会计凭证的传递程序

由于企业生产经营业务的内容不同，企业管理的要求也不尽相同。在会计凭证的传递过程中，要根据具体情况，确定每一种凭证的传递程序和方法。合理制定会计凭证所经过的环节，规定每个环节负责传递的相关责任人员，规定会计凭证的联数以及每一联凭证的用途。做到既可使各有关部门和人员了解经济活动情况、及时办理手续，又可避免凭证经过不必要的环节，以提高工作效率。

（二）规定会计凭证经过每个环节所需要的时间，以保证凭证传递的及时性

会计凭证的传递时间，应考虑各部门和有关人员的工作内容和工作量在正常情况下完成的时间，明确规定各种凭证在各个环节上停留的最长时间，不能拖延和积压会计凭证，以免影响会计工作的正常程序。一切会计凭证的传递和处理，都应在报告期内完成，不允许跨期，否则将影响会计核算的准确性和及时性。

会计凭证在传递过程中的衔接手续，应该做到既完备、严密，又简单易行。凭证的收发、交接都应当按一定的手续制度办理，以保证会计凭证的安全和完整。会计凭证的传递程序、传递时间和衔接手续明确后，制定凭证传递程序，规定凭证传递路线、环节及在各个环节上的时间、处理内容及交接手续，使凭证传递工作有条不紊、迅速而有效地进行。

四、会计凭证的保管

会计凭证是各项经济活动的历史记录，是重要的经济档案。为了便于随时查阅利用，各种会计凭证在办理好各项业务手续，并据以记账后，应由会计部门加以整理、归类，并送交档案部

门妥善保管。

会计凭证的保管工作应做到以下几点：

(1)每月记账完毕，要将本月各种记账凭证加以整理，记账凭证应当连同所附的原始凭证或原始凭证汇总表，按照编号顺序折叠整齐，加具封面封底，装订成册。如果在一个月内，凭证数量过多，可分装成若干册，在封面上加注共几册字样。

(2)装订成册的会计凭证应集中保管，并按年和月的顺序排列，以便查阅，查阅时要履行一定的手续。原始凭证不得外借。其他单位如因特殊原因需要使用原始凭证时，经本单位会计机构负责人、会计主管人员批准，可以复制。但要做好记录，并由提供人员和收取人员共同签名或者盖章。

(3)2016年1月1日起，会计凭证的保管期限为30年，银行对账单、银行存款余额调节表的保管期限为10年。

(4)会计凭证应按《会计档案管理办法》规定的保管期限归档保管，保管期满后，必须按规定的销毁手续，报经批准后才能销毁，任何人无权自行随意销毁。

关键术语

会计凭证　原始凭证　外来原始凭证　自制原始凭证　一次凭证　累计凭证　汇总原始凭证
通知凭证　执行凭证　计算凭证　通用凭证　专用凭证　记账凭证　收款凭证　付款凭证
转账凭证　复式记账凭证　单式记账凭证　会计凭证的传递

◎ 应知考核 ◎

一、单项选择题

1. 下列属于原始凭证的是(　　)。

A. 销售合同　B. 生产计划书　C. 差旅费报销单　D. 购料申请表

2. (　　)是会计工作的起点和关键。

A. 登记会计账簿　B. 填制和审核会计凭证
C. 编制会计分录　D. 编制会计报表

3. 在实际工作中，规模小、业务简单的单位，为了简化会计核算工作，可以使用一种统一格式的(　　)。

A. 转账凭证　B. 收款凭证　C. 付款凭证　D. 通用记账凭证

4. (　　)金额有误，不得在其上加以更正，应当由出具单位重开。

A. 会计凭证　B. 记账凭证　C. 原始凭证　D. 收款记账凭证

5. 一般情况下，(　　)是登记账簿的直接依据。

A. 会计凭证　B. 记账凭证　C. 原始凭证　D. 复式凭证

6. 用以记录不涉及库存现金和银行存款业务的记账凭证是(　　)。

A. 转账凭证　B. 付款凭证　C. 专用凭证　D. 收款凭证

7. 下列记账凭证中，可以不附原始凭证的是(　　)。

A. 所有收款凭证　B. 所有付款凭证
C. 所有转账凭证　D. 用于结账的记账凭证

8. 发现错误的记账凭证应当(　　)。

A. 采用划线更正法更正
B. 重新填制一张正确的记账凭证

C. 先填制一张与原错误凭证相同的红字凭证，再填制一张正确的蓝字凭证

D. 填制一张科目相同的红字凭证冲减错误金额

9.（ ）不得外借，其他单位如确实需要使用，经本单位会计机构负责人或会计主管人员批准，可以复印。

A. 记账凭证 B. 会计凭证 C. 会计账簿 D. 原始凭证

10. 下列原始凭证中，属于外来原始凭证的是（ ）。

A. 入库单 B. 收到的收款收据 C. 工资结算表 D. 差旅费报销单

二、多项选择题

1. 会计凭证按照编制（ ）的不同，可分为原始凭证和记账凭证。

A. 程序 B. 来源 C. 用途 D. 方法

2. 下列属于记账凭证基本内容的是（ ）。

A. 填制日期 B. 记账凭证编号 C. 经济业务摘要 D. 会计科目

3. 下列符合原始凭证填制要求的是（ ）。

A. 书写规范 B. 填制及时 C. 内容完整 D. 金额无须大写

4. 关于原始凭证的填制，下列说法中正确的是（ ）。

A. 不得以虚假的交易或事项为依据来填制

B. 原始凭证应在交易发生或完成后及时填制

C. 原始凭证上的金额如有错误，可采用划线更正法更正

D. 自制原始凭证必须有经办部门负责人或其指定的人员签名或盖章

5. 在填制记账凭证时，下列做法中错误的有（ ）。

A. 一个月内的记账凭证连续编号

B. 从银行提取现金时只填制库存现金收款凭证

C. 将不同类型业务的原始凭证合并编制一份记账凭证

D. 更正错账的记账凭证可以不附原始凭证

6.“收料单”是（ ）。

A. 外来原始凭证 B. 一次凭证 C. 自制原始凭证 D. 累计凭证

7. 下列业务中，不需要编制银行存款收款凭证的有（ ）。

A. 以银行存款购入设备 B. 接受投入的一台设备

C. 从银行借入款项，存入银行账户 D. 将资本公积转增资本

8. 记账凭证的审核要点有（ ）。

A. 是否附有原始凭证 B. 会计科目是否正确

C. 会计科目的借贷方向是否正确 D. 大写金额是否正确

9. 关于会计凭证的传递与保管以下说法中正确的有（ ）。

A. 会计凭证的传递要及时

B. 会计凭证的传递要按照规定的路线

C. 会计凭证的保管期限一般为 30 年

D. 每月记账完毕，要将本月的记账凭证连同所附的原始凭证整理装订成册

10. 记账凭证按其所反映的经济业务内容不同，可分为（ ）。

A. 收款凭证 B. 付款凭证 C. 通用记账凭证 D. 转账凭证

三、判断题

1. 记账凭证是记录经济业务发生或完成情况的证明，也是登记账簿的依据。（　）
2. 收款凭证的左上角的会计科目为贷方科目。（　）
3. 对不真实、不合法的原始凭证，会计人员有权不予接受。（　）
4. 记账凭证一律由会计人员填制。（　）
5. 现金存入银行时，为避免重复记账，只编制银行存款付款凭证，不编制现金收款凭证。（　）
6. 会计档案保管期满后，可由档案管理部门自行销毁。（　）
7. 外来原始凭证一般都是一次凭证。（　）
8. 转账支票大小写金额或收款人姓名填错，如有更改，须在更改处加盖预留银行印鉴章。（　）
9. 会计凭证上填写的“人民币”字样与大写金额汉字之间应留有空白。（　）
10. 在编制记账凭证时，原始凭证就是记账凭证的附件。（　）

四、简答题

1. 简述会计凭证的作用。
2. 简述原始凭证的审核内容。
3. 简述会计凭证在传递过程中应考虑的因素。
4. 简述会计凭证传递的意义。
5. 简述会计凭证传递的基本要求。

◎ 应会考核 ◎

★业务考核

【考核项目一】

借款及报销业务中原始凭证、记账凭证相关的会计处理。

【背景资料】

星海公司材料采购员王风 2017 年 7 月 25 日拟去上海市纺织集团公司采购纺织品，经业务授权人（供应处处长）郑来宁签章同意，预借差旅费现金 2 000 元。王风填制一联借款单，出纳员金夏付给王风现金 2 000 元。经财务稽核人员姜平稽核，将审核后的借款单交会计李梅编制现金付款凭证。财务部门负责人为谢明。7 月 28 日，王风完成采购业务回来，经审核，实际支出差旅费及补助 1 960 元，交回剩余现金。

【考核要求】

填制表 7－15 至表 7－18 中的差旅费借款单、差旅费报销单，并编制借款的现金付款凭证和报销的记账凭证。

表 7－15　　借款单　　№ 0049768

借款部门：　　　　年　　月　　日　　　　业务授权人：

人民币（大写）		¥					
用途				财务部门		借款部门	
付款方式		票据号码		负责人		负责人	
收款单位		开户银行		审核		借款人	
		账号		记账		经办人	

表 7－16　　　　**公出差旅费报销单**

年　　月　　日

公出者姓名				公出地点												
出　发				到　达				车船费	途中伙食补助		住勤伙食补助		其　他			合　计
月	日	时分	地点	月	日	时分	地点		日数	金额	日数	金额	车马费	宿费	其他	
合　计																
报销　年　月　日借款　　元。结余或超支　　元											报销金额(大写)　　　¥					

所附凭单　　张

会计主管　　　　审核　　　　制单　　　　部门主管　　　　公出人

表 7－17　　　　**付 款 记 账 凭 证**　　　　凭证编号　　　　出纳编号

年　月　日　　　　贷方科目：

摘　要	结算方式	票号	借方科目		金　额											过账符号
			总账科目	明细科目	亿	千	百	十	万	千	百	十	元	角	分	
附单据　　　张			合　计													

会计主管人员　　　记账　　　稽核　　　制单　　　出纳　　　领款人

表 7－18　　　　**转 账 记 账 凭 证**

年　月　日　　　　凭证编号转字第　　号

摘　要	借方科目		贷方科目		金　额											过账符号
	总账科目	明细科目	总账科目	明细科目	亿	千	百	十	万	千	百	十	元	角	分	
附单据　　张			合　计													

会计主管人员　　　记账　　　稽核　　　制单

【考核项目二】

销售业务中原始凭证、记账凭证相关的会计处理。

【背景资料】

根据 2017 字第 034 号合同，悟道公司于 2017 年 7 月 30 日售给星月公司长久牌工装 196 件，每件 100 套，每套 51.80 元。星月公司已在相关提货单上签字确认并已提货，提货人为宇飞。本公司收到星月公司开出票面金额为 1 187 877.60 元的有效银行本票一张及其他相关单据若干张。出纳员金夏在审核后填列银行存款进账单将银行本票存入本公司在工商银行××市分行×××支行第 0 001 995 518 账号内。另外，悟道开给星月公司增值税销货发票，其中价款为 1 015 280 元，增值税进项税额为 172 597.60元。

【考核要求】

请填制表 7—19 至表 7—22 中的提货单、银行存款进账单、增值税发票、银行存款收款凭证。

表 7—19

悟道公司提货单

№00955

年　月　日

品名	单位	数量	单价	金额	备注

批准人：　　开票：　　保管员：　　提货人：

表 7—20

中国建设银行进账单(回单或收款通知)

年　月　日　　　　第　　号

<table>
<tr><td rowspan="3">付款人</td><td>全　称</td><td></td><td rowspan="3" colspan="2">收款人</td><td colspan="3">全　称</td><td colspan="5"></td></tr>
<tr><td>账　号</td><td></td><td colspan="3">账　号</td><td colspan="5"></td></tr>
<tr><td>开户银行</td><td></td><td colspan="3">开户银行</td><td colspan="5"></td></tr>
<tr><td colspan="3" rowspan="2">人民币
(大写)</td><td>千</td><td>百</td><td>十</td><td>万</td><td>千</td><td>百</td><td>十</td><td>元</td><td>角</td><td>分</td></tr>
<tr><td></td><td></td><td></td><td></td><td></td><td></td><td></td><td></td><td></td><td></td></tr>
<tr><td colspan="3">票据种类</td><td colspan="10" rowspan="3"></td></tr>
<tr><td colspan="3">票据张数</td></tr>
<tr><td colspan="3">单位主管　会计　复核　记账</td></tr>
</table>

表 7—21

市增值税专用发票

№ 00443801

开票日期： 年 月 日

购货单位	名 称		税务登记号	
	地址、电话		开户银行及账号	

货物或应税劳务名称	型号规格	计量单位	数量	单价	金额									税率（%）	税额							
					百	十	万	千	百	十	元	角	分		十	万	千	百	十	元	角	分
合 计																						

价税合计	佰 拾 万 仟 佰 拾 元 角 分 ¥
备 注	

销货单位	名 称		税务登记号	
	地址、电话		开户银行及账号	

表 7—22

收款记账凭证

凭证编号： 出纳编号：

年 月 日 借方科目：

摘 要	结算方式	票号	贷方科目		金 额											过账符号
			总账科目	明细科目	亿	千	百	十	万	千	百	十	元	角	分	
附单据 张			合 计													

会计主管人员 记账 稽核 制单 出纳 交款人

★技能考核

【考核项目一】

原始凭证的审核。

【背景资料】

星海公司在内部审计中发现如下两张原始凭证：

(1)供应处采购员王风 2017 年 9 月 6 日再次去瓦纺集团公司采购纺织品，事先预借差旅费现金3 000 元，借款单据如表 7—23 所示：

表 7－23　　　　**借 款 单**　　　　№ 0049778

借款部门：供应处　　　　2017 年 9 月 6 日　　　　业务授权人：郑来宁

人民币（大写）	叁仟元　　￥3 000						
用途	差旅费			财务部门		借款部门	
付款方式		票据号码		负责人		负责人	郑来宁
收款人	王风	开户银行		审核	姜平	借款人	王风
		账号		记账	李梅	经办人	王风

(2)2017 年 9 月 8 日王风出差回来后报销差旅费，填列差旅费报销单如表 7－24 所示：

表 7－24　　　　**公出差旅费报销单**

2017 年 9 月 9 日

公出者姓名				工风				公出地点	瓦房店							
出　发				到　达				车船费	途中伙食补助		住勤伙食补助		其　他			合计
月	日	时分	地点	月	日	时分	地点		日数	金额	日数	金额	车马费	宿费	其他	
9	6	8:32		9	6	11:02	瓦房店	18	—	—	—	—	—	—	—	18
	8	15:30	瓦房店	9	8	18:00		18	—	—	3	240	60	300	1 998	2 598
—	—	—	—	—	—	—	—	—	—	—	—	—	—	—	—	—
合　计								36	—	—	3	240	60	300	1 998	2 598
报销 2017 年 9 月 8 日　借款 3 000 元　结余 402 元										报销金额（大写）贰仟叁佰陆拾柒元整 ￥2 598						

会计主管：谢明　　审核：姜平　　制单：李梅　　部门主管：郑来宁　　公出人：王风

注 1：住勤伙食补助按有关政策规定为每天 8 元，交通费补助为每天 2 元。

注 2：经审核，在差旅费报销单中所填列的其他栏中，所支出的其他费用 1 998 元组成为：长途电话费 1 000 元，出租车车费 500 元，餐费 488 元，均有相关的原始凭证。

注 3：出发地与瓦房店之间两张金额均为 18 元的原始凭证经审核没有问题。

【考核要求】

请指出上述两张原始凭证存在的问题并提出处理意见。

【考核项目二】

记账凭证的审核。

【背景资料】

开西公司在内部审计中发现如表 7－25 和表 7－26 所示的两张会计凭证。

表 7－25　　　　**现 金 交 款 单**

××市城市商业银行　　　　缴款日期 2017 年 8 月 8 日

交款单位	全称	开西公司	账号	0016219950515										
	开户银行	××市城市商业银行中山支行	款项来源	零星销售										
人民币（大写）		壹仟玖佰元整	亿	千	百	十	万	千	百	十	元	角	分	
								1	9	0	0	0	0	
现金收讫（市城市商业银行中山支行现金收讫章）														

第一联　由出纳留存

出纳复核员：姜平　　出纳收款员：金夏　　会计复核员：姜平　　记账员：李梅

表 7—26

收款记账凭证

凭证编号:收字第 00197 号　　出纳编号:09

2017 年 8 月 9 日　　借方科目:银行存款

摘要	结算方式	票号	贷方科目		金额											过账符号
			总账科目	明细科目	亿	千	百	十	万	千	百	十	元	角	分	
送存现金			现金						1	9	9	0	0	0	0	
附单据	张		合计													

会计主管:谢明　　记账:李梅　　稽核:姜平　　制单:李梅　　出纳:金夏　　交款人:金夏

【考核要求】

请审核上述两张会计凭证存在的问题并根据经济业务内容重新制作上述两张会计凭证。

★案例题

某酒店在纳税管理上实行定期、定额管理方式,税务部门为该酒店核定征收税款。为了检查该酒店的纳税情况,主管该酒店的税务部门做了以下几项工作:

(1)税务人员利用突击检查的方式取得了该酒店的银行账号与银行结账单,到该酒店的开户银行调取银行对账单。

(2)反方向寻找线索,在该酒店所在地区的十余家经常与该酒店有业务往来的单位进行外调。

(3)详细检查、鉴别了该酒店开出的 1 000 多张发票。

结果发现,该酒店开出的 1 000 多张发票中存在问题的有十多张,税务部门根据新《税收征管法》第 63 条的规定,认定该酒店的违法行为已构成偷税,同时违反了《发票管理办法》第 36 条的规定,决定对该酒店查补税款 124 571 元,处以罚款 499 571 元。经查,该酒店的惯用做法主要有:

(1)张冠李戴。有的企业经常使用这种方式,使用其他企业、行业发票到消费单位结账,如使用广告业发票、汽车维修发票、商业零售发票等。这些发票是通过关系获取的正规发票,被利用之后,其违法行为就披上了"合法"的外衣。在检查中发现,该酒店利用上述的外单位发票违规涉税金额达 150 多万元。

(2)投其所好。酒店业主为了迎合消费者为避免业务招待费超标而多缴税的要求,会利用其他行业发票将餐饮支出开列成其他支出项目入账,如将业务招待费变换成广告费、汽车维修费、办公用品费等。

(3)债务转移。该酒店的某消费单位在一汽车维修公司维修汽车,而维修公司又欠该酒店的消费款,该酒店的业主从中协调,消费单位的维修款便直接汇给了该酒店。由于维修公司实行定期定额管理方式核定征收税款,未建账,所以,酒店业主减少了应收账款,账面营业收入也未增加,同时还"节约"了发票,一举多得。

案例要求:

(1)企业利用发票偷税的手段,你了解到的有哪些?

(2)为什么说该酒店采用的发票作假手段比较隐蔽？

◎ 项目实训 ◎

【实训项目】

通用记账凭证的应用。

【实训情境】

大连健身车厂2017年1月份发生下列经济业务，编制通用记账凭证。

1.4日，购买钢材，材料价款400 000元，增值税税率为17%，以银行存款支付，材料验收入库。

2.4日，购入铝合金，货款18 000元，增值税税率为17%，另有外地运杂费700元，均已通过银行付清，材料已验收入库。

3.5日，车间用转账支票购买办公用品一批，共计450元。

4.5日，收到沈阳中兴偿还前欠货款35 000元，存入银行。

5.7日，以银行存款缴纳企业所得税18 000元。

6.8日，厂办张华出差借款2 000元，付现金支票。

7.8日，以银行存款支付排污罚款50 000元。

8.8日，张华报销差旅费1 500元，余款退回现金。

9.8日，以银行存款预付明年上半年财产保险费80 000元。

10.8日，职工李红军生活困难，补助600元，以现金付讫。

11.8日，预提本月银行短期借款利息3 200元。

12.15日，以银行存款偿还建设银行短期借款100 000元，支付利息6 400元(已预提)。

13.28日，计算分配本月应付职工工资40 000元，其中生产工人工资30 000元，车间管理人员工资3 000元，厂部管理人员工资7 000元。

14.28日，销售健身车，货款24 470元，增值税税率为17%，收到转账支票一张已送存银行。

15.29日，以转账支票支付前欠抚顺钢厂材料款16 000元。

【实训要求】

根据上述大连健身车厂2017年1月份经济业务，编制会计分录，并填写通用记账凭证登记日记账，日清月结。

注：记账凭证(简化)填写表7—27和表7—28，并计算出本月合计。

表7—27

序号	借方总账科目	借方明细科目	贷方总账科目	贷方明细科目	金额
1	原材料	钢材	银行存款		400 000.00
2	应交税费	应交增值税	银行存款		68 000.00
3					
4					
5					
6					
7					
8					
9					

续表

序　号	借方总账科目	借方明细科目	贷方总账科目	贷方明细科目	金　额
10					
11					
12					
13					
14					
15					

表 7－28　　　　银行存款日记账

2010年		凭证号	摘　要	对方科目	借　方											核对号	贷　方											核对号	余　额										
月	日				亿	千	百	十	万	千	百	十	元	角	分		亿	千	百	十	万	千	百	十	元	角	分		亿	千	百	十	万	千	百	十	元	角	分
1	1		上年结转																													9	0	0	0	0	0	0	0

项目八　设置和登记会计账簿

【知识目标】

理解：会计账簿的概念、分类。

熟知：各种账簿的登记依据和登记方法。

掌握：日记账和分类账的设置与登记，错账的更正方法以及对账和结账工作所包括的内容。

【技能目标】

能够充分地理解和应用会计账簿的设置和登记。能够初步地掌握总分类账和明细分类账的登记，并进行试算平衡，并在试算不平衡中进行错账的查找和更正。

【素质目标】

学生要意识到正确设置和登记账簿在实务工作中的意义和作用，除了具备专业知识与应用能力外，还应具备一定的具体问题具体分析的综合素质。

【项目引例】

试算平衡表不是万能的

刘燕是会计专业二年级的学生，她想锻炼一下自己，提高专业能力，于是利用暑假到爸爸的一位朋友开办的服装公司实习。刘燕到公司实习的第一天，正赶上财务部忙着进行月末结账，感受到这种忙碌的工作氛围，刘燕也跃跃欲试。于是，财务部经理交给刘燕一项任务——编制试算平衡表。刘燕轻松地对财务部经理说："这太简单了，我保证完成任务。"

刘燕找齐公司的所有总账账簿之后，认真地工作起来了。很快，刘燕将本月的"总分类账户发生额及余额试算平衡表"完整地编制出来了。刘燕得意地将试算平衡表交到财务部经理手中，高兴地说："经理，这个月的总账发生额和余额都借贷平衡，说明这个月的总账记录完全正确。"财务部经理摇摇头说："那可不一定。"话音未落，负责稽核的会计张平走了过来，指着手上的凭证说："这个月的账核对完了，有一笔错账。有一笔招待费是5 000元，负责这笔账的李丽是这样登记的：

借：管理费用　　500

　　贷：银行存款　　500

显然，她少记了4 500元，需要进行错账更正。"

刘燕愣住了："试算平衡表不是已经平衡了吗？怎么还有错账呢？难道试算平衡表不能检验所有的错账吗？"

【讨论】　请你替财务经理向刘燕解释一下。

1. 试算平衡表能够检验所有的错账吗？如果不能，有哪些错账不会影响试算表的平衡？

2. 编制试算平衡表有什么意义？编制试算平衡表的理论依据是什么？

【知识精讲】

任务一　会计账簿概述

在会计核算工作中，每项经济业务发生以后，首先要取得和填制会计凭证，并加以审核确认，据以在有关账户中进行登记。而账户是根据规定的会计科目在账簿中分别设立，根据会计凭证把经济业务记入有关的账户，也就是把经济业务记入设立在会计账簿中的账户。

一、会计账簿的概念

会计账簿是指由一定格式账页组成的，以经过审核的会计凭证为依据，全面系统连续地记录各项经济业务的账簿。会计账簿是账户的表现形式，两者既有区别又有联系。账户是在账簿中以规定的会计科目开设户头，用以规定不同的账簿所记录的内容。账户存在于账簿之中，账簿中的每一账页就是账户的存在形式和信息载体。如果没有账户也就没有所谓的账簿；如果没有账簿，账户也成了一种抽象的东西，无法存在。但是账簿只是一种外在形式，账户才是它的真实内容。账簿序时分类地记载经济业务，是在个别账户中完成的，也可以说，账簿是由若干张账页组成的一个整体，而开设于账页上的账户则是这个整体上的个别部分。因此，账簿与账户的关系，是形式与内容的关系。

科学地设置会计账簿和正确地登记会计账簿对于全面完成会计核算工作具有重要意义。

第一，可以连续、全面、完整地反映企业的资本运动及企业资产、负债和所有者权益的增减变化情况，并监督企业资本金的合理使用和各项财产物资的安全与完整。

第二，可以系统、分类地归纳和积累会计信息，以便计算成本、费用和利润；考核企业的财务成果；揭露和分析企业生产经营过程中出现的问题；评价企业财务状况和经营成果。

第三，可以为企业编制会计报表提供主要资料。账簿资料是编制会计报表的主要依据，所以，正确、完整、系统地设置和登记账簿，是保证会计报表质量的重要前提。

二、会计账簿的种类

（一）账簿按其用途的分类

账簿按其用途的不同，可以分为序时账簿、分类账簿、备查账簿和电子账簿四种。

1. 序时账簿

序时账簿也称日记账，是按照经济业务发生的时间先后顺序，逐日逐笔登记经济业务的账簿。日记账按其记录内容的不同又分为普通日记账和特种日记账。普通日记账，也称通用日记账，是用来登记企业所发生的全部经济业务的日记账。特种日记账是用来专门记录某一特定类型的经济业务发生情况的日记账。我国要求企业必须设置的特种日记账是现金日记账和银行存款日记账。

2. 分类账簿

分类账簿是指对全部经济业务按照总分类账户和明细分类账户进行分类登记的账簿。按照总分类账户进行分类登记的账簿称作总分类账，简称总账；按照明细分类账户进行分类登记的账簿称作明细分类账，简称明细账。总账是用来反映经济业务的总括内容的，而明细账则是用来反映经济业务的详细内容的，总账中某账户的金额与其有关的明细账的金额之和相等。

3. 备查账簿

备查账簿是指对一些在序时账簿和分类账簿中不能记载或记载不全的经济业务进行补充登记的账簿，对序时账簿和分类账簿起补充作用，如委托加工材料登记簿、租入固定资产登记簿、应收票据备查簿等。

4. 电子账簿

电子账簿简称电子账，是指用磁盘或光盘等多媒体介质记录交易或者事项活动的账簿。其优点是账簿体积小、信息量大，可以随时启用和分析。其缺点是这种账簿没有“账”的形式，一旦存放的多媒体介质因意外发生损坏，则会造成不可估量的损失。在会计实务中，每隔一段时间，应将在电脑内的“账”作为文件打印输出，形成实体账簿进行保管。随着电子信息化和存储设施的发展，电子账的运用越来越广泛。

(二)账簿按其外表形式的分类

各种账簿都具有一定的外表形式，按其外表形式的不同可分为订本式账簿、活页式账簿和卡片式账簿三种。

1. 订本式账簿

订本式账簿也称订本账，是指在账簿启用前就把具有账户基本结构并连续编号的若干张账页固定地装订成册的账簿。这种账簿的优点是：可以避免账页散失，防止账页被随意抽换，比较安全。其缺点是：由于账页固定，不能根据需要增加或减少，不便于按需要调整各账户的账页，也不便于分工记账。这种账簿一般适用于总分类账、现金日记账和银行存款日记账。

2. 活页式账簿

活页式账簿也称活页账，是指年度内账页不固定装订成册，而是将其放置在活页账夹中的账簿。当账簿登记完毕之后(通常是一个会计年度结束之后)，才能将账页予以装订，加具封面，并给各账页连续编号。这种账簿的优点是：随时取放，便于账页的增加和重新排列，便于分工记账和记账工作电算化。其缺点是：账页容易散失和被随意抽换。活页账在年度终了时，应及时装订成册，妥善保管。各种明细分类账一般采用活页账式。

3. 卡片式账簿

卡片式账簿又称卡片账，是指由许多具有一定格式的卡片组成，存放在一定卡片箱内的账簿。卡片账的卡片一般装在卡片箱内，不用装订成册，随时可存放，也可跨年度长期使用。这种账簿的优点是：便于随时查阅，也便于按不同要求归类整理，不易损坏。其缺点是：账页容易散失和随意抽换。因此，在使用时应对账页连续编号，并加盖有关人员图章，卡片箱应由专人保管，更换新账后也应封扎保管，以保证其安全。在我国，单位一般只对固定资产和低值易耗品等资产明细账采用卡片账形式。

(三)账簿按账页格式的分类

账簿按账页格式的不同，可以分为两栏式账簿、三栏式账簿、多栏式账簿、数量金额式账簿和横线登记式账簿五种。

1. 两栏式账簿

两栏式账簿简称两栏账，是在账页中只设有两个金额栏的账簿。它按照经济业务引起资金数量的增加和减少的两种变化，只设置借方和贷方两个金额栏，不设余额栏。普通日记账一般采用这种格式。

2. 三栏式账簿

三栏式账簿是将账页中登记金额的部分分为三个栏目，即借方、贷方和余额三栏。这种格式适用于只提供价值核算信息、不需要提供数量核算信息的账簿，如总账、现金日记账、银行存款日记账、债权债务类明细账等。

3. 多栏式账簿

多栏式账簿在借方和贷方的某一方或两方下面分设若干栏目，详细反映借贷方金额的组成情况。这种格式适用于核算项目较多，且管理上要求提供各核算项目详细信息的账簿，如成本、费用等明细账。

4. 数量金额式账簿

数量金额式账簿是在借方、贷方和余额栏下分设三个栏目，用以登记财产物资的数量、单价和总金额。这种格式适用于既需要提供价值信息，又需要提供数量信息的账簿，如材料明细账和产成品明细账等。

5. 横线登记式账簿

横线登记式账簿是指账页分为借方和贷方两个基本栏目，每一个栏目再根据需要分设若干栏次，在账页两方的同一行记录某一经济业务自始至终所有事项的账簿。它主要适用于需要逐笔结算的经济业务的明细账，如材料采购、应收账款等明细账。

任务二　会计账簿的设置和登记

一、会计账簿设置应遵循的原则

会计账簿设置应遵循的原则包括：(1)要能满足经营管理的需要，全面、系统、完整地反映和监督经济活动及财务状况；(2)体系要完整、组织要严密，有关账簿之间还要保持上下统驭关系或平衡的制约关系，以提供科学、完整的核算指标；(3)要能为编制会计报表及时提供必要的资料依据；(4)要结合实际，力求方便实用和灵活，以节约资源，提高会计工作效率。

二、会计账簿设置的基本内容

1. 封面

封面写明账簿的名称和记账单位的名称。

2. 扉页

扉页包括会计科目索引和账簿启用登记表(见表 8－1 和表 8－2)。扉页主要填写：账簿启用日期及截止日期；账户目录，页数、册次；经管人员；记账人员、会计主管签章。

3. 账页

账页主要包括账户的名称、登账日期、凭证种类和编号、摘要、金额等栏。

表 8—1　　　　　　　　　　　　科目索引

科目	页数	科目	页数	科目	页数	科目	页数

表 8—2　　　　　　　　　　　　账簿启用登记

<table>
<tr><td colspan="2">单位名称</td><td colspan="8"></td><td>印花税票粘贴处</td></tr>
<tr><td colspan="2">账簿名称</td><td colspan="8"></td><td rowspan="3"></td></tr>
<tr><td colspan="2">账簿编号</td><td colspan="8">字第(　　)号 第(　　)册 共(　　)册</td></tr>
<tr><td colspan="2">账簿页数</td><td colspan="8">本账簿共计(　　)页</td></tr>
<tr><td colspan="2">启用日期</td><td colspan="8">年　月　日至　年　月　日</td><td rowspan="5">单位公章</td></tr>
<tr><td colspan="2">经管人员</td><td colspan="3">接管</td><td colspan="3">移交</td><td colspan="2">会计负责人</td></tr>
<tr><td>姓名</td><td>签章</td><td>年</td><td>月</td><td>日</td><td>年</td><td>月</td><td>日</td><td>姓名</td><td>签章</td></tr>
<tr><td></td><td></td><td></td><td></td><td></td><td></td><td></td><td></td><td></td><td></td></tr>
<tr><td></td><td></td><td></td><td></td><td></td><td></td><td></td><td></td><td></td><td></td></tr>
</table>

三、会计账簿的启用

为了考证会计账簿记录的合法性和会计资料的真实性、完善性，明确经济业务，会计账簿应由专人负责登记。启用会计账簿应遵守以下规则：

(一)认真填写封面及账簿启用和经管人员一览表

启用会计凭证时应在账簿封面上写明单位名称和账簿名称，并在账簿扉页附账簿启用和经办人员一览表(简称“启用表”)。启用表内容主要包括：账簿名称、启用日期、账簿页数、记账人员和会计机构负责人、会计主管人员姓名，并加盖名章和单位公章。

启用订本式账簿，应当从第一页到最后一页顺序编定页数，不得跳页、缺页。使用活页式账簿，应当按账户顺序编号，并要定期装订成册；装订后再按实际使用的账页顺序编定页码，另加目录，记明每个账户的名称和页次。卡片式账簿在使用前应当登记卡片登记簿。

(二)严格交接手续

记账人员或者会计机构负责人、会计主管人员调动工作时，必须办理账簿交接手续，在账簿启用和经管人员一览表中注明交接日期、交接人员和监交人员姓名，并由双方交接人员签名或者盖章，以明确有关人员的责任，增强有关人员的责任感，维护会计记录的严肃性。

(三)及时结转旧账

每年年初更换新账时，应将旧账的各账户余额过入新账的余额栏，并在摘要栏中注明“上年结转”字样。

四、日记账的设置和登记

日记账有普通日记账和特种日记账两类。

（一）普通日记账

普通日记账是逐日序时登记特种日记账以外的经济业务的账簿。在不设特种日记账的企业，则要序时地逐笔登记企业的全部经济业务，因此普通日记账也称分录簿、两栏式日记账。

普通日记账一般分为“借方金额”和“贷方金额”两栏，登记每一分录的借方账户和贷方账户及金额，这种账簿不结余额。其格式如表 8－3 所示。

表 8－3　　**普 通 日 记 账**　　第　　页

年		凭　证		会计科目	摘　要	借方金额	贷方金额	过　账
月	日	字	号					

（二）特种日记账

常用的特种日记账是“库存现金日记账”和“银行存款日记账”。在企业、行政、事业单位中，库存现金日记账和银行存款日记账的登记，有利于加强货币资金的日常核算和监督，有利于贯彻执行国家规定的货币资金管理制度。

1. 库存现金日记账

库存现金日记账是用来核算和监督库存现金每日的收入、支出和结存状况的账簿。它由出纳人员根据库存现金收款凭证、库存现金付款凭证和银行存款付款凭证，按经济业务发生时间的先后顺序，逐日逐笔进行登记。

库存现金日记账的结构一般采用“收入”、“支出”、“结余”三栏式。现金日记账中的“年、月、日”、“凭证字号”、“摘要”和“对方科目”等栏，根据有关记账凭证登记；“收入”栏根据库存现金收款凭证和引起库存现金增加的银行存款付款凭证登记（从银行提取现金，只编制银行存款付款凭证）；“支出”栏根据库存现金付款凭证登记。每日终了应计算全日的库存现金收入、支出合计数，并逐日结出现金余额，与库存现金实存数核对，以检查每日库存现金收付是否有误。每月期末，应结出当期“收入”栏和“支出”栏的发生额和期末余额，并与“库存现金”总分类账户核对一致，做到日清月结、账实相符。如账实不符，应查明原因。库存现金日记账的格式如表 8－4所示。

表 8－4　　**库存现金日记账**　　第　　页

年		凭证号码		摘　要	对方科目	收　入	支　出	结　余
月	日	字	号					

有的单位库存现金的收、付款业务比较多，而且比较复杂，编制多栏式的库存现金日记账篇幅过长，因此可以分别设置库存现金收入日记账和库存现金支付日记账。其格式如表8—5和表8—6所示。

表8—5 **库存现金收入日记账** 第 页

年		收款凭证		摘 要	贷方科目			收入合计	支出合计	余额
月	日	字	号							

表8—6 **库存现金支出日记账** 第 页

年		付款凭证		摘 要	结算凭证		借 方 科 目			
月	日	字	号		种类	号数				支出合计

2. 银行存款日记账

银行存款日记账是用来核算和监督银行存款每日的收入、支出和结存情况的账簿。它是由出纳人员根据银行存款收款凭证、银行存款付款凭证和现金付款凭证按经济业务发生时间的先后顺序，逐日逐笔进行登记的序时账簿。银行存款日记账应按企业在银行开立的账户和币种分别设置，每个银行存款账户设置一个银行存款日记账。

银行存款日记账的结构(见表8—7)一般也采用“收入”、“支出”和“结余”三栏式，由出纳人员根据银行存款的收、付款凭证，逐日逐笔按顺序登记。对于将现金存入银行的业务，因习惯上只填制现金付款凭证，不填制银行存款收款凭证，所以此时的银行存款收入数，应根据相关的现金付款凭证登记。另外，因在办理银行存款收付业务时，均根据银行结算凭证办理，为便于和银行对账，银行存款日记账还设有“结算凭证种类和号数”栏，单独列出每项存款收付所依据的结算凭证种类和号数。银行存款日记账与现金日记账一样，每日终了时要结出余额，做到日清，以便检查监督各项收支款项，避免出现透支现象，同时也便于和银行对账单进行核对。现金日记账和银行存款日记账都必须使用订本账。

表8—7 **银行存款日记账**

开户行： 账号：

年		凭证号码		摘 要	对方科目	支票号码	收 入	支 出	结 余
月	日	字	号						

【例 8—1】 明轩公司 2017 年 4 月,"库存现金"账户期初借方余额为 3 000 元;"银行存款"账户期初余额为 800 000 元。该公司 4 月份发生的现金和银行存款收付业务如下:

(1)3 日,公司供应科业务员张强出差,预支差旅费 2 000 元,付现金。

(2)4 日,售给胜利公司产品 100 件,每件 80 元,价款已全部收到,存入银行(不考虑增值税)。

(3)6 日,通过银行存款支付上月所得税 35 400 元。

(4)8 日,以现金支付公司办公人员市内交通费 980 元。

(5)8 日,从银行提取现金 3 000 元备用。

(6)10 日,向银行借入的为期 3 个月的借款已经到期,通知银行以存款偿还借款 100 000 元。

(7)12 日,以银行存款偿还短期借款利息 2 500 元。

(8)15 日,从银行提取现金 50 000 元备发工资

(9)15 日,以现金支付公司职工的工资 50 000 元。

(10)20 日,张强出差回来,报销差旅费 2 340 元,不足部分补足现金。

(11)22 日,以银行存款支付广告费 1 500 元。

(12)23 日,出售公司多余材料,收到现金 240 元(不考虑增值税)。

(13)25 日,以现金购入公司零星办公用品,共计 540 元。

要求:(1)开设三栏式"库存现金"、"银行存款"日记账,并登记期初余额。

(2)根据业务资料登记现金日记账、银行存款日记账。

(3)月末分别结账。

【解】

现金日记账和银行存款日记账分别如表 8—8 和表 8—9 所示。

表 8—8　现金日记账

2017 年		凭证编号	摘　要	对方科目	借　方	贷　方	余　额
月	日						
4	1		期初余额				3 000
	3	现付 1	预支差旅费	其他应收款		2 000	1 000
	8	现付 2	付交通费	管理费用		980	20
	8	银付 2	提现	银行存款	3 000		3 020
	15	银付 5	提现	银行存款	50 000		53 020
	15	现付 3	发放工资	应付职工薪酬		50 000	3 020
	20	现付 4	补差旅费	管理费用		340	2 680
	23	现收 1	销售材料	其他业务收入	240		2 920
	25	现付 5	购办公用品	管理费用		540	2 380
	30		本月合计		53 240	53 860	2 380

表 8—9　　　　　　　　　　　　　　**银行存款日记账**

2017 年		凭证编号	摘　要	对方科目	借　方	贷　方	余　额
月	日						
4	1		期初余额				800 000
	4	银收 1	销售产品	主营业务收入	8 000		808 000
	6	银付 1	付所得税	应交税费		35 400	772 600
	8	银付 2	提现	库存现金		3 000	769 600
	10	银付 3	偿还借款	短期借款		100 000	669 600
	12	银付 4	偿还利息	财务费用		2 500	667 100
	15	银付 5	提现	库存现金		50 000	617 100
	22	银付 6	付广告费	销售费用		1 500	615 600
	30		本月合计		8 000	192 400	615 600

【例 8—2】 海丰公司 2017 年 5 月初银行存款日记账借方余额为 150 000 元。5 月份部分经济业务如表 8—10 所示。

表 8—10

2017 年		凭证字号	摘　要	会计科目	借方金额	贷方金额
月	日					
5	8	银付字 24 号	提取现金备发工资	库存现金 银行存款	13 000	 13 000
5	10	现付字 28 号	将多余现金存入银行	银行存款 库存现金	18 000	 18 000
5	15	银付字 25 号	支付材料运费	材料采购 银行存款	1 800	 1 800
5	30	银付字 26 号	支付广告费	销售费用 银行存款	5 200	 5 200

要求：登记银行存款日记账并结账。

【解】

银行存款日记款如表 8—11 所示。

表 8—11　　　　　　　　　　　　　　**银行存款日记账**

2017 年		记账凭证编号	摘　要	对方科目	收　入	付　出	结　余
月	日						
5	1		期初余额				150 000
5	8	银付字 24 号	提现	库存现金		13 000	137 000
5	10	现付字 28 号	存现	库存现金	18 000		155 000
5	15	银付字 25 号	购料	材料采购		1 800	153 200

续表

2017 年		记账凭证编号	摘 要	对方科目	收 入	付 出	结 余
月	日						
5	30	银付字 26 号	付广告费	销售费用		5 200	148 000
5	30		本月合计		18 000	20 000	148 000

【例 8—3】 杭州西湖公司 2017 年 12 月初现金日记账借方余额为 500 000 元。12 月份部分经济业务如表 8—12 所示。

表 8—12

2017 年		凭证字号	摘 要	会计科目	借方金额	贷方金额
月	日					
12	2	现付字 28 号	将多余现金存入银行	银行存款 库存现金	2 000	 2 000
12	10	银付字 24 号	提取现金备发工资	库存现金 银行存款	300 000	 300 000
12	15	现付字 29 号	现金支付材料运费	原材料 库存现金	500	 500
12	25	现付字 31 号	现金支付办公费	管理费用 库存现金	300	 300
12	30	现收字 2 号	差旅费报销，收到现金	库存现金 其他应收款	200	 200

要求：登记现金日记账。

【解】

现金日记账如表 8—13 所示。

表 8—13 **现金日记账**

2017 年		凭证编号	摘 要	对方科目编码	借 方										√	贷 方										√	余 额									
月	日				千	百	十	万	千	百	十	元	角	分		千	百	十	万	千	百	十	元	角	分		千	百	十	万	千	百	十	元	角	分
12	1		期初余额																										5	0	0	0	0	0	0	0
	2		存现																	2	0	0	0	0	0				5	0	2	0	0	0	0	0
	10		提现				3	0	0	0	0	0	0	0															2	0	2	0	0	0	0	0
	15		支付运费																		5	0	0	0	0				2	0	1	5	0	0	0	0
	25		支付办公费																		3	0	0	0	0				2	0	1	2	0	0	0	0
	30		报销餐旅费							2	0	0	0	0															2	0	1	4	0	0	0	0
	31		本月合计						2	2	0	0	0	0				3	0	0	8	0	0	0	0				2	0	1	4	0	0	0	0

五、分类账的设置和登记

分类账有总分类账和明细分类账两类。

(一)总分类账

总分类账也称总账,是按总分类账户进行分类登记,全面、总括地反映和记录经济活动情况,并为编制会计报表提供资料的账簿。由于总分类账能全面地、总括地反映和记录经济业务引起的资金运动和财务收支情况,并为编制会计报表提供数据,因此任何单位都必须设置总分类账。

总分类账一般采用订本式账,按照会计科目的编码顺序分别开设账户,并为每个账户预留若干账页。由于总分类账只进行货币度量的核算,因此最常用的格式是三栏式,在账页中设置借方、贷方和余额三个基本金额栏。总分类账中的对应科目栏,可以设置也可以不设置。"借或贷"栏是指账户的余额在借方还是在贷方。

总分类账的登记,可以根据记账凭证逐笔登记,也可以通过一定的方式分次或按月一次汇总成汇总记账凭证或科目汇总表,然后据以登记,还可以根据多栏式现金、银行存款日记账在月末时汇总登记。总分类账登记的依据和方法,取决于企业采用的账务处理程序。

总分类账的格式如表 8—14 所示。

表 8—14　　总分类账

会计科目:　　　　第　　页

年		凭证号数	摘　要	借　方	贷　方	借或贷	余　额
月	日						

(二)明细分类账

明细分类账是根据明细账户开设账页,分类、连续地登记经济业务以提供明细核算资料的账簿。根据实际需要,各种明细账分别按二级科目或明细科目开设账户,并为每个账户预留若干账页,用来分类、连续记录有关资产、负债、所有者权益、收入、费用、利润等详细资料。设置和运用明细分类账,有利于加强资金的管理和使用,并可为编制会计报表提供必要的资料,因此,各单位在设置总分类账的基础上,还要根据经营管理的需要,按照总账科目设置若干必要的明细账,以形成既能提供经济活动总括情况,又能提供具体详细情况的账簿体系。

明细账的格式,应根据它所反映经济业务的特点,以及财产物资管理的不同要求来设计,一般有三栏式明细分类账、数量金额式明细账、多栏式明细账和平行式明细分类账四种。

1. 三栏式明细分类账

三栏式明细分类账账页的格式与总分类账的格式基本相同,它只设借方、贷方和金额三个金额栏,不设数量栏。所不同的是,总分类账簿为订本账,而三栏式明细分类账簿多为活页账。这种账页适用于采用金额核算的应收账款、应付账款等账户的明细核算。其格式如表 8—15 所示。

表 8—15　　××明细分类账

二级或明细科目：　　第　页

年		凭证		摘　要	借　方	贷　方	借或贷	余　额
月	日	字	号					

2. 数量金额式明细账

数量金额式明细账账页格式在收入、发出、结存三栏内，再分别设置“数量”、“单价”和“金额”等栏目，以分别登记实物的数量和金额。其格式如表 8—16 所示。

数量金额式明细账适用于既要进行金额明细核算，又要进行数量明细核算的财产物资项目，如“原材料”、“库存商品”等账户的明细核算。它能提供各种财产物资收入、发出、结存等的数量和金额资料，便于开展业务和加强管理的需要。

表 8—16　　××明细分类账

类别：　编号：　品名及规格：　计量单位：　存放地点：

年		凭证		摘　要	收　入			发　出			结　存		
月	日	字	号		数量	单价	金 额	数量	单价	金额	数量	单价	金额

3. 多栏式明细分类账

多栏式明细分类账是根据经济业务的特点和经营管理的需要，在一张账页的借方栏或贷方栏设置若干专栏，集中反映有关明细项目的核算资料。它主要适用于只记金额、不记数量，而且在管理上需要了解其构成内容的费用、成本、收入、利润账户，如“生产成本”、“制造费用”、“管理费用”、“主营业务收入”等账户的明细分类账。“本年利润”、“利润分配”和“应交税金——应交增值税”等科目所属明细科目则需采用借、贷方均为多栏式的明细账。

多栏式明细账的格式视管理需要而呈多种多样。它在一张账页上，按明细科目分设若干专栏，集中反映有关明细项目的核算资料。如“制造费用明细账”，它在借方栏下，可分设若干专栏，如工资和福利费、折旧费、修理费、办公费等，其格式如表 8—17 所示。

表 8—17　　××明细分类账

产品品种：　　第　页

年		凭证		摘　要	借　方			贷　方	余　额
月	日	字	号				合　计		

企业发生的制造费用，借记本科目；分配计入有关成本核算对象时，贷记本科目。除季节性生产企业外，本科目月末应无余额。这类账页，多用于关于费用、成本、收入、成果类科目的明细核算。

多栏式明细分类账是由会计人员根据审核无误的记账凭证或原始凭证，按照经济业务发生的时间先后顺序逐日逐笔进行登记的，对于成本费用类账户，只在借方设专栏，平时在借方登记费用、成本发生额，贷方登记月末将借方发生额一次转出的数额。平时如发生贷方发生额，应用“红字”在借方有关栏内登记，表示应从借方发生额中冲减。同样，对于收入类账户，只在贷方设专栏，平时在贷方登记收入的发生额，借方登记月末将贷方发生额一次转让“本年利润”的数额。若平时发生退货，应用“红字”在贷方有关栏内登记。

4. 平行式明细分类账

平行式明细分类账也称横线登记式明细分类账。它的账页结构特点是，将前后密切相关的经济业务在同一横行内进行详细登记，以检查每笔经济业务完成及变动情况。该种账页一般用于“材料采购”、“一次性备用金业务”等明细分类账。

平行式明细分类账的借方一般在购料付款或借出备用金时按会计凭证的编号顺序逐日逐笔登记，其贷方则不要求按会计凭证编号逐日逐笔登记，而是在材料验收入库或者备用金使用后报销和收回时，在与借方记录的同一行内进行登记。同一行内借方、贷方均有记录时，表示该项经济业务已处理完毕，若一行内只有借方记录而无贷方记录的，表示该项经济业务尚未结束。其格式如表 8－18 所示。

表 8－18 **××明细分类账**

材料名称或类别： 第 页

年		凭证		摘 要	借方金额			贷方金额				结余金额
月	日	字	号		买价	采购费用	合计	月	日	凭证号码	金额	

各种明细账的登记方法，应根据本单位业务量的大小和经营管理上的需要，以及所记录的经济业务内容而定，可以根据原始凭证、汇总原始凭证或记账凭证逐笔登记，也可以根据这些凭证逐日或定期汇总登记。

六、总分类账和明细分类账的平行登记

总分类账户是根据总分类账科目设置的，用来对会计要素具体内容进行总括分类核算的账户。总分类账户又称总账账户，总分类账户提供总括核算指标。

明细分类账户是根据明细分类科目设置的，用来对会计要素具体内容进行明细分类核算的账户。明细分类账户又称为明细账户。明细分类账户是企业会计部门依据本单位经济业务的具体内容、管理上的要求及方便会计核算等而自行设置的。

总分类账户和明细分类账户，两者登记的经济业务内容是相同的，只是详细层次不一样。总分类账户是用来总括反映各会计要素增减变化及其结果的账户；而明细分类账户则是详细反映各会计要素增减变化及其结果的账户。总分类账户提供的总括资料是对有关明细分类账

户资料的综合，对所属明细分类账户起着统驭作用；明细分类账户对有关总分类账户起着辅助和补充作用，提供详细、具体的资料。

因此，在会计核算中，要采取平行登记的方法。所谓平行登记，是指凡涉及明细分类账户的同一笔经济业务，要根据会计凭证一方面记入相关总分类账户，另一方面又要记入所属明细分类账户的一种登账方法。采用平行登记，一方面可以满足经营管理者对总括资料及详细核算资料的相互关系，另一方面可以检查账务记录的正确性。可见，平行登记是企业内部牵制制度在会计核算上的具体运用。

总分类账户与明细分类账户平行登记的要点包括：

1. 依据相同

对发生的经济业务，都要以相关的会计凭证为依据，既登记有关总分类账户，又登记其所属明细分类账户。

2. 方向相同

将经济业务记入总分类账和明细分类账时，记账方向必须相同。即总分类账户记入借方，明细分类账户也记入借方；总分类账户记入贷方，明细分类账户也记入贷方。

3. 期间相同

对每项经济业务在记入总分类账户和明细分类账户过程中，可以有先有后，但必须在同一会计期间全部登记入账。

4. 金额相等

记入总分类账户的金额，应与记入其所属明细分类账户的金额合计相等。这里包含以下概念：总分类账户本期发生额与其所属明细分类账户本期发生额的合计相等；总分类账户期末余额与其所属明细分类账户期末余额的合计相等。

【例 8—4】 星海公司 2017 年 1 月 1 日，企业的“原材料”和“应付账款”总分类账户及其所属的明细分类账户的余额如下：

(1)“原材料”总账账户为借方余额 35 000 元，其所属明细账户结存情况如表 8—19 所示。

表 8—19　　**“原材料”明细分类账户余额**

名　称	数量(千克)	单价(元/千克)	金额(元)
甲材料	2 000	10	20 000
乙材料	50	300	15 000
合　计			35 000

(2)“应付账款”总账账户为贷方余额 10 000 元，其所属明细账户余额如表 8—20 所示。

表 8—20　　**“应付账款”明细分类账户余额**

名　称	金额(元)
光明公司	6 000
大华公司	4 000
合　计	10 000

2017 年 1 月份，企业发生的有关交易或事项及其会计处理如下：

(1)1月9日,向光明公司购入甲材料500千克,单价10元,计5 000元;向大华公司购入乙材料100吨,单价300元,计30 000元,甲、乙材料已验收入库,货款均尚未支付。

对发生的该交易或事项,企业应编制会计分录如下:

借:原材料——甲材料　　5 000
　　　　——乙材料　　30 000
　贷:应付账款——光明公司　　5 000
　　　　　　——大华公司　　30 000

(2)1月12日,向光明公司购入甲材料400千克,单价10元,计4 000元,乙材料50吨,单价300元,计15 000元,材料均已验收入库,货款尚未支付。

对发生的该交易或事项,企业应编制会计分录如下:

借:原材料——甲材料　　4 000
　　　　——乙材料　　15 000
　贷:应付账款——光明公司　　19 000

(3)1月20日,以银行存款偿付前欠光明公司的货款20 000元、大华公司的货款30 000元。

对发生的该交易或事项,企业应编制会计分录如下:

借:应付账款——光明公司　　20 000
　　　　　——大华公司　　30 000
　贷:银行存款　　50 000

(4)1月26日,生产车间为生产产品从仓库领用甲材料1 000千克,金额为10 000元;领用乙材料100吨,金额为30 000元。

对发生的该交易或事项,企业应编制会计分录如下:

借:生产成本　　40 000
　贷:原材料——甲材料　　10 000
　　　　　——乙材料　　30 000

根据平行登记的要求,将上述交易或事项在"原材料"和"应付账款"总账账户及其所属的明细账户中进行登记。平行登记结果如表8—21、表8—22、表8—23、表8—24、表8—25和表8—26所示。

表8—21　　　　**总账账户**

账户名称:原材料　　　　单位:元

2017年 月	日	凭证字号	摘要	借方	贷方	借或贷	余额
1	1		期初余额			借	35 000
1	9	(1)	购进原材料	35 000		借	70 000
1	12	(2)	购进原材料	19 000		借	89 000
1	26	(4)	生产领料		40 000	借	49 000
			本月发生额及期末余额	54 000	40 000	借	49 000

表 8—22　　**原材料明细分类账**

明细账户：甲材料　　计量单位：千克　　金额：元

2017 年		凭证字号	摘　要	收　入			发　出			结　存		
月	日			数量	单价	金额	数量	单价	金额	数量	单价	金额
1	1		期初余额							2 000	10	20 000
1	9	(1)	购进原材料	5 00	10	5 000				2 500	10	25 000
1	12	(2)	购进原材料	4 00	10	4 000				2 900	10	29 000
1	26	(4)	生产领料				1 000	10	10 000	1 900	10	19 000
			本月发生额及期末余额	9 00		9 000	1 000		10 000	1 900	10	19 000

表 8—23　　**原材料明细分类账**

明细账户：乙材料　　计量单位：千克　　金额：元

2017 年		凭证号数	摘　要	收　入			发　出			结　存		
月	日			数量	单价	金额	数量	单价	金额	数量	单价	金额
1	1		期初结存							50	300	15 000
1	9	(1)	购进原材料	100	300	30 000				150	300	45 000
1	12	(2)	购进原材料	50	300	15 000				200	300	60 000
1	26	(4)	生产领料				100	300	30 000	100	300	30 000
			本月发生额及期末余额	150		45 000	100		30 000	100	300	30 000

表 8—24　　**总账账户**

账户名称：应付账款

2017 年		凭证字号	摘　要	借　方	贷　方	借或贷	余　额
月	日						
1	1		期初余额			贷	10 000
1	9	(1)	购买材料未付款		35 000	贷	45 000
1	12	(2)	购买材料未付款		19 000	贷	64 000
1	20	(3)	偿还前欠货款	50 000		贷	14 000
			本月发生额及期末余额	50 000	54 000	贷	14 000

表 8—25　　**应付账款明细账**

明细账户：光明公司　　单位：元

2017 年		凭证字号	摘　要	借　方	贷　方	借或贷	余　额
月	日						
1	1		期初余额			贷	6 000
1	9	(1)	购买材料未付款		5 000	贷	11 000

续表

2017 年		凭证字号	摘　要	借　方	贷　方	借或贷	余　额
月	日						
1	12	(2)	购买材料未付款		19 000	贷	30 000
1	20	(3)	偿还前欠货款	20 000		贷	10 000
			本月发生额及期末余额	20 000	24 000	贷	10 000

表 8—26　　应付账款明细账

明细账户：大华公司　　单位：元

2017 年		凭证字号	摘　要	借　方	贷　方	借或贷	余　额
月	日						
1	1		期初余额			贷	4 000
1	9	(1)	购买材料未付款		30 000	贷	34 000
1	20	(3)	偿还前欠货款	30 000		贷	4 000
			本月发生额及期末余额	30 000	30 000	贷	4 000

登记账簿工作完成后，可以用"明细分类账户本期发生额及余额与其所属总分类章相应金额的平衡关系"来验证平行登记的结果是否正确。本例中，编制"原材料"及"应付账款"明细分类账户本期发生额及余额汇总表如表 8—27 和表 8—28 所示。

表 8—27　　原材料明细分类账户本期发生额及余额汇总表

明细账户名称	期初余额		本期发生额		期末余额	
	借方	贷方	借方	贷方	借方	贷方
甲材料	20 000		9 000	10 000	19 000	
乙材料	15 000		45 000	30 000	30 000	
合　计	35 000		54 000	40 000	49 000	

表 8—28　　应付账款明细分类账户本期发生额及余额汇总表

明细账户名称	期初余额		本期发生额		期末余额	
	借方	贷方	借方	贷方	借方	贷方
光明公司		6 000	20 000	24 000		10 000
大华公司		4 000	30 000	30 000		4 000
合　计		10 000	23 000	54 000		14 000

总分类账户与其所属明细分类账户之间平行登记的结果是：总分类账户与其所属明细分类账户之间必然形成相互核对的关系，可用公式表示如下：

总分类账户期初借(或贷)方余额＝所属明细分类账户期初借(或贷)方余额之和

总分类账户本期借(或贷)方发生额＝所属明细分类账户本期借(或贷)方余发生额之和

总分类账户期末借(或贷)方余额=所属明细分类账户期末借(或贷)方余额之和

任务三　记账规则与错账更正

一、账簿的启用规则

(一)设置账簿的封面与封底

除订本账不另设封面以外,各种活页账都应设置封面和封底,并登记单位名称、账簿名称和所属会计年度。

(二)填写账簿启用及经管人员一览表

在启用新会计账簿时,应首先填写在扉页上印制的"账簿启用及交接表"中的启用说明,其中包括单位名称、账簿名称、账簿编号、起止日期、单位负责人、主管会计、审核人员和记账人员等项目,并加盖单位公章。在会计人员发生变更时,应办理交接手续并填写"账簿启用及交接表"中的交接说明。

(三)填写账户目录,总账应按照会计科目顺序填写科目名称及启用页号

在启用活页式明细分类账时,应按照所属会计科目填写科目名称和页码,在年度结账后,撤去空白账页,填写使用页码。

(四)粘贴印花税票

印花税票应粘贴在账簿的右上角,并且划线注销;在使用缴款书缴纳印花税时,应在右上角注明"印花税已缴"及缴款金额。

二、账簿登记的规则

(一)根据审核无误的会计凭证登记账簿

记账的依据是会计凭证,记账人员在登记账簿之前,应当首先审核会计凭证的合法性、完整性和真实性,这是确保会计信息的重要措施。

(二)记账时要做到准确完整

登记会计账簿时,应当将会计凭证的日期、编号、业务内容摘要、金额和其他有关资料逐项记入账内。每一会计事项,要按平行登记方法,一方面记入有关总账,另一方面记入总账所属的明细账,做到数字准确、摘要清楚、登记及时、字迹清晰工整。记账后,要在记账凭证上签章并注明所记账簿的页数,或划"√"表示已经登记入账,避免重记、漏记。

(三)书写不能占满格

账簿中书写的文字或数字不能顶格书写,为了便于更正记账和方便查账,登记账簿时,书写的文字和数字上面要留有适当的空格,不要写满格,一般应占格距的1/2,最多不能超过2/3。

(四)顺序连续登记

各种账簿应按账户页次顺序连续登记,不得跳行、隔页。如果发生跳行、隔页现象,应在空行、空页处用红色墨水划对角线注销,并注明"作废"字样,或者注明"此行空白"、"此页空白"字样,并由经办人员盖章,以明确经济责任。

(五)正确使用蓝黑墨水和红色墨水

登记账簿必须用蓝黑色墨水钢笔书写,不许用铅笔或圆珠笔记账。这是因为,各种账簿归档保管时间一般在10年以上,有些关系到重要经济资料的账簿,则要长期保管,因此要求账簿记录保持清晰、耐久,以便长期查核使用,防止涂改。

红色墨水只能在以下情况下使用:冲销错账;在未设借贷等栏的多栏式账页中,登记减少数;在三栏式账户的余额栏前,如未印明余额方向的,在余额栏内登记负数余额;根据国家统一会计制度的规定可以使用红字登记的其他会计记录。在会计上,书写墨水的颜色用错了,会传递错误的信息,红色表示对正常记录的冲减。因此,红色墨水不能随意使用。

(六)结出余额

凡需要结出余额的账户,应按时结出余额,现金日记账和银行日记账必须逐日结出余额;债权债务明细账和各项财产物资明细账,每次记账后,都要随时结出余额;总账账户平时每月需要结出月末余额。结出余额后,应当在"借或贷"栏内写明"借"或者"贷"字样以说明余额的方向。没有余额的账户,应当在"借或贷"栏内写"平"字,并在余额栏内用"0"表示,一般来说,"0"应放在"元"位。

(七)过次承前

各账户在一张账页登记完毕结转下页时,应当结出本页合计数和余额,写在本页最后一行和下页第一行有关栏内,并在本页最后一行的"摘要"栏内注明"过次页"字样,然后,再把这个发生额合计数和余额填列在下一页的第一行内,并在"摘要"栏内注明"承前页"字样,以保证账簿记录的连续性。对"转次页"的本页合计数如何计算,一般分三种情况:

(1)需要结出本月发生额的账户,结计"转次页"的本页合计数应当为自本月初起至本页末止的发生额合计数,如采用"账结法"下的各损益类账户。

(2)需要结计本年累计发生额的账户,结计"转次页"的本页合计数应当为自年初起至本页末止的累计数,如"本年利润"账户和采用"表结法"下的各损益类账户。

(3)既不需要结计本月发生额也不需要结计本年累积发生额的账户,可以只将每页末的余额结转次页,如债权、债务结算类账户、"实收资本"等资本类账户和"材料"等财产物资类账户。

(八)账簿记录错误应按规定的办法更正

对于登错的记录,不得刮擦、挖补、涂改或用药水消除字迹等手段更正错误,也不允许重抄,应采用正确的错账更正规则进行更正。

二、错账的更正

在记账工作中,可能由于种种原因会使账簿记录发生错误,有的是填制凭证和记账时发生的单纯笔误;有的是写错了会计科目、金额等;有的是合计时计算错误;有的是过账错误,登记账簿中发生的差错,一经查出就应立即更正。对于账簿记录错误,不准涂改、挖补、刮擦或者用化学药水消除字迹,不准重新抄写,而必须根据错误的具体情况和性质,采用规范的方法予以更正。

常见的错账更正方法有划线更正法、红字更正法和补充登记法。

(一)划线更正法

记账凭证填制正确,在记账或结账过程中发现账簿记录中文字或数字有错误,应采用划线更正法。具体做法是:先在错误的文字或数字上划一条红线,表示注销,划线时必须使原有字迹仍可辨认;然后将正确的文字或数字用蓝字写在划线处的上方,并由记账人员在更正处盖章，以明确责任。对于文字的错误，可以只划去错误的部分，并更正错误的部分，对于错误的数字，应当全部划红线更正，不能只更正其中的个别错误数字。例如，把“320”元误记为“230”元时，应将错误数字“230”全部用红线注销后，再写上正确的数字“320”，而不是只删改“23”。如记账凭证中的文字或数字发生错误，在尚未过账前，也可用划线更正法更正。

（二）红字更正法

红字更正法又称红字冲销法。它是用红字冲销原有记录后再予以更正的方法，主要适用于以下两种情况：

第一，在记账以后，如果发现记账凭证中应借、应贷科目或金额发生错误时，可以用红字更正法进行更正。具体做法是：先用红字金额，填写一张与错误记账凭证内容完全相同的记账凭证，且在摘要栏注明“更正某月某日第×号凭证”，并据以用红字金额登记入账，以冲销账簿中原有的错误记录，然后再用蓝字重新填制一张正确的记账凭证，登记入账。这样，原来的错误记录便得以更正。

【例8－5】 阳光公司购入行政管理部门用办公用品2 700元，货款用银行存款支付，在填制记账凭证时，误记入“库存现金”科目，并已据以登记入账，其错误记账凭证所反映的会计分录为：

借：管理费用　　2 700

　　贷：库存现金　　2 700

该项业务的会计分录应贷记“银行存款”科目。在更正时，应用红字金额填制一张记账凭证冲销原会计分录，并据以登记入账，冲销原错误的账簿记录。

借：管理费用　　[2 700]

　　贷：库存现金　　[2 700]

然后，再用蓝字或黑字填制一张正确的记账凭证，并据以登记入账。

借：管理费用　　2 700

　　贷：银行存款　　2 700

第二，根据记账凭证记账以后，发现记账凭证中应借、应贷会计科目和记账方向都正确，只是所记金额大于应记金额并据以登记账簿。其更正的方法是：将多记的金额用红字填制一张与原错误记账凭证的会计科目、记账方向相同的记账凭证，并在摘要栏注明“更正某月某日第×号凭证”，并据以用红字登记入账，以冲销多记金额，求得正确的金额，使错账得以更正。

采用红字更正法更正金额多记错误记录时应注意：不得以蓝字金额填制与原错误记账凭证方向相反的记账凭证去冲销原错误记录或错误金额，因为蓝字记账凭证反方向记录的会计分录反映某类经济业务，而不能反映更正错账的内容。

【例8－6】 阳光公司的生产车间领用一批工具，价值900元，在填制记账凭证时，误记为9 000元，但会计科目、借贷方向均没有错误，并已据以登记入账。其错误记账凭证所反映的会计分录是：

借：制造费用　　9 000

　　贷：周转材料　　9 000

更正时，应将多记的金额8 100元用红字编制如下的记账凭证，并登记入账：

借：制造费用　　8 100

　　贷：周转材料　　8 100

(三)补充登记法

补充登记法也称蓝字补记法。这种方法主要适用于:根据记账凭证记账以后,发现记账凭证中应借、应贷会计科目和记账方向都正确,只是所记金额小于应记金额并据以记账。出现以上错误情况时应采用补充登记法予以更正。更正的方法是:将少记金额用蓝字填制一张与原错误记账凭证科目名称和方向一致的记账凭证,用蓝字据以登记入账,并在摘要栏内注明"补记某月某日第×号凭证",补足原少记金额,使错账得以更正。

【例 8—7】 阳光公司收到某单位欠款 20 000 元存入银行,编制记账凭证时误编如下:

借:银行存款　　2 000

　　贷:应收账款　　2 000

当发现错误时,应将少记金额 18 000 元再编制一张凭证:

借:银行存款　　18 000

　　贷:应收账款　　18 000

错账更正的三种方法红字更正法和补充登记法都是用来更正因记账凭证错误而产生的记账错误,如果非因记账凭证的差错而产生的记账错误,只能用划线更正法更正。

以上三种方法对当年内发现填写记账凭证或者登记账错误而采用的更正方法,如果发现以前年度记账凭证中有错误(指会计科目和金额)并导致账簿登记出现差错,应当用蓝字或黑字填制一张更正的记账凭证。因错误的账簿记录已经在以前会计年度终了进行结账或决算,不可能将已经决算的数字进行红字冲销,只能用蓝字或黑字凭证对除文字外的一切错误进行更正,并在更正凭证上特别注明"更正××年度错账"的字样。

任务四　对账和结账

登记账簿作为会计核算的方法之一,它除了包括记账外,还包括对账和结账两项工作。

一、对账

对账就是核对账目,是保证会计账簿记录质量的重要程序。在会计工作中,由于种种原因,难免会发生记账、计算等差错,也难免会出现账实不符的现象。为了保证各账簿记录和会计报表的真实、完整和正确,如实地反映和监督经济活动,各单位必须做好对账工作。

账簿记录的准确与真实可靠,不仅取决于账簿的本身,还涉及账簿与凭证的关系,账簿记录与实际情况是否相符的问题等。所以,对账应包括账簿与凭证的核对、账簿与账簿的核对、账簿与实物的核对。把账簿记录的数字核对清楚,做到账证相符、账账相符和账实相符。对账工作至少每年进行一次。对账的主要内容有:

(一)账证核对

账证核对是指将会计账簿记录与会计凭证包括记账凭证和原始凭证有关内容进行核对。由于会计账簿是根据会计凭证登记的,两者之间存在勾稽关系,因此,通过账证核对,可以检查、验证会计账簿记录与会计凭证的内容是否正确无误,以保证账证相符。各单位应当定期将会计账簿记录与其相应的会计凭证记录(包括时间、编号、内容、金额、记录方向等)逐项核对,检查是否一致。如有不符之处,应当及时查明原因,予以更正。保证账证相符,是会计核算的基本要求之一，也是账账相符、账实相符和账表相符的基础。

（二）账账核对

账账核对是指将各种会计账簿之间相对应的记录进行核对。由于会计账簿之间相对应的记录存在着内在联系，因此，通过账账相对，可以检查、验证会计账簿记录的正确性，以便及时发现错账，予以更正，保证账账相符。账账核对的内容主要包括：

(1)总分类账各账户借方余额合计数与贷方余额合计数核对相符。

(2)总分类账各账户余额与其所属明细分类账各账户余额之和核对相符。

(3)现金日记账和银行存款日记账的余额与总分类账中“现金”和“银行存款”账户余额核对相符。

(4)会计部门有关财产物资的明细分类账余额与财产物资保管或使用部门登记的明细账核对相符。

（三）账实核对

账实核对是在账账核对的基础上，将各种财产物资的账面余额与实存数额进行核对。由于实物的增减变化、款项的收付都要在有关账簿中如实反映，因此，通过会计账簿记录与实物、款项的实有数进行核对，可以检查、验证款项、实物会计账簿记录的正确性，以便及时发现财产物资和货币资金管理中存在的问题，查明原因，分清责任，改善管理，保证账实相符。账实核对的主要内容包括：

(1)现金日记账账面余额与现金实际库存数核对相符。

(2)银行存款日记账账面余额与开户银行对账单核对相符。

(3)各种材料、物资明细分类账账面余额与实存数核对相符。

(4)各种债权债务明细账账面余额与有关债权、债务单位或个人的账面记录核对相符。

实际工作中，账实核对一般要结合财产清查进行。有关财产清查的内容和方法将在以后的项目任务中介绍。

二、结账

结账是在把一定时期内发生的全部经济业务登记入账的基础上，按规定的方法将各种账簿的记录进行小结，计算并记录本期发生额和期末余额。

为了正确反映一定时期内在账簿中已经记录的经济业务，总结有关经济活动和财务状况，为编制会计报表提供资料，各单位应在会计期末进行结账。会计期间一般按日历时间划分为年、季、月，结账于各会计期末进行，所以分为月结、季结、年结。

（一）结账的基本程序

结账前，必须将属于本期内发生的各项经济业务和应由本期受益的收入、负担的费用全部登记入账。在此基础上，才可保证结账的有用性，确保会计报表的正确性。不得把将要发生的经济业务提前入账，也不得把已经在本期发生的经济业务延至下期（甚至以后期）入账。结账的基本程序具体表现为：

(1)将本期发生的经济业务事项全部登记入账，并保证其正确性。

(2)根据权责发生制的要求，调整有关账项，合理确定本期应计的收入和应计的费用。

①应计收入和应计费用的调整。应计收入是指那些已在本期实现、因款项未收而未登记入账的收入。企业发生的应计收入，主要是本期已经发生且符合收入确认标准，但尚未收到相应款项的商品或劳务。对于这类调整事项，应确认为本期收入，借记“应收账款”等科目，贷记

“营业收入”等科目；待以后收妥款项时，再借记“现金”或“银行存款”等科目，贷记“应收账款”等科目。

②收入分摊和成本分摊的调整。收入分摊是指企业已经收取有关款项，但未完成或未全部完成销售商品或提供劳务，需在期末按本期已完成的比例，分摊确认本期已实现收入的金额，并调整以前预收款项时形成的负债，如企业销售商品预收定金、提供劳务预收佣金。在收到预收款项时，应借记“银行存款”等科目，贷记“预收账款”等科目；在以后提供商品或劳务、确认本期收入时，借记“预收账款”等科目，贷记“营业收入”等科目。

成本分摊是指企业的支出已经发生、能使若干个会计期间受益，为正确计算各个会计期间的盈亏，将这些支出在其受益期间进行分配。如企业已经支出但应由本期或以后各期负担的待摊费用，购建固定资产和无形资产的支出等。企业在发生这类支出时，应借记“待摊费用”、“固定资产”、“无形资产”等科目，贷记“银行存款”等科目。在会计期末进行摊销时，应借记“制造费用”、“管理费用”、“销售费用”等科目，贷记“待摊费用”、“累计折旧”、“累计摊销”等科目。

(3)将损益类账户转入“本年利润”账户，结平所有损益类账户。

(4)结算出资产、负债和所有者权益账户的本期发生额和余额，并结转下期。

(二)结账的基本方法

结账时，应当结出每个账户的期末余额。需要结出当月(季、年)发生额的账户，如各项收入、费用账户等，应单列一行登记发生额，在摘要栏内注明“本月(季)合计”或“本年累计”。结出余额后，应在余额前的“借或贷”栏内写“借”或“贷”字样，没有余额的账户，应在余额栏前的“借或贷”栏内写“平”字，并在余额栏内用“0”表示。为了突出本期发生额及期末余额，表示本会计期间的会计记录已经截止或者结束，应将本期与下期的会计记录明显分开，结账一般都划“结账线”。划线时，月结、季结用单线，年结划双线。划线应划红线并应划通栏线，不能只在账页中的金额部分划线。

结账时应根据不同的账户记录，分别采用不同的结账方法：

(1)总账账户的结账方法。总账账户平时只需结计月末余额，不需要结计本月发生额。每月结账时，应将月末余额计算出来并写在本月最后一笔经济业务记录的同一行内，并在下面通栏划单红线。年终结账时，为了反映全年各会计要素增减变动的全貌，便于核对账目，要将所有总账账户结计全年发生额和年末余额，在摘要栏内注明“本年累计”字样，并在“本年累计”行下划双红线。

(2)现金日记账、银行存款日记账和需要按月结计发生额的收入、费用等明细账的结账方法。现金日记账、银行存款日记账和需要按月结计发生额的各种明细账，每月结账时，要在每月的最后一笔经济业务下面通栏划单红线，结出本月发生额和月末余额写在红线下面，并在摘要栏内注明“本月合计”字样，再在下面通栏划单红线。

(3)不需要按月结计发生额的债权、债务和财产物资等明细分类账的结账方法。对这类明细账，每次记账后，都要在该行余额栏内随时结出余额，每月最后一笔余额即为月末余额。也就是说，月末余额就是本月最后一笔经济业务记录的同一行内的余额。月末结账时只需在最后一笔经济业务记录之下通用栏划单红线即可，无需再结计一次余额。

(4)需要结计本年累计发生额的收入、成本等明细账的结账方法。对这类明细账，先按照需要按月结计发生额的明细账的月结方法进行月结，然后在“本月合计”行下的摘要栏内注明“本年累计”字样，并结出自年初起至本月末止的累计发生额，最后在下通栏划单红线。12月末的“本年累计”就是全年累计发生额，全年累计发生额下面通栏划双红线。

(5)年度终了结账时，有余额的账户，要将其余额结转到下一会计年度，并在摘要栏内注明“结转下年”字样；在下一会计年度新建有关会计账簿的第一行余额栏内填写上年结转的余额，并在摘要栏内注明“上年结转”字样。结转下年时，既不需要编制记账凭证，也不必将余额再记入本年账户的借方或贷方，使本年有余额的账户的余额变为零，而是使有余额的账户的余额如实反映在账户中，以免混淆有余额账户和无余额的账户的区别。

任务五　会计账簿的更换和保管

一、会计账簿的更换

会计账簿是记录和反映经济业务的重要历史资料和证据。为了使每个会计年度的账簿资料明晰和便于保管，一般来说，总账、日记账和多数明细账要每年更换一次，这些账簿在每年年终按规定办理完毕结账手续后，就应更换、启用新的账簿，并将余额结转记入新账簿中。但有些财产物资明细账和债权、债务明细账，由于材料等财产物资的品种、规格繁多，债权、债务单位也较多，如果更换新账，重抄一遍的工作量相当大，应此，可以跨年度使用，不必每年更换一次。卡片式账簿，如固定资产卡片，以及各种备查账簿，也都可以连续使用。

二、会计账簿的保管

会计账簿与会计凭证和会计报表一样，都属于会计档案，是重要的经济档案，各单位必须按规定妥善保管，确保其安全与完整，并充分加以利用。

(一)会计账簿的装订整理

在年度终了更换新账簿后，应将使用过的各种账簿(跨年度使用的账簿除外)按时装订整理立卷。

(1)装订前，首先要按账簿启用和经管人员一览表的使用页数核对各个账户是否相符、账页数是否齐全、序号排列是否连续；然后按会计账簿封面、账簿启用表、账户目录、该账簿按页数顺序排列的账页、装订封底的顺序装订。

(2)对活页账簿，要保留已使用过的账页，将账页数填写齐全，除去空白页并撤掉账夹，用质地好的牛皮纸做封面和封底，装订成册。多栏式、三栏式、数量金额式等活页账不得混装，应按同类业务、同类账页装订在一起。装订好后，应在封面上填明账目的种类、编号卷号，并由会计主管人员和装订人员签章。

(3)装订后会计账簿的封口要严密，封口处要加盖有关印章。封面要齐全、平整，并注明所属年度和账簿名称和编号，不得有折角、缺角、错页、掉页、加空白纸的现象。会计账簿要按保管期限分别编制卷号。

(二)按期移交档案部门进行保管

年度结账后，更换下来的账簿，可暂由本单位财务会计部门保管一年，期满后原则上应由财务会计部门移交本单位档案部门保管。移交时需要编制移交清册，填写交接清单，交接人员按移交清册和交接清单项目核查无误后签章，并在账簿使用日期栏内填写移交日期。

已归档的会计账簿作为会计档案为本单位提供查询利用，原件不得借出，如有特殊需要，须经上级主管单位或本单位领导、会计主管人员批准，在不拆散原卷册的前提下，可以提供查阅或者复制，并要办理登记手续。

会计账簿是重要的会计档案之一，必须严格按照2016年1月1日新颁布的《会计档案管理办法》规定的保管年限妥善保管，不得丢失和任意销毁。通常，总账（包括日记总账）和明细账保管期限为30年；日记账保管期限为30年，现金和银行存款日记账保管期限为30年；固定资产卡片账在固定资产报废清理后保管5年；辅助账簿保管期限为30年。保管期限满后，要按照会计档案管理办法的规定，由财会部门和档案管理部门共同鉴定，报经批准后进行处理。

账簿日常应由各自分管的记账人员专门保管，未经领导和会计负责人或有关人员批准，不许非经管人员翻阅、查看、摘抄和复制。会计账簿除非特殊需要或司法介入要求，一般不允许携带外出。

关键术语

会计账簿　序时账簿　分类账簿　备查账簿　电子账簿　订本式账簿　活页式账簿　卡片式账簿　双栏式账簿　三栏式账簿　多栏式账簿　数量金额式账簿　横线登记式账簿　普通日记账　特种日记账　库存现金日记账　银行存款日记账　总分类账　明细分类账　划线更正法　红字更正法　补充登记法　对账　结账

◎ 应知考核 ◎

一、单项选择题

1. 会计账簿暂由本单位财务会计部门保管（　　），期满之后，由财务会计部门编造清册移交本单位的档案部门保管。

A. 1年　　B. 3年　　C. 5年　　D. 10年

2. 下列账簿中，可以跨年度连续使用的是（　　）。

A. 总账　　B. 备查账　　C. 日记账　　D. 多数明细账

3. 需要结计本年累计发生额的账户，结计"过次页"的合计数为（　　）。

A. 自年初起至本日止累计数　　B. 自年初起至本页末止累计数

C. 自月初至本页末止累计数　　D. 自本页初至本页末止累计数

4. 下列不属于账账核对的是（　　）。

A. 明细分类账簿之间的核对

B. 总分类账簿与所属明细分类账簿之间的核对

C. 总分类账簿与序时账簿之间的核对

D. 会计账簿与原始凭证之间的核对

5. 从银行提取现金，登记库存现金日记账的依据是（　　）。

A. 库存现金收款凭证　　B. 银行存款收款凭证

C. 库存现金付款凭证　　D. 银行存款付款凭证

6. 现金日记账应采用（　　）。

A. 活页式账簿　　B. 卡片式账簿　　C. 订本式账簿　　D. 备查账簿

7. 下列做法中，不符合记账规则的是（　　）。

A. 登账后在记账凭证中作记账符号"√"

B. 记账时发生跳行，在该空行处划线注销

C. 结出每一账页的发生额合计和余额

D. 使用圆珠笔记账

8. 下列明细账户中，应采用贷方多栏式账页格式的是（　　）。

A. 管理费用　　B. 主营业务收入

C. 本年利润　　D. 应交税费——应交增值税

9. 填制记账凭证时无误，根据记账凭证登记账簿时，将 10 000 元误记为 1 000 元，已登记入账，更正时应采用（　　）。

A. 划线更正法　　B. 红字更正法　　C. 补充登记法　　D. 更换账页法

10. 会计人员记账后发现，在分配工资费用时，将在建工程人员的工资记入了“管理费用”科目。此时应采用的更正方法是（　　）。

A. 划线更正法　　B. 红字更正法

C. 补充登记法　　D. 编制相反分录冲减

二、多项选择题

1. 会计账簿的基本内容有（　　）。

A. 封面　　B. 封底　　C. 扉页　　D. 账页

2. 下列情况中，可以用红色墨水记账的有（　　）。

A. 在不设借贷等栏的多栏式账页中，登记减少数

B. 按照红字冲账的记账凭证，冲销错误记录

C. 在三栏式账户的余额栏前，如未印明余额方向的，在余额栏内登记负数余额

D. 根据国家统一的会计制度的规定可以用红字登记的其他会计记录

3. 以下账簿需要在每年初更换新账的是（　　）。

A. 总账　　B. 库存现金日记账

C. 银行存款日记账　　D. 固定资产卡片账

4. 下列对账工作中属于账实核对的是（　　）。

A. 现金日记账余额与库存现金核对

B. 银行存款日记账余额与银行对账单余额相核对

C.“应付账款”各明细账户余额与各债权人寄来的对账单逐一核对

D. 财产物资明细账余额与财产物资实有数相核对

5. 依据新《会计法》，对账的内容包括（　　）。

A. 账证核对　　B. 账账核对　　C. 账实核对　　D. 账表核对

6. 订本账一般适用于（　　）。

A. 总分类账　　B. 库存现金日记账　　C. 银行存款日记账　　D. 明细分类账

7. 下列可以作为登记明细账依据的有（　　）。

A. 记账凭证　　B. 原始凭证　　C. 汇总原始凭证　　D. 汇总记账凭证

8. 以下凭证可能在库存现金日记账的收入栏进行登记的有（　　）。

A. 库存现金收款凭证　　B. 库存现金付款凭证

C. 银行存款收款凭证　　D. 银行存款付款凭证

9. 下列（　　）明细账既可逐日逐笔登记，也可定期汇总登记。

A. 固定资产　　B. 库存商品　　C. 应收账款　　D. 管理费用

10. 错账更正的方法一般有（　　）。

A. 平行登记法　　B. 划线更正法　　C. 补充登记法　　D. 红字更正法

三、判断题

1. 登记账簿要用蓝黑墨水钢笔或蓝黑圆珠笔书写，不得使用铅笔书写。 （　）
2. 会计账簿应当按照连续编号的页码顺序登记。会计账簿发生错误或者隔页、缺号、跳行的，不得对会计账簿进行更正，只能重新更换会计账簿。 （　）
3. 账簿只是一个外在形式，账户才是它的真实内容。账簿与账户的关系是形式和内容的关系。 （　）
4. 总分类账户平时不必每日结出余额，只需每月结出月末余额。 （　）
5. 除总分类账外，其他账簿一般采用活页式账簿。 （　）
6. 银行存款日记账既是序时账簿又是订本式账簿。 （　）
7. 备查账簿一定是根据记账凭证登记的。 （　）
8. 在填制记账凭证时，误将 6 500 元记为 5 600 元，并已登记入账。月终结账前发现错误，更正时应采用划线更正法。 （　）
9. 若记账凭证上应记科目或金额有误且已入账，可以将填错的记账凭证销毁，另填一张正确的记账凭证，并据以登记入账。 （　）
10. 年度终了，各种账户在结转下年，建立新账后，一般都要把旧账送交主办会计集中统一管理。 （　）

四、简答题

1. 简述科学设置会计账簿和正确登记会计账簿的意义。
2. 简述会计账簿设置应遵循的原则。
3. 简述总分类账户与明细分类账户平行登记的要点。
4. 简述账簿登记的规则。
5. 简述常见的错账更正方法。

◎ 应会考核 ◎

★业务考核

【考核项目】

错账更正法。

【背景资料】

表 8—29　　**结账前发生额试算平衡表**

2017 年 1 月 31 日

会计科目	本期发生额	
	借　方	贷　方
银行存款	5 000	
应收账款	3 000	
原材料	13 000	
库存商品	10 000	
固定资产	10 000	
无形资产	2 000	

续表

会计科目	本期发生额	
	借　方	贷　方
应付账款		13 700
短期借款		4 300
长期借款		5 000
实收资本		7 000
盈余公积		2 000
主营业务收入		51 000
主营业务成本	40 000	
合　计	83 000	83 000

(1)1 月 3 日向甲公司赊销产品一批，应收甲公司货款 2 000 元，记账凭证误记为 3 000 元，该凭证编号为转字第 27 号。(不考虑增值税，下同)

错账更正方法是：____________

更正的记账凭证如表 8—30 所示。

表 8—30　　**转账凭证**　　转字第　号

2017 年　月　日　　附件　张

摘　要	会计科目		记　账	借方金额	贷方金额
	总账科目	明细科目			
合　计					

会计主管：　　记账：　　审核：　　制单：

(2)1 月 10 日结转销售成本 5 000 元，而实际结转的成本为 5 500 元，原登记该笔业务记账凭证的编号为转字第 79 号。

错账更正方法是：____________

更正的记账凭证如表 8—31 所示。

表 8—31　　**转账凭证**　　转字第　号

2017 年　月　日　　附件　张

摘　要	会计科目		记　账	借方金额	贷方金额
	总账科目	明细科目			
合　计					

会计主管：　　记账：　　审核：　　制单：

(3)1月21日,赊购办公用的计算机一台,价值10 000元,误作为原材料登记入账,当时登记该业务的记账凭证编号为转字第101号。

错账更正方法是:____________

更正的记账凭证如表8－32所示。

表8－32　　转账凭证　　转字第　号

2017年　月　日　　附件　张

摘　要	会计科目		记　账	借方金额	贷方金额
	总账科目	明细科目			
合　计					

会计主管:　　记账:　　审核:　　制单:

表8－33　　转账凭证　　转字第　号

2017年　月　日　　附件　张

摘　要	会计科目		记　账	借方金额	贷方金额
	总账科目	明细科目			
合　计					

会计主管:　　记账:　　审核:　　制单:

结账后发生额试算平衡表如表8－34所示。

表8－34　　结账后发生额试算平衡表

2017年1月31日

会计科目	本期发生额	
	借　方	贷　方
银行存款	(1)	
应收账款	(2)	
原材料	(3)	
库存商品	(4)	
固定资产	(5)	
无形资产	2 000	
应付账款		(6)
短期借款		4 300
长期借款		5 000

续表

会计科目	本期发生额	
	借　方	贷　方
实上资本		7 000
盈余公积		2 000
主营业务收入		(7)
主营业务成本	(8)	
合　计	(9)	(10)

【考核要求】

(1)指出各笔错账的更正方法，并填制更正的记账凭证(仅填制更正的记账凭证，记账略。每项业务要选择是否填制更正的记账凭证，填制一张还是两张记账凭证。若填制的是红字凭证，请在凭证的左上方明显列示"红字凭证"字样)。

(2)编制正确的发生额试算平衡表，将你认为正确的金额填写在表 8－34 中的序号后。

★技能考核

【考核项目一】

库存现金日记账和银行存款日记账。

【背景资料】

大华公司 2017 年 4 月，"库存现金"账户期初借方余额为 3 000 元；"银行存款"账户期初余额为 800 000元。该厂 4 月份发生的现金和银行存款收付业务如下：

(1)3 日，公司供应科业务员张强出差，预支差旅费 2 000 元，付现金。

(2)4 日，售给胜利公司产品 100 件，每件 80 元，价款已全部收到，存入银行(不考虑增值税)。

(3)6 日，通过银行存款支付上月所得税 35 400 元。

(4)8 日，以现金支付公司办公人员市内交通费 980 元。

(5)8 日，从银行提取现金 3 000 元备用。

(6)10 日，向银行借入为期 3 个月的借款已经到期，通知银行以存款偿还借款 100 000 元。

(7)12 日，以银行存款偿还短期借款利息 2 500 元。

(8)15 日，从银行提取现金 50 000 元备发工资

(9)15 日，以现金支付公司职工的工资 50 000 元。

(10)20 日，张强出差回来，报销差旅费 2 340 元，不足部分补足现金。

(11)22 日，以银行存款支付广告费 1 500 元。

(12)23 日，出售公司多余材料，收到现金 240 元(不考虑增值税)。

(13)25 日，以现金购入公司零星办公用品，共计 540 元。

【考核要求】

根据上述背景资料作答：

(1)开设三栏式"库存现金"、"银行存款"日记账，并登记期初余额。

(2)根据业务资料登记库存现金日记账、银行存款日记账。

(3)月末分别结账。

【考核项目二】

记账凭证的填制、账簿登记及试算平衡。

【背景资料】

光明股份有限公司 2017 年 8 月份有关经济业务，以及有关总账和明细账的期初余额如下：

(1)1 日，从银行提取现金 3 500 元。

(2)2 日，用现金支付厂长李明预支差旅费 3 000 元。

(3)3 日，以现金支付业务招待费 285 元。

(4)4 日，生产甲产品领用 A 材料 800 千克，单价 10 元，计 8 000 元。

(5)5 日，购入 A 材料 3 000 千克，单价 10 元，计 30 000 元。材料已验收入库，货款尚未支付。

(6)8 日，厂长李明出差回厂报销差旅费 2 900 元，交回多余现金 100 元。

(7)10 日，用银行存款发放工资 30 000 元。

(8)12 日，向银行借入短期借款 500 000 元，存入银行存款户。

(9)13 日，用银行存款偿还莱斯工厂款项 131 000 元

(10)14 日，出售给光明工厂甲产品 3 000 件，货款 390 000 元尚未收到。

(11)19 日，以银行存款支付本月广告费 25 000 元。

(12)20 日，接受金湖工厂投入全新设备一套，按双方协商价 800 000 元入账。

(13)24 日，收到光明工厂还来前欠货款 456 300 元，存入银行。

(14)28 日，以银行存款归还短期借款 170 000 元。

表 8－35　　总账和明细账的期初余额

2017 年 8 月　　单位：元

账户名称	期初余额(借方)	账户名称	期初余额(贷方)
库存现金	2 000	短期借款	450 000
银行存款	2 000 000	应付账款	159 000
应收账款	840 000	应交税费	32 500
其他应收款	3 000	累计折旧	100 000
原材料	4 000 000	实收资本	10 000 000
生产成本	1 120 000	盈余公积	260 000
库存商品	400 000	本年利润	180 000
长期股权投资	121 500	利润分配	105 000
固定资产	2 800 000		
合　计	11 286 500	合　计	11 286 500

【考核要求】

根据上述背景资料编制记账凭证，并根据填制的记账凭证，登记库存现金日记账、银行存款日记账和总分类账。

表 8－36　　会计分录(代记账凭证)

201×年		凭证		摘　要	借　方		贷　方	
月	日	字	号		账户名称	金　额	账户名称	金　额

【考核项目三】

总账和明细分类账的平行登记。

【背景资料】

现以甲公司2017年1月份发生的有关“原材料”账户和“应付账款”账户的部分经济业务为例，说明总分类账户与明细分类账户的平行登记原理(假设不考虑增值税)。

甲公司2017年1月1日“原材料”账面余额为200 000元，其中明细分类账户情况如表8—37所示。

表8—37

名　称	数　量	单　价	金　额
A材料	12 000千克	10元	120 000元
B材料	10 000千克	8元	80 000元
合　计			200 000元

“应付账款”总分类账户账面余额为60 000元，其中明细分类账户情况如表8—38所示。

表8—38

供应单位名称	应付账款金额
乙公司	20 000元
丙公司	40 000元
合　计	60 000元

本月发生有关业务如下：

(1)1月1日，甲公司向乙公司购进A材料1 000千克，每千克单价10元，货款以银行存款支付，材料验收入库。

(2)1月3日，甲公司向乙公司购进A材料2 000千克，单价10元，计20 000元，向丙公司购进B材料2 500千克，单价8元，计20 000元，全部货款尚未支付，材料验收入库。

(3)1月6日，甲公司以银行存款10 000元，归还前欠丙公司材料款。

(4)1月7日，甲公司向乙公司购入A材料3 000千克，单价10元，计30 000元，货款尚未支付，同时向丙公司购入B材料3 750千克，单价8元，计30 000元，货款以银行存款支付。

将月初余额及有关经济业务分别记入“原材料”、“应付账款”两个总分类账户及其所属明细分类账户，如表8—39至表8—44所示。

表8—39　　　　**总分类账户**

账户名称：原材料　　　　单位：千克

2017年		凭证		摘　要	借　方	贷　方	借或贷	余　额
月	日	字	号					

表 8—40 **原材料明细分类账户**

账户名称:A 材料 单位:千克

2017 年		凭证		摘要	收入			发出			结存		
月	日	字	号		数量	单价	金额	数量	单价	金额	数量	单价	金额
1													

表 8—41 **原材料明细分类账户**

账户名称:B 材料 单位:千克

2017 年		凭证		摘要	收入			发出			结存		
月	日	字	号		数量	单价	金额	数量	单价	金额	数量	单价	金额
1													

表 8—42 **总分类账户**

账户名称:应付账款

2017 年		凭证		摘要	借方	贷方	借或贷	余额
月	日	字	号					

表 8—43 **应付账款明细分类账**

账户名称:乙公司

2017 年		凭证		摘要	借方	贷方	借或贷	余额
月	日	字	号					

表 8－44　　**应付账款明细分类账**

账户名称：丙公司

2017 年		凭证		摘　要	借　方	贷　方	借或贷	余　额
月	日	字	号					

【考核要求】

根据背景资料，编制会计分录，并填写总分类账和明细分类账。

★案例题

2017 年 12 月 7 日，穆空在羽飞公司做了 3 个月的出纳工作之后，有关领导令其离开出纳岗位，接任材料会计工作，新接任出纳工作的是乐娥，前任材料会计为吴嫦。穆空和吴嫦对各自的旧工作做了他们认为必要的处理，并办理了交接手续，办理完交接手续后，相关账页资料如表 8－45、表 8－46、表 8－47 所示。

表 8－45　　**账簿使用登记表**

单位名称	羽飞公司				
账簿名称	现金日记账				
册次及起讫页数	自壹页起至壹佰页止共壹佰页				
启用日期	2017 年 1 月 1 日				
停用日期	年　月　日				
经管人员姓名	接管日期	交出日期	经管人员盖章	会计主管人员盖章	
穆空	2017 年 9 月 1 日	2017 年 12 月 7 日	穆空、乐娥	袁海	
	年　月　日	年　月　日			
	年　月　日	年　月　日			
	年　月　日	年　月　日			
	年　月　日	年　月　日			
	年　月　日	年　月　日			
备考			单位公章		
			（羽飞公司财务专用章）		

表 8－46 **账簿使用登记表**

单位名称	羽飞公司			
账簿名称	原材料明细账			
册次及起讫页数	自壹页起至　页止共　页			
启用日期	2017 年 1 月 1 日			
停用日期	年　月　日			
经管人员姓名	接管日期	交出日期	经管人员盖章	会计主管人员盖章
吴嫦	2017 年 3 月 5 日	2017 年 12 月 7 日	吴嫦	袁海
穆空	2017 年 12 月 7 日	2017 年 12 月 31 日	穆空	袁海
	年　月　日	年　月　日		
	年　月　日	年　月　日		
	年　月　日	年　月　日		
	年　月　日	年　月　日		
备考			单位公章	

表 8－47 **现金日记账**

2017 年		凭证号	摘要	对方科目	借方										贷方										核对号	借或贷	余额									
月	日				千	百	十	万	千	百	十	元	角	分	千	百	十	万	千	百	十	元	角	分			千	百	十	万	千	百	十	元	角	分
9	1	略	期初余额																												5	0	0	0	0	0
	2	略	零星销售	产品销售收入					8	0	0	0	0	0																						
	12	略	报差旅费	管理费用															5	0	0	0	0	0							8	0	0	0	0	0
9	13	略	略	产品销售收入					5	0	0	0	0	0																1	3	0	0	0	0	0
9	13	略	略	经营费用															4	0	0	0	0	0							9	0	0	0	0	0

案例要求：请指出穆空会计处理的不当之处，并加以纠正。

◎ 项目实训 ◎

【实训项目】

通用记账凭证的应用。

【实训情境】

某企业 2017 年 6 月初，企业“库存现金”账户借方余额为 1 000 元，“银行存款”借方余额 500 000 元，本月发生下列经济业务：

(1)2 日，购入原材料 2 000 千克，其中甲材料 800 千克，每千克 100 元，乙材料 1 200 千克，每千克 60

元，增值税税率 17%，用银行存款支付，材料已入库。

(2)8 日，收到深圳 A 工厂预付的购买产品的款项 58 000 元，存入银行。

(3)9 日，销售产品一批 8 000 元，增值税税率 17%，货税款均以银行存款收讫。

(4)9 日，向银行提取库存现金 3 000 元备用。

(5)10 日，收到投资者追加投资 200 000 元，存入银行。

(6)12 日，通过银行向深圳 B 公司预付购料款 60 000 元。

(7)12 日，用库存现金支付一笔办公费用 800 元。

(8)14 日，用银行存款支付电费 3 000 元，其中办公室电费 500 元，车间电费 2 500 元。

(9)15 日，从银行提取库存现金 30 000 元，备发工资。

(10)15 日，以库存现金 30 000 元发放工资。

(11)16 日，采购员王力预支差旅费 2 000 元，以库存现金付讫。

(12)18 日，用银行存款支付报刊费 3 000 元。

(13)20 日，用银行存款支付本月借款利息 3 000 元。

(14)21 日，销售了 A 产品 3 000 件，每件 2 500 元；B 产品 1 000 件，每件 1 200 元，增值税率 17%，款已收存银行。

(15)22 日，采购员王力回来报销差旅费 1 800 元，余款收回库存现金。

(16)23 日，以银行存款支付广告费 6 000 元。

(17)24 日，销售积压多余的原材料收回货款 3 000 元，增值税税率 17%，货款收存银行。

(18)25 日，转让一项无形资产 30 000 元，款收存银行。

(19)26 日，向受灾地区捐赠人民币 10 000 元。

(20)27 日，用银行存款购买一台不需安装的设备，买价 30 000 元，运费 3 000 元，增值税税率 17%，用银行存款付讫。

【实训要求】

根据实训情境，分别填制收款凭证、付款凭证，根据相关凭证登记库存现金日记账和银行存款日记账。

项目九　财产清查

【知识目标】

理解:财产清查的概念、作用和种类、财产清查前的准备工作。

熟知:货币资金、实物财产、固定资产、往来款项的清查方法。

掌握:实物财产的盘存制度、财产清查结果的账务处理。

【技能目标】

能够编制银行存款余额调节表,能够掌握和运用财产清查结果的账务处理。

【素质目标】

企业的财产物资是重要的资源,财产清查是保证财产安全完整、账实相符的重要手段,通过本项目的学习,可以培养学生实事求是、严肃认真、客观公正的意识。

【项目引例】

内部控制治理的必要性

甲企业采购员王××出差回来报销差旅费。旅馆开出发票记载单价为 50 元,人数 1 人,时间为 10 天,金额为 500 元。而王××却将单价 50 元直接改为 350 元,小写金额改为 3 500 元,将大写金额前加了一个“叁仟”,报销后贪污金额为 3 000 元。

【讨论】 (1)出纳员对此应承担什么责任?(2)对采购员王××应怎样进行处理?(3)出纳员应如何审核这类虚假业务?

【知识精讲】

任务一　财产清查概述

一、财产清查的概念

财产清查就是通过对实物、现金的实地盘点以及对银行存款、债权债务的查对,来确定各项财产物资、货币资金、债权债务的实存数、查明实存数同账存数是否相符的一种专门方法。

企业的会计工作,都要通过会计凭证的填制和审核,然后及时地在账簿中进行连续登记。应该说,这一过程能保证账簿记录的正确性,也能真实反映企业各项财产的实有数,各项财产的账实应该是一致的。但是，在实际工作中，由于种种原因，账簿记录会发生差错，各项财产的实际结存数也会发生差错，造成各种财产账实不符的原因主要有以下几个方面：

(1)在收、发各项财产过程中，由于计量、检验不准确而发生品种、数量或质量上的差错。

(2)在财产发生增减变动时，没有填制凭证而登记入账；或者在填制凭证、登账时，发生计算上或登记上的差错。

(3)在财产的保管过程中，受到气候等自然因素影响而发生的数量和质量上的变化。

(4)由于保管不善或工作人员失职发生的财产残损、变质与短缺，以及货币资金、债权债务的差错。

(5)由于不法分子营私舞弊、贪污盗窃等而造成的财产物资损失。

(6)因未达账项或拒付而引起单位之间账账不符等。

由于以上原因，必须对各项财产物资定期或不定期地进行盘点或核对，对实存数与账存数不相符的差异，则要调整账簿记录，并查明原因和责任，按有关规定做出处理。

二、财产清查的作用

为了保证账簿记录的真实、准确，确保企业财产的完整、安全，必须进行财产清查工作。加强财产清查工作，对于改善企业管理，充分发挥会计的监督作用具有重要的意义。

(一)保证账实相符，使会计资料真实可靠

通过财产清查可以确定各项财产物资的实际结存数，将账面结存数和实际结存数进行核对，可以揭示各项财产物资的溢缺情况，从而及时地调整账面结存数，保证账簿记录真实、可靠。

(二)保护财产物资的安全和完整

通过财产清查，可以查明企业单位财产、商品、物资是否完整，有无缺损、霉变现象，以便堵塞漏洞，改进和健全各种责任制，切实保证财产的安全和完整。

(三)挖掘财产潜力，加速资金周转

通过财产清查可以及时查明各种财产物资的结存和利用情况。如发现企业有闲置不用的财产物资应及时加以处理，以充分发挥它们的效能；如发现企业有呆滞积压的财产物资，也应及时加以处理，并分析原因，采取措施，改善经营管理。这样，可以使财产物资得到充分合理的利用，加速资金周转，提高企业的经济效益。

(四)保证财经纪律和结算纪律的执行

通过对财产、物资、货币资金及往来款项的清查，可以查明有关业务人员是否遵守财经纪律和结算纪律，有无贪污盗窃、挪用公款的情况；查明资金使用是否合理，是否符合国家的方针政策和法规，从而使工作人员更加自觉地遵纪守法，自觉维护和遵守财经纪律。

三、财产清查的种类

(一)按清查对象的范围不同，可以分为全面清查和局部清查

1. 全面清查

全面清查的对象是所有权属于本单位和存放在本单位的所有财产物资。其特点是清查的范围广，需要的人员多，一般在下列情况采用：

(1)编制年度会计报表之前；

(2)法定进行的清产核资或资产评估；

(3)发生了产权方面的重大变化,如破产清算、撤销、兼并、改制或改变隶属关系;

(4)发生了重大的经济违法事件。

全面清查的内容是:

(1)结算款项,包括应收款项、应付款项、应交税金等是否存在,与债务、债权单位的相应债权、债务金额是否一致;

(2)原材料、在产品、自制半成品、库存商品等各项存货的实存数量与账面数量是否一致,是否有报废损失和积压物资等;

(3)各项投资是否存在,投资收益是否按照国家统一的会计制度规定进行确认和计量;

(4)房屋建筑物、机器设备、运输工具等各项固定资产的实存数量和账面数量是否一致;

(5)在建工程的实际发生额与账面记录是否一致;

(6)需要清查核实的其他内容。

2. 局部清查

局部清查的对象是一部分财产物资。其特点是针对性强,主要针对流动性较大的财产和重要财产进行。局部清查一般在下列情况下进行:

(1)存货中流动性较大或易发生溢余或损耗的,除在年终决算时进行全面清查外,还应在每月、每季轮流盘点或重点抽查;

(2)贵重物资至少每月清查盘点一次;

(3)库存现金由出纳员在每日终了时自行清查一次;

(4)银行存款每月应与银行核对一次;

(5)各种债权债务每年至少核对一至两次。

(二)按清查的时间不同,可以分为定期清查和不定期清查

定期清查是指按照预先计划安排的时间对财产进行的盘点和核对。这种清查通常在年末、季末和月末结账时进行,可以进行全面清查,也可以进行局部清查,多数情况下,年末进行全面清查,季末和月末进行局部清查。

不定期清查是指事先并无规定的清查时间,而是根据实际需要临时决定对财产进行的盘点和核对。一般在下列情况下进行:

(1)为明确经济责任,财产物资和现金保管人员更换时;

(2)为查明损失情况,发生自然灾害和意外损失时;

(3)监管部门对企业进行审计查账时;

(4)按规定进行临时清产核资时。

不定期清查通常为局部清查,如有必要也可进行全面清查。定期清查和不定期清查的范围应视具体情况而定,可全面清查也可局部清查。

(三)按照清查的执行单位不同,财产清查分为内部清查和外部清查两种

内部清查是由本企业的有关人员对本企业的财产所进行的清查。这种清查也称为“自查”。

外部清查是指由企业外部的有关部门或人员根据国家法律或制度的规定对企业所进行的财产清查。

四、财产清查前的准备工作

财产清查是一项复杂细致的工作,它涉及面广、政策性强、工作量大。因此,为了保证财产

清查工作的顺利进行，在财产清查之前，应做好相关的准备工作，主要包括：

（一）组织上的工作

为了使财产清查能够有序地进行并保证财产清查的工作质量，财产清查时必须成立专门领导小组。该小组应在企业主管负责人和总会计师的领导下，由会计、生产、设备、技术、行政等部门的相关人员组成。该领导小组的主要工作职责是：制订财产清查计划，确定清查范围，安排清查工作程序，配备清查工作人员；检查清查工作进度，监督清查工作过程，解决清查工作中的问题；总结清查工作的经验教训，撰写清查工作总结，提出清查结果处理意见。

（二）业务上的准备

会计部门要在清查前将所有的经济业务登记入账并结出余额；财产物资保管部门要在清查前将各项财产物资的收发凭证手续办妥，并结出保管账簿的余额，同时要将各种实物财产码齐排列，加注标签；清查小组人员要准备好必要的清查工具、器具、表格等。财产清查不仅仅是会计部门的工作，它涉及诸多相关部门。因此，各相关部门应密切配合，通力协作，尤其是会计部门与生产部门、仓储部门等，务必要做好相关账簿的核对工作。

任务二　财产清查的内容与方法

一、货币资金的清查

货币资金的清查一般包括库存现金和各种银行存款的清查。因为货币资金的收支业务十分频繁，容易出现错误，所以要定期或者不定期地进行清查。

（一）库存现金的清查

库存现金清查的方法应采用实地盘点法，以实存数与现金日记账的账面余额进行核对，以查明账实是否相符及盈亏情况，进行现金清查时，出纳人员必须在场，以便于明确责任。清查的具体程序是：

(1)库存现金的清查盘点前要求出纳人员对现金的收、付凭证全部登记入账，并已结出余额。

(2)为了明确责任，对库存现金进行盘点时，一定要出纳人员在场，一方面逐一清点现金实有数，并与现金日记账的余额核对，查明账实是否相符；另一方面要注意检查是否遵守现金管理制度的情况，如库存现金是否超过规定的限额，是否有以收据、白条充抵现金，是否按规定范围使用现金，有无未经批准而坐支现金的现象等。

(3)库存现金盘点结束后，应立即填写“库存现金盘点报告表”(见表9－1)。“库存现金盘点报告表”是重要的原始凭证，由盘点人员、出纳人员签章后生效。此表具有双重性质，它既是盘存单，又是账存实存对比表；既是反映现金实存数，用以调整账簿记录的重要原始凭证，也是分析账实发生差异原因、明确经济责任的依据。

表 9—1　　　　　　　　　　　　　　**库存现金盘点报告表**

单位名称：　　　　　　　　　　　　201×年×月×日

实存金额	账存金额	对比结果		备　注
		盘　盈	盘　亏	

盘点人(签章)：　　　　　　　　　　　出纳员(签章)：

(二)银行存款的清查

银行存款的清查,采用核对法,即将开户银行定期送来的对账单与本单位的银行存款日记账逐笔进行核对,以查明银行存款收、付及余额是否正确相符。在与银行对账之前,应先检查本单位的银行存款日记账的正确性与完整性。通过核对,往往会发现双方账目不相符。其主要原因有二:一是双方记账可能有差错,如错账漏账等,这是不正常的,应及时查明更正;二是存在未达账项,这是正常的。

未达账项,是指企业与银行之间,由于凭证传递上的时间差,一方已收到结算凭证已登记入账,而另一方尚未收到结算凭证因而尚未登记入账的款项。具体有以下四种情况:

(1)银行已经收款入账,企业尚未收款入账(银行收企业未收);

(2)银行已经付款入账,企业尚未付款入账(银行付企业未付);

(3)企业已经收款入账,银行尚未收款入账(企业收银行未收);

(4)企业已经付款入账,银行尚未付款入账(企业付银行未付)。

上述任何一种情况的发生,都会使单位银行存款日记账余额与银行对账单的余额不相符。但未达账项是由于凭证传递时间的不同而引起的,是一种正常现象,并非错账、漏账,所以,要确认单位银行存款日记账和银行对账单有无错误,应先剔除未达账项的影响。单位可以通过编制“银行存款余额调节表”的方法,消除未达账项的影响,进而达到检查双方记账有无错误的目的。

“银行存款余额调节表”的编制,是以双方账面余额为基础,各自加上对方已收、本方未收的款项,减去对方已付、本方未付的款项编制而成的。

现举例说明“银行存款余额调节表”的具体编制方法。

【例 9—1】　某企业 8 月 31 日银行存款日记账余额为 120 000 元,银行对账单余额为 124 000元,经核对,发现存在以下未达账项:

(1)银行代企业支付水电费 3 000 元,未及时通知企业;

(2)企业开出转账支票 1 000 元,但尚未到银行办理转账手续;

(3)银行收到企业的委托收款 5 000 元,未通知企业;

(4)企业委托开户银行代收款 3 000 元,银行已收到入账,企业尚未入账;

(5)企业将销售收到的一张 2 000 元现金支票送存银行,银行未及时记账。

要求:请根据上述资料编制“银行存款余额调节表”如表 9—2 所示。

表 9—2　　　　银行存款余额调节表　　　　金额：元

项　目	金　额	项　目	金　额
银行存款日记账余额	120 000	银行对账单余额	124 000
加：		加：	
银行已收款，企业未收款项	8 000	企业已收款，银行未收款项	2 000
减：		减：	
银行已付款，企业未付款项	3 000	企业已付款，银行未付款项	1 000
调整后余额	125 000	调整后余额	125 000

需要注意的是，通过编制“银行存款余额调节表”对未达账项进行调整，如果调整后双方余额相等，说明“银行存款日记账”的登记基本无错误。“银行存款余额调节表”中调整后的余额是本单位可以动用的银行存款实有数。但是，“银行存款余额调节表”不是记账凭证，不能据以调整账簿记录，必须收到有关凭证（银行的收、付款通知）后，才能进行账务处理。

二、实物财产的清查

对于各种实物如原材料、半成品、在产品、产成品、低值易耗品、包装物、固定资产等，都要从数量和质量上进行清查。由于实物的形态、体积、重量、堆放方式等不尽相同，因而所采用的清查方法也不尽相同。

（一）实物财产的清查方法

1. 实地盘点法

即清查人员到实物的存放地点逐一点数或计量，确定其实存数额。这种方法适用于可以逐一点数、量尺或过磅的财产物资。

2. 抽样盘点法

即清查人员对清查的财产物资进行抽查。这种方法适用于包装完整的大件财产和价值小、数量多、不便于逐一点数的财产。

3. 技术推算法

即由清查人员通过技术推算确定财产物资的实存数额。这种方法适用于笨重或大堆，难以逐一点数、量尺、过磅的财产，如工业用盐或露天堆放的煤、矿石等。

4. 函证盘存法

即通过向对方发函方式对实物财产的实有数进行确定的一种方法。这种方法适用于对委托外单位加工或保管的实物资产的清查。

盘点时，实物的保管人员必须在场，以便于明确责任。盘点结束，要根据盘点的记录填制“盘存表”（见表 9－3）。盘存表要由清查人员和实物保管人员共同签名盖章，作为盘点日财产物资实有数的原始依据。

表 9—3 **盘 存 表**

单位名称： 编号：

盘点时间： 财产类别： 存放地点：

编 号	名 称	计量单位	数 量	单 价	金 额	备 注

盘点人签章________ 实物保管人签章________

为了查明实存数与账存数是否一致，确定盘盈或盘亏情况，如果发现实物盘点结果与账面余额不相符，应根据盘存表和有关账簿的记录，编制实存账存对比表。“实存账存对比表”具有重要作用，可以概括为：

(1)据此确定账实是否相符；

(2)据此分析账实不符的财产物资差异产生的原因，提出处理意见；

(3)其性质属于原始凭证，可以据此调整账簿记录，使账实相符。

实存账存对比表的一般格式如表 9—4 所示。

表 9—4 **实存账存对比表**

单位名称： 年 月 日

编号	类别及名称	计量单位	单 价	实 存		账 存		差 异				备 注
								盘 盈		盘 亏		
				数量	金额	数量	金额	数量	金额	数量	金额	

主管人员： 会计：

(二)实物财产的盘存制度

1. 永续盘存制

永续盘存制又称账面盘存制。采用这种核算方法，财产物资明细账的登记与实物的收发同步进行。每发生一次实物的收发都要填制会计凭证，然后根据会计凭证逐日逐笔在明细账上登记增加、减少的数量和金额，并随时结出账面结存的数量和金额。财产清查时，应以账簿记录为依据清点实物，确认盘盈或盘亏，然后以财产物资的实存数额为准，调整账面记录，使账实相符。编制会计报表时，必须使用账实相符的数字。

优缺点：采用永续盘存制，需要逐笔登记明细账，核算的工作量较大。但是由于账簿记录与实物的收发同步进行，可以通过账簿记录，随时了解各种财产物资的增减变动和结存情况，对于加强财产物资的管理十分有利。

2. 实地盘存制

实地盘存制又称实地盘存法。采用这种核算方法，财产物资明细账的登记与实物的收发不完全同步进行。在财产物资增加时，要根据会计凭证逐笔的登记增加的数量和金额，但对于财产物资的减少，不做账面记录，也不随时结出账面结存的数量和金额。到期末，按照"期初结存＋本期增加－期末结存＝本期减少"的公式倒挤计算本期减少额。

优缺点：采用实地盘存制，账簿登记比较简单，核算工作量较小。但是由于财产物资明细账的登记与实物的收发不完全同步进行，核算不严密。而且，本期减少数是利用倒挤的方法计算出来的，很可能将人为的差错、损失、短缺或毁损等作为本期正常耗用核算。同时，也不能随时了解财产物资的增减变动和结存情况，不便于内部控制和管理。

（三）实物财产的账面数额确认方法

不论是采用永续盘存制还是采用实地盘存制，都必须计算本期发出金额和期末结存金额，只是计算的程序不同。永续盘存制是先计算本期发出金额，然后计算结存金额；实地盘存制是先计算结存金额，然后倒挤出发出金额。

财产物资发出的计价方法有四种：

1. 先进先出法

假定先入库的财产物资先发出，因此，发出实物财产的单价要按账面上登记的最先入库的财产物资的单价计算。

2. 全月一次加权平均法

实物财产明细账的登记方法是：购入的实物财产逐笔登记数量、单价和金额，发出的实物财产只逐笔登记数量，不登记单价和金额，也不逐笔计算结存的单价和金额（但要逐笔计算结存的数量）。月末，计算出实物财产的加权平均单价，按这个加权平均单价分别计算发出的实物财产的金额和结存的实物财产的金额。

3. 移动加权平均法

实物财产明细账的登记方法是：购入的实物财产逐笔登记数量、单价和金额，当购入的财产物资单价发生变化时，要计算出新的加权平均单价，即移动加权平均单价，发出的实物财产按移动加权平均单价计算金额，逐笔登记发出的数量、单价和金额，逐笔计算结存的数量、单价和金额。

4. 个别计价法

个别计价法是根据发出的实物财产入库时的实际成本计算其发出的实际成本。为了保证这种方法的正确使用，实物财产入库时，必须编号，挂上标签，分别存放和保管，便于发出时准确识别。

三、固定资产的清查

固定资产是企业开展经营活动的物质基础，在企业的资产总额中占有很大的比重，其清查每年至少应进行一次。

固定资产清查的要求是：

首先，应查明固定资产的实物是否与账面记录相符，严防出现规定资产丢失的情况；

其次，要查明固定资产在保管、维护保养及核算上存在的问题，保证企业固定资产核算的正确性；

最后，还要清查固定资产的使用情况，如发现长期闲置、封存或使用效率不高、结构不合理、生产能力不均衡等情况，应及时反映给有关方面，做出处理，保证其合理、有效的使用。

固定资产的清查通常也采用实地盘点的方法。将固定资产明细账上的记录情况与固定资产实物逐一核对，包括明细账上所列固定资产的类别、名称、编号等。如清查中发现固定资产盘亏或毁损情况，还要查明该项固定资产的原值、已提折旧额等；如发现固定资产盘盈，要对其估价，以确定盘盈固定资产的重置价值、估计折旧等，以编制“固定资产盘盈、盘亏报告单”(见表9—5)。

表9—5 **固定资产盘盈、盘亏报告单**

部门： 年 月 日

<table>
<tr><td rowspan="2">固定资产编号</td><td rowspan="2">固定资产名称</td><td rowspan="2">固定资产规格及型号</td><td colspan="3">盘 盈</td><td colspan="3">盘 亏</td><td colspan="3">毁 损</td><td>原因</td></tr>
<tr><td>数量</td><td>重置价值</td><td>累计折旧</td><td>数量</td><td>原价</td><td>已提折旧</td><td>数量</td><td>原价</td><td>已提折旧</td><td></td></tr>
<tr><td></td><td></td><td></td><td></td><td></td><td></td><td></td><td></td><td></td><td></td><td></td><td></td><td></td></tr>
<tr><td></td><td></td><td></td><td></td><td></td><td></td><td></td><td></td><td></td><td></td><td></td><td></td><td></td></tr>
<tr><td></td><td></td><td></td><td></td><td></td><td></td><td></td><td></td><td></td><td></td><td></td><td></td><td></td></tr>
<tr><td rowspan="2">处理意见</td><td colspan="2">审批部门</td><td colspan="7">清查小组</td><td colspan="3">使用保管部门</td></tr>
<tr><td colspan="2"></td><td colspan="7"></td><td colspan="3"></td></tr>
</table>

盘点人：(签章) 实物保管人：(签章)

四、往来款项的清查

往来款项是指应收款和应付款，清查时应采用与对方单位核对账目的方法。具体操作程序是：首先检查核对本单位的往来款项记录，保证准确无误；然后编制对账单，对账单按明细账户逐笔摘抄，一式两联，其中一联是回单。通过电函、面询或函证信(见表9—6)等方式，请对方单位核对。对方单位核对后，将回单盖章后退还本单位。如果发现双方账目不符，必须在回单上注明，本单位要进一步查对。往来款项的清查，填制“往来款项清查表”(见表9—7)，由清查人员和记账人员共同签名盖章。

表9—6 **函 证 信**

××公司：

本公司与贵单位的业务往来款项有下列各项目，为了清对账目，特函请查证，是否相符，请在回执联中注明后盖章寄回。此致敬礼。

往来结算款项对账单

<table>
<tr><td colspan="4">单位：________ 地址：________ 编号：________</td></tr>
<tr><td>会计科目名称</td><td>截 止 日 期</td><td>经济事项摘要</td><td>账 面 余 额</td></tr>
<tr><td></td><td></td><td></td><td></td></tr>
</table>

××公司(公章)

年 月 日

表 9—7　　往来账项清查表

总分类账户名称：　　201×年×月×日

明细分类账户		清查结果		核对不符原因分析			备注
名称	账面余额	核对相符金额	核对不符金额	未达账项金额	有争议款项金额	其他	

清查人员：　　记账人员：

任务三　财产清查结果的处理

一、财产清查结果处理的内容

财产清查结果处理一般指的是对账实不符，即发生盘盈、盘亏、毁损情况的处理。当实存数大于账存数时，称为盘盈；当实存数小于账存数时，称为盘亏；实存数与账存数一致，但是实存的财产物资有质量问题，不能按正常的财产物资使用的，称为毁损。财产清查中发现账实不符，无论是盘盈还是盘亏、毁损，都必须认真调查研究，分析原因，做好清查结果的处理工作。一般处理程序如下：

(1)客观地分析账实不符的性质及原因，明确经济责任，并按规定程序如实将盘盈、盘亏情况及处理意见，报请有关部门审批处理。

(2)积极处理积压物资，及时清理长期不清的债权、债务，以提高财产物资的使用效率。

(3)针对财产清查中所发现的问题，应当总结经验教训，建立健全有关财产物资管理制度，提出改进措施，加强财产物资管理的岗位责任制，保护财产安全完整。

(4)对财产清查中所查明的各种差异，应及时地调整账簿记录，做到账实相符。在会计上对账实不符的差异的具体处理，分两个步骤进行：

①在审批前根据“实存账存对比表”等原始凭证中列明的财产盘盈或盘亏，编制有关记账凭证，登记有关账簿，调整账面结存数，从而使账实相符。

②审批后，根据发生的差异原因和批复意见，编制记账凭证，并据以登记入账，转销盘盈或盘亏。

二、财产清查结果的账务处理

为了核算和监督企业在财产清查中查明的财产盘盈、盘亏或毁损及其处理情况，应设置“待处理财产损溢”账户，该账户下设两个明细账户，即“待处理固定资产损溢”和“待处理流动资产损溢”。

“待处理财产损溢”账户属双重性质账户，借方用来登记各项财产发生的盘亏、毁损数和经批准处理盘盈财产的转销数；贷方登记各项财产发生的盘盈数和经批准处理的盘亏、毁损财产转销数;期末如为借方余额,表示尚待处理的净损失,如为贷方余额,表示尚待处理的净溢余。对于等待批准处理的财产盘盈、盘亏,会计年终前应处理完毕。会计年度终了,该账户无余额。

借方　　　　待处理财产损溢　　　　贷方

借方	贷方
期初余额:尚未处理的各项财产净损失	期初余额:尚未处理的各项财产净溢余
①各项财产发生的盘亏、毁损数	①各项财产发生的盘盈数
②各项财产发生盘盈的转销数	②各项财产发生盘亏、毁损的转销数
期末余额:尚未处理的各项财产净损失	余额:尚未处理的各项财产净溢余

(一)库存现金清查结果的账务处理

库存现金发生账款不符是比较常见的,但一般金额较小。为了及时反映、监督现金的短缺、溢余,应通过"待处理财产损溢"科目核算。属于现金短缺,应按实际短缺的金额,借记"待处理财产损溢——待处理流动资产损溢",贷记"库存现金"科目;属于现金溢余,应按实际溢余的金额,借记"库存现金",贷记"待处理财产损溢——待处理流动资产损溢"科目。无论是现金短缺还是溢余,待查明原因后,分别进行处理。现举例说明如下:

【例9—2】 某企业某日进行现金清查,发现现金长款100元。编制会计分录如下:

借:库存现金　　100
　　贷:待处理财产损溢——待处理流动资产损溢　　100

经反复核查,未查明原因,报经批准作营业外收入处理,会计分录如下:

借:待处理财产损溢——待处理流动资产损溢　　100
　　贷:营业外收入　　100

【例9—3】 某企业某日进行现金清查发现现金短款60元。编制会计分录如下:

借:待处理财产损溢——待处理流动资产损溢　　60
　　贷:库存现金　　60

经核查,属于出纳员王景的责任,应由其赔偿,编制会计分录如下:

借:其他应收款——王景　　60
　　贷:待处理财产损溢——待处理流动资产损溢　　60

(二)存货清查结果的账务处理

企业盘盈、盘亏和毁损的存货,报经批准以前应先通过"待处理财产损溢——待处理流动资产损溢"账户核算,报经有关部门批准以后,再根据不同的情况进行转账处理。一般的处理办法是:属于自然损耗产生的定额内合理损耗,转作管理费用;属于超定额的短缺以及毁损造成的损失,应由过失人赔偿;属于非常损失造成的存货毁损,在扣除保险赔偿和残料价值后,经批准应列作营业外支出。如果发生盘盈,经批准可作冲减管理费用处理。

【例9—4】 某企业在财产清查中,发现盘盈A材料10千克,每千克300元。

在批准之前,根据"实存账存对比表"做如下会计分录:

借:原材料——A材料　　3 000
　　贷:待处理财产损溢——待处理流动资产损溢　　3 000

经查明,盘盈的A材料系计量仪器不准而形成的溢余,经批准冲减管理费用,编制如下会计分录:

借:待处理财产损溢——待处理流动资产损溢　　3 000

贷:管理费用　　　　3 000

【例 9—5】 某企业在财产清查中,发现库存B材料短缺25千克,每千克100元。在批准之前,根据"实存账存对比表"编制如下会计分录:

借:待处理财产损溢——待处理流动资产损溢　　　　2 500

　　贷:原材料——B材料　　　　2 500

上述盘亏的B材料,经查明自然损耗为5千克,非常损失为15千克,过失人造成的毁损为5千克。根据批准处理意见,编制如下会计分录:

借:管理费用　　　　500

　　营业外支出——非常损失　　　　1 500

　　其他应收款——过失人　　　　500

　　贷:待处理财产损溢——待处理流动资产损溢　　　　2 500

(三)固定资产清查结果的财务处理

1. 固定资产盘盈

按照现行会计准则规定,企业在清查中盘盈的固定资产,应作前期差错处理。在按管理权限和程序报批前先通过"以前年度损益调整"科目核算,同时,按同类或类似固定资产的市场价格减去估计损耗价后的余额作为入账价值,或者按该项固定资产预计未来现金流量的现值作为入账价值。待批准后,按规定计算应交所得税、计提盈余公积,余下部分作为未分配利润转入以后年度分配。

企业在盘盈固定资产时:

(1)应确定盘盈固定资产的原值、累计折旧和固定资产净值。根据确定的固定资产原值借记"固定资产",贷记"累计折旧",将两者的差额贷记"以前年度损益调整"。

(2)再计算应纳的所得税费用,借记"以前年度损益调整"科目,贷记"应交税费——应交所得税";接着补提盈余公积,借记"以前年度损益调整"科目,贷记"盈余公积"。

(3)调整利润分配,借记"以前年度损益调整",贷记"利润分配——未分配利润"。

【例 9—6】 甲公司年末在固定资产清查中,发现一台账外设备,该类设备尚存在活跃市场,按类似设备的市场价格减去按新旧程度估计的价值损耗后的余额为40 000元,当即填写了"固定资产盘点盈亏报告表",并上报有关机构审批。查所得税率为25%,法定盈余公积提取比例为10%。公司管理机构批复按会计准则的有关规定处理。编制会计分录如下:

(1)报批前将盘盈固定资产登记入账:

借:固定资产　　　　40 000

　　贷:以前年度损益调整　　　　40 000

(2)批准后计算应交所得税:

应交所得税=40 000×25%=10 000(元)

借:以前年度损益调整　　　　10 000

　　贷:应交税费——应交所得税　　　　10 000

(3)结转留存收益:

借:以前年度损益调整　　　　30 000

　　贷:盈余公积——法定盈余公积　　　　3 000

　　　　利润分配——未分配利润　　　　27 000

2. 固定资产盘亏

企业发生固定资产盘亏时，首先按盘亏固定资产的净值，借记“待处理财产损溢——待处理固定资产损溢”账户，按已提折旧，借记“累计折旧”账户，按固定资产的原价贷记“固定资产”账户。盘亏的固定资产报经批准后，应转入“营业外支出”账户。

【例 9—7】 某企业在财产清查中，发现盘亏固定资产一项，账面原价为 30 000 元，已提折旧 5 000 元。

批准前，根据“固定资产盘盈盘亏报告表”，做如下会计分录：

借：待处理财产损溢——待处理固定资产损溢　　25 000
　　累计折旧　　5 000
　　贷：固定资产　　30 000

经查明，盘亏原因是意外事故造成的，保险公司同意赔款 8 000 元，其余损失经批准列入营业外支出，编制如下会计分录：

借：营业外支出——固定资产盘亏　　17 000
　　其他应收款——保险公司　　8 000
　　贷：待处理财产损溢——待处理固定资产损溢　　25 000

(四)往来款项清查结果的账务处理

在财产清查中查明确实无法收回的应收账款和无法支付的应付账款，按规定不通过“待处理财产损溢”账户进行核算，而是在原来账面记录的基础上，按规定程序报经批准后，直接转账冲销。对无法收回的应收账款，即坏账损失，在提取坏账准备的企业，冲减坏账准备金，在不提取坏账准备的企业，计入管理费用；对无法支付的应付账款经批准后，直接转作营业外收入。

【例 9—8】 某企业一项长期无法收回的应收账款 5 000 元，按规定程序报经批准后，作为坏账转销。会计分录如下：

(1)提取坏账准备的企业

借：坏账准备　　5 000
　　贷：应收账款　　5 000

(2)不实行计提坏账准备的企业

借：管理费用　　5 000
　　贷：应收账款　　5 000

【例 9—9】 某企业长期无法支付的应付账款 3 500 元，经查实对方单位已经解散，经批准做销账处理。会计分录如下：

借：应付账款　　3 500
　　贷：营业外收入　　3 500

关键术语

财产清查　全面清查　局部清查　定期清查　不定期清查　内部清查　外部清查　未达账项
永续盘存制　实地盘存制

◎ 应知考核 ◎

一、单项选择题

1. 在实际工作中，企业一般以(　　)作为财产物资的盘存制度。

A. 收付实现制　　B. 权责发生制　　C. 永续盘存制　　D. 实地盘存制

2. 采用实地存盘制，平时对财产物资(　　)。

A. 只登记收入数，不登记发出数　　B. 只登记发出数，不登记收入数

C. 先登记收入数，后登记发出数　　D. 先登记发出数，后登记收入数

3.“待处理财产损溢”账户的贷方余额表示(　　)。

A. 等待处理的财产盘盈

B. 等待处理的财产盘亏

C. 尚待批准处理的财产盘盈数大于尚待批准处理的财产盘亏和毁损数的差额

D. 尚待批准处理的财产盘盈数小于尚待批准处理的财产盘亏和毁损数的差额

4. 一般来说，在企业撤销、合并和改变隶属关系时，应对财产进行(　　)。

A. 全面清查　　B. 局部清查　　C. 实地盘点　　D. 定期清查

5. 对于大量堆积的煤炭清查，一般采用(　　)方法进行。

A. 实地盘点　　B. 抽查检验　　C. 技术推算盘点　　D. 查询核对

6. 库存现金清查中，对无法查明原因的长款，经批准应记入(　　)。

A. 其他应收款　　B. 其他应付款　　C. 营业外收入　　D. 管理费用

7. 某企业上期发生的库存商品盘亏现查明原因，属于自然损耗，这时应编制的会计分录为(　　)。

A. 借：待处理财产损溢
　　贷：库存商品

B. 借：待处理财产损溢
　　贷：管理费用

C. 借：管理费用
　　贷：待处理财产损溢

D. 借：营业外支出
　　贷：待处理财产损溢

8. 月末企业银行存款日记账余额为 180 000 元，银行对账单余额为 170 000 元，经过未达账项调节后的余额为 160 000 元，则对账日企业可以动用的银行存款实有数额为(　　)元。

A. 180 000　　B. 160 000　　C. 170 000　　D. 不能确定

9. 在财产清查中发现盘亏一台设备，其账面原值为 80 000 元，已提折旧 20 000 元，则该企业记入“待处理财产损溢”账户的金额为(　　)元。

A. 80 000　　B. 20 000　　C. 60 000　　D. 100 000

10. 银行存款余额调节表中调节后的余额是(　　)。

A. 银行存款账面余额　　B. 对账单余额与日记账余额的平均数

C. 对账日企业可以动用的银行存款实有数额　　D. 银行方面的账面余额

二、多项选择题

1. 全面清查，一般应在(　　)时进行。

A. 年终　　B. 月末

C. 单位撤销、合并或改变隶属关系　　D. 一次性清产核资

2. 不定期清查，一般在(　　)时进行。

A. 财产保管员变动　　B. 自然灾害造成部分财产损失

C. 部分财产霉变　　D. 企业财产被盗

3. 月末银行存款日记账与银行对账单不一致，造成企业账面余额大于银行对账单存款余额的原因有(　　)。

A. 企业已收款入账，而银行尚未入账　　B. 企业已付款入账，而银行尚未入账

C. 银行已收款入账，而企业尚未入账　　D. 银行已付款入账，而企业尚未入账

4. 银行存款日记账余额与银行对账单余额不一致，原因可能是(　　)。

A. 银行存款日记账有误　　B. 银行记账有误

C. 存在未达账项　　D. 存在未付款项

5. 下列业务中需要通过“待处理财产损溢”账户核算的是(　　)。

A. 库存现金丢失　　B. 原材料盘亏

C. 发现账外固定资产　　D. 应收账款无法收回

6. 关于银行存款余额调节表，下列说法中正确的是(　　)。

A. 调节后的余额表示企业可以实际动用的银行存款数额

B. 该表是通知银行更正错误的依据

C. 是更正本单位银行存款日记账记录的依据

D. 不能够作为调整本单位银行存款日记账记录的原始凭证

7. 单位年终决算时进行的清查属于(　　)。

A. 全面清查　　B. 局部清查　　C. 定期清查　　D. 不定期清查

8. 对于盘亏的存货，如属自然损耗或某过失人应赔偿的超定额短缺，经批准，应分别列入(　　)账户。

A.“管理费用”　　D.“营业外支出”　　C.“其他应收款”　　D.“营业费用”

9. 财产物资的盘存制度有(　　)。

A. 权责发生制　　B. 收付实现制　　C. 实地盘存制　　D. 永续盘存制

10. 对于盘亏、毁损的存货，经批准后进行账务处理时，可能涉及的借方账户有(　　)。

A.“其他应收款”　　B.“营业外支出”　　C.“管理费用”　　D.“原材料”

三、判断题

1. 在采用“永续盘存制”下，还需要再对各项财产物资进行盘点。(　　)

2. 实物盘点后，应根据“实存账存对比表”作为调整账面余额记录的原始依据。(　　)

3. 对大堆存放比较笨重的实物资产应采用技术推算法进行盘点，确定其实存数。(　　)

4. 对应付账款应采用询证核对法进行清查。(　　)

5. 库存现金清查包括出纳人员每日终了前进行的库存现金账款核对和清查小组进行的定期或不定期的现金盘点、核对。清查小组清查时，出纳人员可以不在场。(　　)

6. 银行存款的清查，主要是将银行存款日记账与总账进行核对。(　　)

7. 未达账项是造成企业银行存款日记账与银行对账单余额不等的唯一原因。(　　)

8. 从财产清查的对象和范围看，年终决算前对企业财产物资所进行的清查一般属于全面清查。(　　)

9. 对盘亏存货的净损失，属于一般营业损失部分经批准应计入管理费用。(　　)

10. 存货清查过程中发现的超定额损耗应记入“营业外支出”账户。(　　)

四、简答题

1. 简述造成各种财产账实不符的主要原因。

2. 简述财产清查的作用。

3. 简述财产清查前的准备工作。

4. 简述实物财产的盘存制度。

5. 简述实物财产的账面数额确认方法。

◎ 应会考核 ◎

★业务考核

【考核项目】

财产清查结果的账务处理。

【背景资料】

1. 财产盘盈

(1)某公司在财产清查中,发现E材料盘盈1 000千克,价值5 000元。上述E材料盘盈经董事会批准后予以转销。

(2)某公司在财产清查中,发现账外设备一台,其重置价值为68 000元,估计已提折旧20 000元。上述盘盈的设备,报经批准后予以转销。

2. 财产盘亏

(1)某公司在清查盘点现金时,发现短缺800元,其中500元由出纳员过失造成,300元由无法查明的其他原因造成。上述现金短缺董事会批准后予以转销。

(2)某公司在财产清查中,发现B材料短缺和毁损价值7 000元。上项盘亏的材料,报批准后予以转销。材料盘亏,报经董事会批准分别作如下处理:材料短缺的800元由过失人赔偿;由于非常灾害造成的材料毁损3 500元,列入"营业外支出";2 700元材料短缺是由于经营不善造成的,列入"管理费用"。

(3)某公司在财产清查中发现短缺设备一台,原价80 000元,已提折旧20 000元。经董事会批准盘亏设备列"营业外支出"处理。

【考核要求】

根据上述背景资料,分别编制财产盘盈、盘亏的财务处理清查结果审批前后的会计分录。

★技能考核

【考核项目】

银行存款清查中未达账项的调节。

【背景资料】

某企业银行存款日记账月末余额为124 950元,银行对账单的余额为129 395元,经核对,发现有下列未达账项:

(1)企业已入账,银行尚未入账的企业存入的转账支票11 200元;

(2)企业购材料开出转账支票9 100元,银行尚未入账;

(3)银行已入账,企业未入账的银行代收销售款6 790元;

(4)银行已入账,企业未入账的银行贷款利息245元。

【考核要求】

根据上述背景资料存在的未达账项,编制银行存款余额调节表。

★案例题

Y企业的副经理王××,将企业正在使用的一台设备借给其朋友使用,未办理任何手续。清查人员在年底盘点时发现盘亏了一台设备,原值为20万元,已提折旧5万元,净值为15万元。经查,属王副经理所为。于是,派人向借方追索。但借方声称,该设备已被人偷走。当问及王副经理对此处理意见时,他建议按正常报废处理。

案例要求:(1)盘亏的设备按正常报废处理是否符合会计制度要求?(2)企业应怎样正确处理盘亏的固定资产?

◎ 项目实训 ◎

【实训项目】

财产清查在企业中的实际应用。

【实训情境】

某工厂年终进行财产清查，在清查中发现下列事项：

1. 原材料的账面资料和清查资料分别如表 9—8、表 9—9 所示：

表 9—8　　原材料账面资料

材料编号	材料名称	单位	单价	结余(12 月 31 日)	
				数　量	金　额
1	甲材料	千克	42	1 000	42 000
2	乙材料	千克	25	810	20 250
3	丙材料	吨	9 000	20	180 000

表 9—9　　盘存单

财产类别：原材料　　存放地点：3 号仓库

编号：105423　　盘点时间：12 月 31 日

编号	名称	单位	数量	单价	金额	备　注
1	甲材料	千克	988	42	41 496	定额损耗 12 千克
2	乙材料	千克	780	25	19 500	保管人员失职造成
3	丙材料	吨	19.5	9 000	175 500	收发计量上的差错
盘点人签章：×××			实物保管人签章：×××			

2. 盘亏水泵一部，原价 6 900 元，账面已提折旧 1 380 元。
3. 经检查其他应收款账目，有某运输公司欠款 1 250 元，但该运输公司已撤销，无法收回。
4. 查明其他应收款 3 500 元，已无法收回。
5. 查明其他应付款 1 000 元，已无法偿还。

上述各项盘盈、盘亏和损失，经查原因属实，报请领导审核批准，作如下处理：

1. 盘亏水泵系自然灾害遭致毁损，作非常损失处理。
2. 账外机器尚可使用，交车间投入生产，作增加营业外收入处理。
3. 材料定额内损耗及材料收发计量错误，均列入管理费用处理。
4. 保管人员失职造成材料短缺损失，责成过失人赔偿。
5. 无法收回的应收款项，作坏账损失处理。

【实训要求】

将上列清查结果，编制审批前的会计分录；根据报请批准处理的结果，编制会计分录。

项目十　编制财务会计报告

【知识目标】

理解:财务会计报告的概念、种类、组成及编制原则。

熟知:财务会计报告的构成及编制的基本要求。

掌握:资产负债表、利润表的格式及编制方法,并针对主要的会计报表做出财务指标分析。

【技能目标】

能够编制资产负债表和利润表;能够灵活地运用财务指标对财务会计报告做出分析。

【素质目标】

培养学生运用会计报表的相关信息正确、客观地反映和评价企业财务信息的意识。

【项目引例】

凭证错误如何进行调账

审计人员在查阅U企业的2017年10月份的会计报表时,发现利润表中“主营业务收入”项目较以前月份的发生额有较大的增加,资产负债表中的“应收账款”项目本期与前几期比较也发生了较大的变动。于是,审计人员查阅该企业的账簿,发现“应收账款”总账与明细账金额之和不相等,对总账所记载的一些“应收账款”数额,明细账中并未作登记。审计人员根据账簿记录调阅有关记账凭证,发现三张记账凭证后未附有原始凭证。其中:

10月12日9#凭证编制的会计分录是:

借:应收账款　　585 000

　贷:主营业务收入　　500 000

　　应交税金——应交增值税(销项税额)　　85 000

10月17日15#凭证编制的会计分录是:

借:应收账款　　117 000

　贷:主营业务收入　　100 000

　　应交税金——应交增值税(销项税额)　　17 000

10月23日20#凭证编制的会计分录是:

借:应收账款　　92 000(红字)

　贷:应交税金——应交增值税(销项税额)　　92 000(红字)

经审查,U企业在上述10月份的三张会计凭证中虚列当期收入60万元,三笔业务中在“库存商品”明细账和“主营业务成本”明细账均未作登记,准备于下年年初作销货退回处理。

【讨论】:(1)U企业此举的目的是什么?说出你认为的企业所为的几种可能性。

(2)上述问题在年终结账前发现,U企业应如何调账?

【知识精讲】

任务一 财务会计报告概述

一、财务会计报告的概念

财务报告是对企业对外提供的反映企业某一特定日期的财务状况和某一会计期间的经营成果、现金流量等会计信息的文件。编制财务报表的目标是向财务报表使用者提供与企业财务状况、经营成果和现金流量等有关的会计信息,反映企业管理层受托责任履行情况,有助于财务报告使用者做出经济决策。财务报告使用者包括投资者、债权人、政府以及有关部门和社会公众等。

二、财务会计报告的组成

根据《企业财务会计报告条例》的规定,财务会计报告由会计报表、会计报表附注和财务情况说明书组成。

(一)会计报表

会计报表是以数字形式反映会计主体某一特定日期财务状况和某一会计期间经营成果、现金流量的文件。

1. 按会计报表反映的经济内容分类

(1)财务报表。是反映会计主体财务状况、经营成果和现金流量的报表,主要包括资产负债表、利润表和现金流量表。

(2)成本报表。是反映会计主体生产经营过程中发生的生产费用、成本和期间费用形成情况的报表。以工业企业为例,主要包括产品生产成本表、主要产品单位成本表、制造费用明细表、管理费用明细表、财务费用明细表和营业费用明细表等。

2. 按会计报表的编制时间分类

(1)月报。是按月编制的会计报表。种类最少,主要是资产负债表和利润表这样的主要报表。

(2)季报。是按季编制的会计报表。种类比月报多一些。

(3)年报。是按年编制的会计报表。种类最全,除主要报表外,还有许多附表。

3. 按会计报表反映的资金状态分类

(1)静态报表。是反映会计主体一定时期末财务状况的报表,如资产负债表。静态报表的数字来自有关账簿的期末余额。

(2)动态报表。是反映会计主体一定时期经营成果、现金流量和成本状况的报表,如利润表、现金流量表和各成本报表。动态报表的数字来自有关账簿的本期发生额。

4. 按会计报表报送对象分类

(1)对外报表。是向会计主体外部的利益关系集团公开报送的报表,会计主体的财务报表均属于对外报表。

(2)内部报表。是只向会计主体内部的经营管理者报送的报表,不能公开报送。成本报表就是内部报表,内部报表的资料应是会计主体的"商业秘密"。

5. 按报表的编制单位分类

(1)基层报表。又称单位报表,是由基层各个独立核算的会计主体编制的报表。

(2)汇总报表。是由会计主体的主管部门根据所属基层单位的会计报表加以汇总编制的报表。汇总报表还同时包括该主管部门本身所发生的经济业务。

(3)合并报表。是以母公司和子公司组成的企业集团为一会计主体,以母、子公司编制的个别会计报表为基础,由母公司合并编制的会计报表。

6. 按会计报表的相互关系分类

(1)主表。是反映会计主体财务状况、经营成果、现金流量和成本等主要指标的会计报表。

(2)附表。是补充说明主表详细情况的报表。每张主表都有相应的附表。

(二)会计报表附注

会计报表附注是对会计报表的补充说明和具体解释。会计报表附注是会计报表的使用者阅读和分析会计报表的基础。

根据《企业财务会计报告条例》的规定,会计报表附注一般包括如下内容:

(1)企业基本情况。主要说明会计主体的成立时间、所处行业、主营业务范围、兼营业务范围和生产经营概况等。

(2)不符合基本会计假设的说明。

(3)重要会计政策和会计估计及其变更情况、变更原因及其对财务状况和经营成果的影响。

(4)或有事项的说明。

(5)资产负债表日后事项的说明。

(6)关联方关系及其交易的说明。

(7)重要资产转让及其出售情况。

(8)企业合并、分立的说明。

(9)重大投资、融资活动。

(10)会计报表中重要项目的明细资料。

三、财务会计报告的编制要求

单位编制的财务会计报告应当真实可靠、计算准确、相关可比、全面完整、编报及时、便于理解,符合国家统一的会计制度的有关规定。财务会计报告编写的基本要求是:

(一)持续经营原则

企业应当以持续经营为基础,如果以持续经营为基础编制财务报表不再合理的,企业应当采用其他基础编制财务报表,并在附注中披露这一事实。

(二)公允列报原则

企业在列报财务报表时,应严格遵循根据实际发生的交易和事项,按照《企业会计准则——基本准则》和其他各项会计准则的规定进行确认和计量,如实反映企业的交易与其他经济事项,真实而公允地反映企业的财务状况、经营成果以及现金流量。企业不应以附注披露代替确认和计量。

(三)权责发生制原则

企业列报的财务报表,除现金流量表外应按权责发生制原则编制财务报表。

(四)信息列报的一致性原则

财务报表项目的列报应当在各个会计期间保持一致,除会计准则要求改变财务报表项目的列报或企业经营业务的性质发生重大变化后,变更财务报表项目的列报能够提供更可靠、更相关的会计信息外,不得随意变更。

(五)重要性原则

企业财务报表某项目的省略或错报会影响使用者据此做出经济决策的,该项目具有重要性。重要性应当根据企业所处环境,从项目的性质和金额大小两方面予以判断。性质或功能不同的项目,应当在财务报表中单独列报,但不具有重要性的项目除外。性质或功能类似的项目,其所属类别具有重要性的,应当按其类别在财务报表中单独列报。

(六)抵销原则

企业财务报表中的资产项目和负债项目的金额、收入项目和费用项目的金额不得相互抵销,但其他会计准则另有规定的除外。资产项目按扣除减值准备后的净额列示和非日常活动产生的损益,以收入扣减费用后的净额列示,不属于抵销。

(七)信息列报的可比性原则

企业当期财务报表的列报,至少应当提供所有列报项目上一可比会计期间的比较数据,以及与理解当期财务报表相关的说明,但其他会计准则另有规定的除外。财务报表项目的列报发生变更的,应当对上期比较数据按照当期的列报要求进行调整,并在附注中披露调整的原因和性质,以及调整的各项目金额。对上期比较数据进行调整不切实可行的(是指企业在做出所有合理努力后仍然无法采用某项规定),应当在附注中披露不能调整的原因。

(八)财务报表表首列报要求

企业应当在财务报表的显著位置至少披露:编报企业的名称、资产负债表日或财务报表涵盖的会计期间、人民币金额单位以及财务报表是合并财务报表的,应当予以标明。

(九)报告期间

企业至少应当按年编制财务报表。年度财务报表涵盖的期间短于一年的,应当披露年度财务报表的涵盖期间,以及短于一年的原因。

任务二　资产负债表

一、资产负债表概述

资产负债表是指反映企业在某一特定日期(如月末、季末或年末)财务状况的报表,属于静态报表。它是以“资产=负债+所有者权益”这一会计等式为理论依据,按照一定的分类标准和排列次序,将企业在某一特定日期的资产、负债和所有者权益项目进行排列编制而成。

资产负债表主要能够向各类报表使用者提供以下几个方面的会计信息:企业所掌握的经济资源、企业所负担的债务、企业的偿债能力、企业所有者享有的权益、企业未来的财务趋向。

（一）资产

资产负债表中的资产反映由过去的交易、事项形成，并由企业在某一特定日期所拥有或控制的，预期会给企业带来经济利益的资源。资产应当按照流动资产和非流动资产两大类别在资产负债表中列示，在流动资产和非流动资产类别下进一步按性质分项列示。

（二）负债

资产负债表中的负债反映在某一特定日期企业所承担的、预期会导致经济利益流出企业的现时义务。负债应当按照流动负债和非流动负债在资产负债表中进行列示，在流动负债和非流动负债类别下再进一步按性质分项列示。

（三）所有者权益

资产负债表中的所有者权益是企业资产扣除负债后的剩余权益，反映企业在某一特定日期股东（投资者）拥有的净资产的总额，它一般按照实收资本（或股本）、资本公积、盈余公积和未分配利润分项列示。

二、资产负债表的结构和格式

资产负债表一般有表首、正表两部分。其中，表首概括地说明报表名称、编制单位、编制日期、报表编号、货币名称、计量单位等。正表是资产负债表的主体，列示了用以说明企业财务状况的各个项目。资产负债表正表的格式一般有两种：报告式资产负债表和账户式资产负债表。

（一）报告式资产负债表

报告式资产负债表将资产、负债、股东权益项目采用垂直分列的形式。分别有两种形式：①依照“资产＝权益”的等式，②依照“资产－负债＝股东权益”的等式，如表10－1所示。

表10－1　　不同的报告式资产负债表

资产＝权益式			资产－负债＝股东权益式		
资产			资产		
	资产合计	101 000		资产合计	101 000
权益					
负债			负债		
	负债合计	54 500		负债合计	54 500
股东权益			股东权益		
	股东权益合计	46 500			
	权益合计	101 000		股东权益合计	46 500

报告式资产负债表的优点是便于编制和比较资产负债表，即在一张报表中，除列出本期的财务状况外，可增设几个栏目，分别列示过去几期的财务状况。其缺点是资产和权益间的恒等关系并不一目了然。

（二）账户式资产负债表

即按照“T”形账户的形式设计资产负债表，将资产列在报表左方（借方），负债及股东权益列在报表右方（贷方），左（借）右（贷）两方总额相等，如表10－2所示。

表 10—2　　账户式资产负债表　　单位:元

资　产		权　益	
各项目明细		负债	
		负债合计	545 000
		股东权益	
		股东权益合计	46 500
资产合计	101 000	权益合计	101 000

账户式资产负债表的优缺点与报告式资产负债表正好相反。资产和权益间的恒等关系一目了然,但编制和比较资产负债表,要做些旁注可能比较困难。

(三)我国现行资产负债表格式

在我国,企业的资产负债表采用账户式结构。不管采取什么格式,账户式资产负债表中的资产各项的合计等于负债和所有者权益各项目合计,即资产负债表左方和右方平衡。因此,通过账户式资产负债表,可以反映资产、负债、所有者权益之间的内在关系,即"资产=负债+所有者权益"。我国资产负债表的格式如表 10—3 所示。

表 10—3　　资产负债表　　会企 01 表

编制单位:＊＊＊＊＊＊＊＊＊　　2017 年 12 月 31 日　　单位:元

资　产	行次	年初数	期末数	负债和股东权益	行次	年初数	期末数
流动资产:				流动负债:			
货币资金	1			短期借款	68		
短期投资	2			应付票据	69		
应收票据	3			应付账款	70		
应收股利	4			预收账款	71		
应收利息	5			应付工资	72		
应收账款	6			应付福利费	73		
其他应收款	7			应付股利	74		
预付账款	8			应交税费	75		
应收补贴款	9			其他应交款	80		
存货	10			其他应付款	81		
待摊费用	11			预提费用	82		
一年内到期的长期债权投资	21			预计负债	83		
其他流动资产	24			一年内到期的长期负债	86		
流动资产合计	31			其他流动负债	90		
长期投资:				流动负债合计	100		
长期股权投资	32						
长期债权投资	34			长期负债:			
长期投资合计	38			长期借款	101		
固定资产:				应付债券	102		
固定资产原价	39			长期应付款	103		
减:累计折旧	40			专项应付款	106		

续表

资　产	行次	年初数	期末数	负债和股东权益	行次	年初数	期末数
固定资产净值	41			其他长期负债	108		
减:固定资产减值准备	42			长期负债合计	110		
固定资产净额	43			递延税项:			
工程物资	44			递延税款贷项	111		
在建工程	45			负债合计	114		
固定资产清理	46						
固定资产合计	50			所有者权益(或股东权益):			
无形资产及其他资产:				实收资本(或股本)	115		
无形资产	51			减:已归还投资	116		
长期待摊费用	52			实收资本(或股本)净额	117		
其他长期资产	53			资本公积	118		
无形资产及其他资产合计	60			盈余公积	119		
				其中:法定公益金	120		
递延税项:				未分配利润	121		
递延税款借项	61			所有者权益(或股东权益)合计	122		
资产总计	67			负债和所有者权益(或股东权益)总计	135		

三、资产负债表的编制

(一)资产负债表中的“年初数”和“期末数”

企业会计准则规定:会计报表至少应当反映相关两个期间的比较数据。也就是说,企业需要提供比较资产负债表,所以,资产负债表中的各项目均需填列“年初数”和“期末数”两栏。具体填列方法是:

1. 年初数

“年初数”栏内各项数字,应根据上年末资产负债表的“期末数”栏内所列数字填列。如果本年度资产负债表规定的各项目的名称和内容与上年不一致,则应按照本年度的规定,对上年年末资产负债表各项目的名称和数字进行调整,与本年一致后,填入本表“年初数”栏内。

2. 期末数

“期末数”应根据本年度会计报告期末的有关账户余额直接或计算分析填列。具体方法是:

(1)根据总账科目的余额填列。资产负债表中的有些项目,可直接根据有关总账科目的余额填列,如“交易性金融资产”、“短期借款”、“应付票据”、“应付职工薪酬”等项目;有些项目,则需根据几个总账科目的期末余额计算填列,如“货币资金”项目,需根据“库存现金”、“银行存款”、“其他货币资金”三个总账科目期末余额合计填列。

(2)根据有关明细科目的余额计算填列。资产负债表中的有些项目,需要根据明细科目余额计算填列,如“应付账款”项目,需要分别根据“应付账款”和“预付账款”两科目所属明细科目的期末贷方余额计算填列。

(3)根据总账科目和明细科目的余额分析计算填列。资产负债表的有些项目,需要依据总账科目和明细科目两者的余额计算填列，如“长期借款”项目，应根据“长期借款”总账科目余额扣除“长期借款”科目所属的明细科目中将在资产负债表日起一年内到期且企业不能自主地将清偿义务展期的长期借款后的金额填列。

(4)根据有关科目余额减去其备抵科目余额后的净额填列。如资产负债表中的“应收账款”、“长期股权投资”等项目，应根据“应收账款”、“长期股权投资”等科目的期末余额减去“坏账准备”、“长期股权投资减值准备”等科目余额后的净额填列；“固定资产”项目，应根据“固定资产”科目期末余额减去“累计折旧”、“固定资产减值准备”科目余额后的净额填列；“无形资产”项目，应根据“无形资产”科目期末余额减去“累计摊销”、“无形资产减值准备”科目余额后的净额填列。

(5)综合运用上述填列方法分析填列。如资产负债表中的“存货”项目，需根据“原材料”、“库存商品”、“委托加工物资”、“周转材料”、“材料采购”、“在途物资”、“发出商品”、“材料成本差异”等总账科目期末余额的分析汇总数，再减去“存货跌价准备”备抵科目余额后的净额填列。

(二)资产负债表中各项目的填列方法

资产负债表中资产、负债和所有者权益主要项目的填列说明如下：

1. 资产项目的填列说明

(1)“货币资金”项目，反映企业库存现金、银行结算户存款、外埠存款、银行汇票存款、银行本票存款、信用卡存款、信用证保证金存款等的合计数。本项目应根据“库存现金”、“银行存款”、“其他货币资金”科目期末余额的合计数填列。

(2)“交易性金融资产”项目，反映企业持有的以公允价值计量且其变动计入当期损益的为交易目的所持有的债券投资、股票投资、基金投资、权证投资等金融资产。本项目应当根据“交易性金融资产”科目的期末余额填列。

(3)“应收票据”项目，反映企业因销售商品、提供劳务等而收到的商业汇票，包括银行承兑汇票和商业承兑汇票。本项目应根据“应收票据”科目的期末余额，减去“坏账准备”科目中有关应收票据计提的坏账准备期末余额后的金额填列。

(4)“应收账款”项目，反映企业因销售商品、提供劳务等经营活动应收取的款项。本项目应根据“应收账款”和“预收账款”科目所属各明细科目的期末借方余额合计减去“坏账准备”科目中有关应收账款计提的坏账准备期末余额后的金额填列。如“应收账款”科目所属明细科目期末有贷方余额的，应在本表“预收款项”项目内填列。

(5)“预付款项”项目，反映企业按照购货合同规定预付给供应单位的款项等。本项目应根据“预付账款”和“应付账款”科目所属各明细科目的期末借方余额合计数，减去“坏账准备”科目中有关预付款项计提的坏账准备期末余额后的金额填列。如“预付账款”科目所属各明细科目期末有贷方余额的，应在资产负债表“应付账款”项目内填列。

(6)“应收利息”项目，反映企业应收取的债券投资等的利息。本项目应根据“应收利息”科目的期末余额，减去“坏账准备”科目中有关应收利息计提的坏账准备期末余额后的金额填列。

(7)“应收股利”项目，反映企业应收取的现金股利和应收取其他单位分配的利润。本项目应根据“应收股利”科目的期末余额，减去“坏账准备”科目中有关应收股利计提的坏账准备期末余额后的金额填列。

(8)“其他应收款”项目，反映企业除应收票据、应收账款、预付款项、应收股利、应收利息等经营活动以外的其他各种应收、暂付的款项。本项目应根据“其他应收款”科目的期末余额，减去“坏账准备”科目中有关其他应收款计提的坏账准备期末余额后的金额填列。

(9)“存货”项目，反映企业期末在库、在途和在加工中的各种存货的可变现净值。本项目应根据“材料采购”、“原材料”、“低值易耗品”、“库存商品”、“周转材料”、“委托加工物资”、“委托代销商品”、“生产成本”等科目的期末余额合计，减去“代销商品款”、“存货跌价准备”科目期末余额后的金额填列。材料采用计划成本核算，以及库存商品采用计划成本核算或售价核算的企业，还应按加或减材料成本差异、商品进销差价后的金额填列。

(10)“一年内到期的非流动资产”项目，反映企业将于一年内到期的非流动资产项目金额。本项目应根据有关科目的期末余额填列。

(11)“长期股权投资”项目，反映企业持有的对子公司、联营企业和合营企业的长期股权投资。本项目应根据“长期股权投资”科目的期末余额，减去“长期股权投资减值准备”科目的期末余额后的金额填列。

(12)“固定资产”项目，反映企业各种固定资产原价减去累计折旧和累计减值准备后的净额。本项目应根据“固定资产”科目的期末余额，减去“累计折旧”和“固定资产减值准备”科目期末余额后的金额填列。

(13)“在建工程”项目，反映企业期末各项未完工程的实际支出，包括交付安装的设备价值、未完建筑安装工程已经耗用的材料、工资和费用支出、预付出包工程的价款等的可收回金额。本项目应根据“在建工程”科目的期末余额，减去“在建工程减值准备”科目期末余额后的金额填列。

(14)“工程物资”项目，反映企业尚未使用的各项工程物资的实际成本。本项目应根据“工程物资”科目的期末余额填列。

(15)“固定资产清理”项目，反映企业因出售、毁损、报废等原因转入清理但尚未清理完毕的固定资产的净值，以及固定资产清理过程中所发生的清理费用和变价收入等各项金额的差额。本项目应根据“固定资产清理”科目的期末借方余额填列，如“固定资产清理”科目期末为贷方余额，以“－”号填列。

(16)“无形资产”项目，反映企业持有的无形资产，包括专利权、非专利技术、商标权、著作权、土地使用权等。本项目应根据“无形资产”的期末余额，减去“累计摊销”和“无形资产减值准备”科目期末余额后的金额填列。

(17)“开发支出”项目，反映企业开发无形资产过程中能够资本化形成无形资产成本的支出部分。本项目应当根据“研发支出”科目中所属的“资本化支出”明细科目期末余额填列。

(18)“长期待摊费用”项目，反映企业已经发生但应由本期和以后各期负担的分摊期限在一年以上的各项费用。长期待摊费用中在一年内(含一年)摊销的部分，在资产负债表“一年内到期的非流动资产”项目填列。本项目应根据“长期待摊费用”科目的期末余额减去将于一年内(含一年)摊销的数额后的金额填列。

(19)“其他非流动资产”项目，反映企业除长期股权投资、固定资产、在建工程、工程物资、无形资产等以外的其他非流动资产。本项目应根据有关科目的期末余额填列。

2. 负债项目的填列说明

(1)“短期借款”项目，反映企业向银行或其他金融机构等借入的期限在一年以下(含一年)的各种借款。本项目应根据“短期借款”科目的期末余额填列。

(2)“应付票据”项目，反映企业购买材料、商品和接受劳务供应等而开出、承兑的商业汇票，包括银行承兑汇票和商业承兑汇票。本项目应根据“应付票据”科目的期末余额填列。

(3)“应付账款”项目,反映企业因购买材料、商品和接受劳务供应等经营活动应支付的款项。本项目应根据“应付账款”和“预付账款”科目所属各明细科目的期末贷方余额合计数填列。如“应付账款”科目所属明细科目期末有借方余额的,应在资产负债表“预付款项”项目内填列。

(4)“预收款项”项目,反映企业按照销货合同规定预收客户的款项。本项目应根据“预收账款”和“应收账款”科目所属各明细科目的期末贷方余额合计数填列。如“预收账款”科目所属各明细科目期末有借方余额,应在资产负债表“应收账款”项目内填列。

(5)“应付职工薪酬”项目,反映企业根据有关规定应付给职工的工资、职工福利、社会保险费、住房公积金、工会经费、职工教育经费、非货币性福利、辞退福利等各种薪酬。外商投资企业按规定从净利润中提取的职工奖励及福利基金,也在本项目列示。

(6)“应交税费”项目,反映企业按照税法规定计算应缴纳的各种税费,包括增值税、消费税、营业税、所得税、资源税、土地增值税、城市维护建设税、房产税、土地使用税、车船税、教育费附加、矿产资源补偿费等。企业代扣代交的个人所得税,也通过本项目列示。企业所缴纳的税金不需要预计应交数的,如印花税、耕地占用税等,不在本项目列示。本项目应根据“应交税费”科目的期末贷方余额填列;如“应交税费”科目期末为借方余额,应以“-”号填列。

(7)“应付利息”项目,反映企业按照规定应当支付的利息,包括分期付息到期还本的长期借款应支付的利息、企业发行的企业债券应支付的利息等。本项目应当根据“应付利息”科目的期末余额填列。

(8)“应付股利”项目,反映企业分配的现金股利或利润,企业分配的股票股利,不通过本项目列示。本项目应根据“应付股利”科目的期末余额填列。

(9)“其他应付款”项目,反映企业除应付票据、应付账款、预收款项、应付职工薪酬、应付股利、应付利息、应交税费等经营活动以外的其他各项应付、暂收的款项。本项目应根据“其他应付款”科目的期末余额填列。

(10)“一年内到期的非流动负债”项目,反映企业非流动负债中将于资产负债表日后一年内到期部分的金额,如将于一年内偿还的长期借款。本项目应根据有关科目的期末余额填列。

(11)“长期借款”项目,反映企业向银行或其他金融机构借入的期限在一年以上(不含一年)的各项借款。本项目应根据“长期借款”科目的期末余额填列。

(12)“应付债券”项目,反映企业为筹集长期资金而发行的债券本金和利息。本项目应根据“应付债券”科目的期末余额填列。

(13)“其他非流动负债”项目,反映企业除长期借款、应付债券等项目以外的其他非流动负债。本项目应根据有关科目的期末余额填列。其他非流动负债项目应根据有关科目期末余额减去将于一年内(含一年)到期偿还数后的余额填列。非流动负债各项目中将于一年内(含一年)到期的非流动负债,应在“一年内到期的非流动负债”项目内单独反映。

3. 所有者权益项目的填列说明

(1)“实收资本(或股本)”项目,反映企业各投资者实际投入的资本(或股本)总额。本项目应根据“实收资本”(或“股本”)科目的期末余额填列。

(2)“资本公积”项目,反映企业资本公积的期末余额。本项目应根据“资本公积”科目的期末余额填列。

(3)“盈余公积”项目,反映企业盈余公积的期末余额。本项目应根据“盈余公积”科目的期末余额填列。

(4)“未分配利润”项目，反映企业尚未分配的利润。本项目应根据“本年利润”科目和“利润分配”科目的余额计算填列。未弥补的亏损在本项目内以“—”号填列。

四、资产负债表的编制实例

【例10—1】 嘉年华公司为增值税一般纳税人，适用的增值税税率为17%，所得税税率为25%，存货采用实际成本进行核算。2016年12月31日的资产负债表(简化)如表10—4所示。

表10—4　　**资产负债表**　　会企01表

编制单位：嘉年华公司　　2016年12月31日　　单位：元

资　产	金　额	负债及所有者权益	金　额
流动资产：		流动负债：	
货币资金	1 200 000	短期借款	680 000
交易性金融资产	25 000	应付账款	192 000
应收账款	299 100	应付职工薪酬	9 700
其他应收款	4 000	应交税费	
存货	580 000	应付股利	
流动资产合计	2 108 100	其他应付款	11 400
非流动资产：		一年内到期的长期负债	200 000
可供出售金融资产		流动负债合计	1 093 100
持有至到期投资		非流动负债：	
长期股权投资	250 000	长期借款	300 000
固定资产	1 080 000	负债合计	1 393 100
在建工程		所有者权益(或股东权益)：	
固定资产清理		实收资本	2 000 000
无形资产	48 000	资本公积	62 000
开发支出		盈余公积	13 000
其他资产	12 000	未分配利润	30 000
非流动资产合计	1 390 000	所有者权益合计	2 105 000
资产总计	3 498 100	负债及所有者权益总计	3 498 100

其中“应收账款”科目的期末余额为300 000元，“坏账准备”科目的期末余额为900元，坏账准备按照年末应收账款余额的3‰比例提取。存货、交易性金融资产都没有计提减值准备。按公司法规定，企业按净利润的10%计提法定盈余公积金，按净利润的5%计提法定公益金，2016年不进行投资分红。

会计人员根据2017年所登记的会计账簿记录及其他记录，整理出2017年总账及有关明细账余额如表10—5所示。

表 10-5　　科目余额表

借方余额		贷方余额	
库存现金	3 560	坏账准备	1 596
银行存款	837 110	累计折旧	412 000
其他货币资金	221 140	短期借款	780 000
交易性金融资产	50 000	应付票据	50 000
应收账款	532 026	应付账款	192 000
其他应收款	4 000	其他应付款	11 400
在途物资	38 000	应付职工薪酬	20 900
原材料	75 400	应交税费	24 800
库存商品	471 500	长期借款	310 000
生产成本	28 500	实收资本	2 000 000
长期股权投资	250 000	资本公积	92 831
固定资产	1 550 000	盈余公积	13 000
无形资产	42 000	未分配利润	204 709
长期待摊费用	10 000		
合　计	4 113 236	合　计	4 113 236

根据《企业会计准则第 30 号——财务报表列报》的有关规定，企业会计人员编制的资产负债表(简表)如表 10-6 所示。

表 10-6　　资产负债表　　会企 01 表

编制单位：嘉年华公司　　2017 年 12 月 31 日　　单位：元

资　产	期末余额	年初余额	负债及所有者权益	期末余额	年初余额
流动资产：			流动负债：		
货币资金	1 061 810	1 200 000	短期借款	780 000	680 000
交易性金融资产	50 000	25 000	应付票据	50 000	
应收账款	530 430	299 100	应付账款	192 000	192 000
预付款项			应付职工薪酬	20 900	9 700
应收利息			应交税费	24 800	
应收股利			应付利息		
其他应收款	4 000	4 000	应付股利		
存货	613 400	580 000	其他应付款	11 400	11 400
流动资产合计	2 259 640	2 108 100	一年内到期的长期负债		200 000
非流动资产：			流动负债合计	1 079 100	1 093 100

续表

资　产	期末余额	年初余额	负债及所有者权益	期末余额	年初余额
可供出售金融资产			非流动负债：		
持有至到期投资			长期借款	310 000	300 000
长期股权投资	250 000	250 000	长期应付款		
固定资产	1 138 000	1 080 000	非流动负债合计	310 000	300 000
在建工程			负债合计	1 389 100	1 393 100
工程物资			所有者权益(或股东权益)：		
固定资产清理			实收资本(或股本)	2 000 000	2 000 000
无形资产	42 000	48 000	资本公积	92 831	62 000
开发支出			盈余公积	13 000	13 000
长期待摊费用	10 000	12 000	未分配利润	204 709	30 000
非流动资产合计	1 440 000	1 390 000	所有者权益合计	2 310 540	2 105 000
资产总计	3 699 640	3 498 100	负债及所有者权益总计	3 699 640	3 498 100

任务三　利润表

一、利润表概述

利润表属于动态报表，是反映企业在一定会计期间的生产经营成果及其分配情况的会计报表。利润表和利润分配表可合并编制成一张表，也可分别编制成两张表，我国现行会计制度采用后者。

利润表是以“收入－费用＝利润”这一平衡公式所包含的经济内容为依据编制的。通过利润表可以反映企业一定会计期间的收入实现情况和费用耗费情况；可以反映企业一定会计期间生产经营活动的成果，据以判断资本保值、增值情况；可以为报表使用者提供会计主体当期收入结构，会计主体当期成本费用结构。会计主体当期利润结构。

二、利润表的结构和格式

利润表一般包括表首、正表两部分。其中，表首概括说明报表名称、编制单位、编制日期、报表编号、货币名称、计量单位；正表是利润表的主体，反映形成经营成果的各个项目和计算过程。正表的格式一般有两种：单步式利润表和多步式利润表。

(一)单步式利润表

单步式利润表是将所有收入和所有费用分别加以汇总，用收入合计减去费用合计从而得出本期利润。“单步式利润表”格式如表 10－7 所示。

表 10—7 **单步式利润表**

2017 年度

项　目	行次	本月数	本年累计数
一、收入			
主营业务收入			
其他业务利润			
投资收益			
营业外收入			
收入合计			
二、费用			
营业成本			
流转税			
销售费用			
管理费用			
财务费用			
营业外支出			
所得税			
费用合计			
三、净利润			

单步式利润表编制方式简单，收入支出归类清楚，但缺点是收入、费用的性质不加区分，硬性归为一类，不利于报表分析。

(二)多步式利润表

多步式利润表是将收入与费用按同类属性分别加以归集，分别计算主营业务利润、营业利润、利润总额，最后计算出所得税后利润。

1. 计算营业利润

营业利润的计算公式如下：

营业利润＝营业收入－营业成本－税金及附加－销售费用－管理费用－财务费用－资产减值损失＋公允价值变动收益＋投资收益

2. 计算利润总额

利润总额的计算公式如下：

利润总额＝营业利润＋营业外收入－营业外支出

3. 计算净利润

净利润的计算公式如下：

净利润＝利润总额－所得税费用

我国目前的利润表，采用的就是多步式结构，表中各项目均设“本月数”、“本年累计数”两栏，年度利润表则设“上年数”和“本年累计数”两栏。我国“多步式利润表”格式如表 10—8 所示。

表 10—8　　多步式利润表　　会企 02 表

编制单位：＊＊＊＊＊＊＊＊　　2017 年度　　单位：元

项　目	行次	本期金额	本期累计金额
一、营业收入	1		
减：营业成本	2		
税金及附加	3		
销售费用	4		
管理费用	7		
财务费用	9		
资产减值损失	10		
加：公允价值变动收益（损失以"—"号填列）	11		
投资收益（损失以"—"号填列）	14		
其中：对联营企业和合营企业的投资收益			
二、营业利润（亏损以"—"号填列）	15		
加：营业外收入	16		
减：营业外支出	17		
其中：非流动资产处置损失			
三、利润总额（亏损总额以"—"号填列）	20		
减：所得税费用	22		
四、净利润（净亏损以"—"号填列）	25		
五、每股收益：			
（一）基本每股收益			
（二）稀释每股收益			

多步式利润表比单步式利润表提供的信息更加丰富，通过不同时期各对应项目的比较分析，可以预测未来现金的流量，将营业利润与其他利润分开列示，可使报表使用者分清主次，对未来经营成果做出正确判断、预测。

三、利润表的编制方法

（一）利润表中的"本期金额"和"上期金额"

利润表各项目一般会设置"本期金额"和"上期金额"两栏。其中："上期金额"栏内各项数字，应根据上年该期利润表的"本期金额"栏内所列数字填列。"本期金额"栏内各期数字，除"基本每股收益"和"稀释每股收益"项目外，应当按相关科目的发生额分析填列。例如："营业收入"项目，根据"主营业务收入"、"其他业务收入"科目的发生额分析填列；"营业成本"项目，根据"主营业务成本"、"其他业务成本"科目的发生额分析填列。

（二）利润表项目的填列说明

（1）"营业收入"项目，反映企业经营主要业务和其他业务所确认的收入总额。本项目应根据“主营业务收入”和“其他业务收入”科目的发生额分析填列。

(2)“营业成本”项目，反映企业经营主要业务和其他业务所发生的成本总额。本项目应根据“主营业务成本”和“其他业务成本”科目的发生额分析填列。

(3)“税金及附加”项目，反映企业经营业务应负担的消费税、营业税、城市维护建设税、资源税、土地增值税和教育费附加等。本项目应根据“税金及附加”科目的发生额分析填列。

(4)“销售费用”项目，反映企业在销售商品过程中发生的包装费、广告费等费用以及为销售本企业商品而专设的销售机构的职工薪酬、业务费等经营费用。本项目应根据“销售费用”科目的发生额分析填列。

(5)“管理费用”项目，反映企业为组织和管理生产经营发生的管理费用。本项目应根据“管理费用”科目的发生额分析填列。

(6)“财务费用”项目，反映企业筹集生产经营所需资金等而发生的筹资费用。本项目应根据“财务费用”科目的发生额分析填列。

(7)“资产减值损失”项目，反映企业各项资产发生的减值损失。本项目应根据“资产减值损失”科目发生额分析填列。

(8)“公允价值变动收益”项目，反映企业应当计入当期损益的资产或负债公允价值变动收益。本项目应根据“公允价值变动损益”科目的发生额分析填列，如为净损失，本项目以“－”号填列。

(9)“投资收益”项目，反映企业以各种方式对外投资所取得的收益。本项目应根据“投资收益”科目的发生额分析填列。如为投资损失，本项目用“－”号填列。

(10)“营业利润”项目，反映企业实现的营业利润。如为亏损，本项目以“－”号填列。

(11)“营业外收入”项目，反映企业发生的与经营业务无直接关系的各项收入。本项目应根据“营业外收入”科目的发生额分析填列。

(12)“营业外支出”项目，反映企业发生的与经营业务无直接关系的各项支出。本项目应根据“营业外支出”科目的发生额分析填列。

(13)“利润总额”项目，反映企业实现的利润。如为亏损，本项目以“－”号填列。

(14)“所得税费用”项目，反映企业应从当期利润总额中扣除的所得税费用。本项目应根据“所得税费用”科目的发生额分析填列。

(15)“净利润”项目，反映企业实现的净利润。如为亏损，本项目以“－”号填列。

四、利润表的编制实例

【例 10－2】 昌盛公司(非股份制企业)2017 年 12 月 31 日各损益类科目“本年累计数”金额如表 10－9 所示。

表 10－9　　　　损益表类科目本年累计数　　　　单位：元

科目名称	借方发生额	贷方发生额
主营业务收入		6 000 000
主营业务成本	4 200 000	
其他业务收入		300 000
其他业务成本	200 000	
税金及附加	180 000	

续表

科目名称	借方发生额	贷方发生额
销售费用	220 000	
管理费用	723 000	
财务费用	160 000	
资产减值损失	8 000	
投资收益		320 000
营业外收入		12 000
营业外支出	17 000	
所得税	304 920	

根据以上资料，编制的昌盛公司2017年度利润表如表10—10所示。

表10—10　　**利润表**　　会企02表

编制单位：昌盛公司　　2017年12月　　单位：元

项　目	本期金额	上期金额
一、营业收入	6 300 000	
减：营业成本	4 400 000	
税金及附加	180 000	
销售费用	220 000	
管理费用	723 000	
财务费用	160 000	
资产减值损失	8 000	
加：公允价值变动收益（损失以“—”填列）		
投资收益（损失以“—”填列）	320 000	
其中：对联营企业和合营企业的投资收益		
二、营业利润（亏损以“—”号填列）	929 000	
加：营业外收入	12 000	
减：营业外支出	17 000	
其中：非流动资产处置损失		
三、利润总额（亏损总额以“—”号填列）	924 000	
减：所得税费用	304 920	
四、净利润（净亏损以“—”号填列）	619 080	
五、每股收益		
（一）基本每股收益		
（二）基本每股收益		

单位负责人：丁园园　　财务负责人：汪志华　　制表人：吴小云

任务四　现金流量表

一、现金流量表概述

现金流量表是反映企业在一定会计期间现金和现金等价物流入与流出的报表。

现金是指企业库存现金以及可以随时用于支付的存款，包括库存现金、银行存款和其他货币资金（如外埠存款、银行汇票存款、银行本票存款等）等。不能随时用于支付的存款不属于现金。

现金等价物是指企业持有的期限短、流动性强、易于转换为已知金额现金、价值变动风险很小的投资。期限短一般是指从购买日起三个月内到期。现金等价物，通常包括三个月内到期的债券投资等。权益性投资变现的金额通常不确定，因而不属于现金等价物。企业应当根据具体情况确定现金等价物的范围，一经确定不得随意变更。

现金流量是指一定会计期间内企业现金和现金等价物的流入和流出。企业从银行提取现金、用现金购买短期到期的国库券等现金和现金等价物之间的转换不属于现金流量。

企业产生的现金流量分为三类：

（一）经营活动产生的现金流量

经营活动是指企业投资活动和筹资活动以外的所有交易和事项。经营活动产生的现金流量主要包括销售商品、提供劳务、购买商品、接受劳务、支付工资和缴纳税款等流入和流出的现金及现金等价物。

（二）投资活动产生的现金流量

投资活动是指企业长期资产的购建和不包括在现金等价物范围内的投资及其处置活动。投资活动产生的现金流量主要包括购建固定资产、处置子公司及其他营业单位等流入和流出的现金及现金等价物。

（三）筹资活动产生的现金流量

筹资活动是指导致企业资本及债务规模和构成发生变化的活动。筹资活动产生的现金流量主要包括吸收投资、发行股票、分配利润、发行债券、偿还债务等流入和流出的现金及现金等价物。偿付应付账款、应付票据等商业应付款属于经营活动，不属于筹资活动。

二、现金流量表的结构和格式

我国企业现金流量表采用报告式结构，分类反映经营活动产生的现金流量、投资活动产生的现金流量和筹资活动产生的现金流量，最后汇总反映企业某一期间现金及现金等价物的净增加额。

现金流量表分为三部分，第一部分为表首，第二部门为正表，第三部分为补充资料，如表10－11所示。

（1）表首概括地说明报表名称、编制单位、编制日期、报表编号、货币名称、计量单位等。

（2）正表反映现金流量表的各个项目内容，主要有五项：一是经营活动产生的现金流量；二是投资活动产生的现金流量；三是筹资活动产生的现金流量；四是汇率变动对现金的影响；五是现金及现金等价物净增加额。其中，经营活动产生的现金流量，是按直接法编制的。

(3)补充资料有三项：一是将净利润调节为经营活动产生的现金流量；二是不涉及现金收支的投资和筹资活动；三是现金及现金等价物净增加情况。

需要注意的是，正表第一项经营活动产生的现金流量净额，与补充资料中的第一项经营活动产生的现金流量净额，应当核对相符。正表中的第五项，与补充资料中的第三项金额应当一致。正表中的数字是流入与流出的差额，补充资料中的数字是期末数与期初数的差额，计算依据不同，但结果应当一致，两者应当核对相符。

表 10－11　　**现金流量表**　　会企 03 表

编制单位：＊＊＊＊＊＊＊＊＊＊　　2017 年度　　单位：元

项　目	本期余额	上期金额
一、经营活动产生的现金流量：		
销售商品、提供劳务收到的现金		
收到的税费返还		
收到的其他与经营活动有关的现金		
现金流入小计		
购买商品、接受劳务支付的现金		
支付给职工以及为职工支付的现金		
支付的各项税费		
支付的其他与经营活动有关的现金		
现金流出小计		
经营活动产生的现金流量净额		
二、投资活动产生的现金流量：		
收回投资所收到的现金		
取得投资收益所收到的现金		
处置固定资产、无形资产和其他长期资产而收回的现金净额		
收到的其他与投资活动有关的现金		
现金流入小计		
购建固定资产、无形资产和其他长期资产所支付的现金		
投资所支付的现金		
支付的其他与投资活动有关的现金		
现金流出小计		
投资活动产生的现金流量净额		
三、筹资活动产生的现金流量：		
吸收投资所收到的现金		
取得借款所收到的现金		

续表

项 目	本期余额	上期金额
收到的其他与筹资活动有关的现金		
现金流入小计		
偿还债务所支付的现金		
分配股利、利润或偿付利息所支付的现金		
支付的其他与筹资活动有关的现金		
现金流出小计		
筹资活动产生的现金流量净额		
四、汇率变动对现金的影响		
五、现金及现金等价物净增加额		
加:期初现金及现金等价物余额		
六、期末现金及现金等价物余额		

三、现金流量表的编制

(一)现金流量表的编制方法

编制现金流量表的时候,经营活动现金流量有两种列示方法:一为直接法,二为间接法。这两种方法通常也称为现金流量表的编制方法。

直接法是通过现金收入和支出的主要类别反映来自企业经营活动的现金流量。一般以利润表中的营业收入为起点,调整与经营活动有关项目的增减活动,然后计算出经营活动的现金流量。企业应当采用直接法列示经营活动产生的现金流量。采用直接法具体编制现金流量表时,可以采用工作底稿法或T形账户法,也可以根据有关科目记录分析填列。

间接法是以本期净利润为起点,调整不涉及现金的收入、费用、营业外收支以及有关项目的增减变动,据此计算出经营活动的现金流量。

《企业会计准则——现金流量表》要求企业采用直接法报告经营活动的现金流量,同时要求在补充资料中用间接法来计算现金流量。有关经营活动现金流量的信息,可通过以下途径之一取得:

第一,直接根据企业有关账户的企会计记录分析填列。

第二,对当期业务进行分析并对有关项目进行调整:①将权责发生制下的收入、成本和费用转换为现金基础。②将资产负债表和现金流量表中的投资、筹资项目,视作投资和筹资活动的现金流量。③将利润中有关投资和筹资方面的收入和费用列入现金流量表的投资、筹资的现金流量中去。

(二)现金流量表主要项目说明

1. 经营活动产生的现金流量

(1)“销售商品、提供劳务收到的现金”项目,反映企业本年销售商品、提供劳务实际收到的现金,以及前期销售商品、提供劳务本期收到的现金(包括应向购买者收取的增值税销项税额)和本期预收的款项,减去本期销售本期退回的商品和前期销售本期退回的商品支付的现金。

企业销售材料和代购代销业务收到的现金，也在本项目反映。

(2)“收到的税费返还”项目，反映企业收到返还的各种税费，如收到的增值税、营业税、所得税、消费税、关税和教育费附加等各种税费的返还款。

(3)“收到的其他与经营活动有关的现金”项目，反映企业经营租赁收到的租金等其他与经营活动有关的现金，金额较大的应当单独列示。

(4)“购买商品、接受劳务支付的现金”项目，反映企业购买材料商品、接受劳务实际支付的现金(包括增值税进项税额)，以及本期支付前期购买商品、接受劳务的未付款项和本期预付款项，减去本期发生的购货退回收到的现金。企业购买材料和代购代销业务支付的现金，也在本项目反映。

(5)“支付给职工以及为职工支付的现金”项目，反映企业实际支付给职工的现金以及为职工支付的现金，包括企业为获得职工提供的服务，本期实际给予各种形式的报酬以及其他相关支出(包括代扣代缴的职工个人所得税)，如支付给职工的工资、奖金、各种津贴和补贴等，以及为职工支付的其他费用。

(6)“支付的各项税费”项目，反映企业按规定支付的各项税费，包括本期发生并支付的税费，以及本期支付以前各期发生的税费和预交的税金，如支付的所得税、增值税、营业税、消费税、印花税、房产税、土地增值税、车船税、教育费附加等。

(7)“支付的其他与经营活动有关的现金”项目，反映企业除上述各项目外，支付的其他与经营活动有关的现金，如罚款支出、支付的差旅费、业务招待费、保险费、经营租赁支付的现金等。其他与经营活动有关的现金，金额较大的应单列项目反映。

2. 投资活动产生的现金流量

(1)“收回投资收到的现金”项目，反映企业出售、转让或到期收回除现金等价物以外对其他企业长期股权投资等而收到的现金，但处置子公司及其他营业单位收到的现金净额除外。

(2)“取得投资收益收到的现金”项目，反映企业除现金等价物以外的对其他企业的长期股权投资等分回的现金股利和利息等。

(3)“处置固定资产、无形资产和其他长期资产收回的现金净额”项目，反映企业出售、报废固定资产、无形资产和其他长期资产所取得的现金(包括因资产毁损而收到的保险赔偿收入)，减去为处置这些资产而支付的有关费用后的净额。

(4)“处置子公司及其他营业单位收到的现金净额”项目，反映企业处置子公司及其他营业单位所取得的现金，减去子公司或其他营业单位持有的现金和现金等价物以及相关处置费用后的净额。

(5)“购建固定资产、无形资产和其他长期资产支付的现金”项目，反映企业购买、建造固定资产、取得无形资产和其他长期资产支付的现金(含增值税款等)，包括购买机器设备所支付的现金、建造工程支付的现金、支付在建工程人员的工资等现金支出。

(6)“投资支付的现金”项目，反映企业取得除现金等价物以外的对其他企业的长期股权投资等所支付的现金以及支付的佣金、手续费等附加费用，但取得子公司及其他营业单位支付的现金金额除外。

(7)“取得子公司及其他营业单位支付的现金净额”项目，反映企业取得子公司及其他营业单位购买出价中以现金支付的部分，减去子公司或其他营业单位持有的现金和现金等价物后的净额。

(8)“收到其他与投资活动有关的现金”、“支付的其他与投资活动有关的现金”项目反映企业除上述(1)～(7)项目外收到或支付的其他与投资活动有关的现金，金额较大的应当单独列示。

3. 筹资活动产生的现金流量

(1)“吸收投资收到的现金”项目，反映企业以发行股票等方式筹集资金实际收到的款项(发行收入减去支付的佣金等发行费用后的净额)。

(2)“取得借款收到的现金”项目，反映企业举借各种短期、长期借款而收到的现金，以及发行债券实际收到的款项净额(发行收入减去直接支付的佣金等发行费用后的净额)。

(3)“偿还债务所支付的现金”项目，反映企业以现金偿还债务的本金，包括：归还金融企业的借款本金、偿付企业到期的债券本金等。

(4)“分配股利、利润或偿付利息支付的现金”项目，反映企业实际支付的现金股利、支付给其他投资单位的利润或用现金支付的借款利息、债券利息。

(5)“收到的其他与筹资活动有关的现金”、“支付的其他与筹资活动有关的现金”项目，反映企业除上述(1)～(4)项目外收到或支付的其他与筹资活动有关的现金，金额较大的应单独列示。

四、现金流量表的编制实例

【例 10－3】 甲股份有限公司为工业企业，该公司 2017 年有关资料如下：

(1)资产、负债类部分账户年初、年末余额和本年发生额如表 10－12 所示。

表 10－12 **年初、年末余额和本年发生额** 单位：万元

账户名称	年初余额		本年发生额		年末余额	
	借方	贷方	借方	贷方	借方	贷方
交易性金融资产	100		500	400	200	
应收票据	300			300		
应收账款(总)	500		3 000	2 800	700	
——甲公司	600		2 500	2 200	900	
——乙公司		100	500	600		200
坏账准备		6		3		9
应收股利			10	10		
原材料	300		2 000	2 200	100	
制造费用			800	800		
生产成本	100		4 000	3 800	300	
库存商品	200		3 800	3 500	500	
固定资产	5 000		400	1 000	4 400	
累计折旧		2 000	800	200		1 400
在建工程	1 000		300		1 300	
短期借款			200	250		50

续表

账户名称	年初余额		本年发生额		年末余额	
	借方	贷方	借方	贷方	借方	贷方
长期借款		1 000				1 000
应付账款(总)		300	1 300	1 200		200
——丙公司		500	1 200	1 000		300
——丁公司	200		100	200	100	
应付职工薪酬		30	1 160	1 200		70
应交税费(总)		55	1 319.3	1 325.3		61
——应交增值税			850	850		
——未交增值税		30	180	200		50
——应交其他税费		25	289.3	275.3		11

(2)损益类部分账户本年发生额如表10—13所示。

表10—13　　损益类部分账户本年发生额　　单位:万元

账户名称	借方发生额	贷方发生额
主营业务收入		5 000
主营月完成本	3 500	
税金及附加	51	
销售费用	300	
管理费用	500	
财务费用	25	
投资收益		30
营业外支出		20
所得税费用		198

(3)货币资金的期初余额为120万元,期末余额为455万元。

(4)其他有关资料如下:

①交易性金融资产的取得及出售均为现金结算,且交易性金融资产均不属于现金等价物。

②“制造费用”及“生产成本”科目借方发生额含工资及福利费1 000万元、折旧费180万元,不含其他摊入的费用。

③“固定资产”科目借方发生额为现金购入的固定资产400万元;“在建工程”科目借方发生额含用现金支付的资本化利息费用30万元,以及用现金支付的出包工程款270万元。

④应付职工薪酬均为生产经营人员的工资及福利费。

⑤“应交税费——应交增值税”科目借方发生额含增值税进项税额340万元、已交税金310万元、转出未交增值税200万元,贷方发生额为销售商品发生的销项税额850万元;“应交税

费——未交增值税”科目借方发生额为缴纳的增值税180万元。

⑥“销售费用”及“管理费用”科目借方发生额含工资及福利费200万元、离退休人员费80万元、计提坏账准备3万元、折旧费20万元、房产税和印花税30万元以及用现金支付的其他费用467万元。

⑦“财务费用”科目借方发生额含票据贴现利息5万元以及用现金支付的其他利息。

⑧“投资收益”科目贷方发生额含出售股票获得的投资收益20万元以及收到的现金股利。

⑨“营业外支出”科目借方发生额为出售固定资产发生的净损失20万元(出售固定资产的原价1 000万元、累计折旧800万元，支付清理费用30万元，收到价款210万元)。

⑩假定该公司期末未发生其他交易或事项。

根据以上资料，采用分析填列的方法，确定的甲股份有限公司2017年度的现金流量表各项目金额如下：

(1)销售商品、提供劳务收到的现金＝营业收入＋增值税的销项税额＋(应收票据年初余额－应收票据年末余额)＋(应收账款年初余额－应收账款年末余额)＋(预收账款年末余额－预收账款年初余额)－计提的坏账准备－应收票据贴现利息＝5 000＋850＋(300－0)＋(594－891)＋(200－100)－3－5＝5 945(万元)

(2)购买商品、接受劳务支付的现金＝营业成本＋增值税的进项税额＋(存货年末余额－存货年初余额)＋(应付账款年初余额－应付账款年末余额)＋(应付票据年初余额－应付票据年末余额)＋(预付账款年末余额－预付账款年初余额)－当期列入生产成本、制造费用的职工薪酬－当期列入生产成本、制造费用的折旧费等＝3 500＋340－(600－900)＋(500－300)＋(100－200)－1 000－180＝3 060(万元)

(3)支付给职工以及为职工支付的现金＝(应付职工薪酬年初余额－应付职工薪酬期末余额)＋生产成本、制造费用、管理费用中职工薪酬＝(30－70)＋1 000＋200＝1 160(万元)

(4)支付的各项税费＝税金及附加＋当期所得税费用＋应交税费－应交增值税(已交税金)＋应交税费－未交增值税科目借方发生额＋管理费用中的税金＋应交税费－其他税费(年初余额－年末余额)＝51＋198＋310＋180＋30＋(25－11)＝783(万元)

(5)支付其他与经营活动有关的现金＝销售费用和管理费用中用现金支付的其他费用＋离退休人员费＝300＋500－200－3－20－30＝547(万元)或467＋80＝547(万元)

(6)收回投资收到的现金＝交易性金融资产＋与交易性金融资产一起收回的投资收益＝400＋20＝420(万元)

(7)取得投资收益收到的现金＝收到的现金股利＝30－20＝10(万元)

(8)处置固定资产收回的现金净额＝出售固定资产收到的价款－支付的清理费用＝210－30＝180(万元)

(9)购置固定资产支付的现金＝现金购入的固定资产＋用现金支付的出包工程款＝400＋270＝670(万元)

(10)取得借款收到的现金＝短期借款的贷方发生额＝250(万元)

(11)偿还债务支付的现金＝短期借款的借方发生额＝200(万元)

(12)分配股利、利润或偿付应付利息支付的现金＝支付的财务费用中的借款利息＋支付的资本化利息费用＝25－5＋30＝50(万元)

根据以上数据，编制的现金流量表如表10－14所示。

表 10—14　　**现金流量表**　　会企 03 表

编制单位：甲股份有限公司　　2017 年度　　单位：元

项　目	本期余额	上期金额
一、经营活动产生的现金流量：		
销售商品、提供劳务收到的现金	5 945	
收到的税费返还		
收到的其他与经营活动有关的现金		
现金流入小计	5 945	
购买商品、接受劳务支付的现金	3 060	
支付给职工以及为职工支付的现金	1 160	
支付的各项税费	783	
支付的其他与经营活动有关的现金	547	
现金流出小计	5 550	
经营活动产生的现金流量净额	395	
二、投资活动产生的现金流量：		
收回投资所收到的现金	420	
取得投资收益所收到的现金	10	
处置固定资产、无形资产和其他长期资产而收回的现金净额	180	
收到的其他与投资活动有关的现金		
现金流入小计	610	
购建固定资产、无形资产和其他长期资产所支付的现金	670	
投资所支付的现金		
支付的其他与投资活动有关的现金		
现金流出小计	670	
投资活动产生的现金流量净额	—60	
三、筹资活动产生的现金流量：		
吸收投资所收到的现金		
取得借款所收到的现金	250	
收到的其他与筹资活动有关的现金		
现金流入小计	250	
偿还债务所支付的现金	200	
分配股利、利润或偿付利息所支付的现金	50	
支付的其他与筹资活动有关的现金		

续表

项　目	本期余额	上期金额
现金流出小计	250	
筹资活动产生的现金流量净额	0	
四、汇率变动对现金的影响		
五、现金及现金等价物净增加额	335	
加:期初现金及现金等价物余额	120	
六、期末现金及现金等价物余额	455	

任务五　所有者权益变动表

一、所有者权益变动表的概念和作用

所有者权益变动表是反映构成所有者权益的各组成部分当期的增减变动情况的报表。所有者权益变动表应当全面反映一定时期所有者权益变动的情况，不仅包括所有者权益总量的增减变动，还包括所有者权益增减变动的重要结构性信息，特别是要反映直接计入所有者权益的利得和损失，让报表使用者准确理解所有者权益增减变动的根源。

二、所有者权益变动表的内容和结构

在所有者权益变动表上，企业至少应当单独列示反映下列信息的项目：(1)净利润；(2)直接计入所有者权益的利得和损失项目及其总额；(3)会计政策变更和差错更正的累积影响金额；(4)所有者投入资本和向所有者分配利润等；(5)提取的盈余公积；(6)实收资本、资本公积、盈余公积、未分配利润的期初期末余额及其调节情况。其中，反映“直接计入所有者权益的利得和损失”的项目即为其他综合收益项目。

三、所有者权益变动表的填列方法

(一)上年金额栏的填列方法

所有者权益变动表“上年金额”栏内各项数字，应根据上年度所有者权益变动表“本年金额”栏内所列数字填列。如果上年度所有者权益变动表规定的各个项目的名称和内容同本年度不相一致，应对上年度所有者权益变动表各项目的名称和数字按本年度的规定进行调整，填入所有者权益变动表“上年金额”栏内。

(二)本年金额栏的填列方法

所有者权益变动表“本年金额”栏内各项数字一般应根据“实收资本(或股本)”、“资本公积”、“盈余公积”、“利润分配”、“库存股”、“以前年度损益调整”科目的发生额分析填列，如表10－15所示。

表 10－15　　**所有者权益变动表**　　会企 04 表

编制单位：　　2017 年度　　单位：元

项　目	本年金额						上年金额					
	实收资本（或股本）	资本公积	减：库存股	盈余公积	未分配利润	所有者权益合计	实收资本（或股本）	资本公积	减：库存股	盈余公积	未分配利润	所有者权益合计
一、上年年末余额												
加：会计政策变更												
前期差错更正												
二、本年年初余额												
三、本年增减变动金额（减少以“－”号填列）												
（一）净利润												
（二）直接计入所有者权益的利得和损失												
1. 可供出售金融资产公允价值变动净额												
2. 权益法下被投资单位其他所有者权益变动的影响												
3. 与计入所有者权益项目相关的所得税影响												
4. 其他												
上述（一）和（二）小计												
（三）所有者投入和减少资本												
1. 所有者投入资本												
2. 股份支付计入所有者权益的金额												
3. 其他												
（四）利润分配												
1. 提取盈余公积												
2. 对所有者（或股东）的分配												
3. 其他												
（五）所有者权益内部结转												
1. 资本公积转增资本（或股本）												
2. 盈余公积转增资本（或股本）												
3. 盈余公积弥补亏损												
4. 其他												
四、本年年末余额												

任务六　会计报表附注

一、会计报表附注概述

附注是对在资产负债表、利润表、现金流量表和所有者权益变动表等报表中列示项目的文字描述或明细资料，以及对未能在这些报表中列示项目的说明等。

附注应当披露财务报表的编制基础，相关信息应当与资产负债表、利润表、所有者权益变动表和现金流量表等报表中所示的项目相互参照。

附注披露的基本要求：

(1)附注披露的信息应是定量、定性信息的结合，从而能从“量”和“质”两个角度对企业经济事项完整地进行反映，也才能满足信息使用者的决策需求。

(2)附注应当按照一定的结构进行系统合理的排列和分类，有顺序地披露信息。由于附注的内容繁多，因此更应按逻辑顺序排列，分类披露，条理清晰，具有一定的组织结构，以便于使用者理解和掌握，也更好地实现财务报表的可比性。

(3)附注相关信息应当与资产负债表、利润表、现金流量表和所有者权益变动表等报表中列示的项目相互参照，以有助于使用者联系相关联的信息，并由此从整体上更好地理解财务报表。

二、会计报表附注的形式

在会计实务中，会计报表附注可采用旁证、附表和底注等形式：

(一)旁注

旁注是指在财务报表的有关项目旁直接用括号加注说明。旁注是最简单的报表注释方法，如果报表上有关项目的名称或金额受到限制或需简要补充时，可以直接用括号加注说明。为了保持报表项目的简明扼要、清晰明了，旁注只适用于个别只需简单补充的信息项目。

(二)附表

附表是指为了保持财务报表的简明易懂而另行编制一些反映其构成项目及年度内的增减来源与数额的表格。附表反映的内容，有些已直接包括在脚注之内，有些则附在报表和脚注之后，作为财务报告的一个单独组成部分。必须注意的是，附表与补充报表的概念并不相同。附表所反映的是财务报表中某一项目的明细信息(如应收账款的账龄表)，而补充报表则往往反映一些附加的信息或按不同基础编制的信息。最常见的补充报表是揭示物价变动对企业财务状况和经营成果影响的附表。

(三)底注

底注也称脚注，是指在财务报表后面用一定文字和数字所做的补充说明。一般而言，每一种报表都可以有一定的底注，其篇幅大小随各种报表的复杂程度而定。底注的主要作用是揭示那些不便于列入报表正文的有关信息。但是，底注作为财务报表的组成部分，仅是对报表正文的补充，它不能取代或更正报表正文中的正常分类、计价和描述。凡列入财务报表正文部分的信息项目都必须符合会计要素的定义和一系列确认与计量的标准。财务报表正文主要是以表格形式描述有关企业财务状况与经营绩效的定量信息，这一特征使报表正文所能包含的信息受到限制。而底注则比较灵活，它可提供有关报表编制基础等方面的定性信息、报表项目的性质、比报表正文更为详细的信息、一些相对较次要的信息，这些信息对理解和使用报表信息是十分有益的。由于这一优点，底注在财务报表中已发挥越来越重要的作用。目前，在会计实务中报表底注的内容日益增多，其增长幅度大大超过报表的正文。

报表底注所提供的信息十分广泛，概括起来，主要包括：

1. 会计政策

会计政策是公司管理人员在公认会计原则或企业会计准则所允许的范围内，编制财务报表时所选择采用的原则、基础、惯例、规则、方法和程序的总称。

2. 会计政策变动

虽然一致性原则要求企业在前后各期所采用的会计方法、程序应尽可能保持连贯性，但由于主客观原因，企业编制报表方面的会计政策仍然可能发生变化。例如，准则、制度制定机构要求采用新的会计政策，或企业管理当局认为政策的变更能使报表更恰当地反映企业的财务状况和经营成果。会计政策的变更包括会计方法、程序和会计估计的变化。这些变动的原因及其影响程度都必须在报表底注中说明。

3. 财务报表中有关重要项目的明细资料

由于使用者对报表信息详简程度的要求不同，以高度概括形式表现的报表正文信息往往难以满足使用者的信息需要。为了帮助使用者更准确地判断企业的财务状况与经营成果，报表上的一些重要项目需要在底注中详细说明(这些说明有时以附表形式表现，有时则列示在底注中)。这些项目包括应收账款、存货、固定资产及累计折旧、在建工程、无形资产和其他资产、外币资产等。

4. 或有项目

有些或有资产、或有负债项目，由于它们对企业财务状况和经营绩效的影响取决于未来事项的发展，而其现值或未来值又极不确定，因而不能列入报表，但是，这些项目的出现又不是绝无可能，如果忽略这些项目可能给报表使用者的决策带来重大的影响。这时，这些项目就应在底注中说明，以便由使用者判断其可能产生的影响程度。这些项目主要包括未决诉讼案件、长期期货合同、长期分期付款销售合同、融资信用担保等。

5. 期后事项

期后事项是指会计结账日(即会计年度结束日或编制报表日)后至正式对外报送财务报告日(简称报告日)之间发生的交易或事项。

三、会计报表附注的内容

企业应当按照如下顺序披露附注的内容：

(一)企业的基本情况

(1)企业注册地、组织形式和总部地址。

(2)企业的业务性质和主要经营活动，如企业所处的行业、所提供的主要产品或服务、客户的性质、销售策略、监管环境的性质等。

(3)母公司以及集团最终母公司的名称。

(4)财务报告的批准报出者和财务报告批准报出日。

(二)财务报表的编制基础

企业应当以持续经营为基础编制会计报表。在编制会计报表时,企业应当对持续经营的能力进行估计。如果已决定进行清算或停止营业,或者已确定在下一个会计期间将被迫进行清算或停止营业,则不应再以持续经营为基础编制会计报表。如果某些不确定的因素导致对企业能否持续经营产生重大怀疑时,则应当在会计报表附注中披露这些不确定因素。如果会计报表不是以持续经营为基础编制的,则企业在会计报表附注中对此应当首先予以披露,并进一步披露会计报表的编制基础,以及企业未能以持续经营为基础编制会计报表的原因。

(三)遵循企业会计准则的声明

企业应当声明编制的财务报表符合企业会计准则的要求,真实、完整地反映了企业的财务状况、经营成果和现金流量等有关信息,以此明确企业编制财务报表所依据的制度基础。

如果企业编制的财务报表只是部分地遵循了企业会计准则,附注中不得做出这种表述。

(四)重要会计政策和会计估计

根据财务报表列报准则的规定,企业应当披露采用的重要会计政策和会计估计,不重要的会计政策和会计估计可以不披露。

1. 重要会计政策的说明

由于企业经济业务的复杂性和多样化,某些经济业务可以有多种会计处理方法,也即存在不止一种可供选择的会计政策。例如,存货的计价可以有先进先出法、加权平均法、个别计价法等;固定资产的折旧,可以有平均年限法、工作量法、双倍余额递减法、年数总额法等。企业在发生某项经济业务时,必须从允许的会计处理方法中选择适合本企业特点的会计政策,企业选择不同的会计处理方法,可能极大地影响企业的财务状况和经营成果,进而编制出不同的财务报表。为了有助于报表使用者理解,有必要对这些会计政策加以披露。

需要特别指出的是,说明会计政策时还需要披露下列两项内容:

(1)财务报表项目的计量基础。会计计量属性包括历史成本、重置成本、可变现净值、现值和公允价值,这直接显著影响报表使用者的分析,这项披露要求便于使用者了解企业财务报表中的项目是按何种计量基础予以计量的,如存货是按成本还是可变现净值计量等。

(2)会计政策的确定依据,主要是指企业在运用会计政策过程中所做的对报表中确认的项目金额最具影响的判断。例如,企业如何判断持有的金融资产是持有至到期的投资而不是交易性投资;又比如,对于拥有的持股不足50%的关联企业,企业为何判断企业拥有控制权因此将其纳入合并范围;再比如,企业如何判断与租赁资产相关的所有风险和报酬已转移给企业,从而符合融资租赁的标准;以及投资性房地产的判断标准是什么等,这些判断对在报表中确认的项目金额具有重要影响。因此,这项披露要求有助于使用者理解企业选择和运用会计政策的背景,增加财务报表的可理解性。

2. 重要会计估计的说明

财务报表列报准则强调了对会计估计不确定因素的披露要求,企业应当披露会计估计中所采用的关键假设和不确定因素的确定依据,这些关键假设和不确定因素在下一会计期间内很可能导致对资产、负债账面价值进行重大调整。

在确定报表中确认的资产和负债的账面金额过程中,企业有时需要对不确定的未来事项在资产负债表日对这些资产和负债的影响加以估计。例如,固定资产可收回金额的计算需要根据其公允价值减去处置费用后的净额与预计未来现金流量的现值两者之间的较高者确定,在计算资产预计未来现金流量的现值时需要对未来现金流量进行预测,并选择适当的折现率,应当在附注中披露未来现金流量预测所采用的假设及其依据、所选择的折现率为什么是合理的等。又如，为正在进行中的诉讼提取准备金时最佳估计数的确定依据等。这些假设的变动对这些资产和负债项目金额的确定影响很大，有可能会在下一个会计年度内做出重大调整。因此，强调这一披露要求，有助于提高财务报表的可理解性。

（五）会计政策、会计估计变更和差错更正的说明

企业应当按照《企业会计准则第28号——会计政策、会计估计变更和差错更正》及其应用指南的规定，披露会计政策和会计估计变更以及差错更正的有关情况。

（六）报表重要项目的说明

企业应当以文字和数字描述相结合、尽可能以列表形式披露报表重要项目的构成或当期增减变动情况，并且报表重要项目的明细金额合计，应当与报表项目金额相衔接。在披露顺序上，一般应当按照资产负债表、利润表、现金流量表、所有者权益变动表的顺序及其项目列示的顺序。

（七）其他需要说明的重要事项

这主要包括或有和承诺事项、资产负债表日后非调整事项、关联方关系及其交易等，具体的披露要求须遵循相关准则的规定。

任务七　财务指标分析

财务指标分析是以企业财务报告及其他相关资料为主要依据，对企业的财务状况和经营成果进行评价和剖析，反映企业在运营过程中的利弊得失和发展趋势，从而为改进企业财务管理工作和优化经济决策提供重要的财务信息。

总结和评价企业财务状况与经营成果的分析指标包括偿债能力指标、运营能力指标、获利能力指标、发展能力指标和综合指标。

一、偿债能力指标

偿债能力是企业偿还到期债务（包括本息）的能力。偿债能力指标包括短期偿债能力指标和长期偿债能力指标。

（一）短期偿债能力指标

短期偿债能力是指企业流动资产对流动负债及时足额偿还的保证程度，是衡量企业当期财务能力，特别是流动资产变现能力的重要标志。企业短期偿债能力的衡量指标主要有两项：流动比率和速动比率。

1. 流动比率

流动比率是流动资产与流动负债的比率，它表明企业每1元流动负债有多少流动资产作为偿还保证，反映企业用可在短期内转变为现金的流动资产偿还到期流动负债的能力。其计算公式为：

$$流动比率=流动资产\div流动负债\times100\%$$

一般情况下，流动比率越高，说明企业短期偿债能力越强。

2. 速动比率

速动比率是企业速动资产与流动负债的比率。其中,速动资产是指流动资产减去变现能力较差且不稳定的存货、预付账款、待摊费用等后的余额。其计算公式为:

速动比率=速动资产÷流动负债×100%

速动比率是用来衡量企业短期偿债能力的指标,一般来说,速动比率越高,反映企业短期偿债能力越强,企业短期偿债风险较小;反之,速动比率越低,反映企业短期偿债能力越弱,企业短期偿债风险较大。

其中:

速动资产=货币资金+交易性金融资产+应收账款+应收票据

=流动资产-存货-预付账款-一年内到期的非流动资产-其他流动资产

报表中如有应收利息、应收股利和其他应收款项目,可视情况归入速动资产项目。

(二)长期偿债能力指标

长期偿债能力是企业偿还长期负债的能力。企业长期偿债能力的衡量指标主要有资产负债率和产权比率。

1. 资产负债率

资产负债率又称负债比率,是企业负债总额对资产总额的比率,反映企业资产对债权人权益的保障程度。其计算公式为:

资产负债率=负债总额÷资产总额×100%

资产负债率反映债权人所提供的资本占全部资本的比例。从债权人的立场看,他们最关心的是贷给企业的款项的安全程度,也就是能否按期收回本金和利息;从股东的角度看,由于企业通过举债筹措的资金与股东提供的资金经营中发挥同样的作用,所以,股东所关心的是全部资金利润率是否超过借入款项的利率,即借入资金的代价。一般情况下,资产负债率越小,说明企业长期偿债能力越强。

2. 产权比率

产权比率也称资本负债率,是企业负债总额与所有者权益总额的比率,反映企业所有者权益对债权人权益的保障程度。其计算公式为:

产权比率=负债总额÷所有者权益总额×100%

一般情况下,产权比率越低,说明企业长期偿债能力越强。

二、运营能力指标

运营能力是企业基于外部市场环境的约束,通过内部人力资源和生产资料的配置组合而对财务目标实现所产生作用的大小。运营能力指标主要包括生产资料运营能力指标。生产资料的运营能力实际上就是企业的总资产及其各个组成要素的运营能力。资产运营能力的强弱取决于资产的周转速度、资产运行状况、资产管理水平等多种因素。

资产的周转速度,通常用周转率和周转期来表示。

周转率是企业在一定时期内资产的周转额与平均余额的比率,反映企业资产在一定时期的周转次数。周转次数越多,表明周转速度越快,资产运营能力越强。

周转期是周转次数的倒数与计算期天数的乘积,反映资产周转一次所需要的天数。周转期越短,表明周转速度越快,资产运营能力越强。

其计算公式为:

周转率(周转次数)＝周转额÷资产平均余额

周转期(周转天数)＝计算期天数÷周转次数

＝资产平均余额×计算期天数÷周转额

生产资料运营能力可以从流动资产周转情况、固定资产周转情况、总资产周转情况等方面进行分析。

(一)流动资产周转情况

反映流动资产周转情况的指标主要有应收账款周转率、存货周转率和流动资产周转率。

1. 应收账款周转率

应收账款周转率是企业一定时期营业收入(或销售收入，本项目下同)与平均应收账款余额的比率，反映企业应收账款变现速度的快慢和管理效率的高低。其计算公式为：

应收账款周转率(周转次数)＝营业收入÷平均应收账款余额

平均应收账款余额＝(应收账款余额年初数＋应收账款余额年末数)÷2

其中：

应收账款周转期(周转次数)＝(平均应收账款余额×360)÷营业收入

一般情况下，应收账款周转率越高越好。应收账款周转率高，表明收账迅速，账龄较短，资产流动性强，短期偿债能力强，可以减少坏账损失等。

2. 存货周转率

存货周转率是企业一定时期营业成本(或销售成本，本项目下同)与平均存货余额的比率，反映企业生产经营各环节的管理状况以及企业的偿债能力和获利能力。其计算公式为：

存货周转率(周转次数)＝营业成本÷平均存货余额

平均存货余额＝(存货余额年初数＋存货余额年末数)÷2

其中：

存货周转期(周转天数)＝(平均存货余额×360)÷营业收入

一般情况下，存货周转率越高越好。存货周转率高，表明存货变现的速度快；周转额较大，表明资金占用水平较低。

3. 流动资产周转率

流动资产周转率是企业一定时期营业收入与平均流动资产总额的比率。其计算公式为：

流动资产周转率(周转次数)＝营业收入÷平均流动资产总额

平均流动资产总额＝(流动资产总额年初数＋流动资产总额年末数)÷2

流动资产周转期(周转次数)＝平均流动资产总额×360÷营业收入

一般情况下，流动资产周转率越高越好。流动资产周转率高，表明以相同的流动资产完成的周转额较多，流动资产利用效果较好。

(二)固定资产周转情况

反映固定资产周转情况的主要指标是固定资产周转率，它是企业一定时期营业收入与平均固定资产净值的比值。其计算公式为：

固定资产周转率(周转次数)＝营业收入÷平均固定资产净值

其中：

平均固定固定资产＝(固定资产净值年初数＋固定资产净值年末数)÷2

固定资产周转期(周转天数)＝平均固定资产净值×360÷营业收入

一般情况下，固定资产周转率越高越好。固定资产周转率高，表明企业固定资产利用充分，固定资产投资得当，固定资产结构合理，能够充分发挥效率。

（三）总资产周转情况

反映总资产周转情况的主要指标是总资产周转率，它是企业一定时期营业收入与平均资产总额的比值。其计算公式为：

总资产周转率（周转次数）＝营业成本÷平均资产总额

平均资产总额＝（资产总额年初数＋资产总额年末数）÷2

其中：

总资产周转率（周转次数）＝（平均资产总额×360）÷营业成本

一般情况下，总资产周转率越高越好。总资产周转率高，表明企业全部资产的使用效率较高。

三、获利能力指标

获利能力就是企业资金增值的能力，通常表现为企业收益数额的大小与水平的高低。获利能力指标主要包括营业利润率、成本费用利润率、总资产报酬率和净资产收益率四项。实务中，上市公司经常采用每股股利、每股净资产等指标评价其获利能力。

（一）营业利润率

营业利润率是企业一定时期营业利润与营业收入的比率。其计算公式为：

营业利润率＝（营业利润÷营业收入）×100％

营业利润率越高，表明企业市场竞争力越强，发展潜力越大，盈利能力越强。

在实务中，也经常使用营业毛利率、营业净利率等指标来分析企业经营业务的获利水平。其计算公式分别如下：

营业毛利率＝（营业收入－营业成本）÷营业收入×100％

营业净利率＝（净利润÷营业收入）×100％

（二）成本费用利润率

成本费用利润率是企业一定时期利润总额与成本费用总额的比率。其计算公式为：

成本费用利润率＝（利润总额÷成本费用总额）×100％

其中：

成本费用总额＝营业成本＋税金及附加＋销售费用＋管理费用＋财务费用

成本费用利润率越高，表明企业为取得利润而付出的代价越小，成本费用控制得越好，盈利能力越强。

（三）总资产报酬率

总资产报酬率是企业一定时期内获得的报酬总额与平均资产总额的比率，反映了企业资产的综合利用效果。其计算公式为：

总资产报酬率＝（息税前利润总额÷平均资产总额）×100％

其中：

息税前利润总额＝利润总额＋利息支出

一般情况下，总资产报酬率越高，表明企业的资产利用效益越好，整个企业盈利能力越强。

（四）净资产收益率

净资产收益率是企业一定时期净利润与平均净资产的比率，反映了企业自有资金的投资收益水平。其计算公式为：

净资产收益率=(净利润÷平均净资产)×100%

其中：

平均净资产=(所有者权益年初数+所有者权益年末数)÷2

一般认为，净资产收益率越高，企业自有资本获取收益的能力越强，运营效益越好，对企业投资人、债权人利益的保证程度越高。

四、发展能力指标

发展能力是企业在生存的基础上，扩大规模、壮大实力的潜在能力。分析发展能力主要考察以下四项指标：营业收入增长率、资本保值增值率、总资产增长率和营业利润增长率。

(一)营业收入增长率

营业收入增长率是企业本年营业收入增长额与上年营业收入总额的比率，反映企业营业收入的增减变动情况。其计算公式为：

营业收入增长率=(本年营业收入增长额÷上年营业收入总额)×100%

其中：

本年营业收入增长额=本年营业收入总额-上年营业收入总额

营业收入增长率大于零，表明企业本年营业收入有所增长。该指标值越高，表明企业营业收入的增长速度越快，企业市场前景越好。

(二)资本保值增值率

资本保值增值率是企业扣除客观因素后的本年末所有者权益总额与年初所有者权益总额的比率，反映企业当年资本在企业自身努力下实际增减变动的情况。其计算公式为：

资本保值增值率=(扣除客观因素后的本年末所有者权益总额÷年初所有者权益总额)×100%

一般认为，资本保值增值率越高，表明企业的资本保全状况越好，所有者权益增长越快，债权人的债务越有保障。该指标通常应大于100%。

(三)总资产增长率

总资产增长率是企业本年总资产增长额与年初资产总额的比率，反映企业本期资产规模的增长情况。其计算公式为：

总资产增长率=(本年总资产增长额÷年初资产总额)×100%

其中：

本年总资产增长额=年末资产总额-年初资产总额

总资产增长率越高，表明企业一定时期内资产经营规模扩张的速度越快。但在分析时，需要关注资产规模扩张的质和量的关系，以及企业的后续发展能力，避免盲目扩张。

(四)营业利润增长率

营业利润增长率是企业本年营业利润增长额与上年营业利润总额的比率，反映企业营业利润的增减变动情况。其计算公式为：

营业利润增长率=(本年营业利润增长额÷上年营业利润增长额)×100%

其中：

本年营业利润增长额=本年营业利润总额-上年营业利润总额

五、综合指标分析

综合指标分析，就是将运营能力、偿债能力、获利能力和发展能力指标等诸方面纳入一个有机的整体之中，全面地对企业经营状况、财务状况进行解剖与分析。综合指标分析方法主要有杜邦财务分析体系。

杜邦财务分析体系（简称“杜邦体系”），是利用各财务指标间的内在关系，对企业综合经营理财及经济效益进行系统分析评价的方法。该体系以净资产收益率为核心，将其分解为若干财务指标，通过分析各分解指标的变动对净资产收益率的影响来揭示企业获利能力及其变动原因。杜邦体系各主要指标之间的关系如下：

净资产收益率＝总资产净利率×利率权益乘数

＝营业净利率×总资产周转率×权益乘数

其中：

权益乘数＝资产总额÷所有者权益总额＝1÷(1－资产负债率)

在具体运用杜邦体系进行分析时，可以采用因素分析法，首先确定营业净利率、总资产周转率和权益乘数的基准值，然后顺次代入这三个指标的实际值，分别计算分析这三个指标的变动对净资产收益率的影响方向和程度，还可以使用因素分析法进一步分解各个指标并分析其变动的深层次原因，找出解决的方法。

关键术语

财务报告　会计报表　资产负债表　利润表　现金流量表　会计报表附注　短期偿债能力　长期偿债能力　运营能力　获利能力　发展能力　综合指标分析

◎ 应知考核 ◎

一、单项选择题

1. 会计报表是反映各单位在一定时期(　　)的一种报告文件。

A. 财务结构、变现能力　　B. 经营状况、获利能力

C. 财务状况、经营成果　　D. 经营状况、变现能力

2. 会计报表中各项目数字的直接来源是(　　)。

A. 原始凭证　　B. 日记账　　C. 记账凭证　　D. 账簿记录

3. 在下列各个会计报表中，属于企业对外的静态报表的是(　　)。

A. 利润表　　B. 所有者权益变动表　　C. 现金流量表　　D. 资产负债表

4. 下列有关附注的说法中，不正确的是(　　)。

A. 附注不属于财务会计报表的组成部分

B. 附注是对在会计报表中列示项目的描述或明细资料

C. 附注是对未能在会计报表中列示项目的说明

D. 附注是财务会计报告的组成部分

5. 资产负债表中的“存货”项目，应根据(　　)。

A.“存货”账户的期末借方余额直接填列

B.“原材料”账户的期末借方余额直接填列

C.“原材料”、“生产成本”和“库存商品”等账户的期末借方余额之和填列

D.“原材料”、“在产品”和“库存商品”等账户的期末借方余额之和填列

6. 编制利润表主要是根据(　　)。

A. 资产、负债及所有者权益各账户的本期发生额

B. 资产、负债及所有者权益各账户的期末余额

C. 损益类各账户的本期发生额
D. 损益类各账户的期末余额
7. 某年 12 月 31 日编制的利润表中“本期金额”一栏反映了(　　)。
A. 12 月 31 日利润或亏损的形成情况　　B. 1～12 月累计利润或亏损的形成情况
C. 12 月份利润或亏损的形成情况　　D. 第 4 季度利润或亏损的形成情况
8. 下列各项中,不会影响营业利润金额增减的是(　　)。
A. 资产减值损失　　B. 财务费用　　C. 投资收益　　D. 营业外收入
9. 企业本月利润表中的营业收入为 450 000 元,营业成本为 216 000 元,税金及附加为 9 000 元,管理费用为 10 000 元,财务费用为 5 000 元,销售费用为 8 000 元,则其营业利润为(　　)。
A. 217 000 元　　B. 225 000 元　　C. 234 000 元　　D. 202 000 元
10. 下列各项中,不属于速动资产的是(　　)。
A. 应收账款　　B. 预付账款　　C. 应收票据　　D. 货币资金

二、多项选择题

1. 按现行制度规定,企业会计报表主要包括(　　)和附注。
A. 资产负债表　　B. 利润表　　C. 现金流量表　　D. 所有者权益变动表
2. 会计报表按其报送对象进行分类可分为(　　)。
A. 对外会计报表　　B. 对内会计报表　　C. 个别会计报表　　D. 合并会计报表
3. 单位编制财务会计报告的主要目的,就是为(　　)社会公众等财务会计报告的使用者进行决策提供会计信息。
A. 投资者　　B. 债权人　　C. 政府及相关机构　　D. 单位管理人员
4. 下列各项中,可以通过资产负债表反映的有(　　)。
A. 某一时点的财务状况　　B. 某一时点的偿债能力
C. 某一期间的经营成果　　D. 某一期间的获利能力
5. 下列各项中,属于资产负债表中流动负债项目的有(　　)。
A. 应付职工薪酬　　B. 应付股利　　C. 应交税费　　D. 应付票据
6. 资产负债表中“应收账款”项目应根据(　　)之和减去“坏账准备”账户中有关应收账款计提的坏账准备期末余额填列。
A. “应收账款”科目所属明细科目的借方余额
B. “应收账款”科目所属明细科目的贷方余额
C. “应付账款”科目所属明细科目的贷方余额
D. “预收账款”科目所属明细科目的借方余额
7. 资产负债表中下列项目在经济业务发生相反变化时应用负号表示(　　)。
A. 应付工资　　B. 应交税费　　C. 预提费用　　D. 应付股利
8. 资产负债表中的“未分配利润”项目,应根据(　　)填列。
A. “本年利润”账户余额　　B. “利润分配”账户余额
C. “盈余公积”账户余额　　D. “资本公积”账户余额
9. 下列各项中,反映企业偿债能力的指标有(　　)。
A. 流动比率　　B. 产权比率　　C. 速动比率　　D. 资本保值增值率
10. 下列属于利润表提供的信息的有(　　)。
A. 实现的营业收入　　B. 发生的营业成本
C. 营业利润　　D. 企业的利润或亏损总额

三、判断题

1. 财务会计报告的本身并非会计核算的目的，而是通过财务会计报告所披露的信息帮助财务会计报告的使用者总结和评价企业财务状况、经营成果和现金流量，便于他们做出合理的经济决策。（　）

2. 会计报表按其反映的内容，可以分为动态会计报表和静态会计报表，资产负债表是反映在某一时期企业财务状况的会计报表。（　）

3. 会计报表项目数据的直接来源是原始凭证和记账凭证。（　）

4. 个别报表和合并报表都是由企业在自身会计核算基础上对账簿记录进行加工而编制的会计报表。（　）

5. 编制资产负债表时，如“应收账款”账户所属明细账有贷方余额，应反映在“预收款项”项目内。（　）

6. 所有者权益变动表能够反映所有者权益各组成部分当期增减变动情况，有助于报表使用者理解所有者权益增减变动的原因。（　）

7. 资产负债表是总括反映企业特定日期资产、负债和所有者权益情况的动态报表，通过它可以了解企业的资产构成、资金的来源构成和企业债务的偿还能力。（　）

8. 资产负债表中“固定资产”项目，应根据“固定资产”账户余额减去“累计折旧”、“固定资产减值准备”等账户的期末余额后的金额填列。（　）

9. 利润表是反映企业一定日期经营状况的会计报表。（　）

10. 利润表中“税金及附加”项目不包括增值税。（　）

四、简答题

1. 简述财务会计报告的组成。
2. 简述财务会计报告的编制要求。
3. 简述会计报表附注的内容。
4. 简述运营能力指标、获利能力指标、发展能力指标和综合指标的内容。
5. 简述所有者权益变动表的作用。

◎ 应会考核 ◎

★业务考核

【考核项目】

主要的财务指标分析。

【背景资料】

表 10—16　　资产负债表

编制单位：ABC 公司　　时间：201×年 12 月 31 日　　单位：元

资　产	年初数	期末数	负债及所有者权益	年初数	期末数
一、流动资产			一、流动负债		
货币资金	100 000	121 600			
短期投资	10 000	14 000			
应收票据	4 000	6 000			
应收账款	20 000	13 000	流动负债合计	348 800	418 000

续表

资　产	年初数	期末数	负债及所有者权益	年初数	期末数
预付账款	5 000	27 000	二、长期负债		
存 货	263 000	334 000			
待摊费用	2 000	2 400			
流动资产合计	404 000	518 000			
二、固定资产					
固定资产合计	499 000	606 800	长期负债合计	40 000	60 000
三、无形资产			三、所有者权益		
无形资产合计	17 000	41 000	所有者权益合计	531 200	687 800
资产总计	920 000	1 165 800	负债及所有者权益总　计	920 000	1 165 800

【考核要求】

根据上述ABC公司201×年度的资产负债表，计算资产负债率、流动比率、速动比率。

★技能考核

【考核项目一】

资产负债表。

【背景资料】

光明公司2017年4月的余额试算平衡表如表10—17所示。

表10—17　　**余额试算平衡表**

2017年4月30日

会计科目	期末余额	
	借　方	贷　方
库存现金	740	
银行存款	168 300	
应收账款	85 460	
坏账准备		6 500
原材料	66 500	
库存商品	101 200	
存货跌价准备		1 200
固定资产	468 900	
累计折旧		3 350
固定资产清理		5 600

续表

会计科目	期末余额	
	借　方	贷　方
长期待摊费用	14 500	
应付账款		93 000
预收账款		10 000
长期借款		250 000
实收资本		500 000
盈余公积		4 500
利润分配		19 300
本年利润		12 150
合　计	905 600	905 600

补充资料：

(1)应收账款有关明细账期末余额情况为：

应收账款——长城公司，借方余额 98 000。

应收账款——海天公司，贷方余额 12 540。

(2)长期待摊费用中含将于一年内摊销的金额 8 000 元。

(3)应付账款有关明细账期末余额情况为：

应付账款——白云公司，借方余额 5 000。

应付账款——文创公司，贷方余额 98 000。

(4)预收账款有关明细账期末余额情况为：

预收账款——方元公司，借方余额 2 000。

预收账款——华裕公司，贷方余额 12 000。

(5)长期借款期末余额中将于一年内到期归还的长期借款数为 100 000 元。

【考核要求】

请代光明公司完成下列资产负债表的编制如表 10—18 所示。

表 10—18　　资产负债表

制表单位：光明公司　　2017 年 4 月 30 日　　单位：元

资　产	期初数	期末数	负债所有者权益	期初数	期末数
流动资产：	（略）		流动负债：	（略）	
货币资金		（　）	应付账款		（　）
应收账款		（　）	预收款项		（　）
预付款项		（　）	一年内到期的非流动负债		（　）
存货		（　）	流动负债合计		222 540
一年内到期的非流动资产		8 000	非流动负债：		
流动资产合计		442 040	长期借款		150 000

续表

资　产	期初数	期末数	负债所有者权益	期初数	期末数
非流动资产：			非流动负债合计		150 000
固定资产		（　　）	负债合计		372 540
固定资产清理		−5 600	所有者权益		
长期待摊费用		（　　）	实收资本		500 000
非流动资产合计		466 450	盈余公积		4 500
			未分配利润		（　　）
			所有者权益合计		535 950
资产总计		908 490	负债及所有者权益总计		908 490

【考核项目二】

利润表。

【背景资料】

资料：南方股份有限公司 2017 年损益类账户发生额资料如表 10—19 所示。

表 10—19　　　　损益类账户发生额

科目名称	借　方	贷　方
主营业务收入		800 000
主营业务成本	600 000	
税金及附加	10 000	
管理费用	40 000	
销售费用	3 500	
财务费用	3 000	
营业外收入		20 000
营业外支出	10 000	
其他业务收入		20 000
其他业务成本	15 000	
资产减值损失	1 000	
公允价变动损益	2 000	
投资收益		40 000

注：该公司所得税率为 25%，假设无其他纳税调整事项。

【考核要求】

根据上述背景资料，编制利润表如表 10—20 所示。

表 10－20　　利润表

编制单位:南方股份有限公司　　2017 年　　单位:元

项　目	本期金额
一、营业收入	
减:营业成本	
税金及附加	
销售费用	
管理费用	
财务费用	
资产减值损失	
加:公允价值变动收益(损失以“－”号填列)	
投资收益(损失以“－”号填列)	
其中:对联营企业和合营企业的投资收益	
二、营业利润(亏损以“－”号填列)	
加:营业外收入	
减:营业外支出	
其中:非流动资产处置损失	
三、利润总额(亏损总额以“－”号填列)	
减:所得税费用	
四、净利润(净亏损以“－”号填列)	

★案例题

A 企业按其预计营业额计算的业务招待费应列支 12 万元,否则其超支额须列入应纳税所得额中计算缴纳所得税。A 企业在当年的 5 月底业务招待费实际支出额已达 10 万元,为了达到少交税的目的,将招待费压缩到 12 万元以内,经理和会计人员商定,以报销劳保用品为名套取现金,用于业务招待费支出。会计人员随即从某劳保用品商店搞到几张空白发票,自行编造填列有关数据,共计 18 万元。会计人员依据这些发票,做了借记“制造费用”科目,贷记“银行存款”科目。套取现金 18 万元,全部以个人名义存储,专门用于压缩业务招待费的超支。

案例要求:清查人员对上述违法行为应怎样进行查处?

◎ 项目实训 ◎

【实训项目 1】

资产负债表在企业中的实际应用。

【实训情境】

1. 甲公司与乙公司均为增值税一般纳税企业,所得税税率 25%,其有关资料如下:

(1)甲公司销售的产品、材料均为应纳增值税货物,增值税税率为 17%,产品、材料售价中均不含增值税。

(2)甲公司材料和产成品均按实际价格核算,其销售成本随销售同时结转。

(3)乙公司为甲公司的全资子公司。

(4)甲公司2017年1月1日有关科目期末余额如表10—21所示。

表10—21　　**科目余额表**

2017年1月1日　　单位:元

账户名称	借方余额	账户名称	贷方余额
库存现金	1 000	短期借款	600 000
银行存款	655 000	应付票据	100 000
交易性金融资产	145 000	应付账款	360 000
应收票据	60 000	应付职工薪酬	10 000
应收账款	400 000	应交税费	24 000
坏账准备	−2 000	长期借款	2 520 000
其他应收款	400	实收资本	4 000 000
原材料	700 000	盈余公积	240 000
低值易耗品	60 000	利润分配(未分配利润)	15 400
库存商品	160 000		
长期股权投资	1 200 000		
固定资产	5 400 000		
投资性房地产	200 000		
累计折旧	−1 120 000		
无形资产	10 000		
合　计	7 869 400	合　计	7 869 400

甲公司2017年度发生如下经济业务:

(1)购入原材料一批,增值税专业发票上注明增值税税额为102 000元,原材料实际成本为600 000元。材料已经到达,并验收入库。企业开出商业承兑汇票支付。

(2)销售乙公司一批产品,销售价格为80 000元,产品成本为64 000元。产品已发出,开出增值税专用发票,款项尚未收到。甲公司销售该产品的毛利率为20%。

(3)对外销售一批原材料,销售价格为52 000元,材料实际成本为36 000元。销售材料已经发出,开出增值税专用发票。款项已收到并存入银行。

(4)出售一台设备给乙公司,设备账面原价为300 000元,已提折旧48 000元,出售价格为360 000元。出售设备价款已收到,并存入银行。甲公司出售设备的毛利率为30%(假设不需缴纳有关税费)。乙公司购入设备用于管理部门,本年度提取该项设备折旧费为36 000元。

(5)按应收款年末余额0.5%计提坏账准备。

(6)用银行存款偿还到期应付票据40 000元,缴纳所得税4 600元。

(7)年末交易性金融资产的公允价值为120 000元。

(8)年末投资性房地产的公允价值为180 000元。

(9)乙公司本年实现净利润140 000元。

(10)摊销无形资产价值 2 000 元,计提管理用固定资产折旧 17 532 元。本年度所得税费用和应交所得税为 35 950 元,实现净利润 39 050 元,提取盈余公积 3 905 元。

【实训要求】

(1)编制甲公司有关经济业务的会计分录。

(2)填列甲公司 2017 年 12 月 31 日资产负债表年末数,如表 10—22 所示。

表 10—22 **资产负债表**

编制单位:甲公司 2017 年 12 月 31 日 单位:元

资　产	期末余额	负债和所有者权益	期末余额
流动资产:		流动负债	
货币资金		短期借款	
交易性金融资产		应付票据	
应收票据		应付账款	
应收股利		预收账款	
应收利息		应付职工薪酬	
应收账款		应付股利	
减:坏账准备		应交税费	
应收账款净额		应付利息	
预付账款		其他应交款	
应收补贴款		其他应付款	
其他应收款		预提费用	
存货		其他流动负债	
减:存货跌价准备		流动负债合计	
存货净额		长期负债:	
待摊费用		长期借款	
其他流动资产		应付债券	
流动资产合计		长期应付款	
长期投资		其他长期负债	
长期股权投资		非流动负债合计	
长期债权投资		负债合计	
减:长期投资减值准备			
长期投资净额			
投资性房地产		所有者权益	
固定资产		实收资本	
固定资产原值		资本公积	
减:累计折旧		盈余公积	
固定资产净值		未分配利润	
在建工程		所有者权益合计	
无形资产			
其他资产			
非流动资产合计			
资产总计		负债和所有者权益总计	

【实训项目 2】

利润表在企业中的实际应用

【实训情境】

黄河公司 2017 年 6 月末各账户期末余额如表 10—23 所示。

表 10—23 **科目余额表**

2017 年 6 月 30 日　　单位:元

账户名称	借方余额	账户名称	贷方余额
库存现金	350	短期借款	41 000
银行存款	76 700	应付账款	4 050
应收账款	7 000	其他应付款	8 700
其他应收款	750	应付职工薪酬	7 000
原材料	349 800	应交税费	4 100
生产成本	36 000	长期借款	39 670
库存商品	50 400	累计折旧	230 500
固定资产	636 000	本年利润	158 765
利润分配	95 785	实收资本	721 000
		盈余公积	38 000
合　计	1 252 785	合　计	1 252 785

各损益类账户月末未结账前余额分别为:“主营业务收入”1 144 900 元,“主营业务成本”944 280 元,“税金及附加”64 320 元,“销售费用”14 600 元,“其他业务收入”35 000 元,“其他业务成本”31 500 元,“营业外收入”800 元,“营业外支出”5 000 元,“管理费用”20 800 元,“财务费用”6 200 元。

【实训要求】

根据以上资料编制黄河公司 2017 年 6 月份利润表,如表 10—24 所示。

表 10—24 **利 润 表**

编制单位:黄河公司　　2017 年 6 月　　单位:元

项　目	行　次	本月数
一、主营业务收入		
减:折扣与折让		
主营业务收入净额		
减:主营业务成本		
税金及附加		
二、主营业务利润		
加:其他业务利润		
减:存货跌价损失		
管理费用		
财务费用		
销售费用		
三、营业利润		
加:投资收益		
补贴收入		
营业外收入		
减:营业外支出		
四、利润总额		
减:所得税		
五、净利润		

【实训项目3】

现金流量在企业中的实际应用

【实训情境】

中山公司2017年相关资料如下：

(1)2017年12月31日资产负债表部分项目如表10—25所示。

表10—25 **资产负债表部分项目** 单位：元

项　目	年初数	期末数
应收账款	60 000	40 000
应收票据	21 000	36 000
预收账款	30 000	16 000
应付账款	20 000	19 000
预付账款	18 000	16 000
存货	80 000	60 000

(2)2017年度主营业务收入为1 000 000元，主营业务成本600 000元。

(3)其他相关资料如下：增值税销项税额为170 340元，进项税额为80 000元，增值税销项税额中含有工程项目领用本企业产品生产的增值税340元(该产品成本为1 600元，计税价为2 000元)；另外，存货本期减少额中还有一项存货盘亏损失4 000元；存货本期增加额中，与购买商品无关的项目有：发生制造费用16 000元，分配生产工人工资20 000元；应收票据减少额中含有一项票据贴现业务，其贴现息为2 000元。除上述业务外，均为正常购销业务。

【实训要求】

1. 计算销售商品、提供劳务收到的现金(含收到的增值税销项税额)。

2. 计算购买商品、接受劳务支付的现金(含支付的增值税进项税额)。

项目十一　会计核算组织程序

【知识目标】

理解：会计核算组织程序的意义及性质要求、种类。

熟知：各类账务处理程序的步骤。

掌握：各类账务处理程序的特点、设置的会计凭证和账簿、优缺点和适用范围。

【技能目标】

能够根据记账凭证核算组织程序和科目汇总表核算组织程序进行账务处理。

【素质目标】

能够通过对会计核算程序的了解，全面掌握会计核算全过程，提高会计人员综合素养。

【项目引例】

如何做好账务核算处理程序

丁丁是一名大学生，他决定利用暑假期间勤工俭学，开办一家经营商品推销、少儿暑假寄托和教育等业务的服务公司。7 月 1 日，丁丁成立了开心服务公司，利用自己的积蓄租了一套租赁期为两个月的房间，每月租金 300 元，先预付 500 元，同时，借来现金 2 000 元。

该服务公司 7 月份发生以下业务：

(1)支付广告费 100 元；

(2)租用办公桌一张，月租金 50 元，预付 30 元，余款到 8 月 31 日租赁期满与 8 月份租金一并付清；

(3)现款购入各种少儿读物 1 130 套，共计 460 元；

(4)现款购入数把儿童椅子，总成本 1 000 元；

(5)在丁丁外出联系业务时，请了一名临时工来帮忙，月薪为 300 元；

(6)支付各种杂费 50 元；

(7)推销商品佣金收入 1 640 元；

(8)入托少儿的学杂费收入 1 500 元；

(9)7 月份，丁丁个人支用服务公司现金 300 元；

8 月份取得 3 100 元的现金收入，其中托费收入 1 700 元，其余均为佣金收入，费用开支保持不变，丁丁个人支用服务所现金 300 元。

8 月 31 日暑假结束，丁丁将少儿读物全部送给孩子们，并将数把椅子出售得款 600 元。同时，归还借款。

【讨论】 请你帮丁丁设计一套合理的账务处理程序，完整地记录开心服务公司的全部经济业务,并计算确定丁丁的经营是否成功,简要评述开心服务公司7、8月份月初与月末的现金变动状况。

【知识精讲】

任务一　会计核算组织程序概述

一、会计核算组织程序的概念和意义

会计核算组织程序又称账务处理程序,是指从取得原始凭证到产生会计信息的步骤和方法。其主要内容包括整理及汇总原始凭证、填制记账凭证、登记各种账簿、编制会计报表等。

在会计工作中,不仅要了解会计凭证的填制、账簿的设置和登记,以及会计报表的编制,还必须明确规定各会计凭证、会计账簿和会计报表之间的关系,使之构成一个有机整体。而不同的账簿组织、记账程序和记账方法的有机结合,就构成了不同的账务处理程序。

一个单位由于业务性质、规模大小和经济业务的繁简程度各异,决定其适用账务处理程序也不同。为此,科学地组织账务处理程序,对提高会计核算质量和会计工作效率、充分发挥会计的核算和监督职能具有重要意义。

二、会计核算组织程序的要求

各企业由于业务性质、组织规模、业务繁简不同,需要设置的凭证、账簿的种类和格式也不相同。各企业应根据自身的实际情况和具体条件,选择和实施适合自身经营特点的账务处理程序。选择合理、适用的会计核算组织程序应考虑以下因素:

(1)要适应本企业经济活动的特点、规模的大小和业务的繁简程度,有利于会计核算分工和加强岗位责任制。

(2)要适应本企业以及主管部门和国家经济管理的需要,连续、系统、全面、正确、及时地提供反映本企业经济活动的会计核算资料。

(3)要适应提高会计核算工作效率的要求,在保证会计核算资料正确、及时、完整的前提条件下,尽可能简化会计核算手续,节约核算费用,提高会计核算工作的效率和效益。

三、会计核算形式的种类

会计主体采用的会计核算形式一般有以下六种:(1)记账凭证核算形式;(2)科目汇总表核算形式;(3)多栏式日记账核算形式;(4)汇总记账凭证核算形式;(5)日记总账核算形式;(6)通用日记账核算形式。

任务二　记账凭证核算组织程序

一、记账凭证核算组织程序的概念和特点

记账凭证核算组织程序是直接根据各种记账凭证逐笔登记总分类账的一种会计核算形

式。记账凭证核算形式是最基本的一种会计核算形式。

记账凭证核算组织程序的特点是:登记总分类账的依据是记账凭证,直接根据记账凭证逐笔登记总分类账。

二、记账凭证核算组织程序下设置的会计凭证和账簿

(一)记账凭证核算程序下设置的会计凭证

记账凭证核算形式下,记账凭证的设置方法有两种:一是设置通用记账凭证,记录所发生的全部经济业务;二是设置收款凭证、付款凭证和转账凭证三种专用记账凭证,根据经济业务的性质分别编制不同的记账凭证。

(二)记账凭证核算程序下设置的账簿

(1)日记账。主要设置库存现金日记账和银行存款日记账,一般采用三栏式。

(2)总分类账。按每一总分类账科目开设账页,采用三栏式格式。

(3)明细分类账。按其从属的总账科目设置,根据经营管理的需要,采用三栏式、数量金额式或多栏式。

三、记账凭证核算组织程序下账务处理的步骤

记账凭证核算组织程序下账务处理的步骤包括以下方面:

(1)根据原始凭证或原始凭证汇总表填制记账凭证;

(2)根据收款凭证和付款凭证逐笔登记现金日记账和银行存款日记账;

(3)根据原始凭证、原始凭证汇总表或记账凭证登记各种明细分类账;

(4)根据记账凭证逐笔登记总分类账;

(5)月末,将现金日记账、银行存款日记账的余额,以及各种明细分类账的余额合计数,分别与总分类账中相关账户的余额核对相符;

(6)月末,根据核对无误的总分类账和明细分类账的相关资料,编制会计报表。

上述相关内容如图 11—1 所示。

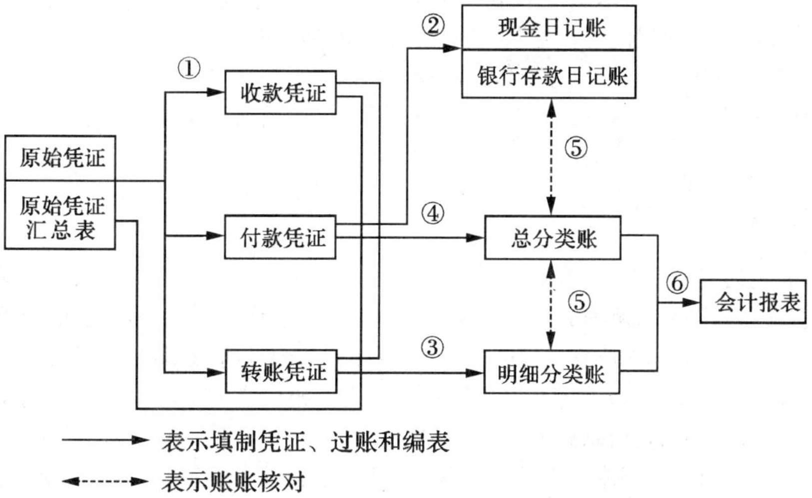

图 11—1　记账凭证核算组织程序下账务处理流程

四、记账凭证核算组织程序的优缺点和适用范围

这种核算组织程序的主要优点是：账务核算组织程序简单明了，方便易学，手续简便，总分类账能详细反映经济业务状况，方便会计核对与查账。其缺点是：登记总分类账的工作量较大，不利于分工。

因此，这种核算组织程序一般适用于规模较小、经济业务较少的企业和单位。在经济业务较多的单位，若采用记账凭证组织程序，应尽量将内容相同的原始凭证编制成原始凭证汇总表，以简化编制记账凭证和登记总分类账的工作量。

任务三　科目汇总表核算组织程序

一、科目汇总表核算组织程序的概念和特点

科目汇总表核算组织程序又称记账凭证汇总表核算组织程序，是根据各种记账凭证定期编制科目汇总表，并据以登记总分类账的一种会计核算形式。

科目汇总表核算组织程序的特点是根据记账凭证定期编制科目汇总表，再根据科目汇总表登记总分类账，登记总分类账的直接依据是科目汇总表。

二、科目汇总表核算组织程序下设置的会计凭证和账簿

（一）科目汇总表核算组织程序下设置的会计凭证

科目汇总表核算形式下，设置收款凭证、付款凭证和转账凭证三种专用记账凭证，根据经济业务的性质分别编制不同的记账凭证。转账凭证应复写两份，以便分别归类汇总借方科目和贷方科目的发生额。

（二）科目汇总表核算组织程序下设置的账簿

(1)日记账。主要设置现金日记账和银行存款日记账，一般采用三栏式。

(2)总分类账。按每一总分类账科目开设账页，采用三栏式格式。

(3)明细分类账。按其从属的总账科目设置，根据经营管理的需要，采用三栏式、数量金额式或多栏式。

三、科目汇总表的编制方法

科目汇总表的编制方法是：首先，将汇总期内各项经济业务所涉及的会计科目填列在科目汇总表的“会计科目”栏内，填列的顺序最好与总分类账上会计科目的顺序相同，以便于登记总分类账；其次，依据汇总期内所有的记账凭证，按照相同的会计科目归类，分别计算各会计科目的借方发生额和贷方发生额，并将其填入科目汇总表的相应栏内；最后，进行本期发生额试算平衡。试算无误后，据以登记总分类账。

科目汇总表可以每月汇总一次编制一张，也可视业务量大小每 5 天或 10 天汇总一次，每月编制一张。为便于编制科目汇总表，所有的记账凭证可采用单式记账凭证来填制 ，这样便于汇总计算其借贷方发生额，不易出错。

四、科目汇总表核算组织程序下账务处理的步骤

科目汇总表核算组织程序下账务处理的步骤包括以下方面：

(1)根据原始凭证或汇总原始凭证编制收款凭证、付款凭证和转账凭证；

(2)根据收款凭证和付款凭证逐笔登记现金日记账和银行存款日记账；

(3)根据原始凭证、汇总原始凭证和记账凭证，登记各种明细账；

(4)定期对收款凭证、付款凭证和转账凭证进行汇总，编制科目汇总表；

(5)根据科目汇总表登记总分类账；

(6)月终，将现金日记账、银行存款日记账的余额，以及各种明细分类账户余额的合计数，分别与总分类账中有关账户的余额核对相符；

(7)根据核对无误的总分类账和明细分类账的记录，编制会计报表。

上述相关内容如图 11—2 所示。

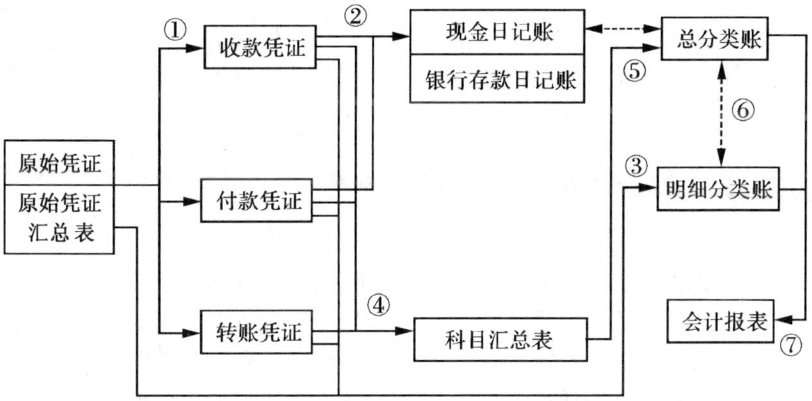

图 11—2　科目汇总表核算组织程序下账务处理流程

五、科目汇总表算形式的优缺点和适用范围

这种核算组织程序的主要优点是：根据科目汇总表登记总分类账，减轻了登记总分类账的工作量；科目汇总表可以起到试算平衡的作用，有利于保证记账凭证和账簿记录的准确性。其缺点是：科目汇总表不能反映账户之间的对应关系，据此登记总分类账，不能反映各项经济业务的来龙去脉，不便于账目的核对和审查。

因此，科目汇总表核算形式一般适用于经济业务量较大，但经济业务内容比较简单、比较有规律的单位。

任务四　多栏式日记账核算形式

一、多栏式日记账核算组织程序的概念和特点

多栏式日记账核算组织程序是指现金日记账和银行存款日记账都采用多栏式，期末根据

现金日记账和银行存款日记账以及转账凭证登记总分类账的一种会计核算形式。

多栏式日记账核算组织程序的特点是以多栏式现金日记账和银行存款日记账代替收款凭证和付款凭证作为登记总分类账的依据。对于转账业务，可以根据转账凭证逐笔登记总分类账，也可以根据转账凭证定期编制汇总表，再根据转账凭证汇总表填制总分类账。

二、多栏式日记账核算组织程序应设置的会计凭证和账簿

（一）多栏式日记账核算组织程序设置的会计凭证

多栏式日记账核算形式下，应设置收款凭证、付款凭证和转账凭证三种专用记账凭证，根据经济业务的性质分别编制不同的记账凭证。

（二）多栏式日记账核算组织程序设置的账簿

(1)日记账。设置现金日记账和银行存款日记账，采用多栏式。实务中，也可以根据需要设置现金收入日记账、现金支出日记账、银行存款收入日记账和银行存款支出日记账四本日记账。

(2)总分类账。按每一总分类账科目开设账页，采用三栏式格式。

(3)明细分类账。按其从属的总账科目设置，根据经营管理的需要，采用三栏式、数量金额式或多栏式。

三、多栏式日记账核算组织程序下账务处理的步骤

多栏式日记账核算组织程序下账务处理的步骤包括以下方面：

(1)根据原始凭证或汇总原始凭证编制收款凭证、付款凭证和转账凭证；

(2)根据收款凭证和付款凭证逐笔登记多栏式现金和银行存款日记账；

(3)根据原始凭证、原始凭证汇总表或记账凭证登记各种明细分类账；

(4)根据转账凭证填制转账凭证科目汇总表(转账业务不多的单位可不编制科目汇总表)；

(5)月末，根据多栏式现金日记账、多栏式银行存款日记账以及转账凭证科目汇总表(或转账凭证)登记总分类账；

(6)月末，将各种明细分类账的余额合计数，分别与总分类账中相关账户的余额相核对；

(7)月末，根据核对无误的总分类账和明细分类账的相关资料，编制会计报表。

上述相关内容如图 11—3 所示。

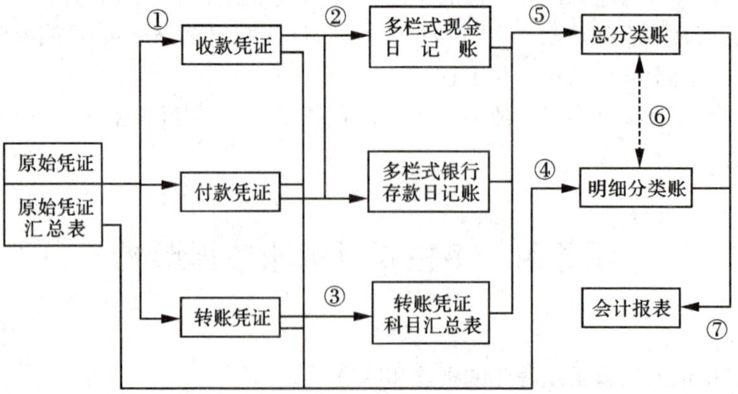

图 11—3　多栏式日记账核算组织程序下账务处理流程

四、多栏式日记账核算组织程序的优缺点和适用范围

这种核算组织程序的主要优点是：多栏式日记账核算形式采用多栏式现金日记账和银行存款日记账，汇总登记收款和付款业务，再根据日记账和转账凭证登记总分类账，可以简化总分类账的登记工作。其缺点是：如果企业经济业务较复杂，会计科目设置较多，日记账的专栏栏次就会过多，账页过长，不便于记账。

因此，多栏式日记账核算形式一般适用于生产经营规模较小、收付款业务较多、经济业务简单、会计科目较少的单位。

任务五　汇总记账凭证核算组织程序

一、汇总记账凭证核算组织程序的概念和特点

汇总记账凭证核算组织程序是根据各种记账凭证定期编制汇总记账凭证，并据以登记总分类账的一种会计核算形式。

汇总记账凭证核算组织程序的特点是根据记账凭证定期编制汇总记账凭证，再根据汇总记账凭证登记总分类账，登记总分类账的直接依据是汇总记账凭证。

二、汇总记账凭证核算组织程序应设置的会计凭证和账簿

（一）汇总记账凭证核算组织程序设置的会计凭证

汇总记账凭证核算形式下，应设置收款凭证、付款凭证和转账凭证三种专用记账凭证，根据经济业务的性质分别编制不同的记账凭证。转账凭证按一贷一借或一贷多借的科目对应关系填制。此外，还应设置汇总收款凭证、汇总付款凭证和汇总转账凭证，作为登记总分类账的依据。

（二）汇总记账凭证核算组织程序的设置的账簿

(1)日记账。主要设置现金日记账和银行存款日记账，一般采用三栏式。

(2)总分类账。按每一总分类账科目开设账页，采用三栏式格式。

(3)明细分类账。按其从属的总账科目设置，根据经营管理的需要，采用三栏式、数量金额式或多栏式。

三、汇总记账凭证的编制方法

汇总记账凭证分为汇总收款凭证、汇总付款凭证和汇总转账凭证三种。其编制方法如下：

（一）汇总收款凭证的编制方法

汇总收款凭证是根据一定期间的全部收款凭证汇总编制的。汇总收款凭证按借方科目“现金”和“银行存款”科目设置，按对应的贷方科目归类汇总，计算出每一个贷方账户发生额合计数。

（二）汇总付款凭证的编制方法

汇总付款凭证是根据一定期间的全部付款凭证汇总编制的。汇总付款凭证按贷方科目

"现金"和"银行存款"科目设置,按对应的借方科目归类汇总,计算出每一个借方账户发生额合计数。

(三)汇总转账凭证的编制方法

汇总转账凭证是根据一定期间的转账凭证汇总编制的。汇总转账凭证按转账凭证中每一贷方科目分别设置,按对应的借方科目归类汇总,计算出每一个借方账户发生额合计数。

为了便于编制汇总转账凭证,避免重汇或漏汇,在汇总记账凭证核算形式下,所有转账凭证只能按一个贷方科目与一个或几个借方科目相对应的关系来填制。也就是说,可以填制一借一贷或一贷多借的转账凭证,而不能填制一借多贷或多借多贷的转账凭证。

四、汇总记账凭证核算程序下账务处理的步骤

汇总记账凭证核算程序下账务处理的步骤包括以下方面:

(1)根据原始凭证或汇总原始凭证编制收款凭证、付款凭证和转账凭证。

(2)根据收款凭证和付款凭证逐笔登记现金日记账和银行存款日记账。

(3)根据原始凭证、汇总原始凭证和记账凭证,登记各种明细账。

(4)定期对收款凭证、付款凭证和转账凭证进行汇总,编制汇总收款凭证、汇总付款凭证和汇总转账凭证。

(5)根据汇总收款凭证、汇总付款凭证和汇总转账凭证登记总分类账。

(6)月终,将现金日记账、银行存款日记账的余额,以及各种明细分类账户余额的合计数,分别与总分类账中有关账户的余额核对相符。

(7)根据核对无误的总分类账和明细分类账的记录,编制会计报表。

上述相关内容如图 11—4 所示。

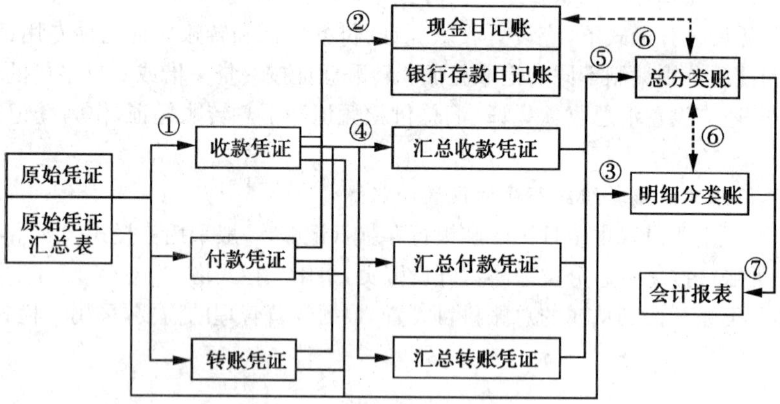

图 11—4　汇总记账凭证核算程序下账务处理流程

五、汇总记账凭证核算组织程序的优缺点和适用范围

这种核算组织程序的主要优点是:根据汇总记账凭证登记总分类账,减轻了日常登记总分类账的工作量;能够清晰地反映会计科目之间的对应关系,能够反映各项经济业务的来龙去脉,便于账目的核对和审查。其缺点是:定期集中编制汇总记账凭证的工作量较大;汇总转账凭证是按每一贷方科目汇总的,不考虑经济业务的性质,不利于会计核算工作的分工,当转账

凭证数量多时，编制汇总转账凭证的工作量很大。

因此，汇总记账凭证核算形式一般适用于生产经营规模大、经济业务量多的单位。

任务六　日记总账核算组织程序

一、日记总账核算组织程序的概念和特点

日记总账核算组织程序是根据原始凭证（或原始凭证汇总表）填制记账凭证，根据记账凭证直接登记日记总账的一种会计核算形式。

日记总账核算形式的特点是设置日记总账，采用日记账和分类账结合的格式，直接根据记账凭证登记日记总账。

二、日记总账核算组织程序应设置的会计凭证和账簿

（一）日记总账核算组织程序设置的会计凭证

日记总账核算形式下，设置收款凭证、付款凭证和转账凭证三种专用记账凭证，根据经济业务的性质分别编制不同的记账凭证。

（二）日记总账核算组织程序设置的账簿

(1)日记账。设置现金日记账和银行存款日记账，一般采用三栏式。

(2)日记总账。日记总账是将日记账和分类账结合在一起的联合账簿，将所有总账科目都集中设置在一张账页上，分科目设专栏，每栏下设“借方”和“贷方”两个小栏。对所发生的每笔经济业务，都要根据收款凭证、付款凭证和转账凭证逐日逐笔地进行序时登记。对每一笔经济业务所涉及的各个会计科目的借方和贷方发生额，都应在同一行分别登记，并将发生额合计数记在“发生额”栏内。

(3)明细分类账。按其从属的总账科目设置，根据经营管理的需要，采用三栏式、数量金额式或多栏式。

三、日记总账核算组织程序下账务处理的步骤

日记总账核算组织程序下账务处理的步骤包括以下方面：

(1)根据原始凭证或原始凭证汇总表填制记账凭证；

(2)根据收款凭证和付款凭证逐笔登记现金日记账和银行存款日记账；

(3)根据原始凭证、原始凭证汇总表或记账凭证登记各种明细分类账；

(4)根据记账凭证逐日逐笔登记日记总账；

(5)月末，将现金日记账、银行存款日记账的余额，以及各种明细分类账的余额合计数，分别与日记总账中相关账户的余额核对相符；

(6)月末，根据核对无误的日记总账和明细分类账的相关资料，编制会计报表。

上述相关内容如图 11—5 所示。

四、日记总账核算组织程序的优缺点和适用范围

这种核算组织程序的主要优点是：可以全面地反映各项经济业务的来龙去脉，清晰地反映

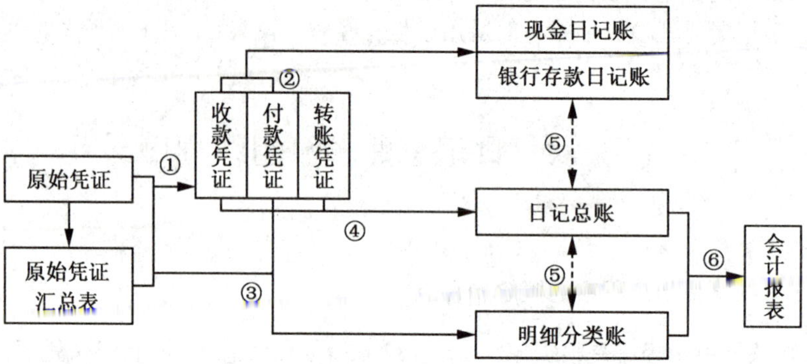

图 11－5　日记总账核算组织程序下账务处理流程

会计科目之间的对应关系，便于账目的核对和审查；账务处理程序简单。其缺点是：如果企业经济业务复杂，会计科目设置多，日记总账的账页就会过长，记账时容易出现串行的差错，也不便于审阅。

因此，日记总账核算形式一般适用于生产经营规模较小、经济业务简单、会计科目较少的单位。

任务七　通用日记账核算形式

一、通用日记账核算组织程序的概念和特点

通用日记账核算组织程序是根据原始凭证（或原始凭证汇总表）在通用日记账中做会计分录，再根据通用日记账直接登记总分类账的一种会计核算形式。

通用日记账核算形式的特点是不填制记账凭证，将所有经济业务所涉及的会计科目，以分录的形式记入通用日记账，再根据通用日记账直接登记总分类账。登记总分类账的依据是通用日记账。

二、通用日记账核算组织程序应设置的会计凭证和账簿

通用日记账核算组织程序下，不填制记账凭证，而是根据原始凭证或原始凭证汇总表，直接登记通用日记账，在通用日记账中编制会计分录。

通用日记账核算组织程序下，需设置如下账簿体系：

(1)日记账。设置通用日记账。经济业务发生后，根据原始凭证或原始凭证汇总表，登记通用日记账。

(2)总分类账。按一级科目设置总分类账，采用三栏式。

(3)明细分类账。按其从属的总账科目设置，根据经营管理的需要，采用三栏式、数量金额式或多栏式。

三、通用日记账核算组织程序下账务处理的步骤

通用日记账核算组织程序下账务处理的步骤包括以下方面：

(1)根据原始凭证或原始凭证汇总表填制通用日记账；

(2)根据通用日记账及原始凭证或原始凭证汇总表逐笔登记明细账；

(3)根据通用日记账逐笔登记总账；

(4)月末，将日记账和明细账的余额与有关总账的余额相核对；

(5)月末，根据核对无误的总账和明细账的资料编制会计报表。

上述相关内容如图 11－6 所示。

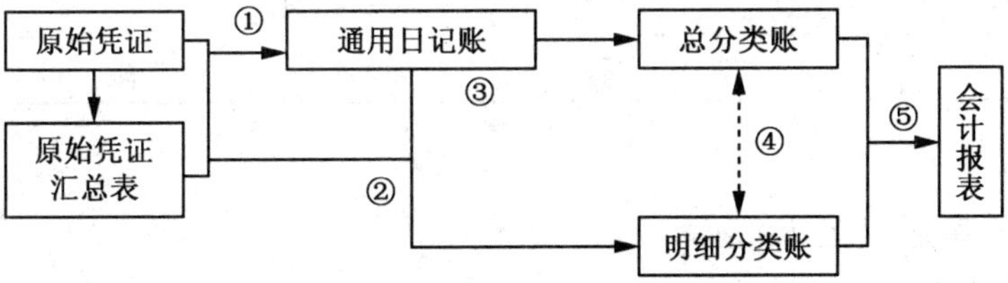

图 11－6　通用日记账核算组织程序下账务处理流程

四、通用日记账核算组织程序的优缺点和适用范围

这种核算组织程序的主要优点是：减少了编制记账凭证的大量工作；便于了解企业每日每项经济业务的发生和完成情况；便于顺序查阅会计资料。其缺点是：只设一本通用日记账，不便于分工记账；根据通用日记账逐笔登记总分类账，登记总账的工作量大。

因此，通用日记账核算形式一般适用于实行会计电算化的单位。

任务八　会计核算综合实训

现以华美公司 2017 年 12 月份经济业务为例，说明科目汇总表账务处理程序下各种记账凭证和科目汇总表的填制方法，日记账、明细分类账及总分类账的登记方法，以及核对账目后报表的编制方法。

一、资料

华美公司 2017 年 11 月底各项资料及 12 月份发生经济业务如下：

(一)各账户年初数和 11 月底余额

具体如表 11－1 所示。

表 11—1 单位:元

账户名称	年初数	期末数	账户名称	年初数	期末数
库存现金	2 000	2 688	短期借款	60 000	60 000
银行存款	46 800	58 800	应付账款	11 900	17 600
应收票据	4 100	19 600	预提费用	1 000	2 500
应收账款	16 000	15 800	应付票据	10 000	20 000
预付账款	20 000	20 000	应付职工薪酬	3 500	4 500
库存商品	35 400	47 900	应交税费	4 799	1 700
原 材 料	40 000	36 000	实收资本	199 000	199 000
待摊费用	7 200	1 200	资本公积	10 997	13 744
固定资产	197 920	197 920	盈余公积	3 924	5 277
累计折旧	60 200	65 000	利润分配	4 100	
无形资产		17 000	本年利润		27 587
合　计	309 220	351 908	合　计	309 220	351 908

其中:

(1)期末"库存商品"包括:

A 产品　240 件　单价 136 元/件　计 32 640 元

B 产品　200 件　单价 76.30 元/件　计 15 260 元

(2)期末"原材料"包括:

甲材料　192 吨　单价 125 元/吨　计 24 000 元

乙材料　240 千克　单价 50 元/千克　计 12 000 元

(3)期末"应收票据"为易通公司　19 600 元

(4)期末"应收账款"包括:

金龙公司账款　10 000 元

华新公司账款　5 800 元

(5)期末"预付账款"为预付给东方公司　20 000 元

(6)期末"应付账款"为应付宏达公司　17 600 元

(7)其他各账户不分明细科目。

(二)5 月份利润表

具体如表 11—2 所示。

表 11—2 **利 润 表**

编报单位:华美公司　2017 年 11 月　单位:元

项　目	本月数	本月累计数
一、营业收入	99 420	847 435
减:营业成本	47 000	510 000
营业税费	16 620	165 200
销售费用	6 800	8 960
管理费用	5 800	89 600
财务费用	1 600	17 200
资产减值损失		
加:公允价值变动净收益		

续表

项　目	本月数	本月累计数
投资净收益		
二、营业利润	21 600	56 375
加:营业外收入	800	2 500
减:营业外支出	320	17 700
三、利润总额	22 080	41 175
减:所得税	7 286	13 588
四、净利润	14 794	27 587
五、每股收益		
(一)基本每股收益		
(二)稀释每股收益		

(三)12 月份发生的经济业务

具体如下：

(1)1 日,从宏达公司购入甲材料 300 吨,单价 120 元,计 36 000 元,增值税进项税额为 6 120元,款项未付。

(2)2 日,职工张某出差借支 800 元,以现金支付。

(3)2 日,以银行存款 1 500 元支付甲材料运费。

(4)3 日,甲材料按实际成本验收入库。

(5)3 日,开出转账支票,支付上月应交税费 1 700 元。

(6)3 日,易通公司的应收票据 19 600 元到期,已通过银行收款。

(7)4 日,向万远材料厂购入乙材料 300 千克,单价 50 元,计 15 000 元,增值税进项税额为 2 550 元,价款以银行存款支付,材料按实际成本入账。

(8)4 日,销售给华新公司 A 产品 150 件,单价 300 元,计 45 000 元,销项税金 7 650 元,款项未收。

(9)5 日,收到华新公司前欠货款 5 800 元,已存银行。

(10)6 日,生产领用甲材料 200 吨,共计 25 000 元。其中：生产 A 产品领用 150 吨,金额为 18 750 元;生产 B 产品领用 50 吨,金额为 6 250 元。

(11)7 日,生产领用乙材料 216 千克,共计 10 800 元。其中:100 千克用于生产 A 产品,金额为 5 000 元;80 千克用于生产 B 产品,金额为 4 000 元;车间领用乙材料 36 千克,金额为 1 800元。

(12)8 日,以银行存款偿付宏达公司账款 17 600 元。

(13)9 日,张某出差回来,报销差旅费 750 元,交回余款 50 元。

(14)10 日,职工李某报销住院医药费 1 900 元,以现金支付。

(15)10 日,从银行提取现金 2 000 元备用。

(16)13 日,销售给金龙公司 B 产品 100 件,价款 20 000 元,销项税金 3 400 元,收到对方 3 个月银行承兑汇票一张。

(17)14 日,接银行收款通知,收到金龙公司偿还前欠货款 6 000 元。

(18)15 日,以银行存款支付前欠宏达公司购货款 20 000 元。

(19)17 日,以现金支付行政办公用品费 800 元。

(20)19 日,以银行存款支付销售 B 产品运费 1 000 元。

(21)20 日,收到华新公司货款 30 000 元,已存银行。

(22)24 日,东方公司发来甲材料 100 吨,单价 125 元,价款 12 500 元,增值税进项税为 2 125元,材料已验收入库,材料款已预付。

(23)24 日,销售给金龙公司 A 产品 150 件,单价 300 元,计 45 000 元,增值税销项税7 650 元,款项已存银行。

(24)25 日,销售乙材料 100 千克,价值 7 000 元,应交增值税税率 17%,计 1 190 元,款已收到,存入银行。

(25)25 日,结转出售乙材料的实际成本 5 000 元。

(26)27 日,以银行存款支付本月水电费 1 000 元,其中:生产耗用 800 元,行政管理部门耗用 200 元。

(27)27 日,以现金支付罚款 1 500 元。

(28)29 日,计算本月应付工资 22 500 元,其中:A 产品工人工资 9 800 元,B 产品工人工资 6 200 元,车间管理人员工资 3 000 元,行政管理人员工资 3 500 元。

(29)29 日,提取本月固定资产折旧费 4 800 元,其中:生产用固定资产折旧费 4 000 元,管理用固定资产 800 元。

(30)29 日,从银行提取金 22 500 元,以备发工资。

(31)30 日,发放本月职工工资 22 500 元。

(32)30 日,以银行存款支付第四季度借款利息 900 元,其中已预提 600 元。

(33)31 日,按生产人员工资比例结转本月制造费用 9 600 元。

(34)31 日,结转完工产品成本,其中:A 产品 200 件,制造成本 27 200 元,B 产品 150 件,制造成本 11 445 元。

(35)31 日,按主营业务收入的 3%计提教育费附加 7 000 元。

(36)31 日,结转已销产品销售成本 48 430 元,其中:A 产品销售成本 40 800 元,B 产品销售成本 7 630 元。

(37)31 日,结转本月损益类科目。

(38)31 日,按本月利润总额的 25%计算本月应交所得税,并结转。

(39)31 日,按本月税后利润的 10%计提盈余公积。

(40)31 日,结转 1~12 月份本年利润。

二、科目汇总表账务处理程序

(一)根据华美公司 12 月的经济业务填制记账凭证

为简便起见,这里以表格形式列出会计分录,如表 11－3 所示。

表 11—3　　　　　　　　华美公司 2017 年 12 月份会计分录　　　　　　　　单位:元

2017 年		记账凭证号数	摘要	账户名称		金额	
月	日			总账账户	明细账户	借方	贷方
12	1	转账 501 号	购入甲材料 300 吨，款未付	材料采购	甲材料	36 000	
				应交税费	应交增值税	6 120	
				应付账款	宏达公司		42 120
	2	现付 201 号	张某出差借支	其他应收款	张某	800	
				库存现金			800
	2	银付 401 号	支付甲材料运费	材料采购	甲材料	1 500	
				银行存款			1 500
	3	转账 502 号	甲材料 300 吨验收入库	原材料	甲材料	37 500	
				材料采购	甲材料		37 500
	3	银付 402 号	支付上月应交税费	应交税费		1 700	
				银行存款			1 700
	3	银收 301 号	应收票据到期，收到款项	银行存款		19 600	
				应收票据			19 600
	4	银付 403 号 1/2	购入乙材料 300 千克	材料采购	乙材料	15 000	
				应交税费	应交增值税	2 550	
				银行存款			17 550
	4	银付 403 号 2/2	乙材料验收入库	原材料	乙材料	15 000	
				材料采购	乙材料		15 000
	4	转账 503 号	销售 A 产品 150 件，款未收	应收账款	华新公司	52 650	
				主营业务收入			45 000
				应交税费	应交增值税		7 650
	5	银收 302 号	收到华新公司前欠货款	银行存款		5 800	
				应收账款	华新公司		5 800
	6	转账 504 号	领用甲材料 200 吨 其中:A 产品 150 吨，B 产品 50 吨	生产成本	A 产品	18 750	
					B 产品	6 250	
				原材料	甲材料		25 000
	7	转账 505 号	领用乙材料 216 千克 其中:A 产品 100 千克，B 产品 80 千克，车间 36 千克	生产成本	A 产品	5 000	
					B 产品	4 000	
				制造费用		1 800	
				原材料	乙材料		10 800
	8	银付 404 号	支付宏达公司账款	应付账款	宏达公司	17 600	
				银行存款			17 600
	9	现收 101 号	张某报销差旅费，交回余款	库存现金		50	
				管理费用		750	
				其他应收款	张某		800
	10	现付 202 号	李某报销医药费	应付福利费		1 900	
				库存现金			1 900
	10	银付 405 号	提取现金	库存现金		2 000	
				银行存款			2 000

续表

<table>
<tr><th colspan="2">2017年</th><th rowspan="2">记账凭证
号 数</th><th rowspan="2">摘 要</th><th colspan="2">账 户 名 称</th><th colspan="2">金 额</th></tr>
<tr><th>月</th><th>日</th><th>总账账户</th><th>明细账户</th><th>借方</th><th>贷方</th></tr>
<tr><td></td><td>13</td><td>转账 506 号</td><td>出售B产品100件，收到承兑汇票</td><td>应收票据
主营业务收入
应交税费</td><td>金龙公司

应交增值税</td><td>23 400</td><td>
20 000
3 400</td></tr>
<tr><td></td><td>14</td><td>银收 303 号</td><td>金龙公司偿还货款</td><td>银行存款
应收账款</td><td>
金龙公司</td><td>6 000</td><td>
6 000</td></tr>
<tr><td></td><td>15</td><td>银付 406 号</td><td>归还宏达公司购货款</td><td>应付账款
银行存款</td><td>宏达公司</td><td>41 120</td><td>
41 120</td></tr>
<tr><td></td><td>17</td><td>现付 203 号</td><td>付办公用品费</td><td>管理费用
库存现金</td><td></td><td>800</td><td>
800</td></tr>
<tr><td></td><td>19</td><td>银付 407 号</td><td>付销售B产品运费</td><td>销售费用
银行存款</td><td></td><td>1 000</td><td>
1 000</td></tr>
<tr><td></td><td>20</td><td>银收 304 号</td><td>收华新公司货款</td><td>银行存款
应收账款</td><td>
华新公司</td><td>30 000</td><td>
30 000</td></tr>
<tr><td></td><td>24</td><td>转账 507 号</td><td>东方公司发来甲材料100吨，款已预付</td><td>原材料
应交税费
预付账款</td><td>甲材料
应交增值税
东方公司</td><td>12 500
2 125</td><td>

14 625</td></tr>
<tr><td></td><td>24</td><td>银收 305 号</td><td>销售A产品150件，款存银行</td><td>银行存款
主营业务收入
应交税费</td><td>

应交增值税</td><td>52 650</td><td>
45 000
7 650</td></tr>
<tr><td></td><td>25</td><td>银收 306 号</td><td>出售乙材料100千克，款存银行</td><td>银行存款
其他业务收入
应交税费</td><td>

应交增值税</td><td>8 190</td><td>
7 000
1 190</td></tr>
<tr><td></td><td>25</td><td>转账 508 号</td><td>结转已售乙材料成本</td><td>其他业务支出
原材料</td><td>
乙材料</td><td>5 000</td><td>
5 000</td></tr>
<tr><td></td><td>27</td><td>银付 408 号</td><td>支付水电费</td><td>制造费用
管理费用
银行存款</td><td></td><td>800
200</td><td>

1 000</td></tr>
<tr><td></td><td>27</td><td>现付 204 号</td><td>支付罚款</td><td>营业外支出
库存现金</td><td></td><td>1 100</td><td>
1 100</td></tr>
<tr><td></td><td>29</td><td>转账 509 号</td><td>计提本月职工工资</td><td>生产成本

制造费用
管理费用
应付职工薪酬</td><td>A产品
B产品</td><td>9 800
6 200
3 000
3 500</td><td>

22 500</td></tr>
<tr><td></td><td>29</td><td>转账 510 号</td><td>计提本月折旧费</td><td>制造费用
管理费用
累计折旧</td><td></td><td>4 000
800</td><td>

4 800</td></tr>
<tr><td></td><td>29</td><td>银付 409 号</td><td>提取现金</td><td>库存现金
银行存款</td><td></td><td>22 500</td><td>
22 500</td></tr>
</table>

续表

2017年		记账凭证号数	摘要	账户名称		金额	
月	日			总账账户	明细账户	借方	贷方
	30	现付205号	发放工资	应付职工薪酬 库存现金		22 500	 22 500
	30	银付410号	支付借款利息	预提费用 财务费用 银行存款		600 300	 900
	31	转账511号	结转制造费用 A产品5 880元 B产品3 720元	生产成本 制造费用	A产品 B产品	5 880 3 720	 9 600
	31	转账512号	结转完工产品成本： A产品200件 B产品150件	库存商品 生产成本	A产品 B产品 A产品 B产品	27 200 11 445	 27 200 11 445
	31	转账513号	计提教育费附加 11万×5%	营业税费 应交税费	 应交教育费附加	5 500	 5 500
	31	转账514号	结转已售产品销售成本： A产品40 800元 B产品7 630元	主营业务成本 库存商品	 A产品 B产品	48 430	 40 800 7 630
	31	转账514号 1/2	结转本月损益类科目	本年利润 主营业务收入 其他业务收入		 110 000 7 000	117 000
		转账514号 2/2	结转本月损益类科目	主营业务成本 其他业务支出 营业税费 销售费用 管理费用 财务费用 营业外支出 本年利润		 67 380	48 430 5 000 5 500 1 000 6 050 300 1 100
	31	转账515号 1/2	计提应交所得税 (117 000−67 380) 49 620×25%	所得税 应交税费	 应交所得税	12 405	 12 405
		转账515号 2/2	结转所得税	本年利润 所得税		12 405	 12 405
	31	转账516号	结转12月利润 (117 000−67 380−12 405)37 215	本年利润 利润分配		37 215	 37 215
	31	转账516号	结转期初本年利润	本年利润 利润分配		27 587	 27 587
	31	转账516号	提取12月盈余公积 (117 000−67 380−12 405)37 215 ×10%	利润分配 盈余公积		3 721.5	 3 721.5

（二）登记现金日记账和银行存款日记账

根据审核无误的收款凭证、付款凭证逐日逐笔登记现金日记账和银行存款日记账，如表11—4、表11—5所示。

表11—4 库存现金日记账 单位：元

2017年		凭证		摘 要	对方科目	收 入	付 出	结 余
月	日	字	号					
12	1			期初余额				2 688
	2	现付	201	出差借支	其他应收款		800	1 888
	0	现收	101	张某交回出差余款	其他应收款	50		1 938
	10	现付	202	付职工医药费	应付福利费		1 900	38
	10	银付	405	提取现金	银行存款	2 000		2 038
	17	现付	203	付办公用品费	管理费用		800	1 238
	27	现付	204	支付罚款	营业外支出		1 100	138
	29	银付	409	提取现金	银行存款	22 500		22 638
	30	现付	205	发放工资	应付工资		22 500	138
				本月合计		24 550	27 100	138

表11—5 银行存款日记账 单位：元

2017年		凭证		摘 要	对方科目	借 方	贷 方	余 额
月	日	字	号					
12	1			期初余额				58 800
	2	银付	401	付甲材料运费	材料采购		1 500	57 300
	3	银付	402	付上月税款	应交税金		1 700	55 600
	3	银收	301	收票据款	应收票据	19 600		75 200
	4	银付	403	付乙材料款	材料采购		17 550	57 650
	5	银收	302	收华新公司款	应收账款	5 800		63 450
	8	银付	404	付宏达公司款	应付账款		17 600	45 850
	10	银付	405	提取现金	库存现金		2 000	43 850
	14	银收	303	收金龙公司款	应收账款	6 000		49 850
	15	银付	406	还宏达公司款	应付账款		41 120	8 730
	19	银付	407	付销售B产品运费	销售费用		1 000	7 730
	20	银收	304	收华新公司货款	应收账款	30 000		37 730
	24	银收	305	出售A产品150件	主营业务收入	52 650		90 380
	25	银收	306	售乙材料100千克	其他业务收入	8 190		98 570
	27	银付	408	付水电费	制造费用等		1 000	97 570
	29	银付	409	提取现金	库存现金		22 500	75 070
	30	银付	410	支付借款利息	预提费用等		900	74 170
				本月合计		122 240	106 870	74 170

（三）登记相关明细账

根据记账凭证、原始凭证和原始凭证汇总表登记相关明细账。在实际工作中，各单位常根据实际需要对有关总账账户设置明细分类账。如对“管理费用”、“销售费用”等费用账户须按费用项目设置明晰明细分类账；对“应收账款”、“应付账款”等账户须按对应单位设置明细分类账。本例限于篇幅，只列示部分明细账，如表 11－6 至表 11－14 所示。

表 11－6　　**库存商品明细账**

产品品种：A 产品　　单位：元

2017 年		凭证号数	摘　要	收　入			发　出			结　存		
月	日			数量	单价	金额	数量	单价	金额	数量	单价	金额
12	1		期初余额							240	136	32 640
	31	转账 512	结转入库产品	200	136	27 200				440	136	59 840
	31	转账 514	结转已售产品				300	136	40 800	140	136	19 040
			本月合计	200	136	27 200	300	136	40 800	140	136	19 040

表 11－7　　**库存商品明细账**

产品品种：B 产品　　单位：元

2017 年		凭证号数	摘　要	收　入			发　出			结　存		
月	日			数量	单价	金额	数量	单价	金额	数量	单价	金额
12	1		期初余额							200	76.3	15 260
	31	转账 512	结转入库产品	150	76.3	11 445				350	76.3	26 705
	31	转账 514	结转已售产品				100	76.3	7 630	250	76.3	19 075
			本月合计	150	76.3	11 445	100	76.3	7 630	250	76.3	19 075

表 11－8　　**原材料明细账**

材料编号 01　　计量单位：吨

材料类别：　　最高存量：

材料名称及规格：甲材料　　最低存量：

2017 年		凭证号数	摘　要	收　入			发　出			结　存		
月	日			数量	单价	金额	数量	单价	金额	数量	单价	金额
12	13		期初余额							192	125	24 000
	6	转账 502	购入	300	125	37 500				492	125	61 500
	24	转账 504	生产领用				200	125	25 000	292	125	36 500
		转账 507	购入	100	125	12 500				392	125	49 000
			本月合计	400	125	50 000	200	125	25 000	392	125	49 000

表 11—9 **原材料明细账**

材料编号 02 计量单位:千克

材料类别: 最高存量:

材料名称及规格:乙材料 最低存量:

2017年		凭证号数	摘要	收入			发出			结存		
月	日			数量	单价	金额	数量	单价	金额	数量	单价	金额
12	1		期初余额							240	50	12 000
	47	银付 403	购入	300	50	15 000				540	50	27 000
	25	转账 505	领用生产				216	50	10 800	324	50	16 200
		转账 508	出售				100	50	5 000	224	50	11 200
			本月合计	300	50	15 000	316	50	15 800	224	50	11 200

表 11—10 **生产成本明细账**

产品品种:A 产品 单位:元

2017年		凭证号数	摘要	借方			
月	日			直接材料	直接人工	制造费用	合计
12	6	转账 504	耗用甲材料	18 750			18 750
	7	转账 505	耗用乙材料	5 000			5 000
	29	转账 509	生产工人工资		9 800		9 800
	31	转账 511	分配制造费用			5 880	5 880
	31		结转完工产品成本	16 095	6 750	4 355	27 200
			本月合计	7 655	3 050	1 525	12 230

表 11—11 **生产成本明细账**

产品品种:B 产品 单位:元

2017年		凭证号数	摘要	借方			
月	日			直接材料	直接人工	制造费用	合计
12	6	转账 504	耗用甲材料	6 250			6 250
	7	转账 505	耗用乙材料	4 000			4 000
	29	转账 509	生产工人工资		6 200		6 200
	31	转账 511	分配制造费用			3 720	3 720
	31		结转完工产品成本	4 433	4 164	2 848	11 445
			本月合计	5 817	2 036	872	8 725

表 11—12　　**应收账款明细账**

二级科目:金龙公司　　单位:元

2017年 月	日	凭证号数	摘　要	借　方	贷　方	借或贷	余　额
12	1		期初余额			借	10 000
	14	银收 303	归还货款		6 000	借	4 000
			本月合计		6 000	借	4 000

表 11—13　　**应收账款明细账**

二级科目:华新公司　　单位:元

2017年 月	日	凭证号数	摘　要	借　方	贷　方	借或贷	余　额
12	1		期初余额			借	5 800
	4	转账 503	A 产品款	52 650		借	58 450
	5	银收 302	归还货款		5 800	借	52 650
	20	银收 304	归还货款		30 000	借	22 650
			本月合计	52 650	35 800	借	22 650

表 11—14　　**应付账款明细账**

二级科目:宏达公司　　单位:元

2017年 月	日	凭证号数	摘　要	借　方	贷　方	借或贷	余　额
12	1		期初余额			贷	17 600
	1	转账 501	欠甲材料款		42 120	贷	59 720
	8	银付 404	偿还货款	17 600		贷	42 120
	15	银付 406	偿还货款	41 120		贷	1 000
			本月合计	58 720	42 120	贷	1 000

(四)定期编制科目汇总表

根据记账凭证定期编制科目汇总表,该公司按旬汇总,每月编制一张“科目汇总表”,汇总结果应显示借贷方发生额相等,其格式与结果如表 11—15 所示。

表 11—15　　**华美公司科目汇总表**

总账账户	1～10 日发生额		11～20 日发生额		21～31 日发生额		合　计	
	借　方	贷　方	借　方	贷　方	借　方	贷　方	借　方	贷　方
库存现金	2 050	2 700		800	22 500	23 600	24 550	27 100
银行存款	25 400	40 350	36 000	42 120	60 840	24 400	122 240	106 870
应收账款	52 650	5 800		36 000			52 650	41 800

续表

总账账户	1~10 日发生额		11~20 日发生额		21~31 日发生额		合　计	
	借　方	贷　方	借　方	贷　方	借　方	贷　方	借　方	贷　方
其他应收款	800	800					800	800
应收票据		19 600	23 400				23 400	19 600
材料采购	52 500	52 500					52 500	52 500
原材料	52 500	35 800			12 500	5 000	65 000	40 800
生产成本	34 000				25 600	38 645	59 600	38 645
制造费用	1 800				7 800	9 600	9 600	9 600
库存商品					38 645	48 430	38 645	48 430
累计折旧						4 800		4 800
应付账款	17 600	42 120	41 120				58 720	42 120
应付职工薪酬	1 900				22 500	22 500	24 400	22 500
应交税费	10 370	7 650		3 400	2 125	30 714.6	12 495	41 764.6
预提费用					600		600	
盈余公积						4 986.81		4 986.81
利润分配					4 986.81	60 832.4	4 986.81	60 832.4
本年利润					144 587	117 000	144 587	117 000
主营业务收入		45 000		20 000	110 000	45 000	110 000	110 000
主营业务成本					48 430	48 430	48 430	48 430
销售费用			1 000			1 000	1 000	1 000
管理费用	750		800		4 500	6 050	6 050	6 050
财务费用					300	300	300	300
所得税					16 374.6	16 374.6	16 374.6	16 374.6
预付账款						14 625		14 625
其他业务收入					7 000	7 000	7 000	7 000
其他业务支出					5 000	5 000	5 000	5 000
营业外支出					1 100	1 100	1 100	1 100
营业税费					5 500	5 500	5 500	5 500
合 计	252 320	252 320	102 320	102 320	540 888.41	540 888.41	895 528.41	895 528.41

（五）登记总分类账

根据编制的科目汇总表登记总分类账。月末，根据所编制的科目汇总表，登记各有关总分类账，结果如表 11－16 至表 11－51 所示。

表 11—16　　**总分类账**

会计科目:库存现金

2017年 月	日	凭证号数	摘　要	借　方	贷　方	借或贷	余　额
12	1		期初余额			借	2 688
	10		1～10日发生额	2 050	2 700	借	2 038
	20		11～20日发生额		800	借	1 238
	31		21～31日发生额	22 500	23 600	借	138
			本月合计	24 550	27 100	借	138

表 11—17　　**总分类账**

会计科目:银行存款

2017年 月	日	凭证号数	摘　要	借　方	贷　方	借或贷	余　额
12	1		期初余额			借	58 800
	10		1～10日发生额	25 400	40 350	借	43 850
	20		11～20日发生额	36 000	42 120	借	37 730
	21		21～31日发生额	60 840	24 400	借	74 170
			本月合计	122 240	106 870	借	74 170

表 11—18　　**总分类账**

会计科目:应收票据

2017年 月	日	凭证号数	摘　要	借　方	贷　方	借或贷	余　额
12	1		期初余额			借	19 600
	10		1～10日发生额		19 600	借	0
	20		11～20日发生额	23 400		借	23 400
			本月合计	23 400	19 600	借	23 400

表 11—19　　**总分类账**

会计科目:应收账款

2017年 月	日	凭证号数	摘　要	借　方	贷　方	借或贷	余　额
12	1		期初余额			借	15 800
	10		1～10日发生额	52 650	5 800	借	62 650
	20		11～20日发生额		36 000		26 650
			本月合计	52 650	41 800	借	26 650

表 11－20　　　　总分类账

会计科目：预付账款

2017 年		凭证号数	摘　要	借　方	贷　方	借或贷	余　额
月	日						
12	1		期初余额			借	20 000
	31		21～31 日发生额		14 625		5 375
			本月合计		14 625	借	5 375

表 11－21　　　　总分类账

会计科目：其他应收款

2017 年		凭证号数	摘　要	借　方	贷　方	借或贷	余　额
月	日						
12	1		期初余额			借	0
	10		1～10 日发生额	800	800	借	0
			本月合计	800	800	借	0

表 11－22　　　　总分类账

会计科目：库存商品

2017 年		凭证号数	摘　要	借　方	贷　方	借或贷	余　额
月	日						
12	1		期初余额			借	47 900
	31		21～31 日发生额	38 645	48 430		38 115
			本月合计	38 645	48 430	借	38 115

表 11－23　　　　总分类账

会计科目：原材料

2017 年		凭证号数	摘　要	借　方	贷　方	借或贷	余　额
月	日						
12	1		期初余额			借	36 000
	10		1～10 日发生额	52 500	35 800	借	52 700
	31		21～31 日发生额	12 500	5 000		60 200
			本月合计	65 000	40 800	借	60 200

表 11－24　　　　总分类账

会计科目：材料采购

2017 年		凭证号数	摘　要	借　方	贷　方	借或贷	余　额
月	日						
12	1		期初余额			借	0
	10		1～10 日发生额	52 500	52 500	借	0
			本月合计	52 500	52 500	借	0

表 11－25　　**总分类账**

会计科目:待摊费用

2017 年 月	日	凭证号数	摘　要	借　方	贷　方	借或贷	余　额
12	1		期初余额			借	1 200
			本月合计			借	1 200

表 11－26　　**总分类账**

会计科目:固定资产

2017 年 月	日	凭证号数	摘　要	借　方	贷　方	借或贷	余　额
12	1		期初余额			借	197 920
			本月合计			借	197 920

表 11－27　　**总分类账**

会计科目:累计折旧

2017 年 月	日	凭证号数	摘　要	借　方	贷　方	借或贷	余　额
12	1		期初余额			贷	65 000
	31		21～31 日发生额		4 800		69 800
			本月合计		4 800	贷	69 800

表 11－28　　**总分类账**

会计科目:无形资产

2017 年 月	日	凭证号数	摘　要	借　方	贷　方	借或贷	余　额
12	1		期初余额			借	17 000
			本月合计			借	17 000

表 11－29　　**总分类账**

会计科目:短期借款

2017 年 月	日	凭证号数	摘　要	借　方	贷　方	借或贷	余　额
12	1		期初余额			贷	60 000
			本月合计			贷	60 000

表 11—30 **总分类账**

会计科目:应付账款

2017 年		凭证号数	摘　要	借　方	贷　方	借或贷	余　额
月	日						
12	1		期初余额			贷	17 600
	10		1～10 日发生额	17 600		贷	42 120
	20		11～21 日发生额	41 120	42 120	贷	1 000
			本月合计	58 720	42 120	贷	1 000

表 11—31 **总分类账**

会计科目:预提费用

2017 年		凭证号数	摘　要	借　方	贷　方	借或贷	余　额
月	日						
12	1		期初余额			贷	2 500
	31		21～31 日发生额	600		贷	1 900
			本月合计	600		贷	1 900

表 11—32 **总分类账**

会计科目:应付票据

2017 年		凭证号数	摘　要	借　方	贷　方	借或贷	余　额
月	日						
12	1		期初余额			贷	20 000
			本月合计			贷	20 000

表 11—33 **总分类账**

会计科目:应付职工薪酬

2017 年		凭证号数	摘　要	借　方	贷　方	借或贷	余　额
月	日						
12	1		期初余额			贷	4 500
	10		1～10 日发生额	1 900		贷	2 600
	31		21～31 日发生额	22 500	22 500	贷	2 600
			本月合计	24 400	22 500	贷	2 600

表 11—34 **总分类账**

会计科目:应交税费

2017 年		凭证号数	摘　要	借　方	贷　方	借或贷	余　额
月	日						
12	1		期初余额			贷	1 700
	10		1～10 日发生额	10 370	7 650	借	1 020
	20		11～20 日发生额		3 400	贷	2 380
	31		21～31 日发生额	2 125	30 714.6	贷	30 969.6
			本月合计	12 495	41 764.6	贷	30 969.6

表 11－35　　　　**总分类账**

会计科目:实收资本

2017年		凭证号数	摘　要	借　方	贷　方	借或贷	余　额
月	日						
12	1		期初余额			贷	199 000
			本月合计			贷	199 000

表 11－36　　　　**总分类账**

会计科目:资本公积

2017年		凭证号数	摘　要	借　方	贷　方	借或贷	余　额
月	日						
12	1		期初余额			贷	13 744
			本月合计			贷	13 744

表 11－37　　　　**总分类账**

会计科目:盈余公积

2017年		凭证号数	摘　要	借　方	贷　方	借或贷	余　额
月	日						
12	1 31		期初余额 21～31日发生额		 4 986.81	贷 贷	5 277 10 263.81
			本月合计		4 986.81	贷	10 263.81

表 11－38　　　　**总分类账**

会计科目:本年利润

2017年		凭证号数	摘　要	借　方	贷　方	借或贷	余　额
月	日						
12	1 31		期初余额 21～31日发生额	 67 380 12 405 37 215 27 587	 117 000	贷 贷	27 587 0
			本月合计	144 587	117 000	贷	0

表 11－39　　　　**总分类账**

会计科目:利润分配

2017年		凭证号数	摘　要	借　方	贷　方	借或贷	余　额
月	日						
12	1 31		期初余额 21～31日发生额	 3 721.5	 37 215 27 587	贷 贷	0 61 080.5
			本月合计	3 721.5	64 802	贷	61 080.5

表 11－40　　**总分类账**

会计科目:生产成本

2017 年		凭证号数	摘　要	借　方	贷　方	借或贷	余　额
月	日						
12	1 10 31		期初余额 1～10 日发生额 21～31 日发生额	 34 000 25 600	 38 645	借 借 借	0 34 000 20 955
			本月合计	59 600	38 645	借	20 955

表 11－41　　**总分类账**

会计科目:制造费用

2017 年		凭证号数	摘　要	借　方	贷　方	借或贷	余　额
月	日						
12	1 10 31		期初余额 1～10 日发生额 21～31 日发生额	 1 800 7 800	 9 600	借 借 借	0 1 800 0
			本月合计	9 600	9 600	借	0

表 11－42　　**总分类账**

会计科目:主营业务收入

2017 年		凭证号数	摘　要	借　方	贷　方	借或贷	余　额
月	日						
12	1 10		期初余额 1～10 日发生额 11～21 日发生额 21～31 日发生额	 110 000	 45 000 20 000 45 000	贷 贷 贷 贷	0 45 000 65 000 0
			本月合计	110 000	110 000	贷	0

表 11－43　　**总分类账**

会计科目:主营业务成本

2017 年		凭证号数	摘　要	借　方	贷　方	借或贷	余　额
月	日						
12	1 31		期初余额 21～31 日发生额	 48 430	 48 430	借 借	 0
			本月合计	48 430	48 430	借	0

表 11—44　　　　　　　　　　**总分类账**

会计科目:销售费用

2017 年		凭证号数	摘　要	借　方	贷　方	借或贷	余　额
月	日						
12	1		期初余额			借	
	21		11～20 日发生额	1 000		借	1 000
	31		21～31 发生额		1 000	借	0
			本月合计	1 000	1 000	借	0

表 11—45　　　　　　　　　　**总分类账**

会计科目:管理费用

2017 年		凭证号数	摘　要	借　方	贷　方	借或贷	余　额
月	日						
12	1		期初余额			借	0
	10		1～10 日发生额	750		借	750
	20		11～20 日发生额	800		借	1 550
	31		21～31 日发生额	4 500	6 050	借	0
			本月合计	6 050	6 050	借	0

表 11—46　　　　　　　　　　**总分类账**

会计科目:财务费用

2017 年		凭证号数	摘　要	借　方	贷　方	借或贷	余　额
月	日						
12	1		期初余额			借	0
	31		21～31 日发生额	300	300	借	0
			本月合计			借	0

表 11—47　　　　　　　　　　**总分类账**

会计科目:所得税

2017 年		凭证号数	摘　要	借　方	贷　方	借或贷	余　额
月	日						
12	1		期初余额			借	0
	31		21～31 日发生额	16 374.6	16 374.6	借	0
			本月合计	16 374.6	16 374.6	借	0

表 11—48　　　　　　　　　　　　总分类账

会计科目:其他业务收入

2017年		凭证号数	摘　要	借　方	贷　方	借或贷	余　额
月	日						
12	1		期初余额			贷	0
	31		21～31日发生额	7 000	7 000	贷	0
			本月合计	7 000	7 000	贷	0

表 11—49　　　　　　　　　　　　总分类账

会计科目:其他业务支出

2017年		凭证号数	摘　要	借　方	贷　方	借或贷	余　额
月	日						
12	1		期初余额			借	0
	31		21～31日发生额	5 000	5 000	借	0
			本月合计	5 000	5 000	借	0

表 11—50　　　　　　　　　　　　总分类账

会计科目:营业外支出

2017年		凭证号数	摘　要	借　方	贷　方	借或贷	余　额
月	日						
12	1		期初余额			借	0
	31		21～31日发生额	1 100	1 100	借	0
			本月合计	1 100	1 100	借	0

表 11—51　　　　　　　　　　　　总分类账

会计科目:营业税费

2017年		凭证号数	摘　要	借　方	贷　方	借或贷	余　额
月	日						
12	1		期初余额			借	0
	31		21～31日发生额	5 500	5 500	借	0
			本月合计	5 500	5 500	借	0

(六)月末将日记账、明细分类账与总分类账相互核对相符

1. 将日记账与总分类账核对相符

表11—3中,库存现金日记账中现金余额138元与表11—16中现金总分类账中余额相等;表11—4银行存款日记账中银行存款余额74 170元与表11—17银行存款总分类账中余额相符。

2. 将总分类账与其所属明细分类账和合计数核对相符

在本例中,须核对以下账目:

(1)将库存商品明细分类账与其总分类账进行核对,在表11—6和表11—7中,A产品与B

产品余额合计数为:19 040+19 075=38 115 元,与表 11－22 库存商品总分类账中余额相符;

(2)将原材料明细分类账与其总分类账进行核对,在表 11－8 和表 11－9 中,甲、乙两种原材料余额合计数为:49 000+11 200=60 200 元,与表 11－23 原材料总分类账中余额相符。

以此类推,将生产成本、应收账款及应付账款总分类账与其所属各明细分类账相互核对相符,此处不再赘述。

(七)编制总分类账户本期发生额及余额表

根据表 11－1、表 11－15 中的内容,编制华美公司 2017 年 12 月总分类账户发生额及余额表,结果如表 11－52 所示。

表 11－52　　**华美公司总分类账户本期发生额及余额表**

2017 年 12 月

账户名称	期初余额		本期发生额		期末余额	
	借　方	贷　方	借　方	贷　方	借　方	贷　方
库存现金	2 688		24 550	27 100	138	
银行存款	58 800		122 240	106 870	74 170	
应收账款	15 800		52 650	41 800	26 650	
其他应收款			800	800	0	
应收票据	19 600		23 400	19 600	23 400	
待摊费用	1 200				1 200	
预付账款	20 000			14 625	5 375	
材料采购			52 500	52 500	0	
原材料	36 000		65 000	40 800	60 200	
生产成本			59 600	38 645	20 955	
制造费用			9 600	9 600	0	
库存商品	47 900		38 645	48 430	38 115	
固定资产	197 920				197 920	
累计折旧		65 000		4 800		69 800
无形资产	17 000				17 000	
短期借款		60 000				60 000
应付账款		17 600	58 720	42 120		1 000
应付票据		20 000				20 000
应付职工薪酬		4 500	24 400	22 500		2 600
应交税费		1 700	12 495	37 795		27 000
预提费用		2 500	600			1 900
实收资本		199 000				199 000
资本公积		13 744				13 744
盈余公积		5 277		3 721.5		8 998.5
利润分配			3 721.5	64 802		61 080.5
本年利润		27 587	144 587	117 000		0
主营业务收入			110 000	110 000		0
主营业务成本			48 430	48 430		0

续表

账户名称	期初余额		本期发生额		期末余额	
	借　方	贷　方	借　方	贷　方	借　方	贷　方
销售费用			1 000	1 000		0
管理费用			6 050	6 050		0
财务费用			300	300		0
所得税			16 374.6	16 374.6		0
其他业务收入			7 000	7 000		0
其他业务支出			5 000	5 000		0
外支出			1 100	1 100		0
营业税费			5 500	5 500		0
合　计	416 908	416 908	895 528.41	895 528.41	465 123	465 123

（八）编制会计报表

根据核对无误的总分类账、明细分类账的相关资料，编制会计报表。编制的“资产负债表”和“利润表”如表 11—53、表 11—54 所示。

表 11—53　　资产负债表(简表)

编报单位:华美公司　　2017 年 12 月　　单位:元

资　产	期末余额	期初余额	负债及所有者权益	期末余额	期初余额
流动资产:			流动负债:		
货币资金	74 308	61 488	短期借款	60 000	60 000
应收票据	23 400	19 600	应付票据	20 000	20 000
应收账款	26 650	15 800	应付账款	1 000	17 600
预付账款	5 375	20 000	预收账款		
其他应收款			应付职工薪酬	2 600	4 500
存货	119 270	83 900	应交税费	27 000	1 700
待摊费用	1 200	1 200	其他应付款		
流动资产合计	250 203	201 988	预提费用	1 900	2 500
非流动资产:			流动负债合计	112 500	106 300
固定资产	128 120	132 920	所有者权益:		
无形资产	17 000	17 000	实收资本(股本)	199 000	199 000
非流动资产合计	145 120	149 920	资本公积	13 744	13 744
			盈余公积	8 998.5	5 277
			未分配利润	61 080.5	27 587
			所有者权益合计	282 823	245 608
资产总计	395 323	351 908	负债及所有者权益总计	395 323	351 908

表 11—54　　　　**利润表**

编报单位:华美公司　　　　2017 年 12 月　　　　单位:元

项　目	本月数	本年累计数
一、营业收入	117 000	964 435
减:营业成本	53 430	563 530
营业税费	5 500	170 700
销售费用	1 000	9 960
管理费用	6 050	95 650
财务费用	300	17 500
资产减值损失		
加:公允价值变动净收益		
投资净收益		
二、营业利润	50 720	107 095
加:营业外收入		2 500
减:营业外支出	1 100	18 800
三、利润总额	49 620	90 795
减:所得税	12 405	25 993
四、净利润	37 215	64 802
五、每股收益		
(一)基本每股收益		
(二)稀释每股收益		

关键术语

会计核算组织程序　记账凭证核算组织程序　科目汇总表核算组织程序　多栏式日记账核算组织程序　汇总记账凭证核算组织程序　日记总账核算组织程序　通用日记账核算组织程序

◎ 应知考核 ◎

一、单项选择题

1. 关于汇总记账凭证核算形式,下列说法中正确的是(　　)。

A. 登记总账的工作量大　　B. 不能体现账户之间的对应关系

C. 明细账与总账无法核对　　D. 汇总记账凭证的编制较为烦琐

2. 直接根据记账凭证逐笔登记总分类账的账务处理程序是(　　)。

A. 记账凭证账务处理程序　　B. 汇总记账凭证账务处理程序

C. 科目汇总表账务处理程序　　D. 日记总账账务处理程序

3. 下列属于汇总记账凭证账务处理程序优点的是(　　)。

A. 便于进行分工核算　　B. 总分类账户反映较详细

C. 简化了编制凭证的工作量　　D. 便于了解账户间的对应关系

4. 适用于规模较小、业务量不多的单位的账务处理程序是(　　)。

A. 记账凭证账务处理程序　　B. 科目汇总表账务处理程序

C. 汇总记账凭证账务处理程序　　D. 多栏式日记账账务处理程序

5. 下列项目中,属于科目汇总表账务处理程序缺点的是(　　)。

A. 增加了会计核算的账务处理程序　　B. 增加了登记总分类账的工作量

C. 不便于检查核对账目　　D. 不便于进行试算平衡

6. 汇总记账凭证账务处理程序的适用范围是(　　)。

A. 规模较小,业务较少的单位　　B. 规模较小,业务较多的单位

C. 规模较大,业务较多的单位　　D. 规模较大,业务较少的单位

7. 关于汇总记账凭证会计核算程序,下列说法中正确的有(　　)。

A. 汇总付款凭证按现金、银行存款账户的借方设置,并按其对应的贷方账户归类汇总

B. 汇总收款凭证按现金、银行存款账户的贷方设置,并按其对应的借方账户归类汇总

C. 能反映账户之间的对应关系

D. 能起到试算平衡的作用

8. 关于科目汇总表账务处理程序,下列说法中正确的是(　　)。

A. 登记总账的直接依据是记账凭证

B. 登记总账的直接依据是科目汇总表

C. 编制会计报表的直接依据是科目汇总表

D. 与记账凭证会计核算程序相比较,增加了一道编制汇总记账凭证的程序

9. 科目汇总表账务处理程序登记总账的依据是(　　)。

A. 科目汇总表　　B. 汇总记账凭证

C. 多栏式日记账　　D. 记账凭证

10. 日记总账账务处理程序在账簿设置上与其他账务处理程序不同点体现在(　　)。

A. 设置现金日记账　　B. 设置银行存款日记账

C. 设置日记总账　　D. 设置各种明细分类账

二、多项选择题

1. 记账凭证账务处理程序、汇总记账凭证账务处理程序和科目汇总表账务处理程序应共同遵循的程序有(　　)。

A. 根据原始凭证、汇总原始凭证和记账凭证登记各种明细分类账

B. 根据记账凭证逐笔登记总分类账

C. 期末,日记账和明细分类账的余额与有关总分类账的余额核对相符

D. 根据总分类账和明细分类账的记录,编制会计报表

2. 直接根据记账凭证逐笔登记总分类账的账务处理程序是(　　)。

A. 记账凭证账务处理程序　　B. 汇总记账凭证账务处理程序

C. 科目汇总表账务处理程序　　D. 日记总账账务处理程序

3. 属于汇总记账凭证账务处理程序优点的是(　　)。

A. 反映内容详细　　B. 简化总账登记

C. 手续简便　　D. 能反映账户对应关系

4. 汇总记账凭证账务处理程序的缺点是(　　)。

A. 登记总账工作量大

B. 不能清晰地反映账户之间的对应关系,不利于经济活动的分析和检查

C. 汇总记账凭证的编制工作量大

D. 不利于日常核算工作的合理分工

5. 记账凭证核算组织程序下,不能作为登记总账直接依据的有(　　)。

A. 原始凭证　　B. 记账凭证

C. 汇总原始凭证　　D. 汇总记账凭证

6. 属于记账凭证会计核算程序优点的是(　　)。

A. 简单明了、易于理解
B. 总分类账可较详细地记录经济业务发生情况
C. 便于进行会计科目的试算平衡
D. 减轻了登记总分类账的工作量
7. 汇总记账凭证核算形式下，记账凭证可以采用(　　)。
A. 通用的统一格式的记账凭证
B. 收款、付款、转账三种专用格式的记账凭证
C. 数量金额式
D. 横线登记式
8. 属于科目汇总表账务处理程序优点的是(　　)。
A. 反映内容详细　　B. 简化总账登记
C. 便于试算平衡　　D. 能反映账户对应关系
9. 科目汇总表账务处理程序下，不能作为登记总账直接依据的是(　　)。
A. 原始凭证　　B. 汇总记账凭证　　C. 科目汇总表　　D. 记账凭证
10. 日记总账账务处理程序下需要设置的账簿有(　　)。
A. 现金日记账　　B. 银行存款日记账　　C. 日记总账　　D. 各种明细分类账

三、判断题

1. 企业不论采用哪种会计核算形式，都必须设置日记账、总分类账和明细分类账。(　　)
2. 记账凭证账务处理程序的主要特点就是直接根据各种记账凭证登记总账。(　　)
3. 记账凭证账务处理程序一般适用于规模较大、经济业务频繁的企业。(　　)
4. 汇总记账凭证账务处理程序能减轻登记总分类账的工作量，且便于了解账户之间的对应关系。(　　)
5. 汇总记账凭证账务处理程序适合规模小、业务量少的单位。(　　)
6. 汇总记账凭证一律按每一账户的借方设置，并按其对应的贷方账户归类汇总。(　　)
7. 在科目汇总表账务处理程序下，总分类账必须逐日逐笔登记。(　　)
8. 科目汇总表账务处理程序能科学地反映账户之间的对应关系，且便于对账。(　　)
9. 科目汇总表账务处理程序的主要特点是根据记账凭证编制科目汇总表，并根据科目汇总表填制报表。(　　)
10. 日记总账账务处理程序的特点是设置日记总账，直接根据记账凭证逐笔顺序登记日记总账。(　　)

四、简答题

1. 简述选择合理、适用的会计核算组织程序应考虑的因素。
2. 简述会计核算形式的种类。
3. 简述记账凭证核算组织程序下账务处理的步骤。
4. 简述科目汇总表核算组织程序下账务处理的步骤。
5. 简述通用日记账核算组织程序下账务处理的步骤。

◎ 应会考核 ◎

★业务考核

【考核项目】

汇总表账务处理程序

【背景资料】

光明工厂 2017 年 8 月 1 日总分类账户和明细分类账户余额如表 11—57 所示，企业每月编制一次科目汇总表，如表 11—55 所示。

表 11—55　　光明工厂总分账户和明细分类账户期初余额表

会计科目	总分类账户余额		明细分类账户余额	
	借　方	贷　方	借　方	贷　方
库存现金	2 000			
银行存款	210 000			
应收账款	40 000			
其他应收账款	2 000			
爱建公司			2 000	
库存商品	60 000			
固定资产	390 000			
累计折旧		90 000		
短期借款		100 000		
应付账款		300 000		
实收资本		214 000		
合　计	704 000	704 000		

2017 年 9 月，光明工厂发生如下经济业务：

(1)9 月 4 日，提取现金 3 000 元。

(2)9 月 6 日，张华借支差旅费 4 000 元。

(3)9 月 15 日，购入材料价值 10 000 元，增值税 1 700 元，款项以银行存款支付，材料已入库。

(4)9 月 20 日，销售商品 20 000 元，增值税 3 4 000 元，货款存入银行。

(5)9 月 30 日，结转本月销售商品成本 15 000 元。

【考核要求】

1. 根据以上经济业务编制收款凭证、付款凭证和结转凭证。
2. 根据收款凭证和付款凭证，登记现金日记账和银行存款日记账。
3. 根据原始凭证和收款凭证、付款凭证、转账凭证，登记明细分类账。
4. 根据各种记账凭证编制科目汇总表。
5. 根据科目汇总表登记总账。

★技能考核

【考核项目】

编制科目汇总表

【背景资料】

某工厂2017年1月份发生以下各项经济业务：

(1)向一厂购入甲材料200千克，每千克129 20元，计25 840元，增值税税率17%，货款以银行存款支付。

(2)以现金支付甲材料杂费160元。

(3)甲材料200千克验收入库，按实际成本转账。

(4)以银行支票15 200元缴纳上月销售税金。

(5)以银行支票30 000元归还临时借款。

(6)收到二厂还来货款36 000元及税金6 120元，四厂还来货款60 000元及税金10 200元，存入银行。

(7)购入劳保用品100元，增值税税率17%，以现金支付，并交车间使用。

(8)仓库发出乙材料460千克，每千克进价100元。其中：300千克用于制造B产品，160千克用于制造A产品。

(9)购入新机器一台，价值70 000元，增值税税率17%，以银行支票支付。

(10)售予二厂A产品300件，每件180元，计价款54 000元，增值税税率17%，货款尚未收到。

(11)售予四厂B产品100件，每件400元，计价款40 000元，增值税税率17%，货款尚未收到。

(12)购入即用的销售包装纸箱100只，每只16元，增值税税率17%，以银行存款支付。

(13)仓库发出甲材料100千克，每千克130元，用于制造A产品。

(14)以银行支票支付车间设备修理费328元。

(15)以现金80元支付销售产品运杂费。

(16)购入丁材料100千克，验收入库，价款2 400元，增值税税率17%，以银行支票支付，同时按实际成本转账。

(17)仓库发出车间一般耗用的丁材料40千克，每千克24元。

(18)向三厂购入乙材料200千克，价款19 760元，增值税税率17%，以银行支票支付。

(19)以银行支票支付乙材料装卸费240元。

(20)乙材料200千克验收入库，按实际成本转账。

(21)仓库发出甲材料200千克，每千克进价130元，用于制造B产品。

(22)向五厂购入丙材料300千克，价款11 820元，增值税税率17%，货款尚未支付。

(23)以银行存款支付丙材料价款11 820元，增值税税率17%，上述丙材料300千克验收入库，按实际成本转账。

(24)开出银行支票1 000元，提取现金。

(25)以银行支票330元购买管理部门办公用品。

(26)售出A产品200件，价款36 000元，增值税税率17%，货款存入银行。

(27)以现金40元支付销售A产品装卸搬运费。

(28)收到二厂货款54 000元及税金9 180元，存入银行。

(29)收到四厂货款40 000元及税金6 800元，存入银行。

(30)向三厂购入乙材料300千克，价款29 640元，增值税税率17%，以银行支票支付。

(31)乙材料300千克已验收入库，按实际成本转账。

(32)售出B产品150件，价款60 000元，增值税税率17%，货款存入银行。

(33)以现金支付B产品销售运杂费50元。

(34)购入会计用账表凭证60元，车间用文具用品84元(包括增值税税率17%)，分别以现金支付。

(35)仓库发出丙材料 150 千克,其中用 50 千克制造 A 产品,100 千克制造 B 产品。丙材料成本每千克 40 元。

(36)以银行支票 450 元支付车间机器修理费。

(37)管理部门人员出差回来报销差旅费 1 290 元,已借支 1 500 元,余款交回现金。

(38)经批准报废清理旧机器一台,原值 16 000 元,已提折旧 15 360 元。

(39)以银行支票支付报废机器清理费用 320 元。

(40)报废机器残料出售,收入价款 1 040 元,存入银行。

(41)报废机器净收入 80 元转入营业外收入处理。

(42)向银行提取现金 38 000 元,用以发放工资。

(43)以现金 38 000 元发放工资。

(44)售予二厂 A 产品 100 件,价款 36 000 元,增值税税率 17%,货款尚未收到。

(45)以现金 30 元支付 A 产品销售搬运费。

(46)以银行支票支付职工医药费 3 120 元。

(47)以银行支票支付本月电费 4 770 元,其中:车间生产用电 3 978 元,管理部门用电 792 元。

(48)以银行支票支付本月水费 380 元,其中:车间用水 216 元,管理部门用水 164 元。

(49)结算本月职工工资 38 000 元,其中:生产工人工资 27 200 元(A 产品工人工资 12 800 元,B 产品工人工资 14 400 元);车间技术、管理人员工资 5 800 元;行政管理部门人员工资 5 000 元。

(50)计提本月固定资产折旧 3 780 元,其中车间固定资产折旧 2 500 元,行政管理部门固定资产折旧 1 280 元。

(51)摊销本月份应负担的行政管理费用 240 元。

(52)预提本月份应负担银行借款利息 600 元。

(53)结转本月份制造费用,按生产工人工资比例分配计入 A、B 产品生产成本。

(54)结转已完工 A 产品 300 件,B 产品 400 件的实际生产成本。

(55)结转已销产品生产成本:A 产品每件 126.46 元,B 产品每件 273.44 元。

(56)计算本月利润(用表结法、不转账),按利润额的 25%结算应交所得税。

(57)按净利润 10%计提盈余公积金。

【考核要求】

要求:

(1)按上列经济业务编制会计分录。

(2)编制科目汇总表,见表 11—56。

表 11—56 记账凭证汇总表

2017 年 1 月 1～31 日

会计科目	借　方	贷　方
库存现金		
银行存款		
材料采购		
原材料		
应收账款		
其他应收款		

续表

会计科目	借　方	贷　方
制造费用		
生产成本		
库存商品		
待摊费用		
固定资产		
累计折旧		
固定资产清理		
主营业务成本		
营业费用		
管理费用		
财务费用		
短期借款		
应交税费		
应付职工薪酬		
应付福利费		
预提费用		
主营业务收入		
营业外收入		
所得税		
利润分配		
盈余公积		
合　计		

★案例题

刘通于2017年1月1日用银行存款100 000元作为投资创办了天地公司，主要经营各种家具的批发与零售。5月1日，刘通以每月2 000元的租金租用了一个店面作为经营场地。由于刘通不懂会计，他除了将所有的发票等单据都收集保存起来外，没有作任何其他记录。到月底，刘通发现公司的存款反而减少了，只剩下58 987元，外加643元现金。另外，尽管客户赊欠的13 300元尚未收现，但公司也有10 560元货款尚未支付。除此之外，实地盘点库存家具，价值25 800元。刘通开始怀疑自己的经营，前来向你请教。

对刘通保存的所有单据进行检查分析，汇总一个月的资料显示：

(1)投资银行存款100 000元。

(2)内部装修及必要的设施花费20 000元，均已用支票支付。

(3)购入家具两批,每批价值35 200元,其中第一批为现金购入,第二批购入赊欠价款的30%,其余用支票支付。

(4)本月零售家具收入共38 800元,全部收到存入银行。

(5)本月批发家具收入共25 870元,其中赊销13 300元,其余均存入银行。

(6)用支票支付当月的租金2 000元。

(7)本月从银行存款户提取现金共10 000元,其中4 000元支付店员的工资,5 000元用作个人生活费,其余备日常零星开支。

(8)本月水电费543元,支票支付。

(9)本月电话费220元,现金支付。

(10)其他各种杂费137元,用现金支付。

案例要求:请根据天地公司的具体经济业务,替刘通设计一套适合的会计核算组织程序,并帮助刘通记账(编制会计分录即可),向刘通报告公司的财务状况,解答其疑惑,评述其经营业绩。

◎ 项目实训 ◎

【实训项目】

科目汇总表的实际应用

【实训情境】

ABC公司原本是一家小规模的生产企业,经过几年的发展,已经成为规模大、业务繁多的大型企业。原来企业采用的会计核算形式是记账凭证核算形式,目前继续采用这种方法已经不适应企业的实际状况。

【实训要求】

假设该企业想改用科目汇总表核算形式,假如你是该企业的会计人员,请你:

(1)说明该企业设计科目汇总表核算形式的基本内容。

(2)将科目汇总表核算形式的程序用图形表示出来,并配以必要的文字说明。

项目十二　会计工作组织

【知识目标】

理解：会计工作组织的意义、组织会计工作的基本原则；会计电算化的概念及意义、基本内容、未来发展趋势展望。

熟知：会计规范、会计准则体系、会计机构设置的基本原则、组织形式及其设置。

掌握：会计人员的从业资格及职权、专业职务、职业道德；会计档案的概念、内容、管理、移交和调阅。

【技能目标】

遵守会计档案的管理及其移交和调阅。

【素质目标】

学生能够学会并领悟到会计职业道德在企业管理中的重要意义。

【项目引例】

违背会计职业道德

大连某实业公司的现金由会计人员保管，现金的收支也由会计人员办理。该企业的记账凭证由出纳员张某先盖好印章放在会计人员那里，给会计人员作假提供了可乘之机。该实业公司会计（兼出纳）邵某就是利用这种既管钱又管账的"方便"条件，尤其是借用盖好章的记账凭证，编造虚假支出，贪污1.4万余元。

【讨论】 请你说一下现金收支业务的正常账务处理程序

【知识精讲】

任务一　会计工作组织的意义与原则

一、会计工作组织的意义

会计工作的组织，主要是通过设置会计机构，配备会计人员，制定与执行会计规章制度，实施与改进会计工作的技术手段，管理会计档案，进行会计工作与其他经济管理工作间的协调，形成一个高效运行的会计工作体系。

会计是一项复杂的、细致的、综合性的经济管理活动，而会计工作是进行这一经济管理活动的一个系统，就必须合理有序地组织系统的各部分并使之相互协调。所以，科学地组织会计工作具有十分重要的意义。

（一）科学地组织会计工作，有利于保证会计工作的质量，提高会计工作的效率

会计反映的是再生产过程中各个阶段以货币表现的经济活动，具体可表现为循环周转的资金运动和频繁发生的财务收支。会计工作要把这些财务收支和经济活动从凭证到账簿、从账簿到报表，连续地进行收集、记录、分类、汇总和分析等。这不但涉及复杂的计算，并且需要一系列的程序和手续，各个程序之间、各种手续之间，一环扣一环，联系密切。如果在任何一个环节出现差错或脱节，都会造成整个核算结果错误。如果没有专职的机构和办事人员，没有一套工作制度和办事程序，就不能科学地组织会计工作，不能很好地完成会计的任务，影响会计工作效率。为此，需要根据各单位会计工作的特点，科学地设置专职的会计机构和配备专职的会计人员，并制定一套行之有效的工作制度和工作程序。只有这样才能把会计工作科学地组织起来，并有效地完成会计所承担的各项任务。

（二）科学地组织会计工作，可以保证会计工作与其他经济管理工作协调一致，提高企业管理水平

会计工作是企业单位经济管理工作的重要组成部分。会计工作既独立于其他经济管理工作，又同它们存在着十分密切的联系。会计管理与其他经济管理工作既有区别，又相互制约、相互促进，从不同的角度对企业单位经济活动进行管理。因此，会计工作一方面能够促进其他经济管理工作，另一方面也需要其他经济管理工作的密切配合，相互协调。例如，会计工作与计划工作、统计工作之间，应当相互协调一致。只有按照一定的要求科学地组织会计工作，才能处理好会计工作同其他经济管理工作的分工协作关系，才能使之相互促进，充分发挥各自的作用，共同实现经济管理的目标。

（三）科学地组织会计工作，可以加强各单位内部的经济责任制

经济责任制是各经营单位实行内部控制和管理的重要手段，会计是经济管理的重要组成部分，必然要在贯彻经济责任制方面发挥重要的作用。实行内部经济控制离不开会计，如科学的经济预测、正确的经济决策以及业绩评价考核等，都离不开会计工作的支持。科学地组织会计工作可以促进会计单位内部及有关部门有效利用资金，增收节支，提高管理水平，从而提高经济效益，加强各单位内部的经济责任制，为企业尽可能地创造利润。

此外，会计工作是一项政策性很强的工作，发挥会计监督的作用，认真贯彻执行国家有关方针、政策和法令、制度，揭露和制止一切违法、违纪行为，也是会计工作的一项重要任务。因此，科学组织会计工作，对于贯彻执行国家方针、政策和法令、制度，维护财经纪律，建立良好的社会经济秩序具有重要意义。

二、组织会计工作的基本原则

（一）统一性原则

统一性原则是指组织会计工作应遵守《中华人民共和国会计法》（以下简称《会计法》）、《企业会计制度》和企业会计准则等相关法规规定的要求。会计所提供的信息，既可以反映企业单位遵循国家有关法规制度的情况和结果，又可以作为国家确定相关方针政策的参考依据。因此，应按照统一性原则的要求组织会计工作，贯彻执行国家的方针政策和法规制度，正确进行会计核算，实行会计监督，充分发挥会计工作在维护社会主义市场经济秩序、加强经营管理、提

高经济效益方面的作用。

(二)适应性原则

适应性原则是指组织会计工作必须适应本单位经营管理的特点。各企业单位应在遵守国际统一的会计法规和会计准则的前提下,根据本单位经营的特点和规模大小等具体情况,制定出适合本单位的具体办法或规定,采用不同的账簿组织、记账方法和记账程序,以及不同的成本核算方法等,处理企业单位发生的各项经济业务,以满足各企业单位自身发展的需要。

(三)效益性原则

效益性原则是指在组织会计工作时,在保证质量的前提下,应追求工作效益,节约时间和费用。会计要经常处理各项经济业务,工作量比较大,如果不能有效组织会计工作,必然会造成人力、财力、物力资源的浪费和损失。对会计管理程序的规定,会计凭证、会计账簿、财务报表的设计,会计机构的设置,以及会计人员的配备与分工等,应力求精简、合理,实行会计电算化,尽量节约会计工作时间和费用,以较少的人力、财力、物力消耗,取得较大的工作效果,提高工作效率。

(四)内部控制原则

内部控制原则是指在组织会计工作时,应遵循内部控制的原则。建立内部控制制度,是会计工作组织的重要内容,主要包括现金出纳控制、财产物资进出控制,以及各项费用支出控制等。通过不同业务程序的相互牵制作用,可以防止错弊的发生,使会计业务处理程序更加规范化、合理化。

(五)责任制原则

组织会计工作,应在保证贯彻整个企业单位责任制的同时,建立和完善会计工作本身的责任制度,合理进行分工,建立会计各岗位、手续和程序,每个岗位上的会计人员都应当认真履行本岗位职责,同时各岗位之间应相互配合,共同做好本单位的会计工作。

任务二　会计核算规范体系

一、会计工作规范

(一)会计工作规范的概念和作用

会计工作规范是处理会计事务的法律、原则、程序和方法的总称,是进行会计工作的规则和准则。建立健全会计工作规范,可以保证会计工作贯彻执行国家有关的财经方针、政策,保证会计工作沿着市场经济方向正确运行;可以保证会计指标在全国范围内口径一致,以便于会计资料的汇总和利用,满足国民经济管理和综合平衡的需要;可以使各单位会计机构提供的会计信息真实、及时、有用,更好地满足各个方面的需要,更圆满地完成会计的任务。

(二)会计工作规范体系的概念和内容

会计规范是指所有能对会计实务起约束作用的法律、法规、准则、条例和道德守则等的总和,是为适应会计实践活动需要而发展起来又用于指导和约束会计行为的准绳。它是联系会计理论目标与会计实务的桥梁和纽带。会计规范的内容包括会计法律、会计准则、会计制度等。

1. 会计法律

会计法律是指对会计工作具有约束效力的法律，主要包括独立的《会计法》及其他法律中包含的对会计工作的法律规定等。由于会计法律是由国家立法机关所制定的体现国家的意志，所以具有高度的强制性，因而对会计工作的规范作用最强，也最为严肃。

《会计法》于1985年1月21日颁布，自同年5月1日起施行；于1993年12月进行了第一次修正；又于1999年10月进行了第二次修改，自2000年7月1日起施行。现行的《会计法》共七章五十二条，主要有总则、会计核算、企业会计核算的特别规定、会计监督、会计机构和会计人员、法律责任、附则。它是会计法律规范体系的最高层次，是规范会计活动的基本法，是其他一切会计法规、制度的母法。

修订后的《会计法》，补充、完善了会计核算和会计记账的基本制度和基本规则，强化了单位负责人对本单位会计工作和会计资料真实性、完整性负责的责任制，加强了对会计人员的资格管理，强化了对会计活动的制约和监督，加大了对违法行为的处罚力度，适应了当前经济和财务管理的需要。

2. 会计准则

会计准则又称会计标准，是会计核算工作的基本规范。它处于会计工作规范体系的第二个层次，主要就会计核算的原则和会计处理方法及程序做出规定。它以《会计法》为指导，同时又指导会计制度，是会计制度的制定依据。

会计准则又分为基本会计准则和具体会计准则。基本会计准则主要对会计核算的一般要求和会计核算的主要方面做出原则性的规定，为具体会计准则和会计制度的制定提供基本框架。具体会计准则主要根据基本会计准则的要求，就经济业务的会计处理及其具体程序做出具体规定。

会计准则是从技术角度对会计实务的处理提出的要求，是由一定的权威机构所颁布的会计工作规范，可视为亚法律，也具有相当的约束性。但与会计法律相比，企业在应用上具有一定的灵活性和可选择性。财政部于2010年颁布了新的企业会计准则，对企业单位的会计工作予以规范。会计准则是目前大部分市场经济国家所采用的、约束会计工作的规范形式。

3. 会计制度

从广义上讲，会计制度应该包括会计工作制度、会计人员管理制度和会计核算制度等内容，而习惯上所称的会计制度则仅指会计核算制度。

会计制度是在会计准则基础上制定的具体会计方法、程序的总称。会计制度有两个层次，第一个层次是由财政部门会同其他主管部门以《企业会计准则》为依据制定的《企业会计制度》，规定诸如会计凭证的填制和审核、会计科目的设置、账簿组织和记账程序、会计处理程序、财产清查方法等，以及由国家最高行政机关即国务院制定的有关会计方面的各种行政法规，如《总会计师条例》、《会计基础工作规范》等。《企业会计制度》是从事生产经营并以营利为目的的企业法人进行会计核算的规范。会计制度的第二层次是基层单位根据以上各会计法规自行制定或委托社会会计服务机构制定的，仅对本单位行为具有约束力的工作规范。

二、会计准则体系

会计准则最早在20世纪30年代的美国出现。在经历了经济“大萧条”后，为了解决当时社会上企业会计处理方法不规范和会计处理程序不统一的状况，美国政府对制定会计规范开始予以重视。1933年美国颁布证券法，规定证券上市公司都必须执行统一的会计方法和标准。

自此以后，美国开始制定会计准则，先后成立了会计程序委员会、会计原则委员会和财务会计委员会三个机构负责美国财务会计准则的研究和起草工作，迄今为止已颁布了100多项财务会计准则。美国会计准则的制定与发布为世界各国会计准则的制定和发展开了先河，此后一些资本主义国家，也相继制定了本国的准则，以规范和统一本国的会计核算和会计信息。

我国从1993年以来，财政部共发布和修订了《企业会计准则——基本准则》和38个具体准则。我国的会计准则是为了适应社会主义市场经济发展的需要，保证会计信息质量，根据《会计法》制定的。它是我国会计核算工作的统一标准，是审核企业、事业单位会计报告的依据。

我国的企业会计准则包括基本会计准则和具体会计准则两个层次。

基本会计准则是为了进行会计核算工作而做出的原则性规定，它为制定具体准则和会计制度提供依据，包括会计信息质量要求、会计假设和会计要素准则等基本内容。具体会计准则是指依据基本会计准则的要求，就经济业务的处理及程序所做出的具体规定。包括：(1)共同业务会计准则，是对各行业会计核算中共同性业务的会计处理做出的规定，主要包括存货、固定资产、投资、无形资产、收入等准则。(2)特殊业务准则，是对各行业特殊的会计业务及特殊行业的特殊业务的处理方法和程序做出的规定，前者主要有外币业务、租赁业务、资产减值业务、债务重组、非货币性交易业务、建造合同等；后者如银行的存贷款业务、证券公司的证券投资业务、农业的农产品计价和收入确认等。(3)会计报表准则，主要规定信息披露的方式、内容及会计报表的基本格式，主要有资产负债表、利润表、现金流量表、合并会计报表、资产负债表日后事项等准则。

2006年，财政部又修订和颁布了会计准则体系，包括1项《企业会计准则——基本准则》、38项具体准则和准则指南。新会计准则体系是与中国国情相适应同时又充分与国际会计准则趋同的涵盖各类企业各项经济业务，能够独立实施的会计准则体系，实现了我国企业会计准则建设的跨越和突破。

2014年，财政部颁布的我国企业会计准则体系由1个基本准则、41个具体准则、38个应用指南和6个会计准则解释等组成。新的会计准则体系在现行准则的基础上增添了若干新准则，如涉及房地产行业的准则《投资性房地产》，涉及农业的准则《生物资产》，涉及金融、证券行业的准则《金融工具确认和计量》、《金融资产转移》、《套期保值》、《金融工具列报》等，涉及保险企业的准则《原保险合同》和《再保险合同》，涉及能源企业的准则《石油天然气开采》，涉及外贸企业的准则《外币折算》以及涉及薪酬和个人收入的准则《职工薪酬》、《企业年金基金》、《股份支付》及《政府补助》等，使我国不同行业企业在遇到具有行业特色的特殊性问题时直接有据可依。另外，新准则中还增添了《每股收益》和《分部报告》等准则，对上市公司每股收益的具体计算方法和分部报告的具体披露内容与方法等事项做出了详细的规定。

任务三　会计机构

一、会计机构的概念及设置的基本原则

所谓会计机构，是指各单位贯彻执行财经法规，制定和执行会计制度，组织领导和办理会

计事务的职能机构。《会计法》第 36 条也明确规定:各单位应当根据会计业务的需要设置会计机构,或者在有关机构中设置会计人员并指定会计主管人员;不具备设置条件的,应当委托经批准设立从事会计代理记账业务的中介机构代理记账。

总之,会计机构的设置应该遵循“统一性与适应性相结合”、“讲成本与讲效果相结合”的原则。

二、会计机构的设置

(一)各级财政部门会计管理机构及各级政府管理机关会计机构的设置

我国财政部设置会计事务管理司,主管全国的会计工作。地方财政部门(各省、自治区、直辖市财政厅、局)一般设置企业会计处,主管本地区所属单位的会计工作。各级政府管理机关和单位的主管部门一般设置财会管理部门,负责组织领导和监督所属单位的会计工作。这些会计机构的主要任务是:

(1)负责组织、领导和监督所属单位的会计工作;

(2)根据国家统一规定和要求,制定适用于本行业的会计制度;

(3)检查和指导所属单位的会计工作,并帮助解决工作上存在的问题;

(4)审核、批复所属单位上报的会计报表,并汇总编制本系统的会计报表;

(5)核算本单位与财政部门以及上下级之间的缴拨款项;

(6)总结并交流所属单位会计工作的先进经验。

(二)基层企业和行政事业单位会计机构的设置

基层企事业单位一般设财会处、科、股、组等。在厂长、经理、董事长或总会计师的领导下,负责办理本单位的财务会计工作,接受财政部门和有关上级财会部门的指导和监管。它们的主要任务是:

(1)参与编制各项经济计划、定额,签订经济合同,参与经济管理,参与经营决策。

(2)执行并有权要求全体职工执行财务计划、财务会计制度,遵守和维护财经纪律。

(3)记录经济活动,为管理者和投资者提供真实可靠的会计资料;分析财务计划的执行情况,提出增产节约、提高经济效益的建议。

(4)检查资产的利用情况,防止经济上的损失浪费和违法乱纪行为等。

企业会计机构内部还可根据业务繁简分设职能小组,如工业企业的财务会计部门内部可分设财务组、资金组、材料组、工资组、成本组、综合组等职能组。同时,在财务会计机构内部,还可以按照会计工作的内容和会计人员的配备情况,进行合理的分工,使每一项会计工作都有专人负责,每一个会计人员都明确其岗位职责。会计人员的岗位有:会计主管人员、出纳人员、固定资产核算人员、物资核算人员、成本费用核算人员、收入利润核算人员、综合分析人员、稽核人员、档案保管人员等。这些岗位,可以一人一岗,也可以一人多岗,或一岗多人。对于各个岗位要具体规定岗位的职责标准、要求和工作程序。

三、会计机构的组织形式

会计机构的组织形式,按照部门之间会计工作分工方式的不同,可分为集中核算和非集中核算两种;按照企业与所属内部单位间的管理体制不同,又可分为独立核算和非独立核算两种。

（一）集中核算和非集中核算

1. 集中核算

集中核算，是企业的主要会计工作集中于企业财会部门，其总分类核算、明细分类核算以及会计报表的编制都由会计部门集中办理的一种会计核算组织方式。在这种核算方式下，企业内部各业务部门（如工厂内部的车间、班组、商店内部的营业柜组等）一般不进行单独核算，只对其所发生的经济业务办理原始凭证和某些原始凭证的汇总工作，并定期将原始凭证和汇总凭证送交会计部门。这种会计核算方式，可以简化核算手续，便于实施电算化，提高工作效率，节省核算费用。中小型企业适宜于采用此种形式。

2. 非集中核算

非集中核算又称分散核算，是企业内部各业务经营部门对本部门所发生的经济业务直接进行较全面的会计核算，企业财会部门对所属各级的会计工作实务实行领导、监督和业务指导，分配企业一级的各种费用计入期间费用，汇总各级的会计报表，进行全企业的财务决算的一种会计核算组织方式。非集中核算可以是两级管理、两级核算，也可以是三级管理、三级核算。实行非集中核算的车间、部门，不仅要填制和整理凭证，设置账簿，而且要计算收入和支出，确定盈亏，并定期编制会计报表，报送财会部门。这种会计核算方式适用于层次分明的大中型企业，以及内部实行承包责任制的企业。

集中核算和非集中核算仅仅是一种相对的划分。一个企业可以对某些业务采用集中核算，而对另一些业务采用非集中核算。究竟采用哪种形式为宜，应根据单位的特点和管理的需要，从有利于强化经营管理、加强经济核算的角度来决定。但企业无论采用哪种形式，企业与银行的往来、债权、债务的结算等业务，都要通过企业会计部门管理。

（二）独立核算与非独立核算

1. 独立核算

独立核算是对本单位的业务经营活动过程及其结果进行全面的、系统的会计核算。独立核算单位通常在管理上有独立的组织形式，独立编制计划，能与有关部门签订经营合同，具有一定数量的资金，在当地银行开设账户，可对外办理结算，单独计算盈亏等。独立核算单位应单独设置会计机构，配备专职会计人员并且有完整的会计工作组织体系，包括所使用的会计科目、会计凭证，设置会计账簿，编制会计报表，以及进行会计分析与会计检查。

作为独立核算单位，可以采用集中核算的形式，也可采用非集中核算的形式。

2. 非独立核算

非独立核算有半独立核算和简易核算两种组织形式。

半独立核算，是企业在自身业务经营、成本费用的管理支配上，基本上有独立处理的权限；在会计核算上能单独核算盈亏，并能编制会计报表，但对外没有经济联系权，资金由上一级部门统一掌握、调配。

简易核算又称报账制，一般是把本单位业务经营的日常资料逐日或定期报送上级单位，由上级单位进行核算。如商品流通企业所属的某些购销网点，这些单位由上级拨给一定数额周转资金，一切收入均交给上级单位，所有支出向上级单位报销，所以这些单位通常被称为报账单位。简易核算单位没有完整的账簿组织，一般只办理原始凭证的填制、整理和汇总，以及商品、原材料等实物账、卡的登记，不单独编制会计报表。若是企业规模较小、业务简单、人员较少，组织管理上缺乏独立核算的条件，一般采取这种非独立核算形式。

任务四　会计人员和职业道德

一、会计人员概述

（一）会计人员的从业资格

会计人员的从业资格，是指从事会计工作的人员所必须具备的法律资格。从事会计工作的人员，无论是否被聘任一定的专业技术职务，都必须取得会计从业资格证书，即由财政部门颁发的“会计上岗证”，方能从事会计工作。担任单位会计机构负责人（会计主管人员）的，除取得会计从业资格证书外，还应当具备会计师以上专业技术职务资格或者从事会计工作三年以上经历。会计人员从业资格管理办法由国务院财政部门制定。

按照《会计法》规定，国有的和国有资产占控股地位或者主导地位的大、中型企业必须设置总会计师。总会计师是在单位负责人领导下，主管经济核算和财务会计工作的负责人。总会计师是单位领导成员，协助单位负责人工作，直接对本单位负责人负责。对于总会计师的任职资格，不但需要满足以上各项条件，而且需要具备三年以上主管会计工作的经历。

注册会计师是依法取得注册会计师证书，已在财政部门注册登记，并接受委托从事审计和相应的会计咨询、会计服务业务的人员。其工作机构称为会计师事务所。根据《注册会计师条例》的规定，申请担任注册会计师的人员，须具备规定的学历和一定的实际会计工作经验，经考试或考核合格，由财政部门批准注册后，才能担任注册会计师工作。

（二）会计人员的职权

为了充分发挥会计人员的工作积极性，更好地完成会计工作任务，《会计法》规定了会计人员的基本职责：进行会计核算，实行会计监督，参与制订业务计划，编制财务预算和财务计划，考核、分析财务预算和财务计划的执行情况，办理其他会计事项。其中，进行会计核算、实行会计监督是会计人员最基本的职责。

为了保证会计人员顺利地履行自己的职责，国家在明确会计人员基本职责的同时，也赋予了他们必要的权限：有权要求本单位有关部门、人员认真执行国家批准的计划，遵守国家财经纪律和财务会计制度，如有违反，会计人员有权拒绝付款，拒绝报销或拒绝执行，并向本单位领导人报告；对于弄虚作假、营私舞弊、欺骗上级等违法乱纪行为，会计人员必须坚决拒绝执行，并向本单位领导人或上级机关、财政部门报告；有权参与本单位编制计划，制定定额，鉴定经济合同，参加有关的生产经营管理会议；有权监督、检查本单位有关部门的财务收支、资产使用和财产保管、收发、计量等情况。

（三）会计人员的专业职务

会计人员的专业技术职务分为高级会计师、会计师、助理会计师和会计员四种。高级会计师为高级职称，会计师为中级职称，助理会计师、会计员为初级职务。会计人员必须获得专业技术职务的任职资格，然后由各单位根据会计工作需要和本人的实际工作表现聘任一定的专业职务。为了加强会计工作队伍的建设，更好地体现客观、公正的原则，从 1992 年 8 月份起，我国开始试行会计人员专业技术职务任职资格考试，即“以考代评”，以专业知识水平测试成绩作为确定会计人员专业职务任职资格的主要依据。

二、会计人员的职业道德

(一)职业道德的概念和主要内容

1. 职业道德的概念

职业道德的概念有广义和狭义之分。广义的职业道德是指从业人员在职业活动中应该遵循的行为准则,涵盖了从业人员与服务对象、职业与职工、职业与职业之间的关系。狭义的职业道德是指在一定职业活动中应遵循的、体现一定职业特征的、调整一定职业关系的职业行为准则和规范。

2. 职业道德的主要内容

职业道德主要内容包括:爱岗敬业、诚实守信、办事公道、服务群众、奉献社会。

(二)会计职业道德

1. 会计职业道德的概念

会计职业道德是指在会计职业活动中应当遵循的、体现会计职业特征的、调整会计职业关系的职业行为准则和规范。

2. 会计职业道德规范的主要内容

(1)爱岗敬业。要求会计人员热爱会计工作,安心本职岗位,忠于职守,尽心尽力,尽职尽责。

(2)诚实守信。要求会计人员做老实人,说老实话,办老实事,执业谨慎,信誉至上,不为利益所诱惑,不弄虚作假,不泄露秘密。

(3)廉洁自律。要求会计人员公私分明、不贪不占、遵纪守法、清正廉洁。

(4)客观公正。要求会计人员端正态度,依法办事,实事求是,不偏不倚,保持应有的独立性。

(5)坚持准则。要求会计人员熟悉国家法律、法规和国家统一的会计制度,始终坚持按法律、法规和国家统一的会计制度的要求进行会计核算,实施会计监督。

(6)提高技能。要求会计人员增强并提高专业技能的自觉性和紧迫感,勤学苦练,刻苦钻研,不断进取,提高业务水平。

(7)参与管理。要求会计人员在做好本职工作的同时,努力钻研相关业务,全面熟悉本单位经营活动和业务流程,主动提出合理化建议,协助领导决策,积极参与管理。

(8)强化服务。要求会计人员树立服务意识,提高服务质量,努力维护和提升会计职业的良好社会形象。

(三)会计职业道德与会计法律制度的关系

1. 会计职业道德与会计法律制度的联系

会计职业道德是会计法律制度正常运行的社会和思想基础,会计法律制度是促进会计职业道德规范形成和遵守的制度保障。两者有着共同的目标、相同的调整对象,承担着同样的职责,在作用上相互补充,在内容上相互渗透、相互重叠,在地位上相互转化、相互吸收,在实施上相互作用、相互促进。

2. 会计职业道德与会计法律制度的区别

(1)性质不同。会计法律制度通过国家机器强制执行,具有很强的他律性;会计职业道德主要依靠会计从业人员的自觉性,具有很强的自律性。

(2)作用范围不同。会计法律制度侧重于调整会计人员的外在行为和结果的合法化;会计职业道德则不仅要求调整会计人员的外在行为，还要调整会计人员内在的精神世界。

(3)实现形式不同。会计法律制度是通过一定的程序由国家立法机关或行政管理机关制定的，其表现形式是具体的、明确的、正式形成文字的成文规定；会计职业道德出自会计人员的职业生活和职业实践，其表现形式既有明确的成文规定，也有不成文的规范，存在于人们的意识和信念之中。

(4)实施保障机制不同。会计法律制度由国家强制力保障实施；会计职业道德既有国家法律的相应要求，又需要会计人员的自觉遵守。

(四)会计职业道德教育

1. 会计职业道德教育形式

(1)接受教育。通过学校或培训单位对会计人员进行以职业责任、职业义务为核心内容的正面灌输，以规范其职业行为，维护国家和社会公众利益的教育。

(2)自我教育。会计人员自我学习、提高自身道德修养的行为活动。

2. 会计职业道德教育内容

(1)会计职业道德观念教育。通过学习会计职业道德知识，树立会计职业道德观念，了解会计职业道德对社会经济秩序、会计信息质量的影响，以及违反会计职业道德将受到的惩戒和处罚。

(2)会计职业道德规范教育。以爱岗敬业、诚实守信、廉洁自律、客观公正、坚持准则、提高技能、参与管理和强化服务为主要内容的会计职业道德规范是会计职业道德教育的核心内容，并贯穿于会计职业道德教育的始终。

(3)会计职业道德警示教育。通过对违反会计职业道德行为和违法会计行为典型案例进行讨论和剖析，从中得到警示，提高法律意识、会计职业道德观念和辨别是非的能力。

(4)其他与会计职业道德相关的教育。

(五)会计职业道德教育途径

1. 通过会计学历教育进行会计职业道德教育

在学习会计理论和技能的同时，学习会计职业道德规范内容，了解会计职业面临的道德风险，树立会计职业道德情感和观念，提高运用道德标准判断是非的能力。

2. 通过会计继续教育进行会计职业道德教育

在不断更新、补充、拓展会计专业理论、业务能力的同时，通过会计职业道德信念教育、会计职业义务教育、会计职业荣誉教育，形成良好的会计职业道德品行。

3. 通过会计人员的自我教育与修养进行会计职业道德教育

通过自我教育、自我锻炼、自我修养，将会计职业道德规范转化为会计人员的内在品质，规范和约束自身会计行为。

(六)会计职业道德的检查与奖惩

1. 财政部门对会计职业道德进行监督检查

检查的途径主要有：

(1)将会计法执法检查与会计职业道德检查相结合；

(2)将会计从业资格证书注册登记管理与会计职业道德检查相结合；

(3)将会计专业技术资格考评、聘用与会计职业道德检查相结合。

2. 会计行业组织对会计职业道德进行自律管理与约束

(1)依据会计法等法律法规，建立激励机制，对会计人员遵守职业道德情况进行考核和奖惩。

(2)会计人员违反职业道德,情节严重的,由财政部门吊销其会计从业资格证书。

(七)会计职业道德建设组织与实施

具体包括以下方面:

(1)财政部门组织和推动会计职业道德建设,依法行政,探索会计职业道德建设的有效途径和实现形式。

(2)会计职业组织建立行业自律机制和会计职业道德惩戒制度。

(3)企事业单位任用合格会计人员,开展会计人员职业道德教育,建立和完善内部控制制度,形成内部约束机制,防范舞弊和经营风险,支持并督促会计人员遵循会计职业道德,依法开展会计工作。

(4)社会各界各尽其责,相互配合,齐抓共管。

(5)社会舆论监督,形成良好的社会氛围。

(八)会计职业道德案例分析

通过具体案例,分析、归纳会计职业道德建设的意义;分析、归纳会计职业道德的主要内容;分析会计人员如何处理好坚持准则与参与管理的关系;分析、归纳会计职业道德与会计法律制度的区别与联系;分析会计职业道德的自律与他律的关系;分析会计人员在会计诚信建设中的作用。

《会计基础工作规范》同时要求财政部门、业务主管部门和各单位应当定期检查会计人员遵守职业道德规范的情况,并作为会计人员晋升、晋级、聘任专业职务、表彰奖励的重要考核依据。会计人员违反职业道德的,由所在单位进行处罚;情节严重的,由会计发证机关吊销其会计证。

任务五　会计档案

一、会计档案的概念和内容

会计档案是指会计凭证、会计账簿和财务报告等会计核算专业材料,是记录和反映单位经济业务的重要史料和证据。具体包括:

(1)会计凭证类:原始凭证、记账凭证、汇总凭证、其他会计凭证。

(2)会计账簿类:总账、明细账、日记账、固定资产卡片、辅助账簿、其他会计账簿。

(3)财务报告类:月度、季度、年度财务报告,包括会计报表、附表、附注及文字说明,其他财务报告。

(4)其他类:银行存款余额调节表、银行对账单、其他应当保存的会计核算专业资料、会计档案移交清册、会计档案保管清册、会计档案销毁清册。

二、会计档案管理

国家机关、社会团体、企业、事业单位,按规定应当建账的个体工商户和其他组织,应当依照《会计档案管理办法》的规定,管理会计档案。各级人民政府财政部门和档案行政管理部门共同负责会计档案工作的指导、监督和检查。

各单位必须加强对会计档案管理工作的领导，建立会计档案的立卷、归档、保管、查阅和销毁等管理制度，保证会计档案妥善保管、有序存放、方便查阅，严防毁损、散失和泄密。

企业当年形成的会计档案，在会计年度终了后，可暂由会计机构保管一年，期满之后，应当由会计机构编制移交清册，移交本单位档案机构统一保管；未设立档案机构的，应当在会计机构内部指定专人保管。出纳人员不得兼管会计档案。移交本单位档案机构保管的会计档案，原则上应当保持原卷册的封装。个别需要拆封重新整理的，档案机构应当会同会计机构和经办人员共同拆封整理，以分清责任。采用电子计算机进行会计核算的单位，应当保存打印出的纸质会计档案。具备采用磁带、磁盘、光盘、微缩胶片等磁性介质保存会计档案条件的，由国务院业务主管部门统一规定，并报财政部、国家档案局备案。

新版《会计档案管理办法》(以下简称"办法")已从2016年1月1日起开始施行。该《办法》明确会计档案的保管期限分为永久、定期两类。定期保管期限由原来的3年、5年、10年、15年、25年调整为10年、30年两类。其中，保管期限为3年、5年、10年的会计档案统一规定保管期限为10年；保管期限为15年、25年的会计档案统一规定保管期限为30年。会计档案的保管期限，从会计年度终了后的第一天算起。各类会计档案的保管原则上应当按照本办法附表所列期限执行。相关内容如表12－1所示。

表12－1　　　企业和其他组织会计档案保管期限表

序号	档案名称	保管期限	备　注
一	会计凭证类		
1	原始凭证	30年	
2	记账凭证	30年	
3	汇总凭证	30年	
二	会计账簿类		
1	总账	30年	包括日记账
2	明细账	30年	
3	日记账	30年	现金和银行存款日记账保管30年
4	固定资产卡片		固定资产报废清理后保管5年
5	辅助账簿	30年	
三	财务报告类		包括各级主管部门汇总财务报告
1	月、季度财务报告	10年	包括文字分析
2	年度财务报告(决算)	永久	包括文字分析
四	其他类会计资料		
1	会计移交清册	30年	
2	会计档案保管清册	永久	
3	会计档案鉴定意见书	永久	
4	会计档案销毁清册	永久	
5	银行存款余额调节表	10年	
6	银行对账单	10年	
7	纳税申报表	10年	

三、会计档案的移交和调阅

移交会计档案的单位，应当编制会计档案移交清册，列明应当移交的会计档案名称、卷号、册数、起止年度和档案编号、应保管期限、已保管期限等内容。交接会计档案时，交接双方应当按照会计档案移交清册所列内容逐项交接，并由交接双方的单位负责人负责监交。交接完毕后，交接双方经办人和监交人应当在会计档案移交清册上签名或者盖章。

各单位保存的会计档案不得借出。如有特殊需要调阅档案，应办理一定的手续。外单位或个人调阅会计档案，须持有正式介绍信，经本单位领导批准，填写《会计档案调阅登记簿》后方能调阅。调阅者不得将档案带出，未经管理人员同意，不能私自复印和摘录。本单位人员调阅会计档案，也需得到会计主管的同意。查阅或者复制会计档案的人员，严禁在会计档案上涂画、拆封和抽换。各单位应当建立健全会计档案查阅、复制登记制度。

四、会计档案的销毁

保管期满的会计档案，可以按照以下程序销毁：

(1)由本单位档案机构会同会计机构提出销毁意见，编制会计档案销毁清册，列明销毁会计档案的名称、卷号、册数、起止年度和档案编号、应保管期限、已保管期限、销毁时间等内容。

(2)单位负责人在会计档案销毁清册上签署意见。

(3)销毁会计档案时，应当由档案机构和会计机构共同派员监销。国家机关销毁会计档案时，应当由同级财政部门、审计部门派员参加监销。财政部门销毁会计档案时，应当由同级审计部门派员参加监销。

(4)监销人在销毁会计档案前，应当按照会计档案销毁清册所列内容清点核对所要销毁的会计档案；销毁后，应当在会计档案销毁清册上签名盖章，并将监销情况报告本单位负责人。

(5)保管期满但未结清的债权债务原始凭证和涉及其他未了事项的原始凭证，不得销毁，应当单独抽出立卷，保管到未了事项完结时为止。单独抽出立卷的会计档案，应当在会计档案销毁清册和会计档案保管清册中列明。

(6)正在项目建设期间的建设单位，其保管期满的会计档案不得销毁。建设单位在项目建设期间形成的会计档案，应当在办理竣工决算后移交给建设项目的单位，并按规定办理交接手续。

任务六　会计电算化

一、会计电算化的概念及其意义

(一)会计电算化的概念

会计电算化是以运用电子计算机为主、把当代电子信息处理技术应用于会计中的简称，是指为提高会计业务处理水平，用计算机代替手工方式对经济业务进行核算，以及部分代替人脑完成对会计信息的整理、加工、分析、检查、预测乃至对经济活动的决策和控制的全过程。会计电算化是以计算机为核心，融管理科学、信息科学和会计科学为一体的新型边缘学科。它是现代社会化大生产和新技术革命的必然产物。它不仅会引起会计数据处理手段的变革，而且必将对会计工作的内容、方式、方法、程序以及会计理论的研究等产生深远的影响。

(二)会计电算化的意义

电算化会计的实现,不仅对传统会计产生了巨大的冲击,极大地丰富和加强了会计的管理和控制功能,而且在经济管理诸领域中处于应用计算机的领先地位,起到了带动经济管理诸领域逐步走向现代化的作用。具体来讲,实现会计电算化有以下几个方面的重要意义:

(1)及时、准确、完整地提供会计信息;

(2)提高会计核算的质量,减少误差;

(3)实现会计信息资源的共享;

(4)促进会计工作规范化,提高会计人员素质。

二、会计电算化的基本内容

电算化会计是一个庞大的数据处理系统。这一庞大的数据处理系统在总体上可以划分为三个层次,即会计核算系统、会计管理系统以及会计决策支持系统。这三个系统就是会计电算化工作的全部内容,也可以将它们看作是会计电算化工作的三个基本阶段。

(一)会计核算系统

会计核算系统是会计管理系统和会计决策支持系统的基础,它为后两者提供数据支持。会计核算系统的任务主要包括:设置会计科目、填制会计凭证、登记会计账簿、进行成本计算以及编制会计报表。它又可以划分为若干个子系统,其中包括:账务处理系统、往来核算系统、工资核算系统、固定资产核算系统、存货核算系统、成本核算系统、销售核算系统、报表汇总系统以及财务分析系统。

(二)会计管理系统

会计管理系统在会计核算系统的基础上,利用会计核算系统提供的数据,借助会计管理软件提供的功能,帮助会计人员合理地管理企业的经济活动。它的主要任务包括:进行会计预测、编制财务计划、实施会计控制、开展会计分析。

(三)会计决策支持系统

会计决策支持系统是电算化会计系统中的最高层次。它的任务主要是根据会计预测的结果,借助会计辅助决策支持软件来对生产、成本、资金、产品的销售和定价以及企业的经营方向等内容进行决策。

三、会计电算化未来发展趋势展望

会计电算化随着电子计算机技术的产生而产生,也必将随着电子计算机技术的发展而逐步完善和发展。可以预见,会计电算化将出现以下发展趋势:

(一)会计电算化将获得普遍推广和应用,大范围的信息处理网络得以建立

电算化信息处理从形式上看是信息处理手段的变化,实质上却是生产方式的转变,是一种先进的生产力,因而具有广阔的发展前景。随着经济的发展及人们对电子技术认识的加深,它必将获得普遍推广和应用。同时,随着网络技术的发展,大范围的会计信息处理网络也必将建立。

(二)信息处理和分析专业化、智能化

由于信息处理和分析专业性较强,需要专门的人才,具备多方面的知识,且具有较高成本,因此为小企业及个体经济提供信息服务的专业部门(类似于目前的代理记账)将会逐渐出现。

此外，随着智能电子技术的发展，信息处理也会朝着智能化发展。

（三）与管理会计系统相结合，促进企业管理信息系统的建立和完善

现行会计体系把会计分为财务会计（含成本会计）和管理会计两个子系统。会计电算化信息处理的代码化、数据共享和自动化，为两个子系统的结合提供了条件和可能。而且，如果电算化一直停留在财务会计子系统，而不涉及管理会计子系统的预测、决策、规划和分析，不涉及企业经济活动与效益的评估，不涉及内部责任会计和业绩评价，那么也就失去了发展电算化的意义。因此，从发展的眼光看，企业应同时建立两个子系统并予以有机结合，以便运用财务会计资料，建立适应管理需要的会计模型，使电算化会计从核算型向管理型发展，从而推动整个企业管理信息系统的开发建立和完善。

（四）促进会计自身的发展和变革，推动会计电算化在新的基础上进一步完善和发展

在一定意义上讲，会计电算化产生和发展的过程，也是突破传统会计观念，对现行会计理论和方法提出新问题、新课题，以及研究和确立新的理论和方法的过程。如会计电算化在系统设计、工作组织、信息处理及账务处理程序等方式和方法上的改变，本身就是对现行会计理论和方法的突破与完善。虽然从短期看，这些影响只是渐进性的，但从长期看，随着电子技术的飞速发展和电算化信息系统的普及应用，新的问题和新的课题不断出现，如：信息处理网络建立后，企业将如何做到既及时合法提供会计信息，又能有效保护商业秘密；两个会计子系统实现结合后，如何改进现有财务报告；信息经济将对现行会计理论和方法产生什么影响。对新课题进行深入研究，必将形成新的会计理论和方法，而新的会计理论和方法的确立，又将使会计电算化在新的基础上获得进一步完善和发展。

关键术语

会计工作的组织　会计工作规范　会计法律　会计准则　会计制度　会计机构　集中核算　非集中核算　会计职业道德　独立核算　非独立核算　会计档案　会计电算化

◎ 应知考核 ◎

一、单项选择题

1. 对会计机构负责人（会计主管人员）的任职要求中，除取得会计从业资格证书外，还应当具有会计师以上的专业技术资格，或者具有从事会计工作的时间不少于（　　）年。

A. 2 年　　B. 3 年　　C. 1 年　　D. 5 年

2. 会计机构、会计人员对不真实、不合法的原始凭证和违法收支，应当（　　）。

A. 不予受理　　B. 予以受理　　C. 予以纠正　　D. 予以反映

3. 会计机构、会计人员对真实、全法、合理但内容不准确、不完整的原始凭证，应当（　　）。

A. 不予受理　　B. 予以受理

C. 予以纠正　　D. 予以退回，要求更正、补充

4. 会计移交清册一般应填制（　　）份。

A. 1　　B. 2　　C. 3　　D. 4

5. 定期保管的会计档案期限最长为（　　）。

A. 30 年　　B. 15 年　　C. 25 年　　D. 10 年

6. 会计档案销毁清册的保管期为（　　）。

A. 永久　　B. 20 年　　C. 15 年　　D. 10 年

7. 企业年度财务报告(决算)的保管期限为(　　)。

A. 25 年　　B. 20 年　　C. 15 年　　D. 永久

8. 企业销毁保管期满的会计档案时由(　　)负责。

A. 本单位的档案机构和会计机构共同派人　　B. 主管部门派人

C. 同级财政部门派人　　D. 同级财政和审计部门派人

9. 会计档案保管期限的始算日期,从(　　)起。

A. 本年会计年度末　　B. 会计年度终了的当天

C. 会计年度终了后的第一天　　D. 会计档案归档的当天

10. 国有的和国有资产占控股地位或主导地位的大、中型企业应设置(　　)。

A. 会计师　　B. 高级会计师　　C. 总会计师　　D. 助理会计师

二、多项选择题

1.《会计法》中的"财物"包括(　　)等。

A. 现金和银行存款　　B. 原材料　　C. 包装物　　D. 固定资产

2. 出纳人员不得兼管(　　)账目的登记工作。

A. 稽核　　B. 会计档案保管　　C. 收入、费用　　D. 债权债务

3. 定期保管的会计档案的保管期有(　　)。

A. 3 年　　B. 5 年　　C. 10 年　　D. 30 年

4. 保管期满,不得销毁的会计档案有(　　)。

A. 未结清的债权债务原始凭证

B. 正在建设期间的建设单位的有关会计档案

C. 超过保管期限但尚未报废的固定资产购买凭证

D. 银行存款余额调节表

5. 下列会计资料中属于会计档案范围的有(　　)。

A. 银行对账单　　B. 财务收支计划　　C. 会计账簿　　D. 会计移交清册

6. 下列会计档案中,保管期限为 30 年的有(　　)。

A. 原始凭证　　B. 现金日记账　　C. 明细账　　D. 记账凭证

7. 下列会计档案中,保管期限为 10 年的有(　　)。

A. 银行对账单　　B. 银行存款余额调节表

C. 企业月、季度财务报告　　D. 财政总预算月、季度报表

8. 下列会计档案中保管期限为永久的有(　　)。

A. 年度财务会计报告　　B. 会计档案销毁清册

C. 现金和银行存款日记账　　D. 会计移交清册

9. 会计档案按会计工作性质分为(　　)。

A. 永久会计档案　　B. 定期会计档案

C. 预算会计档案　　D. 公司、企业会计档案

10. 下列关于会计档案管理的说法中正确的有(　　)。

A. 出纳人员不得兼任会计档案

B. 会计档案的保管期限,从会计档案形成后的第一天算起

C. 单位负责人应在会计档案销毁清册上签署意见

D. 采用电子计算机进行会计核算的单位,应保存打印出的纸质会计档案

三、判断题

1. 各种会计档案保管期满后，必须按规定程序销毁。（　　）
2. 具备单独设置会计机构的单位，应在会计机构内配备专职的会计人员。（　　）
3. 企业的各项经济业务都必须集中在财务会计部门进行集中核算。（　　）
4. 未取得会计从业资格证书的人员，不得从事会计工作。（　　）
5. 会计工作岗位只能是一人一岗。（　　）
6. 出纳员不得兼管稽核、会计档案保管和收入、费用、债权债务账目的登记工作。（　　）
7. 总会计师对单位财务收支具有审批签署权，有对本单位会计人员的管理权。（　　）
8. 单位负责人应在会计档案销毁清册上签署意见。（　　）
9. 各种会计档案的保管期限，根据其特点，分为长期和短期两类。（　　）
10. 各种会计档案的保管期限，从会计年度开始后的第一天算起。（　　）

四、简答题

1. 简述会计工作组织的意义
2. 简述会计机构的组织形式。
3. 简述会计人员的职业道德。
4. 简述会计电算化的意义。
5. 简述会计电算化的未来发展趋势。

◎ 应会考核 ◎

★业务考核

【考核项目1】

会计职业道德。

【背景资料】

现象一：会计人员看人办事："官大办得快，官小办得慢，无官拖着办。"

现象二：会计人员"站得住的顶不住，顶得住的站不住"，领导怎么说就怎么做，只要领导高兴，"原则"可以变成"圆则"。

现象三：会计人员整天与钱物打交道，"常在河边走，就是不湿鞋"，只要坚持"不犯罪"这根底线就行了。

【考核要求】

根据上述背景资料，要求：分别写出上述三种现象违背了哪三种会计职业道德规范？为什么？

【考核项目2】

会计主管工作职责。

【背景资料】

1. 小张和小赵是同一个单位的会计和出纳，多年来同处一室，在工作上互相配合，关系很好。小赵的丈夫个人开办了一个经销电脑配件的公司。最近根据电脑市场信息，有一种计算机软件销量前景看好，但因个人账面资金不足，无法进货。于是小赵的丈夫让小赵想办法借些款项。小赵想到了单位账户的存款，于是自己填了票面金额为24 000元的现金支票一张，在小张上班离开办公室时，私自将小张保管的印鉴加盖在现金支票上，从银行提取了现金。一个月后，小赵又将24 000元现金填现金缴款单存入单位银行账户。不久，小张在月末对账时，发现了此事。

试从会计职业道德的角度分析，小赵的行为属于何种行为？如果你是小张，发现了此事应该如何处理？

2. 某公司财务部门年末时发现，该年度业务招待费超过规定的开支标准，于是，会计人员按照领导的意图，搞来一些其他发票，准备将超支的业务招待费列入管理费用的其他项目。

试问：这种做法是否违背了会计职业道德规范？为什么？

3. 某商场出纳员在报销差旅费时，对于同样是领导批准、主管会计审核无误的差旅费报销单，对与自己私人关系不错的人是随来随报，但对与自己有矛盾、私人关系较为疏远的人则以账面无款、库存无现金、整理账务等理由无故拖欠。

请问该出纳员在报销差旅费时，是否遵守了会计人员职业道德规范？如果你是出纳员，对此问题应该如何处理？

4. 某企业每周二下午都有两个小时固定的业务理论学习时间。因为会计人员工作繁忙，现会计主管向领导提出，财务部门的全体人员能否不参加或少参加学习。

试分析：该会计主管的建议是否正确？为什么？

【考核要求】

根据上述背景资料，试分析：该会计主管的建议是否正确？为什么？

【考核项目 3】

会计档案管理。

【背景资料】

A 公司 5 月份发生以下事项：

(1)公司档案管理部门会同财务部将已结账到期会计档案编造清册，报请公司负责人批准后，由财务部负责保管会计档案的张某在无他人在场时销毁。

(2)会计人员李某因病休假两个星期，其会计工作需要他人代理。李某考虑休假结束后仍从事会计工作，故未办理会计工作交接手续。

(3)因公司经理出差在外，财务部经理指定公司出纳赵某代理李某所管的固定资产明细账及收入、支出、费用明细账的记账登记工作。

【考核要求】

根据上述背景资料，指出上述事项中哪些行为不符合会计法律制度的规定，并说明理由。

★技能考核

【考核项目 1】

空头支票。

【背景资料】

W 企业 1 月 29 日银行存款账户余额 2 万元。29 日，一材料供应商上门到 W 企业催要金额为 18 万元的材料货款。W 企业为了尽快将供应商“打发走“，就向材料供应商开出了一张 18 万元的转账支票。

【考核要求】

根据上述背景资料：要求根据金融法律制度的规定，回答下列问题：

(1)W 企业开出的这张转账支票属于什么性质的支票？

(2)银行是否可以对 W 企业进行罚款？罚款金额是多少？

(3)材料供应商是否有权要求 W 企业对其赔偿？赔偿金额是多少？

提示：根据《票据法》的规定，出票人签发空头支票，银行应予以退票，并按票面金额处以 5%但不低于 1 000 元的罚款，持票人有权要求出票人赔偿支票金额 2%的赔偿金。

【考核项目 2】

会计法规和税收征管法规。

【背景资料】

大连市甘井子区的瑞尔商店 2017 年 9 月 1 日领取营业执照开业，主要零售影碟。同年 12 月 31 日经税务机关检查：瑞尔商店未按规定办理税务登记，成本费用记录较真实，共计24万元，但账簿设置不健全，收入总额无法核实。

【考核要求】

根据会计法规和税收征管法规回答下列问题：

(1)瑞尔商店是合法经营吗？请说明理由。

(2)瑞尔商店应在什么时间到哪个部门申报办理税务登记？

(3)税务机关实行核定应税所得率征收办法核定瑞尔商店的所得税，设应税所得率为20%。计算瑞尔商店2017年度应纳税所得额、应纳所得税额(适用所得税率25%)。

★案例题

1.2017年10月10日甲公司收到一张应由甲公司与乙公司共同负担费用支出的原始凭证，甲公司会计人员张某以该原始凭证及应承担的费用进行账务处理，并保存该原始凭证；同时应乙公司要求将该原始凭证复制件提供给乙公司用于账务处理。年终，甲公司拟销毁一批保管期限满的会计档案，其中有一张未结清债权债务的原始凭证，会计人员李某认为只要保管期满的会计档案就可以销毁。

要求：根据我国会计法律制度的规定，回答下列问题：

(1)会计人员张某将原始凭证复制件提供给乙公司用于账务处理的做法是否正确？简要说明理由。

(2)会计人员李某的观点是否正确？简要说明理由。

2.乙企业会计主管离任，由李某接任。李某接任后其女儿已取得会计从业资格证书，便安排其女儿任出纳。因财务人员较少，乙企业未设立会计档案机构，李某要求出纳兼管会计档案。一天，反贪局到乙企业调查上任会计主管经济问题，会计档案保管人员得到李某同意后，将部分记账凭证和数本账册借给反贪局。由于记账凭证太多，李某要求财会人员将保存满10年的会计凭证销毁。

请回答：

(1)李某的女儿已取得会计从业资格证书，李某能否安排其任出纳？为什么？

(2)出纳能否兼任会计档案？

(3)会计档案能否借给反贪局？

(4)根据《会计档案管理办法》，会计凭证应保留多少年才能销毁？

3.2017年4月，某市财政局派出检查组对市属某国有钢铁厂的会计工作进行检查。检查中了解到以下情况：

(1)2016年3月，新厂长刘某上任后，将其朋友的女儿小林调入该厂会计科任出纳，兼管会计档案保管工作，小林没有取得会计从业资格证书。

(2)2016年4月，会计张某申请调离该厂，厂人事部门在其没有办清会计工作交接手续的情况下，即为其办理调动手续。

(3)2015年1月，该厂档案科会同会计科编制会计档案销毁清册。经厂长签字后，按规定进行了监销。经查实，销毁的会计档案中有一些是保管期满但未结清的债权债务原始凭证。

要求：请指出上述情况中哪些行为不符合法律规定，并说明理由。

4.海盛国有食品加工企业，2017年发生以下事项：

(1)1月，该企业新领导班子上任后，做出了精减内设机构等决定，将会计科撤并到企业管理办公室(以下简称“企管办”)，同时任命企管办主任王某兼任会计主管人员。会计科撤并到企管办后，会计工作分工如下：原会计科会计继续担任会计；原企管办工作人员、王某的女儿担任出纳工作。企管办主任王某自参加工作后一直从事文秘工作，为了使王某尽快胜任会计主管人员岗位，企业同意王某半脱产参加会计培训班，并参加2017年会计从业资格考试。

(2)2月，原会计科长与王某办理会计工作交接手续，人事科长进行监交。

(3)6月，档案科会同企管办对企业会计档案进行了清理，编造会计档案销毁清册，将保管期已满的会计档案按规定程序全部销毁，其中包括一些保管期满但尚未结清债权债务的原始凭证。

(4)8月，经该企业负责人批准，某业务往来单位因业务需要查阅了该企业2000年有关会计档案，对有关原始凭证进行了复制，并办理了登记手续。

(5)10月，企管办在例行审核有关单据时，发现一张购买计算机的发票，其“金额”栏中的数字有更改现象，经查阅相关买卖合同、单据，确认更改后的金额数字是正确的，于是要求该发票的出具单位在发票“金额”栏更改之处加盖出具单位印章。之后，该企业予以接受并据此登记入账。

案例要求：

(1)该企业撤并会计机构、任命会计主管人员、会计工作岗位分工是否有违反法律规定之处？分别说明理由。

(2)该企业在办理会计工作交接、销毁会计档案中是否有违反法律规定之处？分别说明理由。

(3)该企业向业务往来单位提供查阅会计档案，复制有关原始凭证是否符合法律规定？说明理由。

(4)该企业对购买计算机的发票的处理是否符合法律规定？说明理由。

◎ 项目实训 ◎

【实训项目】

填写支票

【实训情境】

2017年10月20日，A公司签发一张面值为501 000.89元的支票给兴华公司购买原材料。

<table>
<tr><td colspan="11">中国银行大连市分行支票　　　　支票号码：100006</td></tr>
<tr><td colspan="11">出票日期：　　　　年　　月　　日　　　　付款行名称：中行百合支行</td></tr>
<tr><td colspan="11">收款人：　　　　　　　　　　　　　出票人账号：20050930</td></tr>
<tr><td rowspan="2">人民币
(大写)</td><td>千</td><td>百</td><td>十</td><td>万</td><td>千</td><td>百</td><td>十</td><td>元</td><td>角</td><td>分</td></tr>
<tr><td></td><td></td><td></td><td></td><td></td><td></td><td></td><td></td><td></td><td></td></tr>
<tr><td colspan="11">用途＿＿＿＿＿
上列款项请从我公司账户
内支付，出票人签章　　　A公司
财务专用　　　元汪
印坤</td></tr>
</table>

【实训要求】

根据上述实训情境，请完成该支票的出票(存根略)。

参考文献

[1]财政部会计司.2014 年中国企业会计准则[M].北京:经济科学出版社,2014.

[2]企业会计准则编写委员会.企业会计准则讲解[M].北京:人民出版社,2015.

[3]企业会计准则编写委员会.企业会计准则——基本准则[M].上海:立信会计出版社,2015.

[4]企业会计准则编写委员会.企业会计准则——应用指南[M].上海:立信会计出版社,2015.

[5]李贺.会计学[M].上海:上海财经大学出版社,2017.

[6]李贺,王阳,于艳杰.基础会计学[M].上海:上海财经大学出版社,2013.

[7]张红梅,王晓云,赵昂,张晓韫.中级财务会计[M].上海:上海财经大学出版社,2015.

[8]陈国辉,迟旭升.基础会计[M].大连:东北财经大学出版社,2015.

[9]郭丽华.基础会计[M].四川:西南财经大学出版社,2010.

[10]李梦玉,马葵.会计学基础[M].北京:北京大学出版社,2010.

[10]任月君,陈文铭,张娆.会计学原理[M].大连:东北财经大学出版社,2012.

[12]徐兴恩,基础会计学[M].北京:首都对外贸易大学出版社,2011.

[13]刘永哲,陈立军.中级财务会计[M].大连:东北财经大学出版社,2012.

[14]余珍,喻辉,杜娟.会计学原理[M].北京:人民邮电出版社,2012.

[15]李海波.会计学原理[M].上海:立信会计出版社,2015.

[16]周涛.商品流通企业会计[M].北京:中国人民大学出版社,2012.

[17]财政部会计资格评价中心.初级会计实务[M].北京:中国财政经济出版社,2011.

[18]财政部会计司.企业会计准则讲解[M].北京:人民出版社,2010.

[19]丁元霖.商品流通业会计[M].上海:上海财经大学出版社,2013.

[20]中国注册会计师协会.会计[M].北京:中国财政经济出版社,2015.

[21]赵筠.基础会计[M].大连:东北大学出版社,2014.

[22]吴国萍.基础会计学[M].上海:上海大学出版社,2011.

[23]刘雪清.基础会计[M].大连:大连出版社,2014.

[24]郭松克.会计学原理[M].北京:北京大学出版社,2014.

[25]孟铁.基础会计[M].北京:北京大学出版社,2014.

[26]杜君娟.会计基础理论与实务[M].上海:上海财经大学出版社,2015.

[27]陈文铭.基础会计习题与案例[M].大连:东北财经大学出版社,2015.